Amongst other Variorum Reprints:

ANDRÉ GRABAR
Martyrium. Recherches sur le culte des reliques
et l'art chrétien antique (Architecture, Iconographie, LXX planches)
Paris 1946 edition

PIERRE BATIFFOL
L'abbaye de Rossano. Contribution à l'histoire de la Vaticane
Paris 1891 edition

OSKAR HALECKI
Un empereur de Byzance à Rome
Warsaw 1930 edition

ARCHBISHOP DANILO II AND OTHERS
Životi kraljeva i arhiepiskopa srpskih
Zagreb 1866 edition

NICOLAS IORGA
Philippe de Mézières 1327-1403
Paris 1896 edition

I. E. TROITSKIJ
Arsenij i Arsenity
Serialized articles St Petersburg 1867-1872

ANDREJ POPOV
Istoriko-literaturnyj obzor drevne-russkich
polemičeskich sočinenij protiv latinjan (XI-XV v.)
Moscow 1875 edition

Bdinski Zbornik. Old Slavonic Menologium A.D. 1360
Facsimile edition Codex Gandavensis 408

In the Collected Studies Series:

ANTONIO MARONGIU
Byzantine, Norman, Swabian and later Institutions in Southern Italy

ANDRÉ GUILLOU
Studies on Byzantine Italy

JEAN DARROUZÈS
Littérature et histoire des textes byzantins

DONALD M. NICOL
Byzantium: its ecclesiastical history and
relations with the western world

Histoire de l'Europe occidentale
XIe-XIVe s.

Professeur Edmond-René Labande

Edmond-René Labande

Histoire de l'Europe occidentale XIe-XIVe s.

Préface de Charles Samaran

VARIORUM REPRINTS
London 1973

ISBN 0 902089 56 0

Published in Great Britain by
VARIORUM REPRINTS
21a Pembridge Mews London W11 3EQ

Printed in Switzerland by
REDA SA
1225 Chêne-Bourg Geneva

Robert Manning Strozier Library

APR 13 1976

Tallahassee, Florida

VARIORUM REPRINT CS24

TABLE DES MATIÈRES

Préface

I	A propos de l'histoire et de ses méthodes *Cahiers de civilisation médiévale IX. Poitiers 1966*	385–391
II	L'historiographie de la France de l'Ouest aux Xe et XIe siècles *XVIIa settimana del Centro italiano di studi sull'alto medioevo. Spoleto 1970*	751–791
III	Situation de l'Aquitaine en 1066 *Bulletin de la Société des Antiquaires de l'Ouest, 4e série VIII. Poitiers 1966*	339–363
IV	La civilisation de l'Aquitaine à la fin de la période ducale *Bulletin du Centre international d'études romanes I–II. 1964*	15–30
V	Pour une image véridique d'Aliénor d'Aquitaine *Bulletin de la Société des Antiquaires de l'Ouest, 4e série II. Poitiers 1952*	175–234
VI	Clément V et le Poitou *Bulletin de la Société des Antiquaires de l'Ouest, 4e série IV. Poitiers 1957*	11–33 83–109
VII	Louis Ier d'Anjou, la Provence et Marseille *Moyen âge LIV. Bruxelles 1948.*	297–325
VIII	L'administration du duc d'Anjou en Languedoc aux prises avec le problème du blé *Annales du Midi LXII. Toulouse 1950.*	5–14

IX	De quelques Italiens établis en Languedoc sous Charles V *Mélanges Louis Halphen. Paris 1951*	359–367
X	La politique méditerranéenne de Louis Ier d'Anjou et le rôle qu'y joua la Sardaigne *Atti del VI Congresso Internazionale di Studi Sardi. Cagliari 1957*	3–23
XI	Sainte Catherine de Sienne et le duc d'Anjou *Annales de l'Université de Poitiers 2e série II. Poitiers 1949*	59–65
XII	Une ambassade de Rinaldo Orsini et Pierre de Craon à Florence, Milan et Avignon (1383) *Mélanges d'archéologie et d'histoire XLIX. Rome 1933*	194–220
XIII	Une oraison funèbre inconnue de Louis Ier d'Anjou, roi de Sicile *Bibliothèque de l'Ecole des Chartes CIX. Paris 1951*	42–50

Index

Ce volume est composé de 348 pages

ERRATA ET CORRIGENDA

I. p.385,l.43, *lire* 1467–1540; – p.386, l.35, *lire* considérable; – p.388, l.5, *lire* Ch.E.Perrin; – p.391, l.17, *lire* proportion de; – l.31, *lire* pourrait être.

II. p.752, n.2, *lire* p.780; – p.760, l.23: l'attribution de ce poème à Guy est discutable; – p.766,l.8, *lire* leur allure; – l.14, *lire* Fulbert; – p.770, n.61, l.1, *lire* pp.767–768; – p.779, n.91, l.1, *lire* ejusdem; – p.785,l.29, *lire* concernent.

III. p.345, l.4, *lire* suppliant celui-ci; – l.22, *lire* Plantegenet; – p.352, n.51, l.8, *lire* supra, p.349; – n.52, *lire* 1922; – p.353, l.16 *lire* différent de ceux de Toulouse.

IV. p.18, l.17, *supprimer* Comme; – l.33, *lire* Vielliard; – p.19, l.33, *lire* charpentées; – p.20, l.17: Châtillon-sur-Sèvre a repris depuis peu son vieux nom de Mauléon; – p.25, l.13, *lire* VIe siècle... Vexilla... disais-je; – p.26, l.20, *lire* des vêtements; – l.35, *lire* l'excroissance; – 29, l.23, *lire* vertadiers.

V. p.175, n.1, l.12, *lire* España; – l.14, *lire* Inscriptions et; – p.176, n.6, l.2, *lire* a été reconnue impossible, mais; – p.177, n.7,l.2, *lire* Mauriniacense, éd.L.MIROT, 1909, pp.65–67; – p.178, n.16,l.5, *lire* Nieul; – p.180, n.25, l.3, *lire* I REG., I, 5; – p.181, n.27, l.7, *après* morantur, *ajouter:* cf.OVIDE, Metam., II, 846; – p.183, l.15, *lire* en Pamphylie; – p.186, n.48,l.6, *lire* edocuit indiciis; – p.187, n.59, l.9, *lire* 1142 à 1154; – p.193, n.85, l.1, *lire* p.104; – p.194, n.91, l.3, *lire* quasdam de regno; – p.196, n.98: Constance de Toulouse ne fut pas femme, mais mère d'Henri Ier; – n.100: Saint-Jean-l'Évangéliste ne saurait être identifié avec le sanctuaire d'Angély; – p.207, n.168,l.4, *lire* Castellón; – p.224, l.20; on écrit à présent: Fontevraud, – l.32, *lire* matrimoniaux; – p.226, l.4: la chose n'est pas certaine; – p.229, l.10, *lire* Lauragais.

VI. p.17, l.24, *supprimer* son frère; – p.24, l.29, *lire* l'Église; – p.27, n.94, l.2, *lire* Jacopo Caetani; – p.28, l.8, *lire* envers nous; – p.29, l.16, *lire* des hommes du roi.

VII. p.300, n.13, l.2, *lire* antérieurs au; — p.302, l.9, *lire* certaines; — p.306, n.25, l.4—5, *lire* parcium; — p.308, n.32, l.3, *lire* du Rone; — p.310, n.38, l.3, *supprimer* sic; — p.319, n.60, *lire* preparati.

VIII. p.5, 122, *lire* obstinément; — p.9, n.18, l.3, *lire* dicto loco; — p.10, l.21, *lire* avril 1374; — l.24, *lire* vallida tempestas.

IX. p.6, l.27—28: je serais moins affirmatif aujourd'hui; il existe un Brandis dans les Alpes de Haute-Provence, et Étienne a pu aussi bien être provençal.

X. p.4, n.5, l.1, *lire* 11 mai; — p.5, n.7, l.2, *lire* reg.1293; — l.5, *lire* le roi d'Aragon souhaitait; — l.8, *lire* le roi est revenu; — p.7, l.16, *lire* eût dû; — p.8, l.17, *lire* dauphin; — p.9, n.27, l.7, *lire* 364 r°; — p.10, l.15, *lire* totalement; — p.11, l.22, *lire* Toujours; — p.13, l.12, *lire* Grégoire; — l.26, *lire* est simple; — p.14, n.47, l.8 *lire* que [no] haia; — n.49, l.1, *lire* frater vester; — p.14, l.22, *lire* -sans doute l'offre n'est-elle pas suffisante,-; — p.16, l.4, *lire* au courant; — p.17, l.2, *lire* encerclement; — n.60, l.4, *lire* qu'elles puissent; — n.63, l.1, *lire* Lesd.messire; — n.64, l.4, *lire* douze jours; — n.65, l.3, *lire* 231 r°; — p.18, l.9, *lire* ceci est l'indice; — l.16, *lire* Cependant; — n.67, l.1—2, *lire* ordre d'élargir; — p.21, l.2, *lire* cette occasion, certains; — l.12, *lire* entreprise; — l.13, *lire* 1er juillet; — p.22, l.13, *lire* cependant; — n.86, *lire* Intr.et ex.356.

PREFACE

Chartiste de 1931, diplômé de l'École pratique des Hautes-Etudes (quatrième section) de 1931 également, Farnésien de 1931 à 1933, professeur à l'Institut français de Florence de 1938 à 1940, docteur ès lettres de 1940, professeur d'histoire du moyen âge à l'Université de Poitiers depuis 1947, directeur adjoint, puis directeur depuis 1966 (après le regretté René Crozet) du Centre d'études supérieures de civilisation médiévale, tels sont quelques-uns des jalons qui ont marqué la carrière universitaire et scientifique d'Edmond-René Labande.

Ajouterai-je — mais la chose est de notoriété publique — qu'il compte parmi les meilleurs médiévistes français, et c'est pourquoi, le connaissant depuis plus de quarante ans, ayant assisté à ses débuts dans la carrière, je suis heureux de porter aujourd'hui témoignage sur sa personne et sur son oeuvre.

Que de souvenirs son nom n'évoque-t-il pas en moi!

D'abord celui de son grand-père Alfred Jeanroy, son premier maître, a-t-il écrit, que je m'honore d'avoir personnellement connu et qui fut l'un des plus remarquables spécialistes français des littératures française et provençale du moyen âge!

Souvenirs du temps lointain où nous déchiffrions ensemble à l'École pratique des Hautes-Etudes pas mal d'écritures plus ou moins diaboliques, où nous étudiions les manuscrits dits de jongleur et jetions les bases de ce *Répertoire des manuscrits datés en écriture latine* qui depuis lors a fait son chemin, tandis que lui-même, à l'École des Chartes toute proche, préparait sa thèse sur l'une des dernières chansons de geste qui aient été écrites chez nous, j'ai nommé *Baudouin de Sebourc*.

Souvenirs encore de cette Italie toujours chère à nos coeurs, de ce Palais Farnèse d'où Edmond-René Labande rapporta jadis un beau livre sur Rinaldo Orsini, tout en promenant sa curiosité de Florence à Rome et de Rome à Naples, villes incomparables aux-quelles il a consacré, en admirateur quasi filial, des livres charmants et sensibles.

Souvenirs enfin de Poitiers, ville d'art et d'histoire que je me rappelle avoir appelée un jour l'Athènes française de l'Ouest et où il a fixé sa vie. N'est-ce pas à Poitiers, en effet, que, dans le cadre du grand organisme pédagogique qu'il dirige, Edmond-René Labande a fondé les *Cahiers de civilisation médiévale* et qu'il a mis sur pied, on devine avec quelle peine et quelle persévérance, le *Répertoire international des médiévistes*, qui facilite si utilement les contacts entre historiens et philologues du monde entier.

N'ayons garde d'oublier la grande entreprise plus récente qu'il a conçue et mise en route, ce *Corpus d'épigraphie médiévale* qui fera suite à celui d'Edmond Le Blant et qui a connu déjà des débuts prometteurs.

Et voici qu'après tant d'années si bien remplies échoit à Edmond-René Labande un honneur aussi exceptionnel que pleinement mérité: la réimpression d'une trentaine de ses mémoires publiés au jour le jour dans des périodiques divers parfois peu accessibles et réunis pour notre commodité et pour notre plaisir sous la même couverture.

Ils touchent à beaucoup de choses, ces Morceaux choisis, mais essentiellement au Moyen âge, dont Edmond-René Labande ne cesse de scruter les aspects les plus divers (politique, social, culturel, voire littéraire et artistique). Développement de la pensée et de l'action étudié soit dans le royaume de France (Guyenne, Languedoc, Provence), soit dans celui des Deux-Siciles (Italie méridionale) au temps de la dynastie angevine. Spiritualité axée sur les pélerinages, mérites stylistiques d'un Français du onzième siècle, Guibert de Nogent; idées politiques précisées chez Dante, dont la haute figure domine le treizième.

Partout le lecteur sera, je n'en doute pas, frappé par les qualités d'esprit de l'auteur: rigueur de la méthode, finesse de l'analyse psychologique, agrément de la forme enfin, sans laquelle aucun écrit, quel qu'il soit, ne saurait résister à l'épreuve du temps.

Je souhaite donc tout le succès qu'il mérite à ce florilège. J'emploie à dessein ce mot: Il désigne, comme on sait, un genre qu'a aimé le moyen âge et qui, grâce au recueil que j'ai l'honneur de présenter aujourd'hui et grâce à quelques autres, semble connaître un véritable et souhaitable renouveau.

CHARLES SAMARAN

I

A propos de l'histoire et de ses méthodes

n'est sans doute pas trop tard pour rendre ici hommage à un livre qui constitue un répertoire exceptionnel, squ'ici inégalé en ce domaine, de savoir et de méthode[1]. Ouvrage à vrai dire de telle ampleur qu'il semble voir d'avance découragé la critique, si l'on en juge du moins par le petit nombre de recensions qui, à otre connaissance, en ont été données dans les périodiques savants[2].

u'il nous soit tout d'abord permis de saluer le chef de l'équipe. Lorsque l'ouvrage a paru, notre vénéré aître Charles Samaran avait déjà passé le cap des quatre-vingts ans ; son activité scientifique continue faire l'admiration des érudits, et bien des savants plus jeunes envient son allant, sa vigueur et la sûreté sa critique. Avoir entraîné trente-cinq collaborateurs, coordonné leur travail et mis en forme, en un mps relativement bref, le livre dont nous parlons, voilà qui suffirait à la gloire de n'importe quel homme

1. *L'histoire et ses méthodes*, publ. sous la dir. de Charles SAMARAN. Paris, Gallimard, 1961, 8°, XVII-1773 pp., ill., graph., fac-sim. Encycl. de la Pléiade »). —En voici le contenu [les astériques désignent les domaines d'intérêt de nos « Cahiers »] : Introduction, r Ch. SAMARAN, p. VII-XIII. — I. (1) *Qu'est-ce que l'histoire ?* par Henri-Irénée MARROU, p. 3-33. — II. *Le temps et le lieu* : (2) *Comput, ronologie, calendriers*, par Alfred CORDOLIANI, p. 37-51 ; (3) *Le temps historique*, par Guy BEAUJOUAN, p. 52-67 ; (4) *La géohistoire*, r Charles HIGOUNET, p. 68-91. — III. *Procédés d'information et grandes découvertes* : (5) *Information et transmission des nouvelles*, r † Yves RENOUARD, p. 95-142 ; (6) *Essor de la recherche historique*, par Jean BOTTERO, p. 143-186. — IV. *Recherche méthodique des oignages* : a) *Sciences auxiliaires traditionnelles ; témoignages figurés* ; (7) *Méthodes modernes de l'archéologie*, par Raymond BLOCH, 191-216, plans ; (8) *L'histoire sans textes. Ethnologie et préhistoire*, par André LEROI-GOURHAN, p. 217-249 ; (9) *Archéologie antique*, r Paul-Marie DUVAL, p. 250-274 ; (10) *Archéologie médiévale*, par Jean HUBERT, p. 275-328 ; (11) *Numismatique*, par Jean BABELON, 329-392, 24 ill. ; (12) *Sigillographie et marques postales*, par Yves METMAN, p. 393-446, 6 ill. ; b) *Témoignages écrits* ; (13) *Témoignage it et philologie*, par † Alphonse DAIN, p. 449-452 ; (14) *Épigraphie*, par Louis ROBERT, p. 453-497, 8 ill. ; (15) *Papyrologie*, par André ATAILLE, p. 498-527, 3 ill. ; (16) *Introduction à la paléographie*, par A. DAIN, p. 528-531 ; (17) *Paléographie grecque*, par le même, 532-552, 4 ill. ; (18) *Paléographie romaine*, par Jean MALLON, p. 553-584, 2 fig., 14 ill. ; (19) *Paléographie médiévale*, par Charles ERRAT, p. 585-615, 5 fig., 10 ill. ; (20) *Cryptographie*, par Jean RICHARD, p. 616-632, 1 ill. ; (21) *Diplomatique*, par Georges TESSIER, 633-676 ; (22) *Onomastique*, par Paul LEBEL, p. 677-723 ; (23) *Généalogie*, par Jacques MEURGEY DE TUPIGNY, p. 724-739 ; (24) raldique*, par le même, p. 740-767, 2 ensembles de fig. ; c) *Moyens récents de diffusion ; témoignages enregistrés* ; (25) *Photographie inématographie*, par Georges SADOUL, p. 771-782 ; (26) *Le microfilm*, par Michel FRANÇOIS, p. 783-801 ; (27) *Les machines parlantes*, r Jean THÉVENOT, p. 802-819 ; d) *Quelques orientations nouvelles* ; (28) *La linguistique et l'histoire*, par Marcel COHEN, p. 823-846 ; *L'étude des économies et des sociétés avant l'ère statistique*, par Philippe WOLFF, p. 847-892 ; (30) *Les données démographiques et istiques en histoire moderne et contemporaine*, par Jean MEUVRET, p. 893-936 ; (31) *Histoire des mentalités*, par Georges DUBY, 937-966. — V. *Conservation et présentation des témoignages* : (32) *Protection des monuments historiques, des fouilles archéologiques des sites*, par Robert BRICHET, p. 969-1023 ; (33) *Les musées*, par Pierre PRADEL, p. 1024-1060 ; (34) *Les bibliothèques*, par Gilbert Y, p. 1061-1108 ; (35) *Les grands dépôts de livres : quelques problèmes*, par Pierre JOSSERAND, p. 1109-1119 ; (36) *Les archives*, Robert-Henri BAUTIER, p. 1120-1166 ; (37) *Cinémathèques et photothèques*, par G. SADOUL, p. 1167-1178 ; (38) *Les filmothèques*, par FRANÇOIS, p. 1179-1183 ; (39) *Discothèques, phonothèques et téniodiothèques*, par J. THÉVENOT, p. 1184-1204. — VI. *Exploitation ique des témoignages* : (40) *Archéologie préhistorique*, par A. LEROI-GOURHAN, p. 1207-1222 ; (41) *Archéologie antique*, par P. M. DUVAL 1223-1225 ; (42) *Archéologie médiévale*, par J. HUBERT, p. 1226-1241 ; (43) *Numismatique*, par J. BABELON, p. 1242-1246 ; (44) a critique des textes*, par Robert MARICHAL, p. 1247-1366 ; (45) *Les faux dans les archives et les bibliothèques*, par G. OUY, p. 1367-3 ; (46) *Les musées*, par P. PRADEL, p. 1384-1389 ; (47) *Témoignages photographiques et cinématographiques*, par G. SADOUL, p. 1390- o ; (48) *Témoignages sonores enregistrés*, par J. THÉVENOT, p. 1411-1417. — VII. *Quelques fils conducteurs* : (49) *Les outils de la erche historique*, par Pierre MAROT, p. 1421-1453 ; (50) *Organisation collective de la recherche historique*, par M. FRANÇOIS, p. 1454- 4. — VIII. : (51) *Comment comprendre le métier d'historien*, par H. I. MARROU, p. 1467-4150. — Suivent une série de « tableaux » à A. CORDOLIANI, savoir : tableau synoptique des ères, p. 1542-1557 ; des dates du début de l'année, p. 1558-1566 ; de l'adoption calendrier grégorien dans les différents pays, p. 1567-1568 ; de concordance des calendriers républicain et grégorien, p. 1570-1575 ; chronique, p. 1578-1647. — L'index enfin occupe les p. 1651 à 1717.

2. Par Édouard BARATIER, dans « Provence historique », t. XII, 1962, p. 244-245 ; — P. BERTHIER, dans « Annales É.S.C. », t. XX, 55, p. 1281-1283 ; — R. CHEVALLIER, dans « Rev. des ét. latines », t. XXXIX, 1961, p. 378-381 ; — H. HOURS, dans « Cahiers istoire », t. VII, 1962, p. 275-277 ; — Charles-Edmond PERRIN, dans « Journal des savants », 1962, p. 129-155 ; — Manuel RIU s « Anuario de estud. mediev. », t. I, 1964, p. 687-690.

I

de science. Mais en fait *L'histoire et ses méthodes* vient couronner une œuvre déjà fort imposante, et e[lle] vaudra à cet infatigable chercheur la gratitude non seulement de notre génération, mais de celles q[ui] suivront.

Assurément les différentes parties du livre ne sauraient satisfaire également des lecteurs dont les besoi[ns] sont des plus divers. Et tout d'abord nous pouvons déplorer ici l'absence de bien des chapitres virtue[ls] (à titre d'exemple, aucun chapitre sur les méthodes de périodisation, sur l'hagiographie, la musicologi[e,] les centres de recherche...). Plusieurs articles nous paraissent insuffisants, ou quelque peu discordant[s.] Les pages concernant l'onomastique (n° 22)[3] sont limitées, de manière fort regrettable, à la France, av[ec] des exemples pour la plupart empruntés à la Côte-d'Or. Parlant de la numismatique, on ne saurait di[re] que Jean Babelon ait fait vraiment (n° 43) un exposé de méthode. En traitant de la protection des mon[u]ments historiques, Robert Brichet s'est borné (n° 32) à des considérations strictement juridiques ; on pe[ut] surtout lui reprocher de s'être limité à la France, sans même laisser soupçonner quelles solutions ont p[u] entraîner des problèmes similaires en d'autres pays, et certains auraient pourtant mérité d'être propos[és] comme des modèles en pareil domaine. Le procédé est ici d'autant plus gênant que Pierre Pradel, lorsqu['il] analyse aussitôt après (n° 33) les musées, ne cesse de se placer à un point de vue mondial, multipliant l[es] comparaisons, ce qui rend sa méthode très éclairante. Quant aux photothèques, il ne leur est consac[ré] (n° 37, p. 1177-1178) que quelques lignes insignifiantes ; il n'est point question des grands ensembl[es] comme ceux de Marbourg, de Barcelone, du Warburg Institute à Londres, ni de plus modestes, comme cel[ui] du C.É.S.C.M. de Poitiers.

Mais, à côté de faiblesses rares et à peu près inévitables dans un ouvrage collectif, on remarquera tou[te] une série de contributions de premier plan. L'attention se porte d'abord sur les éléments du diptyqu[e] dû à Henri Marrou (n°s 1, 51), par lequel s'ouvre et se conclut l'inventaire : l'occasion va m'être fourn[ie] de revenir sur quelques aspects de ces pages, dont l'*auctoritas* est rayonnante. L'étude (n° 44) que Robe[rt] Marichal, en 120 pages d'une rare densité, a consacrée à la critique des textes est probablement la pl[us] belle pièce du corps même de l'ouvrage ; la langue en est limpide et nerveuse. Comment ne pas admir[er] encore les pages où Philippe Wolff (n° 29, p. 872-877) analyse la théorie de Pirenne et ses développemen[ts] posthumes, ou bien la manière si intelligente dont Robert-H. Bautier a brossé (n° 36) l'histoire des archives[.] Il y a là des chapitres qui font grand honneur à l'école historique française. L'on doit encore une gratitu[de] particulière à Georges Tessier (« La diplomatique », n° 21 : exposé d'une précieuse lucidité, comporta[nt] toute une série de définitions que l'on trouve difficilement ramassées ailleurs de façon aussi heureuse[),] à Michel François (« Le microfilm », n° 26), à Gilbert Ouy dont l'exposé sur les bibliothèques (n° 34) e[st] extrêmement original et utile ; à Georges Duby enfin, lequel, en posant les bases d'une étude historiqu[e] des mentalités (n° 31), a fait œuvre véritable de pionnier. Alfred Cordoliani, pour sa part, propose [en] fin de volume une série d'instruments de travail que l'on ne trouve jamais réunis en un tout, où s'exprim[e] la synthèse d'une masse considérable de recherches, et qui méritent grand respect[4].

Quelles sont, enfin, les contributions qui, en dehors des précédentes, peuvent éclairer plus spécialeme[nt] nos études ? Citons, entre autres, celle de Guy Beaujouan sur « le temps historique » (n° 3), celle du regret[té] Yves Renouard, tout à fait neuve et pleine de perspectives, sur « information et transmission des nouvelle[s] » (n° 5), celle de Jean Hubert (n°s 10, 42) sur l'archéologie médiévale[5].

Les bibliographies sont fort inégales, et sans doute y eut-il, sur ce point, quelque manque de coordinatio[n.] On peut regretter la minceur de celle des « outils de la recherche » pour le moyen âge (n° 49, p. 1444[).] Des lacunes singulières surprennent (par ex., pour la généalogie, n° 23, p. 737, il n'est pas fait mention [de] l'*Almanach de Gotha*). Par contre, beaucoup de ces bibliographies sont remarquables. Celle que Ch. Perr[at] a dressée pour la paléographie médiévale est du nombre, et celle de Ph. Wolff pour l'étude d'« économi[e »]

---

3. Ce nombre et les suivants renvoient *supra*, p. 385, n. 1.
4. Un regret toutefois : pour le tableau des dates du début de l'année, cet instrument n'aurait-il pas rendu de beaucoup plus gran[ds] services s'il avait été disposé également (ou même uniquement) en sens inverse ? Pour chaque pays ou chaque province, alphabétiqu[e]ment énumérés, l'indication des divers styles chronologiques successivement suivis aurait été très utile.
5. Ce qui ne signifie pas que l'on doive approuver tous les propos de ce dernier. Parlant de la datation des églises romanes, l'aute[ur] ose écrire : « Les erreurs commises sont toujours, sans aucune exception, des 'vieillissements' et non des 'rajeunissements' (p. 30[).] Ce qui conduit à la conclusion implacable : à rajeunir un monument on n'encourt jamais le risque de se tromper. Ceci confine [au] paradoxe.

sociétés » devrait assurément passer pour un modèle du genre : on notera dans cette dernière un petit
[ta]bleau, sobre et suggestif, des périodiques savants qui s'intéressent à ces problèmes ; le lecteur aurait
[ai]mé que, tout au long du volume, fussent multipliés semblables aperçus, car rien ne peut être plus profi-
[ta]ble aux chercheurs.

[Re]ste le plan. Dirai-je, comme H. Hours[6], qu'il soit « exécrable » ? Loin de moi pareille outrance. Cependant,
[il] est évident qu'un certain malaise, peut-être un malaise certain, résulte pour l'utilisateur de quelques
[mo]dalités de ce plan. Le fait d'avoir coupé en deux diverses matières, non toutes, pour en développer
[un]e moitié sous le chapeau « Recherche des témoignages », une autre sous « Critique des témoignages »
(« Archéologie médiévale », n°s 10, 42, « Numismatique », n°s 11, 43), ou bien la première moitié sous
[« C]onservation des témoignages », la seconde toujours sous « Critique » (ex. « Les musées », n°s 33, 46),
[res]sortit à une méthode assurément fort discutable. Outre que des redites sont possibles, la vision globale
la science considérée est fâcheusement sectionnée.

[Po]urquoi d'autre part, la sigillographie s'insérant dans l'étude des témoignages figurés, l'héraldique est-elle
[ins]crite au rôle des témoignages écrits ? Les raisons subtiles de cette discrimination m'échappent.

*
* *

[L'h]istoire, « ... le plus dangereux produit que la chimie de l'intellect ait pu élaborer... ». Tout le monde
[co]nnaît le cinglant réquisitoire de Valéry amorcé par cette boutade fameuse, que rappelle Ch. Samaran
[en] tête de sa préface. C'est à définir l'histoire que s'emploiera Marrou : une « des plus hautes vocations
[au]xquelles puisse se consacrer un homme », et donc, selon les vues de bien des classiques, une auxiliaire
[de] la philosophie. Mais « les rapports entre philosophie et histoire » n'ont cessé d'apparaître « ambigus,
[co]mplexes et souvent troubles ». Ceci d'autant que s'est développée de manière périlleuse — à toute époque,
[ma]is très spécialement à la nôtre — une prétendue « philosophie de l'histoire » que l'auteur accuse, non
[sa]ns raison, d'être « une idole totalitaire » constituant « la contrefaçon la plus dangereuse de l'histoire
[vér]itable » (p. 1478), responsable précisément de l'erreur d'optique (définissons-la de la sorte pour ne pas
[tro]p manquer à la charité) de Paul Valéry.

[Qu]elles sont donc les frontières du labeur historique, c'est ce que Marrou nous fait réaliser en termes
[d'u]ne vigueur insigne. Dénonçant tour à tour les insuffisances d'une science qui trop souvent se contente
[de] chercher à atteindre une seule audience (les spécialistes, à la rigueur les étudiants), ou bien ses déforma-
[tio]ns (« soit une vulgarisation orientée vers le pur pathétique, entre les mains d'entrepreneurs sans talent
[ni] compétence, soit, et c'est encore pis, une propagande polémique au service d'un gouvernement ou d'un
[par]ti » : p. 1538), l'auteur détermine par ailleurs, avec une extrême finesse, mais aussi parfois une chaleur,
[un] enthousiasme à faire frémir les mânes de Fustel, ce que l'histoire devrait être. Un historien anglais ou-
[tre-M]anche dernier conseillait à ses disciples : « Étudiez des p r o b l è m e s, et non pas des périodes. » Les
[par]agraphes que Marrou consacre (p. 1507-1513) à « l'art de poser les problèmes » sont imprégnés de la
[doc]trine de Lucien Febvre, sans toutefois qu'il reprenne à son compte toutes les extravagances verbales
[de] ce précurseur de génie.

[Et] de peindre les « vertus » de celui qui entend répondre à la vocation d'historien. Bien loin de voir dans
[l'hi]storien modèle celui qui n'est d'aucun temps ni d'aucun pays, comme le souhaitait l'auteur de la *Cité*
[*antique*], Marrou écrit qu'il sera précieux à cet écrivain d'être « un homme vraiment homme, largement
[ouv]ert à toutes les émotions et expériences humaines, un homme qui ait vécu, comme homme et comme
[cito]yen, qui ait combattu et souffert ». Idées chères à l'illustre Nicolas Iorga, dont on s'étonne que le nom

[6.] *Supra*, p. 385, n. 2.

I

ne paraisse nulle part au cours de ce volume[7]. « Le grand historien, dit-il encore, sera, d'abord, une gran** intelligence, un grand cœur, un homme très cultivé... »

Somme toute, Marrou souhaiterait que tout historien digne de ce nom équilibre son jugement objec** par un coefficient de sympathie à l'égard du sujet humain. Cela est-il compatible avec ceci ? se deman** en un climat d'inquiétude à peine voilée, Ch. H. Perrin[8]. Rappelons-nous pourtant comment s'exprima** il n'y a guère, Louis Halphen, le propre maître de ce dernier[9] : parmi les qualités indispensables à l'histori** ce savant comptait « un don de s y m p a t h i e pour tout ce qui a été senti et pensé par d'autres homm** dans l'élan de leurs cœurs et la droiture de leurs intelligences ». Or Halphen peut difficilement pass** pour un fantaisiste en matière de méthode historique.

Marrou continue : l'historien, « délégué par ses frères... à l'élaboration d'un secteur particulier de la scienc** devra, selon le mot de saint Paul, « se faire tout à tous » (p. 1505-1507). Toutefois il lui faudra, au préalab** être devenu bon ouvrier, avoir su mettre la main à la pâte, connaître les techniques avant de procéde** des synthèses prématurées : vérités que, en dépit de leur banalité, il n'a jamais été aussi nécessaire qu'aujo** d'hui de prêcher. Il est bon que ce livre donne de tels conseils, de même que (toujours par la plume ** Marrou, p. 1532) il dénonce les délires de la synthèse collective.

L'ouvrage comporte assez d'allusions à des principes qui constituent les bases mêmes des activités ** C.É.S.C.M. pour que l'on ne souligne pas ici l'opportunité de ces rappels. Non sans quelque rudesse, Mar** déclare que l'historien qui fait uniquement de la recherche spécialisée risque une véritable sclérose ; il évoque le mot féroce, en partie injuste, de Sir F. M. Powicke à propos de l'intarissable Léopold Deli** « grand historien qui n'a pas écrit d'histoire » ! Ainsi l'historien doit-il sans relâche élargir ses concep** se soucier de ce que font les autres, y compris les techniciens de disciplines parfois fort éloignées des sien** propres. En outre, l'histoire est un tout ; on ne peut plus, on ne doit plus la partager comme faisait Gab** Hanotaux, capitaine de l'*Histoire de la nation française*. « L'histoire ne se morcelle pas, il n'y a pas, il ** peut y avoir une histoire de la langue, une histoire de la littérature, une histoire du droit... valable** elles s'ignorent l'une l'autre... , il n'y a qu'une histoire, celle des hommes vivant en société. » (R. Marich** p. 1358-1359.)

Parmi les disciplines latérales qui devraient sans cesse être conjuguées avec l'histoire, la géographie ti** une place considérable. Mais les liens entre elles deux, les étudiants sont loin de les saisir toujours com** indispensables, bien qu'on ne cesse de ramener ces perspectives devant leurs yeux. Qu'ils lisent ici le chapi** dû à Charles Higounet, qu'ils retiennent la vérité exprimée par L. Robert : « Toute histoire a un fondem** géographique », vérité si criante, si évidente qu'on éprouve quelque honte à la redire encore et toujo** Mais il n'est pas que les étudiants pour oublier cela. Au fait : *L'Histoire et ses méthodes* ne comporte

---

7. Un admirable index, comme dans tous les ouvrages de la « Pléiade », achève ce volume. Mais il est toujours dangereux de fabri** un index parfait, car certaines lacunes apparaissent dès lors béantes. Que nous révèle celui-ci ? Qu'il n'est parlé, au long de ** 1500 pages, ni d'Artsikhovskij (découvreur des documents sur *beresta*, à Novgorod, cependant signalés p. 1123), ni de Joseph Calme** ni de J. Carcopino, ni de Pierre Courcelle, ni de Dupont-Ferrier, ni de Heinrich Fichtenau, ni d'Augustin Fliche, ni de Charles Gui** bert, ni d'Édouard Jordan, ni de Camille Jullian (sa méthode méritait au moins d'être discutée, pour ne rien dire de son extraordin** talent), ni d'Achille Luchaire, ni d'Henri Massé, ni de Ramón Menéndez Pidal, ni de Georges Ostrogorsky, ni de Charles Petit-Duta** (pas plus que de Stubbs), ni de Marcel Reinhard, ni de Claudio Sánchez-Albornoz. Ceci pour ne pas évoquer certains très grands n** du passé (Augustin Thierry par exemple, ou bien Savigny), tout autant ignorés. Revenons, soit aux vivants, soit aux savants ** génération immédiatement précédente : l'étonnement est grand lorsqu'on constate comment des hommes aussi illustres que Cha** Diehl, Ferdinand Lot ou Alfons Dopsch n'ont eu droit qu'à une unique mention. Encore Lot n'est-il cité (par Ch. Higounet) ** propos de la lecture des cartes de peuplement, non du tout au sujet de ses grandes thèses, sur la population des cités ou les effe** des armées par exemple, thèses discutables il est vrai. Et des maîtres aussi divers, mais aussi remarquables que François Gan** ou Robert S. Lopez ne sont pas mentionnés plus souvent. Quelque respect que nous ayons tous pour la grande mémoire de M** Bloch (cité quatorze fois) ou de Lucien Febvre (cité vingt-sept fois), j'estime qu'il y a là, au total, un manque évident d'équili**
8. *Supra*, p. 385, n. 2.
9. L. HALPHEN, *Introduction à l'histoire*, 2e éd., Paris, 1948, p. 8.

A PROPOS DE L'HISTOIRE ET DE SES MÉTHODES

ne seule carte. Le reproche lui en a déjà été fait très justement[10]. Les Français seraient-ils sur ce point corrigibles ?

côté de la géographie, voici un autre exemple : l'archéologie. Hubert a très opportunément exhumé une rase de Ludovic Vitet (1802-1873) : « L'archéologie..., en nous révélant à la vue des monuments l'état s sociétés qui les virent construire, nous fournit un des meilleurs moyens d'investigation, un des plus rs instruments de critique historique. » Truisme, s'écriera-t-on. Voire : ne serait-ce point plutôt une de s vérités premières que trop de prétendus historiens ont ignorées, surtout dans le passé ?

ouvrage que nous parcourons est encore semé à chaque pas de ces remarques qui « vont sans dire, mais nt mieux en les disant », selon la fameuse formule d'un humoriste. Beaucoup de ces maximes me sont rsonnellement chères depuis longtemps, et j'ai toujours tenté de les inculquer à mes élèves. Je me sens mblé en les retrouvant sous des plumes aussi autorisées. En voici quelques-unes.

propos des sciences auxiliaires.] « Dans les sciences humaines, actuellement, chaque discipline joue ur *toutes*[11] les autres le rôle de science auxiliaire. » (A. Leroi-Gourhan, p. 232.) Et G. Tessier, pour sa part, te (p. 670) que « la notion de science auxiliaire appliquée à la diplomatique » lui « paraît... contestable ... périmée, car ce que cette science analyse, ce sont directement des phénomènes sociaux et des faits de ilisation ». Ah ! qu'il fait bon entendre tenir pareil langage !

propos de l'épigraphie, mais on transposera sans difficulté pour d'autres disciplines], Robert transcrit 471) le mot profond de Jean Sauvaget : « Il n'y a pas d'inscriptions banales, il y a seulement une manière nale de les étudier. »

propos de l'étude des œuvres artistiques.] « Aucun des grands problèmes de l'histoire de l'art n'est muré dans les étroites limites d'une province ou d'une région. » (J. Hubert, p. 1239.) Au lieu de « n'est », uteur eût été prudent d'écrire : « ne devrait être ».

propos de la tentation de facilité que peut présenter pour le chercheur l'emploi des machines électro- ques.] Celles-ci « se perfectionneront, elles apprendront la paléographie, elles pourront faire des collations même des transcriptions matériellement exactes ; le philologue peut espérer être délivré bientôt de la rvée de la collation et de la hantise de l'erreur ; il ne sera pas, pour cela, dispensé de faire lui-même au oins des sondages étendus : aucune machine ne pourra observer cette foule de détails impondérables e seuls les experts savent voir et qu'ils voient d'autant plus nombreux qu'ils sont plus savants. » (R. Mari- al, p. 1270.)

propos de critique des textes.] « Conseil pratique très humble ! ne jamais se figurer qu'en dépouillant texte on peut immédiatement noter tout ce qu'il contient d'utile ; c'est le meilleur moyen de laisser sser le plus important. Il faut relire le texte autant de fois que l'on a de questions à lui poser : il faut nc le relire dix, vingt, cent fois. » (Du même, p. 1356).

richal a eu le courage d'écrire ailleurs (p. 1349-1350) les lignes suivantes, dont on lui saura ici le plus nd gré, d'autant que, tel un projet fiscal à quelque ministre des Finances, elles ne lui procureront pas popularité : « On se fait beaucoup d'illusions lorsqu'on s'imagine que l' 'histoire des faits' est achevée. le ne l'est nulle part ; elle ne le sera jamais. Nous sommes encombrés de synthèses, de gros livres débor- nts d'idées ; il nous manque presque totalement, presque partout, de bons répertoires, modestes, sciencieux, d'un maniement commode ; des listes de faits 'objectivables', non de 'faits de civilisation', r exemple la découverte de la boussole ; nous voulons des faits susceptibles de datation et de localisation cises, et les 'faits de civilisation' ne le sont pas. Laissez la boussole tranquille, donnez-nous la liste des nsuls, celle des ministres, les mariages des princes, les itinéraires des rois, etc., *mais non pas de dixième in*, non pas, si possible, d'après Eusèbe-Jérôme, les 'Grandes Chroniques', jamais en tout cas d'après reri ou le Larousse du XIXe siècle — ce sont de bons livres, mais nous les avons, — d'après la ou les rces authentiques et avec la référence, s'il vous plaît. Nous ne demandons pas une compilation, nous n'en nquons pas, nous demandons *un travail critique*. Ce ne sera pas de l'histoire ? Si vous voulez[12] : ce sera

---

. Par R. Chevallier (*supra*, p. 385, n. 2).
1. C'est moi qui souligne, ici et dans d'autres textes cités *infra*.
2. Allusion transparente à la fameuse boutade de L. Febvre, « Sur une forme d'histoire qui n'est pas la nôtre » (*Combats pour toire*, Paris, 1953 [« Économies, soc., civilis. »], p. 114).

I

à l'histoire ce que l'indicateur Chaix est aux voyages. Ce seront, en tout cas, de gros livres plu‍ difficiles et plus utiles que de grosses thèses. En attendant, l'érudit qui en aura l'occasion ne fera pas m‍ de rechercher quelle est la source de tel 'fait bien établi' : on lui promet de fructueuses surprises. »

*_**

A l'envi, les collaborateurs de *L'histoire et ses méthodes* proclament la souhaitable solidarité des historie‍ entre eux, sur le plan spatial (d'une nation, d'un continent à l'autre ; nécessité des congrès) ou dans temps (Marrou évoque avec sa flamme habituelle la solidarité des historiens d'une génération à une autre‍ tous font allusion à l'urgence du travail collectif. Cependant, ce dernier problème n'a pas été en ce liv vraiment abordé en soi, en dépit des quelques pages que lui consacre M. François (n° 50) ; un critique l déploré à bon droit ; beaucoup de collaborateurs toutefois en parlent, cette question les obsède tou‍ plus ou moins. L'un d'eux, André Bataille, écrit avec un parfait bon sens (n° 15, p. 523), faisant allusi‍ à la dispersion des efforts en papyrologie : « Dans nos sciences le travail collectif est une nécessité. Enco‍ faut-il que la formule passe dans les faits. Un excellent moyen de l'appliquer serait de réaliser, dans cadre de tout institut important, un fichier général de renseignements... accessible à tous. Une équi‍ restreinte de chercheurs pourrait lui consacrer une partie de ses activités en dépouillant d'abord ce q‍ vient de paraître, puis en remontant dans les publications du passé, au moins pour celles qu'ont ignoré‍ parce qu'ils les ont précédées, certains instruments de travail fondamentaux. » Ce qui est ici proposé ‍ vue d'étudier l'Égypte antique correspond point pour point au programme que s'est assigné, pour connaissance des civilisations des Xe-XIIe siècles, le C.É.S.C.M. de Poitiers.

Urgence enfin des contacts, postulés à peu près par tous, rarement définis et mesurés cependant[13], ent‍ les diverses formes d'histoire, entre l'histoire à son tour et mainte autre discipline. Et non seulement d contacts, mais des recoupements et des interpénétrations. « Le toponymiste devra s'assurer la collaboratio‍ de folkloristes..., d'archéologues, d'historiens, de géologues et de botanistes. » (P. Lebel, n° 22, p. 717.) « Il est indispensable que [les historiens] sortent du cadre trop étroit où ils se meuvent toutes les fois qu‍ s'agit de l'histoire des sciences et des techniques, où leur collaboration avec les techniciens, les scientifiqu‍ mais aussi les philologues, peut seule assurer le succès de la recherche. » (M. François, n° 50, p. 1463.) Abordant mes propres recherches sur les pèlerins, je suggérais ici même en 1958 que des enquêtes de type soient menées par « historiens, juristes, archéologues, hagiographes, toponymistes, spécialistes d‍ épopées, de la liturgie, de l'histoire comparée des religions, etc.[14] ». — « Il n'y a pas longtemps », écrit enco‍ Michel François, que les historiens « viennent de découvrir tout l'intérêt qu'ils ont à abattre les cloiso‍ qui les ont tenus trop longtemps à l'écart des autres disciplines, sans l'apport desquelles leurs effo‍ sont voués à un demi-échec. »

*_**

L'on n'en finirait point de feuilleter ce livre en y relevant tout ce qui constitue matière à réflexion, sujet d'acquiescement. Certes, diverses critiques de détail peuvent être présentées, mais elles n'offre aucune commune mesure avec les éloges que mérite l'ouvrage. En voici simplement quelques-unes, prop‍ sées chemin faisant.

P. 82, l. 17 du bas, lire *bailliages*, non *baillages*. — 161, l. 11 du bas, *Épiphane*, non *Éphiphane*. 255, l. 10, *1506*, non *1567* [à cette dernière date Michel-Ange était mort]. — 434, l. 4, ne fau‍ pas lire *biographie* au lieu de *bibliographie* ? Quant aux propos où s'insère la phrase en questi‍ ne sont-ils pas bien pessimistes ? En France, sans doute, mais en d'autres pays ? — 445, l. 12 bas, lire *1952*, non *1944*. — 525, l. 12 du bas, *dal secolo*, non *del secolo*. — 538, l. 18 du bas, 6‍ non *640*. — 543, est-il bien prudent d'affirmer encore aujourd'hui qu'en 640 les conquéra‍ musulmans brûlèrent la bibliothèque d'Alexandrie ? Rien n'est moins certain, cf. « Acad. (

---

13. Sinon ici, par Michel François (n° 50), mais trop brièvement.
14. E.-R. LABANDE, *Recherches sur les pèlerins dans l'Europe des XIe-XIIe siècles*, dans « Cahiers civil. médiév. », t. I, 1958, p. 3

A PROPOS DE L'HISTOIRE ET DE SES MÉTHODES

Inscr., c.r. séances », 1923, p. 163. — 578, l. 10 du bas, lire *Accad. delle Scienze*, non *Acad. delle Science*. — 579, l. 11 du bas, *Congresso*, non *Congreso* ; l. 2 du bas, *Geschichtsforschung*, non *Geschichtforschung*. — 632, l. 3, *Bullettino*, non *Bolletino*. — 723, l. 2, *English*, non *Englisch*. — 801, l. 18, *S. Cuore*, non *S. Curore*. — 991, l. 13 du bas, le titre exact est : *Y a-t-il emprise musulmane sur l'économie des États européens du VIIIe au Xe siècle ?* — 935, l. 13, lire *Le Bras*, non *Lebras*. — 1022, l. 9, *Bollettino... del Restauro*, non *Bolletino... de Restauro*. — 1057, l. 4, *différencié*, non *différentié*. — 1288, l. 8, point virgule après *troisième*. — 1388, l. 4 du bas, lire *nouv. éd.*, 1954. — 1409, l. 3 du bas, lire *Leurs témoignages, qui doivent être critiqués.* — 1434, l. 12, lire *avérée*, non *avéré*. — 1499, l. 16, j'apprécie peu l'expression *dans sa globalité*. — 1539, l. 20, virgule, et non pas point virgule après *pénultième*. — 1540, l. 2, lire *pensiero*, non *pensiere*. — 1622, ad v^m, lire *Çapera* (ou *Zapera*), non *Capera*. — 1663, v° Carmes, lire *1268*, non *1068*. — p. 1684, v° Innocent, lire *de' Conti*, non *di' Conti*. — 1704, v° Read, ajouter : † *1959*. — p. 1711, v° Suger, lire *1151*, non *1152*. — p. 1713, v° Urbain V, *Guillaume*, non *Julien*.

*
**

Revenons plutôt au bilan positif de *L'histoire et ses méthodes*, afin de mettre en évidence, pour conclure, certaines des directions de recherche que ce livre propose ou engendre.

C'est peut-être dans le chapitre, pourtant matériellement bref, de Duby (« Histoire des mentalités », p° 31) que l'on découvrira la plus forte proposition de perspectives nouvelles : ce qui n'est point pour surprendre quiconque connaît l'homme, son enseignement et ses livres. Pourquoi, dit par exemple, en substance, cet auteur, a-t-on attendu si longtemps avant de se mettre à étudier l'enfant et son éducation en milieu médiéval ? N'observons-nous pas aux XIIe-XIIIe siècles un intérêt croissant pour tout ce qui concerne les jeunes, et ne devons-nous point voir là « l'une de ces flexions majeures de l'histoire mentale dont l'examen minutieux s'impose » ? Duby suggère encore de se poser la question de l'affinement progressif, chez les hommes médiévaux, du besoin de précision numérique, selon les groupes sociaux ou les générations successives, ou bien de pousser plus avant qu'on ne l'a fait jusqu'à présent les études de lexicographie, afin de saisir les mentalités, d'étudier notamment les groupements de mots, ce qu'il appelle si joliment « les constellations verbales ».

De la même manière, G. Ouy fait observer, avec quelque humour (p. 1083), que l'« histoire des injures » est une « branche jusqu'ici injustement négligée de la sociologie historique »[15]. « Des injures »... et des jurons. Ventre-saint-Gris ! je crois bien. C'est encore Y. Metman qui, au cours de pages présentées à tort par un critique comme « un bavardage mondain », remarque, à propos des légendes de sceaux parlants du XIIIe siècle, combien l'étude des jeux de mots, que celles-ci impliquent souvent, pourraient être éclairante pour le philologue (p. 420-421).

Ces quelques types d'orientation (le livre en offre des dizaines d'autres) suffiront à révéler combien la coopération entre disciplines complémentaires a besoin d'être stimulée, combien elle est appelée à transformer, et transforme déjà, l'histoire telle qu'on se la représentait.

« Le Samaran » demeurera désormais en permanence sur la table de travail de tout médiéviste digne de ce nom. Et sur chacun de nous, il est appelé à exercer une bénéfique influence. A le compulser au hasard de ses besoins, celui qui travaille dans nos disciplines sera, jour après jour, replongé dans le bain d'humilité qui est son meilleur facteur de réussite ; car en cet inventaire, la plupart des chapitres, par la méthode que leurs auteurs définissent, ou tout au moins sous-entendent, constituent autant d'occasions pour nous de ressentir l'immensité de nos respectives ignorances. Nécessité pour chacun de ne pas s'enclore en son secteur propre, tel est donc le leit-motiv que ces auteurs ont tous repris au long de ces pages, comme si un chef d'orchestre l'avait tour à tour rappelé mainte fois à chacun d'eux, d'un discret signal de sa baguette.

15. Cette remarque rejoint certaines propositions illustres, et révolutionnaires en leur temps, de Lucien Febvre.

II

L'HISTORIOGRAPHIE DE LA FRANCE DE L'OUEST AUX Xe ET XIe SIÈCLES [1]

C'est une tâche bien délicate qui a été confiée, par les organisateurs de la « Settimana », à mon confrère et ami Bautier comme à moi-même. Le fractionnement d'un rapport concernant l'historiographie dans le royaume de France aux Xe et XIe siècles était raisonnable: compte tenu de l'ampleur du sujet, toute une équipe eût pu utilement s'y employer. Mais une division géographique, à

---

(1) Sigles utilisés: *A.B.* = *Analecta Bollandiana*. – *A.C.* = MARTÈNE et DURAND, *Veterum scriptorum et monumentorum amplissima collectio*. – *A.M.* = *Annales du Midi*. – *A.T.H.* = L. HALPHEN, *A travers l'histoire du moyen âge*, Paris 1950. – *AA.SS.* = *Acta sanctorum*. – *AA.SS.O.S.B.* = *Acta sanctorum ordinis sancti Benedicti*. – *B.É.C.* = *Bibliothèque de l'École des Chartes*. – *B.É.H.É.* = *Bibliothèque de l'École des Hautes études, sciences historiques et philologiques*. – *B.S.A.L.* = *Bulletin de la Société archéologique et historique du Limousin*. – *B.S.A.O.* = *Bulletin de la Société des Antiquaires de l'Ouest*. – *C.C.H.* = *Catalogus codicum hagiographicorum latinorum... in Bibliotheca Nationali Parisiensi*, Bruxelles 1889-1893, 4 vol. – *C.É.A.* = *Chroniques des églises d'Anjou*, éd. P. MARCHEGAY et E. MABILLE, Paris 1869 (*S.H.F.*). – *C.P.* = *Collection de textes pour servir à l'étude et à l'enseignement de l'histoire*, dite « collection Picard ». – *G.C.* = *Gallia christiana*. – *H.F.* = *Recueil des historiens des Gaules et de la France*. – *H.L.F.* = *Histoire littéraire de la France*. – *M.A.* = *Le moyen âge*. – *M.R.C.* = *Mélanges René Crozet*, Poitiers 1966. – MOLINIER = *Les sources de l'histoire de France des origines aux guerres d'Italie...*, par Auguste M., Paris 1901-1906, 6 fasc. – *P.L.* = *Patrologiae latinae cursus completus*, dit « Migne ». – *R.C.T.* = *Recueil des chroniques de Touraine*, éd. A. SALMON, Tours 1854 (Société archéologique de Touraine). – *R.H.* = *Revue historique*. – *S.H.F.* = *Société de l'histoire de France*. – *SS.* = *Monumenta Germaniae historica, scriptores* (« Pertz »). – *T.N.A.* = MARTÈNE, *Thesaurus novus anecdotorum*.

laquelle il a bien fallu se résoudre, présentait des difficultés presque insurmontables, étant donné l'enchevêtrement, l'entrelacement des influences à cette haute époque, les cheminements d'hommes dont certains ne furent jamais stables [2]. Prendre le cours de la Loire pour ligne de démarcation entre une relation et l'autre – ce qui était d'abord prévu – eût abouti à une disproportion flagrante entre les deux morceaux, la France du Sud se révélant d'une pauvreté insigne en comparaison du reste. Nous nous sommes donc engagés dans une détermination différente des deux zones.

La nouvelle répartition (artificielle, nous en sommes conscients) tient compte, d'une part de la France du Nord et de l'Est, de l'autre de celle de l'Ouest. Normandie, Bretagne, régions de la Loire moyenne (avec l'ensemble Maine-Anjou-Touraine), enfin la vaste étendue des duchés d'Aquitaine et de Gascogne constituent l'objet de ma propre relation, celle du professeur Bautier devant englober tout le reste du royaume capétien. A l'épreuve, à vrai dire, cet aménagement ne s'est guère avéré plus satisfaisant que le précédent.

Pour la présentation des œuvres, j'ai tenté, en ce qui me concerne, de me conformer à la géographie, région par région. Je n'ai nullement la prétention de donner en quelques pages un inventaire exhaustif : sans négliger des ouvrages de notoriété universelle, et déjà souvent commentés, j'ai voulu attirer l'attention sur certains autres, jusqu'ici parfois peu exploités, ou demeurés en partie dans l'obscurité.

Mon propos sera encore, non seulement de ne pas négliger les sources hagiographiques, mais de les traiter comme matériaux historiques proprement dits. En dépit

---

(2) Cf. *infra*, p. 790, n. 95.

des intentions de leurs rédacteurs, elles sont devenues pour nous – on l'a rappelé avec autorité ces jours derniers – des instruments d'interprétation, non seulement de l'évolution religieuse, mais aussi bien de faits sociaux, économiques, politiques.

Ouvrant ici une parenthèse, il est bon de dire toute l'utilité d'une entreprise comme celle qui, sous l'impulsion du professeur Léopold Genicot, de l'Université de Louvain, aborde une « typologie des sources du moyen âge occidental »; la présentation de ce projet d'enquête a eu lieu au cours d'un colloque tenu à Paris le 15 mars 1969. Il s'agit là de formuler des principes critiques qui puissent éviter à l'utilisateur d'extraire d'un document trop, trop peu ou autre chose que ce qu'il contient. Semblable contrainte deviendra fructueuse dans la mesure où l'on saura éviter une systématisation trop rigoureuse, et garder vis-à-vis des sources narratives toute la souplesse d'interprétation que celles-ci requièrent.

I.

Parlons en premier lieu du duché de Normandie[3]. Au point de vue de l'historiographie et de l'hagiographie, depuis 911 et durant longtemps on y constate une atonie presque générale, un grand silence, dont les causes sont évidentes: que l'on songe aux ravages exercés au IXe siècle par les Vikings. Puis, après un démarrage tardif, s'amorce une progression continue, dans quelques grands centres monastiques: surtout Fécamp, Saint-Ouen de Rouen, Fontenelle et Le Bec. Le Mont-Saint-Michel, qui plus tard jouera un rôle éminent en ce domaine, est encore muet.

---

(3) Cf. B. LEBLOND, *L'accession des Normands de Neustrie à la culture occidentale (X^e-XIe siècles)*, Paris 1966.

Le *De revelatione, aedificatione et auctoritate Fiscamnensis monasterii* [4], en deux prologues et vingt et un chapitres, dédié à un abbé de Fécamp qui ne saurait être que Guillaume de Ros (1079-1108) [5], est à la fois fort utile et inquiétant. A côté de la mention du miracle du cerf au temps d'Ansegise, largement mis en valeur, ainsi que de plusieurs autres – dont, notons-le, un miracle eucharistique, – il offre toute une série de renseignements concernant la vie de la Normandie sous ses premiers ducs: bienfaits du traité de Saint-Clair-sur-Epte, assassinat de Guillaume Longue Épée; il contient un éloge tout à fait vibrant de Richard II qui, par son appel à Guillaume de Volpiano, permit l'essor de la Trinité de Fécamp. L'ouvrage se termine par le privilège d'exemption obtenu du pape Benoît VIII. Cette histoire est bien entendu tendancieuse, car elle vise à justifier les prétentions territoriales du monastère vers 1090.

Un autre, celui de Saint-Ouen à Rouen, connut au XIe siècle une grande activité. Je mentionnerai d'abord les successives *Translationes beati Audoeni*, dont une qui appartient au siècle précédent [6]. Un récit dû au moine Jean décrit le retour à Rouen des reliques de saint Nicaise le 12 décembre 1032 [7]. Thierry de Saint-Ouen rédigea une vie

---

(4) *De revelatione...*, dans *P.L.*, CLI, 701-724; A. LÂNGFORS, *Histoire de l'abbaye de Fécamp en vers français du XIIIe siècle*, Helsinki 1928 (Annales Academiae Scientiarum Fennicae, sér. B, XXII, 1), pp. 12-40.

(5) D'après J. F. LEMARIGNIER, *Étude sur les privilèges d'exemption et de juridiction ecclésiastique des abbayes normandes depuis les origines jusqu'en 1140*, Paris 1937 (Archives de la France monastique, 44), pp. 255 ss. Cet appendice donne toutes précisions nécessaires sur « les chroniques de l'abbaye de Fécamp au XIe siècle ».

(6) Dans *AA.SS.*, aug., IV, 820-824; cf. E. VACANDARD, *Vie de saint Ouen de Rouen*, Paris 1902, p. 328; B. LEBLOND, *op. cit.*, pp. 174-175.

(7) JOHANNES SANCTI AUDOENI monachus, *Translatio beatorum Nicasii, Quirini et Scuviculi*, dans *T.N.A.*, III, 1677-1682; *P.L.*, CLXII, 1163-1166. Au sujet de ces divers textes, voir P. LAUER, *Les translations des reliques de saint Ouen et de saint Leufroy du IXe au Xe siècle, et les deux abbayes de La Croix-Saint-Ouen*, dans *Comité des travaux historiques et scientifiques, bulletin philologique et historique*, 1921, p. 119-136.

du saint patron de l'abbaye en vers léonins, dédiée à l'abbé Nicolas († 1092), et ce texte avait attiré il y a longtemps l'attention des auteurs de l'*Histoire littéraire de la France* [8]. Ceux-ci ont tenté de réserver également à Thierry la paternité des *Acta Rothomagensium archiepiscoporum*, que d'autres érudits proposent d'attribuer à l'un de ses confrères nommé Fulbert; de toute manière, c'est l'atelier de Saint-Ouen qui est concerné [9].

L'ouvrage, composé vers 1080 probablement, constitue une source de toute première utilité, éclairante en ce qui concerne les conflits, habituels au XIe siècle, entre une église abbatiale et une cathédrale au sein de la même cité. Avec un sens dramatique extraordinaire, un grand souci du détail, pittoresque mais vraisemblable, l'auteur décrit par exemple les incidents qui se produisirent à Saint-Ouen le 24 août 1073, lors de la solennité du saint titulaire, incidents provoqués par l'insolence de l'archevêque Jean d'Avranches; il narre ensuite la fin, tragi-comique, du même prélat. Bien qu'il ne lui ait pas donné le beau rôle, le chroniqueur s'est efforcé à un exposé impartial, qu'il formule en termes touchants: *Nihil hic reticendum fore censemus quod, dum alteri favendo dissimulamus, alteri totum derogando imputare videamur. Verum falsi adstipulatione non indiget* [10].

Jumièges, pour sa part, fournit un poème [11] en 185 vers, de date incertaine [12]. Versificateur consciencieux et

---

(8) Theodericus Sancti Audoeni monachus, *Vita metrica beati Audoeni, Rothomagensis episcopi*, dans *P.L.*, CL, 1189-1192; cf. *H.L.F.*, VIII, 364-370; E. Vacandard, *op. cit.*, p. 329.

(9) *Acta...*, dans *A.C.*, II, 233-248; extraits dans *H. F.*, XI, 70-73; cf. *H.L.F.*, VIII, 367-369.

(10) *H.F.*, 71. A ce sujet, voir J. M. Soyez, *Les abbayes de Rouen au XIe siècle*, dans *La Normandie bénédictine au temps de Guillaume le Conquérant*, Lille 1967, pp. 71-72.

(11) *De fundatione, ruina et restauratione inclyti monasterii Gemmeticensis*, dans *P.L.*, CXXXVIII, 394-398; cf. B. Leblond, *op. cit.*, pp. 175-178.

(12) Il serait toutefois malaisé d'en attribuer la rédaction au Xe siècle.

méthodique rhéteur, l'auteur a partagé son ouvrage, après un prologue, en trois parties à peu près égales: fondation du monastère, destruction par les Normands, redécouverte et début de restauration par Guillaume Longue Épée. Il s'agit là, au total, d'une production assez négligeable.

Bien différente, et très profitable au chercheur, sera l'*Historia inventionis et miraculorum beati Vulframni*, provenant de Fontenelle, dont l'intérêt avait été signalé à diverses reprises [13], et qui a été fort bien mis en valeur par dom Laporte [14]. Oeuvre d'un témoin oculaire (*ea quae nostris inspeximus oculis*, lui arrive-t-il d'écrire), ce récit fait grand honneur au monastère de Saint-Wandrille, laissant percevoir l'activité intellectuelle que cette maison avait retrouvée au milieu du XIe siècle. De nombreuses précisions sont données par l'*Historia* sur l'invention (1027) du corps de saint Wulfran à Fontenelle, sur l'assassinat de l'abbé Gérard quelques années plus tard, ensuite sur la personne du duc Robert, son pèlerinage, sa mort à Nicée, et surtout les premiers temps de Guillaume le Bâtard: ceci complète ce que l'on sait par Guillaume de Jumièges. Non moins précieuses sont les phrases relatives à la famine que la Normandie subit vers le milieu du siècle, avec la terrible mortalité de 1053: les reliques de saint Wulfran furent alors promenées à travers tout le pays, tandis que, à Rouen, en vue de faire cesser le fléau, étaient ralliées les châsses d'un grand nombre de saints. En ce recueil seraient à retenir encore beaucoup d'autres éléments, concernant par exemple la généalogie des ducs, la fondation du Mont-Saint-

---

[13] Notamment par dom Lohier, *Histoire de la restauration de Saint-Wandrille aux Xe et XIe siècles: sa valeur pour l'histoire des premiers ducs normands*, dans *Congrès du millénaire de la Normandie*, Rouen 1912, t. I, pp. 135-139.

[14] *Historia...*, dans *AA.SS.*, mart., III, 148-163; éd. Laporte, dans *Mélanges publiés par la Société d'histoire de Normandie*, t. XIV, 1938.

Michel, voire tel détail de construction des bâtiments monastiques à Fontenelle même. Épisodiquement, il y est parlé d'un moine traducteur de vies de saints en *communis lingua* [15] : nous savons bien que les cas d'Alexis et d'Eulalie ne furent pas les seuls à cette époque.

C'est enfin un moine célèbre de l'abbaye du Bec, Gilbert Crépin [16], qui a rédigé l'unique biographie du bienheureux Herluin († 1078), fondateur de cette maison. L'auteur faisait partie, avec Lanfranc et Anselme, du groupe des disciples directs du premier abbé. En dehors d'intentions à proprement parler hagiographiques, son témoignage historique demeure de tout premier ordre. Il faut remercier la r.m. Marie-Paschale Dickson d'en avoir récemment proposé une traduction française [17].

A côté des monastères, il serait intéressant de déterminer la part que prirent à des travaux de ce type les églises séculières. La collecte s'avère ici particulièrement décevante. Je n'oublie point que, dès la fin du IXe siècle, l'évêque Adelme de Sées avait rédigé une excellente *vita* de sainte Opportune, abbesse au même lieu [18], rapportant notamment le meurtre d'un de ses prédécesseurs au VIIIe siècle; ni non plus que l'on doit à un archidiacre de Rouen, nommé Fulbert, une honorable Vie de saint Romain

---

(15) *AA.SS.O.S.B.*, III/1, p. 379, § 26.
(16) Il était fils du comte du Vexin: J. A. ROBINSON, *Gilbert Crispin, Abbot of Westminster; A Study of the Abbey under Norman Rule*, Cambridge 1911, p. 14.
(17) GISLEBERTUS CRISPINUS, WESTMONASTERIENSIS abbas, *Vita beati Herluini, primi Beccensis coenobii patris*, dans *P.L.*, CL, 697-714; trad. M. P. DICKSON, o.s.B., *La vie de saint Herluin, fondateur et premier abbé du Bec, relatée par son disciple...*, Le Bec 1961. Voir chanoine PORÉE, *Histoire de l'abbaye du Bec*, Évreux, t. I, 1901, p. 104.
(18) ADELMUS SAGIENSIS episcopus, *Vita beatae Opportunae, Sagiensis abbatissae*, dans *AA.SS.*, apr., III, 62-67; cf. *H.L.F.*, VI, 130. A ce propos, voir J. LAIR, introd. à DUDO SANCTI QUINTINI VIROMANDENSIS decanus, *De moribus et actis primorum Normanniae ducum*, Caen 1865 (Mémoires de la Société des Antiquaires de Normandie, 23), p. 11.

(seconde moitié du XIᵉ)¹⁹. Mais c'est l'église de Coutances qui réserve au chercheur, vers 1095 ²⁰, la plus heureuse surprise avec le *De statu Constantiensis ecclesiae* ²¹.

Aussi utile pour l'histoire de l'Angleterre que pour celle du duché, cet écrit est en réalité une biographie de Geoffroy de Montbray, évêque de Coutances de 1049 à 1093, restaurateur insigne d'un diocèse depuis longtemps déserté par ses titulaires. Le récit est édifiant vers la fin, mais pour nous son intérêt se révèle tout autre. Comment celui qui devait devenir un des brillants compagnons du duc Guillaume en son expédition ²² s'installa d'abord à Saint-Lô, puis entreprit de rebâtir de fond en comble sa cathédrale; comment son énergie réveilla si bien l'activité économique dans Saint-Lô que le produit du tonlieu s'éleva, en quelques années, de 15 à 220 livres ²³; quels corps de métier furent requis pour la construction et la décoration de la nouvelle église; comment se présentait vers 1090 ce que nous définirions, dans notre parler, l'équipement scolaire et culturel de la cité renouvelée; tout cela, avec bien d'autres éléments, et jusqu'au coq doré installé au sommet de la tour centrale sur la cathédrale, – coq que contemple avec fierté, de son lit d'agonie, l'évêque conscient d'avoir parachevé son œuvre, – tout cela est conté en une langue riche et sonore ²⁴.

(19) FULBERTUS ROTHOMAGENSIS archidiaconus, *Vita beati Romani Rothomagensis episcopi quarta*, au sujet de laquelle v. *AA.SS.*, oct., X, 75; cf. E. VACANDARD, *Vie de saint Ouen*, p. 356.

(20) A une date un peu plus tardive si l'on en croit J. LE PATOUREL, *Geoffrey of Montbray, Bishop of Coutances (1049-1093)*, dans *English Historical Review*, t. LIX, 1944, p. 132.

(21) *De statu...*, dans *G.C.*, XI, instrum., 217-224.

(22) GUILLELMUS PICTAVINUS, LEXOVIENSIS archidiaconus, *Gesta Guillelmi ducis Normannorum et regis Anglorum*, éd. R. FOREVILLE, Paris 1952 (Classiques de l'histoire de France au moyen âge, 23), pp. 182, 220.

(23) « Burgum vero Sancti Laudi, qui est supra Viram, adeo viriliter incrementavit, ut teloneum, quod erat .xv. librarum, fieret .ccxx. librarum; ibique stagnum cum molendino, et lapideum pontem supra Viram condidit »: *G.C.*, 219.

(24) J. LE PATOUREL, *op. cit.*, pp. 129-161.

S'il est un homme qui reste bien servi sous le rapport des biographies, certes mieux encore que l'évêque Geoffroy, c'est Guillaume le Bâtard. Pour en venir en effet à l'historiographie ducale, remarquons qu'elle n'est point laïque (cela va presque sans dire); toutefois ce n'est plus une église, cathédrale ni abbatiale, qui constitue son milieu d'épanouissement, c'est la cour du duc de Normandie. Tout ceci est tellement notoire que, pour éviter d'enfoncer des portes ouvertes, je me bornerai à quelques observations.

Avant le Conquérant avait brillé Dudon de Saint-Quentin, un des plus hauts noms, au début du XIe siècle, de la production historiographique. Avec lui commence l'histoire dynastique, plongeant ses racines dans mythes et légendes du monde scandinave: histoire adulatrice, où les thèmes de la louange aux fins de propagande sont savamment orchestrés, en une langue trop alambiquée et prétentieuse pour plaire aux gens d'aujourd'hui, mais bien faite pour séduire alors un prince encore proche de ses origines barbares. Dudon, en réalité, pose problème à qui a dû s'assigner, faute de mieux, des limites géographiques en vue de la commodité de son enquête; car, on l'a plus d'une fois utilement rappelé [25], cet homme n'était pas normand. S'il fut, à diverses reprises, attiré à la cour des ducs ou à Fécamp, s'il acquit une imprégnation suffisante du milieu normand et de ses modes de penser pour construire efficacement son *De moribus et actis primorum Normanniae ducum* [26], le doyen de la collégiale de Saint-Quentin a dédié son travail à Adalbéron Ascelin, évêque de Laon, non à un

---

(25) Notamment H. PRENTOUT, *Étude critique sur Dudon de Saint-Quentin et son Histoire des premiers ducs normands*, Paris 1916, pp. 15-17. « Il a élevé une belle basilique dans le goût du temps. Mais cette basilique est construite par un étranger sur le sol normand » (B. LEBLOND, *L'accession des Normands à la culture...* [cité *supra*, p. 753, n. 3], p. 188).

(26) *De moribus...*, éd. J. LAIR citée *supra* (p. 757, n. 18); fragments dans *SS.*, IV, 93-106.

prince ou prélat normand; il avait été formé en Vermandois, dans un milieu ressortissant à la province ecclésiastique, non de Rouen, mais de Reims, terre où se maintenaient vigoureuses les traditions carolingiennes, et la rigueur de la répartition entre nos deux rapports [27] eût exigé que je n'eusse point parlé du tout ici de quelqu'un dont, au reste, M. Lucien Musset dénonçait naguère, non sans sévérité, la « nullité intellectuelle » [28].

Si l'on considère la cour du duc entre 1060 et 1100, on éprouve l'impression, vite confirmée, que celle-ci n'est plus le désert culturel qu'elle devait plus ou moins constituer sous Richard II, lorsqu'un appel d'air, et peut-être aussi l'appât de quelque confortable sportule, y attira le doyen de Saint-Quentin. Autour du grand Bâtard une atmosphère nouvelle règne ; on y est soucieux des choses de l'esprit; on y rencontre des historiographes de haute qualité. Parmi ces personnages, encore faudrait-il discerner ceux que la Normandie peut légitimement revendiquer pour siens. Guillaume dit de Poitiers était originaire de Préaux, près Pont-Audemer, peut-être même apparenté à la famille ducale; son homonyme et contemporain *Guillelmus Calculus* fut un religieux de Jumièges [29]. Reste l'évêque d'Amiens Guy de Ponthieu († 1074), avec son poème *De Hastingae proelio* [30]. Pour cet auteur, comme pour Dudon, dira-t-on que la Normandie le doive annexer? Le prélat, aumônier de la reine Mathilde, avait grandi

---

(27) Voir *supra*, p. 752.
(28) L. Musset, *Les peuples scandinaves au moyen âge*, Paris 1951, p. 64, n. 1.
(29) Le document que constitue le fameux tissu de Bayeux a été probablement réalisé dans le Kent, même si le mécène qui le commanda était le très normand Odon de Conteville, évêque de Bayeux, frère utérin du duc Guillaume. La « tapisserie » appartient au domaine de l'historiographie anglaise.
(30) Guido Ambianensis episcopus, *De Hastingae proelio*, éd. J. A. Giles, dans *Scriptores rerum gestarum Willelmi Conquestoris in unum collecti*, Londres 1845 [réimpr., New York 1968] (Caxton Society, 3), pp. 27-52.

dans les domaines du comte de Flandre; il avait été formé à Saint-Riquier: tout le mérite de son œuvre doit, en bonne logique, rejaillir sur les maîtres qu'il eut en ce monastère.

Restent les deux grands Guillaume, celui de Jumièges et celui de Poitiers. Le premier a quelque peu souffert de l'éclat du second. Peut-on savoir lequel l'emporta en réputation auprès de leurs contemporains ? Entre l'un et l'autre il est loisible d'hésiter.

L'œuvre propre du moine de Jumièges ne peut plus être évaluée dans sa pureté originelle qu'avec d'énormes difficultés, car elle nous est parvenue sous des revêtements divers, rajeunissements et interpolations, dus à des historiens du XIIe siècle, à commencer par l'un des plus habiles, Orderic Vital [31]. Cette rédaction personnelle, consacrée à Guillaume le Bâtard, était précédée de plusieurs livres où *Calculus* s'était employé à résumer, à rendre plus accessible l'oeuvre touffue, difforme parfois, de Dudon. Pour la suite, a-t-il utilisé Guillaume de Poitiers qui travaillait au même moment? La thèse ne semble plus recevable depuis une démonstration de Mlle Raymonde Foreville [32]; c'est plutôt probablement le contraire qui se sera produit, encore que Guillaume de Poitiers, bien supérieur à tous ses prédécesseurs, et maître d'une technique littéraire éprouvée, ne se soit montré en aucun cas servile adaptateur, et qu'il ait manié ses sources écrites avec quelque désinvolture.

(31) GUILLELMUS CALCULUS, GEMMETICENSIS monachus, *Gesta Normannorum ducum*, éd. J. MARX, Rouen 1914 (Société de l'histoire de Normandie); aussi dans *P.L.*, CXLIX, 799-910; cf. *H.L.F.*, VIII, 367-373. Voir à son sujet L. HALPHEN, dans *R.H.*, t. CXXI, 1916, pp. 317-320; J. MARX, *Guillaume de Poitiers et Guillaume de Jumièges*, dans *Mélanges Ferdinand Lot*, Paris 1925, pp. 543-548; L. DE SAINT PIERRE, *Rollon devant l'histoire, les origines*, Paris 1949, pp. 115-118.

(32) Dans son édition de GUILLAUME DE POITIERS déjà citée (*supra*, p. 758, n. 22), pp. XXVI-XXXVIII.

Cet écrivain, par ses *Gesta Guillelmi ducis Normannorum et regis Anglorum* [33], révèle que la Normandie est enfin entrée dans l'ère de l'Histoire au sens le plus noble du terme. Voici un biographe qui ne se contente pas d'énumérer de hauts faits, mais qui, tout en justifiant ceux-ci par des procédés quasi hagiographiques, cherche à en expliquer et la genèse et la portée. Histoire qui s'inspire de quelques grands modèles – César (l'auteur s'appesantit même sur la connaissance qu'il en a), Salluste, Suétone, et encore Cicéron [34], sans compter que, par des réminiscences poétiques: Virgile, Juvénal, Stace [35], cet historien révèle avoir été formé dans une école supérieure. Mais ce n'est pas ici le lieu de redire tout ce qui a été si bien analysé par le dernier éditeur des *Gesta*. Rappelons seulement comment, après avoir passé sa jeunesse dans l'état de chevalier auquel pouvait l'appeler sa naissance, – nous savons cela par Orderic Vital dont le témoignage, en l'occurrence, est d'une portée évidente [36], – Guillaume s'en alla s'instruire aux

(33) Le texte des *Gesta* se trouve également dans *P.L.*, CXLIX, 1216-1270. Sur l'auteur, voir encore *H.L.F.*, VIII, 192-197; G. KOERTING, *Wilhelm's von Poitiers « Gesta Guillelmi »..., ein Beitrag zur anglo-normannischen Historiographie*, Dresde 1875; R. FOREVILLE, *Aux origines de la légende épique: les « Gesta » de G. de P.*, dans *M.A.*, t. LVI, 1950, pp. 195-219 (cf. R. LOUIS, *Y a-t-il eu une geste de Guillaume le Conquérant?* dans *Annales de Normandie*, t. III, 1953, pp. 15-21); R. FOREVILLE, *Aux origines de la renaissance juridique: concepts juridiques et influences romanisantes chez G. de P.*, *biographe du Conquérant*, dans *M.A.*, t. LVIII, 1952, pp. 42-83; R. DROEGEREIT, *Bemerkungen zum Bayeux-Teppich*, dans *Mitteilungen des Instituts für oesterreichische Geschichtsforschung*, t. LXX, 1962, pp. 257-293; B. LEBLOND, *L'accession...*, pp. 206-207. A propos de la comète de 1066 chez Guillaume, Guy d'Amiens, Guillaume de Jumièges et divers autres, cf. P. ROUSSET, *Un problème méthodologique: l'événement et sa perception*, dans *M.R.C.*, pp. 315-321.

(34) César: éd. FOREVILLE, pp. 20, 70, 98, 110, 240, 246 ss. Suétone: pp. 12, 42, 190, 228, 254, 260. Tite-Live: p. 112. Salluste: *passim*. Cicéron: pp. 10, 28, 40, 234, 258.

(35) Virgile: pp. 158 ss., 198, 208 (cf. aussi, p. 22: « laudibus ad sidera tollebat » qui évoque *Aen.*, I, 103). – Juvénal: p. 183. – Stace: p. 198.

(36) « In rebus bellicis ante clericatum asper extitit, et militaribus armis protectus terreno principi militavit, et tanto certius referre visa discrimina potuit, quanto periculosius inter arma diris conflictibus interfuit »: ORDERICUS

écoles de Poitiers, « en exil », dit-il, puis revint en Normandie où, revêtu des ordres sacrés, il fit carrière dans l'Église. Voilà qui confère à sa personnalité une véritable richesse: ayant pratiqué l'art de la guerre en son adolescence, il sait de quoi il parle lorsqu'il relate des batailles; prêtre, il peut utilement commenter l'activité de son héros en faveur des églises; instruit enfin dans les arts libéraux, il est persuadé que l'histoire doit démontrer, instruire, avertir, il en fait une science, une discipline exigeante; il sait qu'il écrit pour la postérité. Guillaume de Préaux se situe en pleine « renaissance »[37] du XIe siècle.

II.

La péninsule armoricaine avait, au Xe siècle, ignoré, sinon les lettres, du moins une historiographie autre que rudimentaire; mais il n'en allait guère différemment alors, on vient de le voir, dans une Neustrie à peine remise des dévastations qu'y avaient opérées les Vikings. Après l'an mil, tandis que la Normandie connaît l'épanouissement relatif qui a été signalé, la Bretagne continue d'être indigente; tout au moins n'avons-nous rien conservé de ce qui y aurait été écrit d'intéressant. Rien, ou à peu près rien.

On hésite à qualifier de source à proprement parler historique la *Vita beati Gildae, cognomine Sapientis, Ruycensis abbatis*[38], composée peut-être vers 1030; car une fois la part faite aux lieux communs, miracles courants et

---

VITALIS, UTICENSIS monachus, *Historia ecclesiastica*, éd. LE PREVOST, t. II, Paris 1840 (*S.H.F.*), pp. 217-218; éd. trad. M. CHIBNAL, t. II, Oxford 1969, pp. 258-259.

(37) Cf. (sur les divers usages du terme) R. S. LOPEZ, *Still another Renaissance?* dans *American Historical Review*, t. LVII, 1951-1952, pp. 1-21.

(38) *Vita...*, dans *AA.SS.O.S.B.*, I, 138-152.

phénomènes d'origine démoniaque dont le texte est constellé, c'est à peine si l'on en peut retirer quelques données sur la restauration du monastère de Rhuys en 1008, ainsi que [39] sur des révoltes populaires au début du siècle.

Exception en revanche particulièrement remarquable en cette zone si peu favorisée: le *Chronicon Namnetense*. Cet ouvrage, qui fit l'objet d'une édition excellente en 1896 [40], ne fut guère mis en valeur depuis lors. L'auteur – dont rien ne nous laisse soupçonner l'origine – écrit au milieu du XIe siècle; sa chronologie est pour ainsi dire inexistante, toutefois le dernier événement important qu'il signale est le concile convoqué à Reims en 1049 par Léon IX. A Nantes, dont le chroniqueur est chanoine selon toute vraisemblance, il écrit comme porte-parole d'un parti de clercs et de laïcs désireux, à la suite précisément de ce concile, de réformer l'Église bretonne, et hostiles à la cour ducale comme à tous ceux qui entendent bien alors continuer à profiter des abus de ladite Église. C'est avec une rare virulence que le chanoine nantais (au service d'un évêque réformateur étranger, qui ne tardera pas à être expulsé) s'exprime sur le compte des Bretons: *In illis... nullus cultus religionis, nullus timor christianitatis, nullus amor perfectae dilectionis videtur haberi... Diabolici viri, nullam justitiae viam cognoscentes, et in malitia sua persistentes...* [41].

Cette œuvre au ton si violemment engagé, si fielleux parfois, constitue pourtant, au témoignage de son éditeur, la « source presque unique de nos informations sur l'histoire de Bretagne au Xe siècle ». Et la partialité n'est

---

(39) § 37, p. 149.
(40) *Chronique de Nantes (570 environ – 1049)*, éd. R. MERLET, Paris 1896 (*C.P.*, 19).
(41) Éd. citée, p. 64; cf. introduction, p. XXX, et *infra*, pp. 772-773; A. LE MOYNE DE LA BORDERIE, *Histoire de Bretagne*, t. III, Rennes 1906, p. 181.

pas le seul défaut de son auteur; lorsqu'il arrive à celui-ci de parler de régions lointaines, il s'égare en d'évidentes fantaisies, confondant par exemple Otton II avec Otton le Grand. Mais, pour Nantes aussi bien, il mêle à des éléments authentiques de grossières légendes. Cependant, ce qui le sauve à nos yeux, c'est que non seulement il a usé des archives mises à sa disposition, mais il a pris soin d'insérer dans son récit le texte intégral de cinq documents datant de la seconde moitié du IXe siècle [42].

III.

Avec l'Anjou, clef de la Bretagne, puis avec la Touraine, nous abordons des fiefs dont l'histoire comme l'historiographie furent scrutées par Louis Halphen au début de notre siècle dans des travaux d'une particulière acuité [43]. Trois sortes de textes angevins, pour l'époque qui nous retient, demanderaient, selon moi, à être notés ici à titre de spécimens.

Un premier, universellement connu mais que l'on n'a pas encore exploité autant qu'il mériterait de l'être, est l'œuvre de l'écolâtre Bernard d'Angers, rédigée avant 1020: les *Miracula beatae Fidis* [44], dont une nouvelle édition, accompagnée d'une traduction française, est actuellement entreprise par Mme Martine Deschamps.

---

(42) Ce sont: un diplôme d'Érispoé, roi de Bretagne (857), une adresse au pape des Pères du concile de Soissons (866), une bulle de Nicolas Ier de même date, deux actes enfin du duc Alain, de 889 et des environs de 900.

(43) L. HALPHEN, *Le comté d'Anjou au XIe siècle*, Paris 1906; voir aussi *infra*, p. 771.

(44) BERNARDUS ANDEGAVENSIS scholasticus, *Miracula...*, éd. abbé A. BOUILLET, Paris 1897 (*C.P.*, 21), pp. 1-125; aussi dans *P.L.*, CXLI, 131-164; trad. dans A. BOUILLET et L. SERVIÈRES, *Sainte Foy vierge et martyre*, Rodez 1900, pp. 441 et suiv.

Témoin intelligent et attentif des mouvements de pèlerinage à travers la France, Bernard est venu jusqu'en Rouergue; au sanctuaire de Sainte-Foy de Conques il a rencontré [45] d'autres pèlerins, dont certains illustres, tel l'éminent Fulbert, évêque de Chartres, un maître qu'il vénère. D'abord choqué par certains aspects auvergnats du culte des saints, notamment par la floraison des statues-reliquaires en métaux précieux, par leur allures d'idoles, il s'est demandé jusqu'à quel point de telles manifestations sont licites en milieu chrétien (dans un développement célèbre [46], il fait part au lecteur de son scandale intérieur). Mais il a été, en dépit de tout, séduit par Conques au point d'y revenir deux fois, et il s'y est installé un temps, y rédigeant deux livres de *Miracula* qu'il dédiera à Fulberk.

L'ouvrage, capital pour la connaissance des mentalités religieuses [47], ne présenterait qu'un intérêt mineur pour l'histoire générale si l'auteur ne s'était souvent arrêté dans son propos afin de donner, comme malgré lui, maint renseignement inattendu, par exemple sur les familles des comtes de Rouergue et vicomtes de Millau, ou sur la constitution du domaine monastique de Conques en telle ou telle région de France, et sur les *invasiones* que ce domaine eut à subir [48]. Plus largement, bien des anecdotes rapportées par l'Angevin se détachent sur un fond général, abondamment dépeint, de guerres privées, de sièges de châteaux, d'incarcération et d'extorsion de rançons par des tyrans locaux: le tableau est des plus instructif. D'autre part, Bernard était un homme qui avait, comme l'on dit, des relations et ne laissait pas de fréquenter les châteaux des

---

(45) *Miracula*, I, 34 (éd. BOUILLET, p. 85).
(46) *Ibid.*, I, 13 (p. 47): dialogue supposé avec son compagnon Bernier.
(47) On notera par exemple une évocation brève, mais typique (I, 28; p. 72), des grands rassemblements de châsses des saints, qui sont si habituels au début du XIe siècle; cf. *supra*, p. 756.
(48) I, 12; II, 4 (pp. 42, 100).

princes, carrefours de l'information. Il déclare avoir rencontré Béatrice de Normandie, dame de Turenne, à la cour de Guillaume V le Grand, duc d'Aquitaine, quelqu'un dont nul n'ignore qu'il protégeait les lettres [49].

Il écrit une langue savante, mais rocailleuse et souvent pleine de prétention: au travers de sa prose, une certaine imprégnation des poètes antiques se laisse deviner çà et là; il a reçu une formation rhétorique. Témoin de l'activité du *studium* d'Angers au temps de l'évêque Hubert de Vendôme, il fut lui-même formé, comme il l'indique à la fin du livre premier, par Raynaud, écolâtre de Tours [50], et aussi par Fulbert.

Il a nommé quelques érudits qui étaient de ses amis; à vrai dire ce sont, comme Dudon, des chanoines de Saint-Quentin, mais de confrères savants proprement angevins, il n'en cite point. Dans le domaine auquel nous nous attachons présentement, peu d'hommes de cette province se sont signalés au XIe siècle. Un honorable recueil de *miracula* est sorti de Saint-Aubin d'Angers, sans doute après 1080 [51], dont l'auteur, qui allègue une information orale directe, donne des faits peu nombreux, mais détaillés; on les peut dater approximativement par les noms des abbés successifs.

Plus intéressants sont des *Miracula beati Nicolai* [52], concernant l'abbaye bénédictine de Saint-Nicolas d'Angers

---

(49) « Anno fere et dimidio post secundam a Conchis reversionem, accidit mihi certo negocio domini Vuillelmi, Pictavorum comitis, adire curiam, in qua, cum domnam Beatricem viderim, a Richaredo fratre suo, Rotomagensium comite, illic missam, ardenter ejus colloquium aggressus, illico rogitare coepi super hoc miraculo »: II, 6 (p. 111).

(50) I, 34 (p. 85); cf. L. MAITRE, *Les écoles épiscopales et monastiques de l'Occident depuis Charlemagne jusqu'à Philippe Auguste*, Paris 1866, p. 130.

(51) *Miracula beati Albini Andegavensis*, dans *AA.SS.*, mart., I, 60-63.

(52) *Miracula...*, dans *C.C.H.*, III, 158-162. Le fragment le plus intéressant, du point de vue historique, a été édité à nouveau par Y. [LABANDE]-MAILFERT, *Fondation du monastère bénédictin de Saint-Nicolas d'Angers*, dans *B.É.C.*, t. XCII, 1931, pp. 54-56.

fondée en 1021 par le comte Foulque Nerra. Le recueil est habituellement attribué à Joël, abbé de la Couture du Mans [53], mais il aurait été plutôt rédigé, après 1080, par Noël, abbé de Saint-Nicolas, puis revu par le confrère manceau de celui-ci [54]. L'on y trouve une relation du pèlerinage du comte en Terre Sainte quelque soixante-dix ans plus tôt [55]; récit, dit Halphen, « peut-être un peu agrémenté à plaisir », mais relativement plausible: au cours du voyage d'aller, Foulque, ayant essuyé une terrible tempête, avait fait vœu à saint Nicolas de lui bâtir un monastère en sa capitale.

L'intérêt d'un tel texte est, certes, assez limité. Il n'en va pas de même, à mon sens, pour une chronique de Saint-Florent près Saumur: *Historia eversionis Sancti Florentii veteris monasterii a Britonibus et Normannis* [56], ouvrage dont la date est parfaitement déterminée puisqu'il débute par le récit de la dédicace du monastère, due à Eusèbe Bruno, évêque d'Angers (14 juin 1061). Partant de là pour remonter dans le passé, l'auteur narre la succession des malheurs de l'abbaye, lesquels avaient commencé avec les attaques de Noménoé en 843, suivies de peu par des incursions normandes; les reliques furent emmenées jusqu'à Tournus comme celles de saint Philibert. L'odyssée du moine Absalon [57], qui les rapporte en Anjou, les dissimulant pendant un temps au château de Saumur, est brièvement rapportée. Mais ce sont d'abord ces temps terribles du IXe siècle que le chroniqueur, qui s'inspire de la tradition locale, a voulu fidèlement évoquer. Son style est sobre, et l'ouvrage mérite attention. De plus, d'une manière qui

---

(53) *H.L.F.*, VIII, 444-446.
(54) Y. MAILFERT, *op. cit.*, p. 45.
(55) L. HALPHEN, *Le comté d'Anjou*, p. 214 et n. 3. — Le pèlerinage, selon cet auteur, devrait être daté de 1008.
(56) *Historia eversionis...*, dans *T.N.A.*, III, 843-850.
(57) L. MAITRE, *Les écoles épiscopales et monastiques...*, p. 92.

n'est pas commune en son temps, cet auteur a défini son scrupule historique et déjà presque établi, en quelques mots, ce que devraient être les limites de la recherche: *A destructione monasterii que facta est a Nomenoio... usque ad tempus illud quando relatum est corpus sancti Florentii a Tornaco..., quid actum sit de monachis qui tunc dispersi fuerunt, quove abierint, seu qualiter postea conversati sunt nobis omnimodo habetur incognitum, nisi hoc quod in nostris cartis reperimus.*

De Saumur, revenons encore à Angers. Je ne signalerai que pour mémoire la très sèche chronique rédigée, vers 1075, peut-être par l'archidiacre Raynaud de cette ville [58], suite de notes de caractère annalistique insérées dans un plus vaste ensemble. Il faut insister davantage sur un autre document, le plus étrange sans doute qui se puisse voir. En 1096, le comte d'Anjou Foulque le Réchin rédigeait une chronique, dont un petit fragment nous reste [59]. C'est là presque un *unicum* dans l'historiographie du haut moyen âge: texte si singulier qu'il provoqua bien des soupçons chez les érudits. Ce fut Halphen, dans le tout premier travail qu'il ait réalisé [60], à l'âge de vingt ans, à peine entré à l'École des Chartes, qui démontra de manière méthodique et convaincante la sûreté d'attribution du début de l'ouvrage.

Seule en effet la première partie de ce que nous avons en main est l'œuvre du comte. Le Réchin y décrit l'acti-

---

(58) *Chronica quae dicitur Rainaldi*, dans *C.É.A.*, pp. 9-12; éd. L. HALPHEN, dans *Recueil d'annales angevines et vendômoises*, Paris 1903 (*C.P.*, 37), pp. 85-88; cf. *H.L.F.*, VIII, 32-38.

(59) FULCO Rechin cognomine, ANDEGAVENSIS comes, *Historiae Andegavensis fragmentum*, éd. P. MARCHEGAY et A. SALMON, *Chroniques des comtes d'Anjou*, Paris 1856 (*S.H.F.*), pp. 375-383.

(60) L. HALPHEN, *Étude sur l'authenticité du fragment de chronique attribué à Foulque le Réchin*, dans *Mélanges d'histoire du moyen âge* (dir. A. LUCHAIRE), Paris 1901 (Université de Paris, Bibliothèque de la Faculté des Lettres, 13), pp. 7-48; cf. *Mélanges... Louis Halphen*, Paris 1951, p. XVII.

vité de ses ancêtres, surtout de Foulque Nerra et Geoffroy Martel. Il énumère, ce qui est extrêmement utile, tous les châteaux que le premier avait fait édifier, insiste sur le grand nombre d'ennemis que les princes angevins durent affronter, exalte leurs faits d'armes. Abordant ensuite sa propre carrière, il donne une chronologie relativement nette, signale en quelle circonstance il fut adoubé. Ce qui nous est parvenu de son travail trouve un terme aux événements de 1096: le séjour du pape Urbain II à Angers, avec consécration de Saint-Nicolas, ci-dessus mentionné [61], et remise au comte de la Rose d'or, conclut le fragment. Car les paragraphes suivants, qui ont trait à la croisade, ont été écrits dans un tout autre ton.

Ce qui a permis à Halphen de distinguer deux auteurs, c'est une analyse implacable, et très fine, des faits rapportés, ainsi que de la langue et du style, le tout mené avec une maturité d'esprit surprenante. Le comte écrit un latin qui, visiblement, ne lui est pas très familier, tout juste est-il parfois acceptable. Un clerc, généralement formé aux arts libéraux, n'eût pas rédigé ainsi. Le plus souvent, la langue vulgaire transparaît sous un revêtement inhabile. Vocabulaire indigent, lourdeur de la période, maladresse insigne des transitions, tout décèle, avec l'incertitude de la syntaxe, combien l'auteur est peu entraîné à ce genre de travail. Et tout cela, évidemment, est signe d'authenticité.

Voilà qui incite à reviser pas mal de nos idées préconçues (quelque peu simplistes, mais elles ont la vie dure) sur l'ignorance des barons médiévaux. Longtemps auparavant, en Aquitaine, Guillaume le Grand, qu'Adémar de Chabannes représente passant une part de ses nuits à lire [62],

(61) *Supra*, pp. 765-766; cf. Y. MAILFERT, *Fondation du monastère...*, p. 48; R. CROZET, *Le voyage d'Urbain II et ses négociations avec le clergé de France (1095-1096)*, dans *R.H.*, t. CLXXIX, 1937, p. 296.

(62) « Idem dux, si clericum sapientia ornatum videret, summo eum excolebat... Fuit ...a puericia doctus litteris, et satis noticiam scripturarum

n'était-il pas renommé pour sa culture ? Il dut y avoir quelques-uns de ces hommes qui savaient manier la plume; non certes avec la même dextérité que la lance, mais ils n'étaient pas de simples guerriers. Foulque, pour un texte destiné à l'instruction des gens de son lignage, ne s'est fié qu'à lui-même.

IV.

Le Maine et la Touraine sont alors pauvres en récits historiques. Pour la première de ces régions, retenons au moins une partie des *Actus pontificum Cenomanis in urbe degentium* [63], celle qui fut rédigée par un chanoine du Mans entre 1055 et 1065, contenant les notices de six évêques, notices fort inégales, appuyées sur de nombreuses pièces dont plusieurs sont reproduites *in extenso*.

En Touraine, seuls deux centres monastiques: Saint-Julien de Tours et Marmoutier, méritent un coup d'oeil.

Des fragments de chroniques émanés de Saint-Julien, l'un en prose et l'autre en rimes, ont été publiés il y a longtemps par Salmon [64]. Il a été démontré [65] que la première de ces œuvres, modèle de l'autre, avait été rédigée sans

---

habuit. Librorum copiam in palatio suo servavit et, si forte a tumultu vacaret, lectioni per se ipsum operam dabat, longioribus noctibus elucubrans in libris, donec somno vinceretur »: ADEMARUS CABANNENSIS, SANCTI EPARCHII ENGOLISMENSIS monachus, *Chronica*, éd. J. CHAVANON, Paris 1897 (*C.P.*, 20), pp. 164, 176-177; cf. trad. E. POGNON, dans *L'an mille*, Paris 1947 (Mémoires du passé pour servir au temps présent), pp. 182, 193.

(63) *Actus*..., éd. abbés BUSSON et LEDRU, Le Mans 1902 (Archives historiques du Maine, 1), pp. 336-374; cf. R. LATOUCHE, *Essai de critique sur la continuation des « Actus pontificum Cenomanis in urbe degentium »* (857-1255), dans *M.A.*, t. XX, 1907, pp. 226-247.

(64) *Brevis historia Sancti Juliani Turonensis*, dans *R.C.T.*, pp. 220-234; *Chronicon rythmicum Sancti Juliani Turonensis*, ibid., pp. 235-256.

(65) Toujours par L. HALPHEN, *Les deux chroniques de Saint-Julien de Tours*, dans *M.A.*, t. XVII, 1904, pp. 208-214; *A.T.H.*, pp. 121-125.

doute avant 1068, cependant que le récit rimé, où il est fait mention d'un évêque Morvan de Vannes, n'a pu être composé qu'après 1089, peut-être même seulement au début du XIIe siècle. Le second ouvrage suit de près le premier, dont il enrichit toutefois la matière: histoire du monastère depuis 937, destruction et restauration, méfaits ou bienfaits des abbés du XIe siècle [66]. L'œuvre en prose s'appuie sur des actes dont deux – du Xe – sont reproduits intégralement: ils émanent de Hugues le Grand et de l'archevêque Théotolon de Tours. La chronique rimée, incomplète du début et de la fin, fournit quelques éléments relatifs à Geoffroy Martel, à l'illustre trésorier Hervé de Saint-Martin; ce qui nous importe surtout, c'est que l'auteur – on n'ose dire le poète: il est aussi maladroit que verbeux, – par la description qu'il donne des troubles dont Saint-Julien fut le théâtre, met à nu quelques exemples des scandales qui appelaient, de façon impérieuse, une réforme monastique à l'époque grégorienne. L'homme paraît avoir été, non pas tourangeau, mais breton. A une génération de distance du chroniqueur de Nantes, il fait pendant à ce dernier, et son mépris de la population au sein de laquelle il vit est comme un écho de la condamnation hautaine du peuple d'Armorique portée par le précédent. Voici un échantillon des diatribes du moine de Tours:

> *Vae tibi Turonia, gens misera:*
> *Ex te tibi lumen nullum,*
> *Nullum decus, nullum bonum* [67].
> *Ut lumen reciperes*
> *Et de morte resurgeres,*

---

(66) Dom G. OURY, *La reconstruction monastique dans l'Ouest: l'abbé Gauzbert de Saint-Julien de Tours (v. 990-1007)*, dans *Revue Mabillon*, t. LIV, 1964, pp. 69-124.

(67) Noter les trois *nullum*, et comparer avec le texte de Nantes, *supra*, p. 764.

Gacianum [68] *misit Roma*
Et Martinum Pannonia.
Sed tu lumen recipere
Contempsisti et surgere,
Nam fidem, quam suscepisti,
Susceptam non custodisti :
Semper dura et crudelis,
Obstinata et rebellis,
Numquam bene christiana,
Quasi nunquam baptizata [69].

On le voit, si tels spécialistes contemporains de la sociologie religieuse aboutissent à la conclusion qu'une province ou l'autre, en France, n'a jamais été vraiment christianisée, on se plaignait déjà de cela dans la Chrétienté du XIe siècle [70]. Mais la lamentation ici nous apparaît teintée d'un patriotisme régional de fort mauvais aloi.

Deux textes assez humbles, des alentours de l'an 1100, élaborés à l'abbaye de Marmoutier, sont encore relatifs aux malheurs ou aux gloires du monde monastique de la région. C'est à peine si l'on peut parler là d'historiographie. Le *De tribulationibus et persecutionibus Majori Monasterio injuste illatis* [71] est en fait une sorte d'encyclique émanée de la communauté, décrivant les injustices et violences perpétrées contre elle par les archevêques Raoul Ier (jusqu'en 1093), puis Raoul II. Le ton en est d'une rudesse extraordinaire; à travers les outrances de l'expression on perçoit combien le conflit dut être grave.

---

(68) Correction indispensable au *Gracianum* de l'édition SALMON: saint Gatien fut le premier évêque de Tours.
(69) Éd. citée, p. 243.
(70) Excellent résumé de la christianisation partielle du pays au XIe siècle dans E. POGNON, *L'an mille*, p. XXV.
(71) *De tribulationibus...* dans *H.F.*, XIV, 93-98; analyse dans A. FLICHE, *Le règne de Philippe Ier, roi de France (1060-1108)*, Paris 1912, p. 481.

D'autre part, des détails assez piquants sont fournis à propos du concile de Clermont de 1095. Quant au *De dedicatione ecclesiae Majoris Monasterii per Urbanum papam II facta* [72], c'est une relation contemporaine, brève et claire, de la cérémonie accomplie par Urbain à Marmoutier le 10 mars 1096 [73]. Dans la liste des participants à cette journée figure plus d'un personnage fameux, tel Bruno de Segni.

V.

Au delà du cours de la Loire, l'enquêteur abordera à présent le Poitou. On pronostiquerait de celui-ci qu'il fut terre d'élection des lettres si l'on se fiait à la réputation flatteuse des écoles pictaves lorsque Guillaume de Préaux alla « s'abreuver aux sources de la philosophie », pour parler comme Orderic [74]. Gouverné en l'an mil par un prince cultivé, ami de Fulbert de Chartres [75], ce pays a-t-il donné naissance à des ouvrages historiques ? Force nous est bien d'avouer que, pas plus qu'en Touraine, le butin n'est ici abondant.

Une très intéressante *Delatio corporis beati Juniani in Karrofensem synodum* [76] décrit la translation temporaire

---

(72) *De dedicatione...*, dans *R.C.T.*, pp. 338-342.

(73) Un mois tout juste après la dédicace de Saint-Nicolas dont nous avons parlé (*supra*, p. 770); cf. R. CROZET, *Le voyage d'Urbain II et ses négociations...*, p. 298.

(74) « Quia Pictavis fonte philosophico ubertim imbutus est »: ORDERIC VITAL, *Historia ecclesiastica*, éd. LE PRÉVOST, t. II, p. 217; cf. *supra*, pp. 762-763; M. GARAUD, *Les écoles et l'enseignement à Poitiers du IVe à la fin du XIe siècle*, dans *B.S.A.O.*, 3e sér., t. XIV, 1946-1948, pp. 82-98; E. R. LABANDE, *Situation de l'Aquitaine en 1066*, *ibid.*, 4e sér., t. VIII, 1965-1966, p. 363; G. DEZ, *Histoire de Poitiers*, Poitiers 1969 (Mémoires de la Société des Antiquaires de l'Ouest, 4e sér., 10), p. 52.

(75) Cf. *supra*, p. 770; *H.L.F.*, VII, 284-289; A. RICHARD, *Histoire des comtes de Poitou*. t. I, Paris 1903, pp. 209-210.

(76) LETALDUS MICIACENSIS monachus, *Delatio...*, dans *P.L.*, CXXXVII, 823-826.

des reliques de saint Junien à la fameuse assemblée de Charroux en Basse-Marche (989), d'où le mouvement dit de la Paix de Dieu allait se répandre largement à travers la France. Le corps de ce saint abbé avait été, en 830, déposé à l'abbaye de Nouaillé aux portes de Poitiers. Tout l'argument du texte est donc poitevin, mais l'auteur ne l'est pas. Letald, religieux de Saint-Mesmin de Micy en Orléanais, dont il sera question ailleurs, illustra de ses écrits la seconde moitié du XIe siècle [77]; c'est l'école d'Orléans qui lui avait procuré sa culture.

Nous rechercherons des auteurs plus probablement – ou plus sûrement – poitevins. Un très maigre *Chronicon Aquitanicum* donne des éléments qui peuvent documenter les incursions normandes en Poitou [78]. D'autre part, des textes, publiés par l'érudit Besly au XVIIe siècle sous le titre *Reliquiae Crucis et aliae apud Carrofium translatae* [79], remontent peut-être au XIe, et constituent un amas de traditions en grande partie légendaires, entretenues par les moines de la puissante abbaye de Charroux. On y puisera surtout des renseignements relatifs à la constitution du temporel de celle-ci; quant à ce que le compilateur dit des reliques, il l'a emprunté à la même source qu'Adémar de Chabannes.

Une chronique doit nous retenir davantage: celle d'un moine de Maillezais en Bas-Poitou, intitulée *De antiquitate et commutatione in melius Malleacensis insulae et translatione beati Rigomeri corporis* [80]. « Homme d'esprit, de mérite et de savoir..., si notre écrivain fit ses études à Maillezais même, il faut dire que les lettres y étaient alors

---

(77) *H.L.F.*, VI, 528-529.
(78) *Chronicon...*, dans *SS.*, II, 252-253.
(79) *Reliquiae...*, dans J. BESLY, *Histoire des comtes de Poitou et ducs de Guyenne...*, Paris 1647, preuves, pp. 149-164.
(80) PETRUS MALLEACENSIS monachus, *De antiquitate...*, dans *P.L.*, CXLVI, 1247-1272; fragments dans *H.F.*, X, 178-184.

en quelque honneur »: tel est le jugement, élégant dans la forme mais fort peu compromettant, que portait sur ce chroniqueur l'*Histoire littéraire* [81].

Alfred Richard, auteur d'une *Histoire des comtes de Poitou* [82] vieille de plus de soixante ans, mais qui fait encore autorité aujourd'hui (quoiqu'elle brille davantage par la science diplomatique que par l'appréciation des sources narratives), a contribué à mettre en vedette Pierre de Maillezais en l'utilisant, sans beaucoup le contrôler, dans le chapitre qu'il consacra au duc Guillaume IV d'Aquitaine. En réalité, ce moine écrit vers 1065, sous l'abbatiat de Goderan, ainsi qu'il est facile de le démontrer, donc un siècle après certains des événements qu'il note: ceci peut suffire à créer quelque inquiétude. C'est bien ce qui avait suggéré à Ferdinand Lot, l'année même où parut l'ouvrage de Richard, une assez grande réserve à l'égard de cette source [83]. Peu après, Halphen reprenait un problème qui, pour tout dire, n'avait jamais été abordé par le fond, et son étude aboutit à des conclusions assez pessimistes [84]: homme qui ne se fie qu'« à sa mémoire ou à celle d'autrui », qui est « d'une rare crédulité, pour ne pas dire plus », le moine Pierre donne un témoignage qui « est à peu près de nulle valeur ».

Que devons-nous penser pour notre part ? Que nous avons affaire à un écrivain certes peu exigeant quant à la chronologie, ou à la vraisemblance des faits, si nous le comparons à certains de ceux que nous avons eu la bonne fortune de rencontrer. Les dates ne sont proposées par Pierre

---

(81) *H.L.F.*, VII, 599.
(82) A. Richard, *Histoire...*, cité *supra*, p. 774, n. 75.
(83) F. Lot, *Études sur le règne de Hugues Capet et la fin du X*ᵉ *siècle*, Paris 1903 (*B.É.H.É.*, 147), p. 355, n. 6.
(84) L. Halphen, *L'« Histoire de Maillezais » du moine Pierre*, dans *R.H.*, t. XCIX, 1908, pp. 292-297; *A.T.H.*, pp. 154-161; G. Oury, *La reconstruction monastique dans l'Ouest...*, p. 78.

— encore sont-elles rares — qu'à partir de 1002; auparavant le lecteur était invité à de simples supputations, et fort vagues, pour apprécier la durée. Des erreurs grossières ont été commises. Tout ceci n'est que trop vrai. Mais, par ailleurs, il est impossible de négliger ce chroniqueur, quelles que soient les précautions à prendre pour faire usage de son écrit.

Il a su exploiter la charte de dotation du monastère octroyée, en 1003, par Guillaume le Grand, tout comme le privilège pontifical de l'année suivante: son texte prouve qu'il eut ces actes sous les yeux [85] et, pour le XIe siècle tout au moins, son témoignage est en partie acceptable. Mais allons plus loin. Même pour les événements du Xe siècle, tout embourbés qu'ils soient dans la légende tels que Pierre les présente, ce que débite celui-ci peut nous être utile. Sur le site de la future abbaye, région de bois et de marais aux abords de l'Atlantique, terrain de chasse apprécié des comtes de Poitou qui viennent y traquer le sanglier [86], il y a dans le *De antiquitate* des éléments personnels, d'autres sont puisés à la tradition populaire, mais, étant donné la pénombre documentaire où l'on se

---

(85) L. Halphen, *A.T.H.*, p. 160.

(86) « Malliacensis... insula... amplissimo... marisco hinc et inde cingebatur, qui ex duobus propter fluentibus fluminibus... emanare cernitur, cujus crebris e paludibus voluptuosa pullulabant gramina et apta omnium belluarum generibus, quarum quantus illic illis excreverat numerus diebus ad recitandum et lingua deficit et calamus. Immanissime autem eo praecipue undecunque sues adventabant, quo et jugis terrae humor secundum sui naturam apta praetendebat volutabra, et excelsae quercus optata pabula. Dumosa sane inter altas fagos, quarum innumera multitudo erat, succreverant fruteta quorum densitudo bestias ab impetu et laqueis venantium protegebat. Animalium equidem multitudine hujusmodi saltus carere nequibat, quoniam, ut praelibatum est, et propter fluentem amnem et numerosam paludem et seminum idoneorum pastus volucrum varietate ac herbarum luxurie quarumcunque specierum animalia confluerent in sese educabat largissime. Circa vero matutinas et vespertinas horas sat haurire auribus erat quantum pro echo, tum ferarum ad sonos, tum volucrum garrulitates gracili silva tinnitu respondebat ». (*P.L.*, CXLVI, 1249.)

trouve pour le Bas-Poitou du xe siècle, l'on ne devrait pas de gaîté de cœur rejeter tout cela. Laissons de côté, puisque nous n'avons nul moyen de contrôle, le récit de relations conjugales tourmentées entre les parents de Guillaume V; nous retiendrons davantage ce que Pierre de Maillezais rapporte de l'abbé Theudelin († 1045): jeune moine d'origine israélite, et d'une vive intelligence, celui-ci a été remarqué – et d'ailleurs jalousé – par ses confrères; il est bientôt le confident de l'abbé et le conseiller du duc; celui-ci, lorsque le siège abbatial devient vacant, lui fait obtenir la crosse [87]. Comment Theudelin accompagna son bienfaiteur à Rome, d'où il rapporta la bulle de Serge IV; comment il se révéla grand bâtisseur vers 1005-1010 (ceci recoupe la remarque célèbre de Raoul Glaber) [88]; comment, lors de la fameuse ostension, après invention, du chef de saint Jean-Baptiste à Angely, Theudelin essaya vainement de dérober une dent du Précurseur pour enrichir le trésor de Maillezais, et dut se contenter plus tard du corps de saint Rigomer que lui procura le comte du Maine [89]: autant de traits caractéristiques de ce récit grâce auquel on pénètre, de manière étonnante, la vie d'une communauté monastique en pleine montée avant 1050. N'en déplaise à la mémoire de Halphen, cela n'est pas de nulle valeur, et le texte mériterait de faire l'objet d'une édition critique.

---

(87) Cf. G. OURY, *op. cit.*, pp. 103-105.

(88) « Infra... millesimum tercio jam fere imminente anno, contigit in universo pene terrarum orbe, praecipue tamen in Italia et in Galliis, innovari ecclesiarum basilicas; licet plereque decenter locate minime indiguissent, emulabatur tamen queque gens christicolarum adversus alteram decentiore frui. Erat enim instar ac si mundus ipse, excutiendo semet rejecta vetustate, passim candidam ecclesiarum vestem indueret »: RADULPHUS Glaber cognomine, monachus, *Historiae*, éd. M. PROU, Paris 1886 (*C.P.*, 1), p. 62; trad. dans E. POGNON, *L'an mille*, p. 89.

(89) Cf. R. LATOUCHE, *Histoire du comté du Maine pendant le Xe et le XIe siècle*, Paris 1910 (*B.É.H.É.*, 183), pp. 19-20.

Un dernier document poitevin, de l'extrême fin du siècle, fragment, certes bien mince, d'une chronique du prieuré de La Chaize-le-Vicomte [90], a droit encore à quelques égards. Ces bribes sont dignes d'intérêt. L'ouvrage concerne la fondation du prieuré, due à la munificence du vicomte de Thouars, et ses premiers temps. Il rapporte surtout les angoisses que les moines éprouvèrent au sujet de leur temporel durant les dix dernières années du siècle. Des détails sont enfin donnés sur la participation du vicomte aux campagnes de Terre Sainte: ce dernier devait mourir à Jaffa en 1102.

VI.

Cherchons à savoir, pour terminer, ce qui fut réalisé à la même époque dans le reste de la France du Sud-Ouest. Un nom va s'imposer d'emblée, faisant surgir en pleine lumière les cités d'Angoulême et de Limoges: celui d'Adémar de Chabannes. Mais en dehors de lui, dira-t-on, quelles purent bien être, entre 900 et 1100, les productions historiographiques des ateliers de Saintonge, d'Angoumois, du Limousin, de Périgord, de Quercy, du Rouergue, du Toulousain, du Bordelais, de l'Agenais et de toute la Gascogne ? Pour être encore une fois sincère, avouons que nous nous trouvons là dans des territoires qui n'ont pour ainsi dire rien donné en dehors de l'œuvre, à vrai dire sensationnelle, du moine de Saint-Cybard.

Mettons à part une Translation de saint Vivien de Saintes à Figeac en Quercy, de datation incertaine [91], rédigée

---

(90) *Fragmentum chronicae prioratus de Casa Vicecomitis*, dans *C.É.A* pp. 335-343.

(91) *Translatio beati Viviani episcopi in Figiacense monasterium et ejusde. ibidem miracula*, dans *A.B.*, t. VIII, 1889, pp. 256-277.

en cette dernière abbaye, fille de Conques, et qui contient quelques éléments historiques dignes de remarque. Réservons au Rouergue, d'abord la continuation – due à un clerc de Conques [92] qui entendit garder l'anonymat [93] – du recueil de Miracles de sainte Foy commencé par l'écolâtre d'Angers, nettement moins utile au reste que les deux premiers livres; et d'autre côté l'achèvement, à la fin du siècle, d'une bien sèche chronique de cette abbaye, catalogue des abbés avec de brèves notices sur chacun d'eux [94].

J'ai hâte d'en venir [95] aux pays d'Angoumois et de Limousin, ceux qu'illustra Adémar.

(92) *Miracula beatae Fidis*, éd. BOUILLET, pp. 126-222.

(93) En son prologue il s'exprime dans les termes suivants: « Post discessum Bernardi, viri in utraque scientia, theorica scilicet atque practica, non mediocriter inbuti, scribendi negotium suscepimus... Ne vilitate nostrae auctoritatis aliquam calamitatem huic opusculo inferremus, titulo nostri nominis silentio subposito, talem ut diximus intitulationem ei in omne evum optinendum censuimus ».

(94) *Chronicon Conchensis monasterii, sive nomina Conchensium abbatum qui fuerunt post Sarracenorum destructionem*, dans *T.N.A.*, III, 1387-1390. – G. GAILLARD, dans *Rouergue roman*, La Pierre-qui-vire 1963 (La nuit des temps, 17), p. 38, date ce texte, contrairement à MOLINIER (§ 1540), de l'abbatiat de Bégon, dernier nommé.

(95) Il n'est pas sans intérêt cependant, dans le désert historiographique du Midi, de signaler un texte intéressant le lointain comté de Foix: *vita* d'un moine vénitien nommé Anastase. C'est là un remarquable opuscule, d'une tenue excellente, rédigé, après la mort du bienheureux en 1086, par un clerc de Saint-Martin-d'Oydes à côté de Pamiers. Anastase, moine d'abord au Mont-Saint-Michel, ermite à Tombelaine, puis introduit à Cluny par saint Hugues qui avait remarqué ses vertus, missionnaire en Espagne avec les clunisiens pour l'introduction de la réforme grégorienne auprès des mozarabes, se retire finalement dans un ermitage proche de Pamiers où, trois ans durant, il attirera les foules. Cette biographie anonyme est un document rare et instructif; l'on y perçoit l'écho de phénomènes religieux assez insolites dans la France du XIe siècle, et qui évoquent davantage l'Orient. Le solitaire est l'objet d'un véritable culte; les fidèles viennent à lui ainsi qu'en pèlerinage, allumant des cierges devant sa *cella* comme ils l'eussent fait autour d'une châsse. Et des fils subtils se nouent ici, reliant Normandie, Bourgogne, Languedoc, Vénétie, Castille, comme pour nous faire toucher du doigt la vanité de toute étude trop étroitement régionale concernant cette époque: GUALTERUS DOYDENSIS monachus, *Vita beati Anastasii monachi et heremitae*, dans *AA.SS.*, oct., VII, 1136-1140; *P.L.*, CXLIX, 425-432. MOLINIER a classé l'ouvrage (§1240) parmi les sources

Des chroniques angoumoisines, aujourd'hui perdues, et qui auraient servi de sources à ce dernier, comme aussi bien à l'*Historia pontificum et comitum Engolismensium* du XIIe siècle, ont pu être partiellement reconstituées dans leur contenu, il y a quelques années, par M. Jacques Boussard [96]. L'une d'elles aurait été l'œuvre de Hugues de Jarnac, évêque d'Angoulême à la fin du Xe siècle, une autre devait être une biographie du comte Guillaume IV Taillefer († 1028).

En Limousin, des *Miracula beatae Valeriae Lemovicensis martyris* [97] compteraient parmi les plus anciens documents que nous puissions signaler, si la date d'abord assignée à ce recueil n'était sujette à caution: en effet la translation qui lui a donné naissance eut lieu probablement en 985, non 885 [98]. L'auteur, moine de l'abbaye limousine de Chambon, en fut témoin oculaire; il rapporte que cette année-là fut pour la région un temps d'inondations terribles. A cela se borne, ou à peu près, l'intérêt historique du texte. D'autres *miracula*, dont il n'est pas exclu que l'historien fasse usage, à cause de l'entourage de beaucoup de récits, pourraient encore être mentionnés, surtout ceux qui regardent saint Léonard de Noblat. Le sanctuaire où l'on vénérait ce confesseur de la foi, à une trentaine de kilomètres de Limoges, fut très fréquenté aux Xe et XIe siècles, et devint un des grands émules de

---

intéressant la Normandie. Dans les *Vies des saints et des bienheureux selon l'ordre du calendrier...* des pp. bénédictins de Paris, t. X, Paris 1952, p. 523, la date de rédaction avancée est: vers 1110-1120.

(96) *Historia pontificum...*, éd. J. BOUSSARD, Paris 1957 (Bibliothèque elzévirienne), p. LV. — Le petit fragment d'*Annales Engolismenses* conservé, parfois attribué à Hugues (*SS.*, XVI, 485-487), avait fait l'objet déjà de remarques de J. LAIR, *Études critiques sur divers textes des Xe et XIe siècles*, t. II, Paris 1899, et de L. DELISLE, *Notice sur les manuscrits originaux d'Adémar de Chabannes*, Paris 1896 (Notices et extraits des manuscrits..., XXXV, 1), p. 60.

(97) *Miracula...*, dans *A.B.*, t. VIII, 1889, pp. 278-284.

(98) Abbé L. DUCHESNE, *Saint Martial de Limoges*, dans *A.M.*, t. IV, 1892, pp. 316-317.

Conques pour les miracles de libération des prisonniers. Mais l'état dans lequel nous sont parvenus les recueils en question ne permet pas de les attribuer aux temps qui précédèrent la croisade [99].

De Limoges même proviennent deux textes assez secs. L'un, des premières années du XIe siècle probablement, *Translatio beati Martialis de Monte Gaudio* [100], est bien connu et fut souvent exploité: on y décrit les cérémonies organisées vers 997 [101] autour de la châsse de saint Martial, protecteur de la cité, imploré pour faire cesser le mal dit des ardents; l'élévation du saint eut lieu en présence du duc d'Aquitaine et de tous les *proceres* de la région. Ce document réaliste permet de comprendre ce qu'était la ferveur religieuse en temps de calamité. Quant aux *Annales Lemovicenses* [102], c'est un texte encore plus court, rédigé à Saint-Martial après 1060, mais qui, dans son extrême concision, ne laisse pas de fournir quelques dates utiles aux archéologues: dédicace de l'abbatiale en 1028, et incendie des bâtiments monastiques à diverses reprises.

Cette grande abbaye fut au cœur de l'œuvre du moine Adémar. L'homme, plus illustre encore que Guillaume de Poitiers, a été beaucoup étudié et l'est toujours avec ardeur [103]. La tradition manuscrite de ses écrits se révèle

---

(99) *Miracula beati Leonardi*, dans *AA.SS.*, nov., III, 155-173; une partie de ces textes avait été publiée déjà par l'abbé S. ARBELLOT, *Vie de saint Léonard, solitaire en Limousin ; ses miracles et son culte*, Paris 1863, pp. 277-301.

(100) *Translatio...*, dans *C.C.H.*, t. III, pp. 535-538.

(101) É. AMANN et A. DUMAS, *L'Église au pouvoir des laïques (888-1057)*, Paris 1940 (Histoire de l'Église FLICHE et MARTIN, 7), pp. 494-495; R. LIMOUZIN-LAMOTHE, *Le diocèse de Limoges des origines à la fin du moyen âge*, Paris 1951, pp. 69-70.

(102) *Annales...*, dans *SS.*, II, 252-253; cf. J. LAIR, *Études critiques...*, t. II, p. 97.

(103) De toute une littérature considérable relative à cet auteur, on peut retenir: I. [Travaux fondamentaux] – L. DELISLE, *Notice...* (*supra*, p. 781, n. 96); L. HALPHEN, *Une rédaction ignorée de la Chronique d'A. de Ch.*, dans *B.É.C.*, t. LXVI, 1905, pp. 655-660 (et dans *A.T.H.*, pp. 126-131); ID., *Remarques sur la Chronique d'A. de Ch.*, dans *R.H.*. t. XCVIII, 1908, pp. 294-308 (*A.T.H.*,

des plus complexe; on possède de lui plusieurs autographes. Les divergences entre les versions du *Chronicon* dans les manuscrits sont telles que d'interminables « débats et combats » n'ont pas encore réussi à faire jaillir une lumière décisive. A la suite des travaux de Jules Lair, on avait cru pouvoir distinguer plusieurs auteurs; la part personnelle d'Adémar se trouvait ainsi singulièrement réduite. Plus tard, Lot et Halphen intervinrent pour endiguer ces excès d'ingéniosité. En 1947, M. Edmond Pognon fit le point en ces termes: « Lair voit dans notre Chronique, sous toutes les formes où elle nous est parvenue, l'œuvre collective de plusieurs moines ... Au contraire M. Ferdinand Lot, à l'avis duquel on a cru ici devoir se

pp. 132-146); J. DE LA MARTINIÈRE, *Essai de classement des manuscrits et des rédactions de l'« Historia » d'A. de Ch.*, dans *M.A.*, t. XLVI, 1936, pp. 20-55; J. BOUSSARD, introd. à *Historia pontificum...*, pp. XXXIV-LVI. – II. [Autres études] – *H.L.F.*, VII, 300-308; E. CASTAIGNE, *Dissertation sur le lieu de naissance et sur la famille du chroniqueur Adémar*, dans *Bulletin de la Société archéologique de la Charente*, t. IV, 1852, pp. 80-96; S. ARBELLOT, *Étude historique et littéraire sur A. de Ch.*, dans *B.S.A.L.*, t. XXII, 1873, pp. 104-152; J. VON PFLUGK-HARTUNG, *Untersuchungen zur Geschichte Kaiser Konrads II.*, t. I, Stuttgart 1890, pp. 7-17; Th. LINDNER, *Die Fabel von der Bestattung Karls des Grossen*, dans *Zeitschrift des Aachener Geschichtsvereins*, t. XIV, 1892, pp. 131-212; A. THOMAS, *La mention de Waland le forgeron dans la Chronique d'A. de Ch.*, in *Romania*, t. XXIX, 1900, pp. 259-262; F. LOT, *Études sur le règne de Hugues Capet...*, pp. 356-357; ID., *Le roi Eudes, « duc d'Aquitaine », et A. de Ch.*, dans *A.M.*, t. XVI, 1904, pp. 509-514; J. DE LA MARTINIÈRE, *A. de Ch.*, dans *Dictionnaire d'histoire et de géographie ecclésiastiques*, t. I, 1912, col. 535-540; M. MANITIUS, *Geschichte der lateinischen Literatur des Mittelalters*, t. II, Munich 1923, pp. 284-294; L. SALTET, *Une discussion sur saint Martial entre un Lombard et un Limousin en 1029*, dans *Bulletin de littérature ecclésiastique*, t. XXVI, 1925, pp. 161-186, 279-302; ID., *Une prétendue lettre de Jean XIX sur saint Martial fabriquée par A. de Ch.*, *ibid.*, t. XXVII, 1926, pp. 117-139; L. LEVILLAIN, *A. de Ch. généalogiste*, dans *B.S.A.O.*, 3ᵉ sér., t. X, 1934-1935, pp. 237-263; M. M. GAUTHIER, *Sermon d'A. de Ch. pour la translation de saint Martial le 10 octobre*, dans *B.S.A.L.*, t. LXXXVIII, 1961, pp. 72-83; D. GABORIT-CHOPIN, *Un dessin de l'église d'Aix-la-Chapelle par A. de Ch. dans un manuscrit de la Bibliothèque Vaticane*, in *Cahiers archéologiques*, t. XIV, 1964, pp. 233-235; J. A. EMERSON, *Two Newly Identified Offices for Saints Valeria and Austriclinianus by A. de Ch.*, dans *Speculum* t. XL, 1965, pp. 31-46; J. VEZIN, *Un nouveau manuscrit autographe d'A. de Ch....*, dans *Bulletin de la Société nationale des Antiquaires de France*, 1965, pp. 44-52.

ranger, pense que les diverses rédactions sont toutes dues à Adémar seul. Il a exposé ce point de vue en 1903. Il y aurait depuis apporté des nuances. En tout état de cause », poursuivait M. Pognon, « je ne regrette pas d'avoir livré au public... la forme la plus riche de ce texte, mais il faut laisser planer un sérieux doute sur son entière authenticité [104] ». Avec au moins autant de prudence, M. Georges Duby déclarait il y a peu: « Des remaniements, des additions postérieures altèrent un texte qui pose à la critique érudite de graves problèmes [105] ».

Le mystérieux interpolateur, soi-disant du XIIe siècle, à qui l'on devrait quelques-uns des développements les plus remarquables du *Chronicon*, – par exemple les pages célèbres relatives à saint Adalbert de Prague, à l'évangélisation des Slaves et des Hongrois, à l'invention du corps de Charlemagne par Otton III [106], – cet interpolateur a-t-il jamais existé, ou bien ce qu'on lui attribue ne serait-il pas dû aux rédactions successives d'un Adémar particulièrement fécond, dont la documentation se renouvelait sans cesse ? Ce débat n'est toujours pas clos.

Essayons de cerner le personnage, en prenant soin de considérer la date, relativement précoce, de son apparition, ainsi que la brièveté de son existence. Offert vers 995 par ses parents à Saint-Cybard d'Angoulême, formé intellectuellement par Saint-Martial de Limoges, fidèle ensuite à son monastère d'origine pour la vie religieuse, et à Saint-Martial pour tout ce qui relevait des activités de l'esprit, mort pèlerin en Terre Sainte en 1034: tels sont les éléments de base de sa biographie. Toute son œuvre se trouve donc circonscrite au premier tiers du XIe siècle.

(104) E. POGNON, *L'an mille*, p. 148.
(105) G. DUBY, *L'an mil*, Paris 1967 (Archives, 30), p. 19. Ceci n'a pas empêché l'auteur, tout comme E. POGNON, d'utiliser les « interpolations » en les portant au compte d'Adémar, ex. p. 34 (III, 31).
(106) III, 37 (éd. CHAVANON, pp. 152-154; trad. POGNON, pp. 171-173).

Il a écrit en vue de la prédication, de la polémique (en cherchant à démontrer, on le sait, que saint Martial avait été apôtre), il a composé aussi des poèmes sacrés [107]. Quant à sa production proprement historique, elle comporte deux livres: la *Commemoratio abbatum Sancti Martialis* et le *Chronicon*. Le premier [108], très bref, ne se borne pas à énumérer les abbés depuis 848; des synchronismes sont établis par l'auteur entre ceux-ci, les évêques de Limoges, les rois de France et divers princes séculiers; on sent chez lui la préoccupation d'aboutir à une datation précise, souci d'autant plus touchant que sa chronologie dans le *Chronicon* sera fréquemment chancelante. Il donne encore d'intéressants détails sur le mobilier de l'abbatiale, les vases sacrés, les images du saint patron.

Mais entre un tel ouvrage et la Chronique, il n'est nulle commune mesure. Cette dernière [109] ne répond pas au type de la chronique universelle; bien que touchant un peu à tous pays, elle se veut d'objet limité: avant tout une histoire des Francs depuis leur origine troyenne. Pour ce qui précède l'année 830, Adémar a opéré en habile compilateur. Utilisant les *Gesta regum Francorum*, « Frédégaire » et, pour la période carolingienne, les *Annales Laurissenses majores*, il prend soin toutefois de ne pas copier béatement; il adapte, fait la toilette du mauvais latin en en fabriquant de moins mauvais, et surtout il ouvre un certain nombre de poches dans les textes recopiés, afin d'y introduire des nouveautés. Celles-ci, exposées brièvement, et puisées à d'autres sources dont beaucoup ont pu être repérées – l'exposé de M. Bautier y fera allusion, – concernant la

---

(107) M. Manitius, *op. cit.*, pp. 292-293.
(108) *Commemoratio...*, dans *Chroniques de Saint-Martial de Limoges*, éd. H. Duplès-Agier, Paris 1874 (*S.H.F.*), pp. 1-8; les pp. 9-27 contiennent des continuations.
(109) Trois éditions à retenir du *Chronicon* : Waitz, dans *SS.*, IV, 113-148; J. Lair, dans *Études critiques....* t. II: J. Chavanon citée *supra* (p. 771, n. 62).

région (débuts de l'Église d'Angoulême, donations de Pépin le Bref à Saint-Martial) [110], ou au contraire sont d'intérêt général (Héraclius et la vraie Croix, conflit entre les liturgies gallicane et romaine, fin malheureuse de Bernard d'Italie [111], etc.). Ces quelques exemples d'interpolation disent assez l'extrême diversité de ses curiosités. Le plus expressif est peut-être l'introduction d'une sorte de généalogie des érudits carolingiens (au reste fort incorrecte, et il n'avait pas les moyens de l'amender): la liste [112], de ton biblique (cf. *Isaac autem genuit Jacob*), est destinée à donner des lettres de noblesse aux humbles moines de l'Angoumois en leur expliquant comment le savoir s'est transmis jusqu'à eux depuis Bède le Vénérable [113].

A partir de 830, l'auteur cesse de suivre prudemment les côtes, il vogue en haute mer. C'est la partie originale de l'ouvrage, abondamment recherchée et exploitée depuis longtemps, et désormais accessible à tous dans la traduction commode d'E. Pognon [114].

Adémar, a-t-on osé dire, « est le premier grand écrivain

---

(110) I, 11, 24, 58 (éd. CHAVANON, pp. 14, 28, 60-61).
(111) I, 41; II, 8; III, 4 (pp. 45, 81, 114).
(112) III, 5 (pp. 115-116).
(113) Sur la provenance de cette addition, voir J. BOUSSARD, éd. de l'*Historia pontificum*..., p. 5, n. 3.
(114) La partie originale seule a été traduite par POGNON, *L'an mille*, pp. 145-209. De nombreux extraits encore dans G. DUBY, *L'an mil*, des chapitres suivants: III, 31 (pp. 34, 207), 35 (p. 111), 40 (p. 223), 43 (p. 83), 46-47 (p. 129), 49 (p. 87, 123), 52 (pp. 150, 212), 55 (pp. 151, 215), 56 (p. 83), 58 (p. 106), 59 (p. 123), 62 (p. 108), 65 (p. 176), 66 (p. 155), 68 (p. 177), 70 (p. 215). — Ce dernier auteur a parfois heureusement corrigé les erreurs matérielles du premier: ex. « senior » rendu par « souverain » (POGNON, p. 173), « Théodose » et non « Théodore » (p. 195), « la loi sarrasine », non « la foi » (p. 186), etc. Il eût pu assez souvent amender encore une traduction qui, satisfaisante dans l'ensemble, demande cependant bien des aménagements. Ex. « senior » rendu par « souverain » (p. 161), « cum quatuor »: « par quatre » (contresens, p. 163), « consecratus »: « nommé » (p. 167). « Se in manibus praebuit » doit, à mon sens, être rendu, non par « il se rendit à sa merci » (p. 170), mais par « il fit hommage entre ses mains ». Mainte autre observation pourrait être présentée.

qu'aient possédé les provinces du Sud de la Loire »[115]. Il s'appuie sur des témoignages régionaux écrits, chartes ou annales, mais à l'occasion ne néglige pas d'autres sources; d'aucuns ont cru pouvoir discerner une chronique byzantine parmi ces dernières. Tout autant il est vrai, et parfois davantage, il s'appuiera sur la tradition orale, se fiant à ce que lui ont raconté ses oncles Roger et Adalbert, moines à Saint-Martial, ainsi que d'autres religieux âgés. Beaucoup des informations relatives aux régions qui ne sont pas l'Aquitaine ont pu, on le soupçonne non sans raison, être cueillies par lui dans ses conversations avec des pèlerins revenus d'Orient, certains d'entre eux ayant emprunté des voies d'Europe centrale. Il ne faut jamais oublier ici le rôle immense joué, dans l'Europe des pèlerinages, par cette église de Limoges qui se qualifiait d'apostolique, au même titre que Saint-Jacques en Galice et Saint-Pierre de Rome. C'est compte tenu de toutes ces sources que l'on voit Adémar se permettre de parler de l'avènement d'Otton Ier, du siège de Pavie par Henri II, de la destruction du Saint-Sépulcre, d'incursions normandes en Pouille ou en Espagne, et ainsi de suite [116].

Toutefois, ce qui le rend inégalable, c'est qu'il nous facilite une vision directe de son propre monde: ces vicomtés limousines, ce comté d'Angoulême, où l'Église gît enchaînée « au pouvoir des laïcs » – quelques-unes des plus parfaites descriptions d'investiture laïque d'un prélat se lisent dans son livre, – où les pèlerins se pressent, au point de s'écraser, pour aller baiser la châsse de saint Martial [117], où les assemblées convoquées en vue de la

---

(115) P. ZUMTHOR, *Histoire littéraire de la France médiévale (VIe-XIVe siècles)*, Paris 1954, p. 77. Voilà qui n'est guère aimable pour Fortunat.

(116) III, 22, 37, 47, 55 (éd. CHAVANON, pp. 141, 160, 169, 178).

(117) « Quadragesima... media, cum nocturnis vigiliis multitudo maxima in eandem aulam ad tumulum beati Marcialis properantes intrarent, viri cum mulieribus plus quam quinquaginta, invicem conculcati, intra ecclesiam exspi-

paix s'efforcent d'éviter l'accélération des conflits privés. En bien des cas, nul témoignage narratif ne vient, dans cette France du Sud-Ouest, étayer ni contrecarrer celui d'Adémar. Il est un phare qui irradie une zone presque désertique.

L'homme a la tête froide, raconte les choses avec clarté, sans recherche de langue, sans aucun effet littéraire. Le surnaturel est présent en son œuvre, mais les « signes dans le ciel »[118] sont annoncés par lui en général avec une étonnante sobriété d'expression, il n'entend jamais y insister. Le démon, dont l'action est, de toute évidence, sous-jacente à tant de gestes pervers des hommes, apparaît à peine dans ces récits, il ne s'incarne pas comme, à tant de reprises, chez Raoul Glaber ou, plus tard, Guibert de Nogent. En revanche le moine d'Angoulême « fait rayonner, au-dessus de contradictions qu'il ne tente point d'expliquer, la lumière transcendante de sa foi »[119].

* * *

De ce voyage à travers nos sources des fiefs et diocèses de l'Ouest, que conclure ?

On déplorera en premier lieu – de telles remarques recoupent plusieurs des constatations de M. Bautier – l'état dans lequel se présentent bien des textes évoqués. A part quelques éditions critiques excellentes (Guillaume *Calculus* par Jean Marx, Guillaume de Poitiers par Ray-

---

raverunt »: III, 49; éd. CHAVANON, p. 173. Cf., pour des faits analogues, E. R. LABANDE, « *Ad limina* »: *le pèlerin médiéval au terme de sa démarche*, dans *M.R.C.*, p. 283.

(118) C'est avec une simplicité fort peu commune de son temps et avec, pour une fois, émotion (mais émotion contenue) qu'il a rapporté sa propre vision du Crucifié lorsqu'il avait vingt-deux ans, une nuit, à Saint-Martial: III, 46 (éd. CHAVANON, pp. 168-169).

(119) E. POGNON, *op. cit.*, p. XLIV.

monde Foreville, Merlet pour la Chronique de Nantes ou Chavanon pour Adémar), combien d'autres documents ne sont encore abordables que dans Migne, le *Gallia christiana* ou d'honorables, mais rudimentaires éditions dues à des érudits locaux du siècle dernier! En outre, les traductions n'existent pas pour le plus grand nombre de ces ouvrages, et surtout beaucoup d'entre eux, depuis le temps lointain où les bénédictins les signalèrent sous l'Ancien Régime, n'ont éveillé l'intérêt que de rares érudits [120]. Le travail ne manque pas pour qui voudra étudier, de manière enfin approfondie, Pierre de Maillezais ou les *Acta* des archevêques de Rouen.

Sur une carte de la production historiographique des Xe et XIe siècles si l'on tentait d'en dresser une, les provinces françaises de l'Ouest ne seraient figurées que par des teintes grises, attirant à peine le regard, et par des toponymes fort peu nombreux. Plus on avancerait en revanche vers l'Est: pays de la Seine, de la Somme, de l'Aisne, de la Saône, bien mieux encore de la Moselle, du Rhin ou du Main, les tons seraient de plus en plus foncés et les centres se multiplieraient, souvent même non plus isolés, mais formant ici et là de véritables nébuleuses. L'Ouest de la France est alors un parent pauvre.

Ceci devient bien plus net encore lorsque, envisageant le déroulement chronologique, on contemple le Xe siècle. Avant 990 il serait impossible de rien signaler d'intéressant: à l'heure où écrivaient Réginon de Prüm, Flodoard, Liutprand de Crémone, Widukind de Corvey, voire Richer, la France de l'Ouest n'eût su rien opposer à tant

---

(120) Il est assez frappant de voir, d'après les annotations bibliographiques de la présente étude, que nombre d'éditions et de travaux de valeur remontent, concernant notre propos, aux années 1890-1905, et que l'on ne constate, dans les vingt dernières années, un retour d'intérêt à ces matières que dans des ouvrages d'ensemble, en général; aucune floraison particulière d'études analytiques.

d'ardeur créatrice. Vers l'an mil, grâce à l'école de Saint-Martial, l'Angoumois et le Limousin s'émeuvent, et aussitôt fleurit Adémar, tandis qu'un Angevin transplanté travaille à Conques. L'activité historiographique a débuté au nord de la Loire avec un isolé, qui est Dudon; ce n'est qu'après le milieu du XIe siècle que des ouvrages remarquables sortiront à Nantes, puis à Fontenelle. A partir de 1065 l'accélération est manifeste, de nouveaux centres s'animent: Saumur, Maillezais, Tours, Jumièges, Lisieux, Angers, et vers 1100 tour à tour le *De statu* de Coutances, l'autobiographie du comte d'Anjou, la Chronique rimée de Saint-Julien, le fragment de La Chaize-le-Vicomte témoignent d'une soif de l'histoire qui gagne plus ou moins toutes les provinces, sans pourtant déborder au sud du Limousin, à part de bien modestes exceptions. Si l'enquêteur avait convenu de faire abstraction du moine de Saint-Cybard et du doyen de Saint-Quentin, il aurait pu pratiquement limiter son travail à la seconde moitié du siècle.

Comme nous pouvions en bonne logique le pressentir, les centres de production ont été surtout monastiques. Limoges, Angoulême, Maillezais, Saumur, Jumièges ont joué leur rôle, grand ou médiocre; au total cependant, on n'arrive même pas à énumérer une vingtaine d'établissements de cet ordre si l'on cherche à dresser un bilan. Les collégiales sont silencieuses, ou à peu près: chose étrange, un chapitre aussi illustre que celui de Saint-Martin de Tours (illustre par son rôle littéraire au IXe siècle, par son prestige dans l'orbite des Capétiens, par la foule des pèlerins qui hantent son église, tout autant que Saint-Martial) n'inscrit rien à son actif avant 1100. Mais on pourrait faire une constatation analogue à propos d'une maison bien plus notoire encore, je veux dire Cluny.

Des cathédrales ont, pour leur part, vu naître des ouvrages d'intérêt historique: les évêques d'Angoulême et de Sées, l'archidiacre de Lisieux, celui de Rouen, des chanoines au Mans, à Coutances, à Nantes ont travaillé à l'ombre de leurs tours.

Notons enfin, à propos des genres qui furent pratiqués, l'extrême rareté des chroniques d'intérêt général, lesquelles se réduisent à deux, le nombre plus considérable de chroniques monastiques, encore que le flot n'ait rien de torrentiel, loin de là; deux exemples seulement de *gesta* épiscopaux, trois biographies et, avec le fragment du comte Foulque, un cas exceptionnel de mémorial d'un haut lignage.

Ce serait tout si nous ne demandions quelque renfort – ou plutôt un indispensable appui – aux textes hagiographiques: non pas tellement des *vitae*, mais surtout des recueils de miracles ou des récits de translations, certains de très haute qualité.

Dans le paysage, si peu animé, de la France occidentale quelques astres sont venus éclairer et réconforter le chercheur en sa démarche: je veux dire des hommes qui, comme Adémar ou l'anonyme de Nantes, ont eu, semble-t-il, conscience d'un devoir, celui de transmettre à leurs contemporains, comme aux descendants de ceux-ci, tout ce qu'ils avaient pu connaître du déroulement de l'histoire. Vaille que vaille, ils se sont acquittés de cette tâche, et nous leur devons bien quelque gratitude.

III

SITUATION DE L'AQUITAINE EN 1066

Entre le 5 avril et le 1ᵉʳ juin 1066, la comète dite de Halley apparut dans le ciel d'Occident et troubla maint cerveau. « Les gens s'émerveillent de l'étoile », lit-on sur la « tapisserie » de Bayeux, et un messager court aussitôt annoncer à Harold ce qui ne saurait être qu'un présage. Le moine Amat du Mont-Cassin s'exprimera de manière explicite, qualifiant la comète de « merveillouz signe pour ceste forte aventure et bataille qui estoit a venir » (1), et Orderic Vital usera d'un langage analogue (2).

Dans quelques mois va être célébré le neuvième centenaire de ces mémorables événements : un duché français parvenu à un tel degré de perfection que son titulaire, par un coup d'audace unique aux annales de l'Occident médiéval, s'empare en quelques jours d'un royaume insulaire et fonde une réalité politique nouvelle : l'Etat anglo-normand. A cette occasion, nous pouvons nous poser la question suivante : parmi les principautés territoriales qui fleurissaient sur le sol de France en 1066, n'en était-il pas qui avec la Normandie de Guillaume le Bâtard pouvaient soutenir la comparaison ? Trois surtout se présentent à l'esprit : Flandre, Bourgogne et Aquitaine. Lors de la bataille de Hastings, le duc d'Aquitaine est en pèlerinage à Rome, fidèle en apparence à la tradition paternelle, et Alexandre II l'y reçoit. Qui était ce prince ? Quel était l'Etat qu'il gouvernait ?

Depuis la fin du Xᵉ siècle, comté de Poitou et duché d'Aquitaine sont fortement réunis ; les prétentions des comtes d'Auvergne, de ceux de Toulouse ou même d'autres à ce titre ducal sont, sinon

---

(1) Amat du Mont-Cassin, *Croniques et ystore de li Normant* [traduction tardive d'un texte perdu], éd. V. de Bartholomaeis, Rome, 1935 (« Fonti per la storia d'Italia », 76), p. 12.
(2) « Ut perspicaces astrologi, qui secreta physicae subtiliter rimati sunt, asseverant, mutatio regni designatur » : Orderic Vital, *Historia ecclesiastica*, éd. Le Prévost/L. Delisle, Paris, t. II, 1840 (« Société de l'histoire de France »), p. 116. Cf. encore *Chroniques de Saint-Martial de Limoges*, éd. H. Duplès-Agier, Paris, 1874 (« Soc. hist. de Fr. »), p. 48; Michel de Boüard, *Guillaume le Conquérant*, Paris, 1958 (« Que sais-je ? », 799), p. 85.

III

abolies tout à fait, du moins fort assoupies, et le comte qui s'intitule parfois pompeusement « duc de toute la monarchie des Aquitains » (3) réside à Poitiers. Si le noyau du duché est poitevin, les confins de l'Aquitaine sont, par contre, en plus d'un point, indéterminés, contestés et contestables. Principauté aux contours flous, voilà un trait par lequel l'Aquitaine, à vrai dire beaucoup plus vaste que la Normandie, se distingue d'abord de celle-ci.

Celui que nous appelons Guillaume VIII (VIIIe en tant que duc, VIe comme comte) conserva habituellement les noms de Guy et Geoffroy sous lesquels il était connu auparavant. Il était âgé d'environ quarante ans à l'époque de Hastings ; il était devenu duc huit années plus tôt, par la mort de son frère aîné, Guillaume VII Aigret, donc par accident. Il n'était que le quatrième fils de Guillaume le Grand, dont les trois aînés avaient successivement gouverné le duché et disparu sans enfants. Le dernier mâle se trouvait à point nommé pour relever le lignage, et la dynastie ne put manquer, comme le feront si souvent les Capétiens, de puiser dans cette promesse de continuité quelque motif de fierté. Tout dépendait assurément de ce que serait ce baron.

Entre son père Guillaume V et Guillaume IX le Troubadour, son fils, l'un et l'autre relativement connus et, quoique pour des motifs divergents, hommes d'un rayonnement considérable, Guillaume VIII demeure encore mystérieux, faute de moyens d'approche pour interpréter sa personnalité. Malgré l'indigence des sources, les historiens modernes ne furent pourtant pas avares d'éloges à son endroit. Achille Luchaire, d'habitude plus circonspect, tranche en le déclarant « politique avisé et fin, soldat de premier ordre et conquérant toujours *(sic)* heureux (4) ». « De réelles qualités de conquérant et d'organisateur », renchérit Augustin Fliche (5) ; « son œuvre ressemble, à bien des égards », poursuit-il, « à celle de Guillaume le Conquérant ». « Un vrai prince, de génie supérieur », écrivait pour sa part le doyen Boissonnade (6) ; il est vrai que, quelques pages plus loin, cet auteur,

(3) Cette expression d'un diplôme (cf. Léonce AUZIAS, *L'Aquitaine carolingienne*, Toulouse, 1937 [« Bibliothèque méridionale », 2e s., 28], p. 517), peut être rapprochée des quelques mots par lesquels le chroniqueur de Saint-Maixent rapporte l'avènement de Guillaume VIII : « Huic in *regno* successit Goffredus » (*Chronicon Sancti Maxentii*, dans *Chroniques des églises d'Anjou*, éd. P. Marchegay/E. Mabille, Paris, 1869 [« Soc. hist. de Fr. »], p. 400). [Une nouvelle édition de ce texte par Jean VERDON est en préparation. Certains amendements au texte dans les citations qui suivent sont dus à la diligence de ce dernier.]

(4) Achille LUCHAIRE, *Les premiers Capétiens (987-1137)*, Paris, 1901 (« Histoire de France » LAVISSE, II/2), p. 72.

(5) Augustin FLICHE, *Le règne de Philippe Ier, roi de France (1060-1108)*, Paris, 1912, p. 235.

(6) Prosper BOISSONNADE, *Histoire de Poitou*, 3e éd., Paris, 1941 (« Les vieilles provinces de France »), p. 52. Cf. *ibid.*, pp. 58-59.

parlant des ducs d'Aquitaine, les définit tous (sans faire exception pour le nôtre) « piètres administrateurs, peu aptes aux besognes patientes et durables », n'ayant « pas même l'idée d'une organisation centralisatrice »; l'Aquitaine devient ici « le plus disparate, le plus fragile des Etats féodaux français ».

En présence de ce rudimentaire palmarès, nous suggérerons que Guillaume VIII et son fief ne méritent sans doute « ni cet excès d'honneur ni cette indignité ». Il est en tout cas plus sûr d'essayer de nous en tenir aux jugements des contemporains, de remarquer par exemple que ses ennemis angevins ont surtout vu en ce duc un « chevalier très mordant, jeune, rusé et travailleur (7) ». Et de toute manière, c'est seulement en le regardant agir que l'on peut essayer de se faire une opinion.

Si l'on ne sait à peu près rien des hommes de l'entourage de Guillaume qui, en l'éduquant, en le conseillant, purent agir sur lui, au moins sait-on que sa mère Agnès, issue des comtes de Bourgogne, fut une femme d'envergure. Habile politique, ambitieuse, la veuve de Guillaume le Grand s'était remariée, non toujours pour son bonheur, avec Geoffroy Martel, qui devint comte d'Anjou; elle n'avait pas dédaigné de soigner sa propre réputation en associant son nom à de hautes œuvres de mécénat, telle la reconstruction de la basilique Saint-Hilaire de Poitiers, consacrée en 1049; sa fille Ala avait épousé l'empereur Henri III. Après une carrière agitée, le comte d'Anjou étant mort en 1060 (8), elle quitta la cour de son fils pour se retirer à la fameuse abbaye aux Dames de Saintes (9), où elle s'éteignit sept ans plus tard. Par elle, Guillaume VIII, oncle de l'empereur Henri IV, se trouve placé de plain-pied avec les premiers princes d'Europe (10); elle l'aura certainement habitué à voir grand, à viser haut.

---

(7) « Miles acerrimus, juvenis, astutus et laboriosus », disent les *Gesta consulum Andegavorum*, dans *Chroniques des comtes d'Anjou et des seigneurs d'Amboise*, éd. L. Halphen/R. Poupardin, Paris, 1913 (« Collection de textes pour servir à l'étude et à l'enseignement de l'histoire », 48), p. 64.

(8) Cf. *infra*, p. 351.

(9) *Chartes et documents pour servir à l'histoire de l'abbaye de Saint-Maixent*, éd. Alfred Richard, Poitiers, t. I, 1886 (« Archives historiques du Poitou », 16), p. 149. — Cette très illustre abbaye recevait la même année (29 avril 1061) des privilèges notables de Nicolas II : *Cartulaire de l'abbaye royale de Notre-Dame de Saintes*, éd. abbé Th. Grazilier, Niort, 1871 (« Cartulaires inédits de la Saintonge », 2), n° 4, p. 8. Cf. A. RICHARD, *Histoire des comtes de Poitou*, Paris, 1903, t. I, pp. 281, 295.

(10) Le mystérieux moine MARTIN, auteur d'un bref récit des premiers temps de l'abbaye Montierneuf à Poitiers, qui devait tant au duc, s'exprime dans les termes dithyrambiques que voici : « Guillelmus, qui et Gaufridus..., nobilissimorum Guillelmi et Agnetis, Aquitaniae ducum, heres fuit, regum propinquus, imperatorum cognatus et avunculus, itemque regum socer exstitit. Gloriosus siquidem Francorum Henricus, et Philippus vetus, et Guillelmus

III

La puissance du duc d'Aquitaine en 1066, quelle était-elle ? Un texte (11), malheureusement fort tardif, mais du plus haut intérêt — il fut rédigé à Limoges au début du XIIIe siècle, alors que le duché d'Aquitaine depuis quelques années n'existait plus, — donne les détails d'une cérémonie au cours de laquelle le duc est béni après son avènement. Reçu à la porte de la cathédrale Saint-Etienne de Limoges par l'évêque, il se voit revêtir d'un *sericum pallium* (apparemment une chasuble, pour affirmer le caractère quasi sacerdotal de la « monarchie » aquitanique), puis le prélat le coiffe d'un cercle d'or, lui passe au doigt l'anneau dit de sainte Valérie, la protomartyre d'Aquitaine (12), et lui met en mains le *vexillum*, un gonfanon au haut d'une lance. Le duc est alors conduit par l'évêque jusqu'au chœur, où l'épée, préalablement déposée sur l'autel, lui est ceinte, cependant que le doyen du chapitre lui lace les éperons. En cet appareil il assiste à la messe au cours de laquelle toutefois, en dépit d'affirmations hâtives de Boissonnade (13), il ne reçoit point d'onction.

Doit-on se représenter ce cérémonial comme ponctuellement suivi cent cinquante ans déjà avant le texte qui le décrit ? Pour tout dire, le rapprochement que l'on peut faire entre cet *ordo ad benedicendum* et des textes antérieurs (14), avec ceux qui surtout concernent d'autres fiefs, rend vraisemblable l'antiquité de la coutume. Il serait intéressant en particulier de pousser, plus loin qu'on ne l'a fait jusqu'à présent (15), la comparaison entre rituels de Normandie et d'Aquitaine.

Anglorum reges et consanguinei proximi fuere; Henricus vero ille, maximus imperator, ejusdem probitatis et honestatis, — adhuc multi supersunt qui recolunt — hujus uterinam sororem, Agnetem nomine, in conjugem sumpsit, de qua genuit Henricum nomine qui, etsi a parentum probitate degeneravit, augustalia tamen sceptra gestavit. Hispaniarum autem reges, Ildefonsus et Petrus, ejus filias in matrimonium se suscepisse gavisi sunt » : *Fragmentum historiae monasterii novi Pictavensis*, dans *Historiens de France*, XI, 118-119.

(11) *Ordo ad benedicendum ducem Aquitaniae, ibid.*, XII, 451-453.

(12) M.-Madeleine Gauthier, *La légende de sainte Valérie et les émaux champlevés de Limoges*, dans « Bulletin de la Société archéologique et historique du Limousin », t. LXXXVI, 1955, pp. 35-80, notamment 74-77.

(13) P. Boissonnade, *op. cit.*, p. 56.

(14) Exemple : le prieur Geoffroy du Vigeois en sa chronique, parlant de l'avènement de Richard Cœur de Lion en Aquitaine (1170), s'exprime comme suit : « Apud Sanctum Hilarium Pictavis, dominica post Pentecosten, juxta consuetudinem in abbatis sedem elevatur, sed a Bertranno Burdegalensi et Joanne praesulibus *lancea* ei cum *vexillo* praebetur... Procedenti tempore Richardus Lemovicas veniens in urbe cum processione suscipitur, *annulo sanctae Valeriae* decoratur *novusque dux* ab omnibus proclamatur » (dans *Histor. de Fr.*, XII, 442-443).

(15) La meilleure mise au point nous semble être, à l'heure actuelle, celle de Hartmut Hoffmann, *Französische Fürstenweihe des Hochmittelalters*, dans « Deutsches Archiv für Erforschung des Mittelalters », t. XVIII, 1962, pp. 92-119.

Beaucoup plus prestigieux pour Guillaume que le diadème ducal était le fait de détenir l'abbatiat de la collégiale Saint-Hilaire de Poitiers, rivale insigne — y songeons-nous assez ? — de la collégiale royale Saint-Martin de Tours. « Qui t'a fait roi ? » aurait répondu un jour à Hugues Capet un insolent comte de Périgord, si l'on en croit Adémar de Chabannes (16). Mais le comte de Poitou eût pu dire, évoquant les deux saints titulaires de ces grandes basiliques de pèlerinage : « Qui fit jadis Martin, sinon Hilaire ? » Dans les chartes du chapitre de Saint-Hilaire, le nom du comte apparaît en qualité d'abbé; rien ne laisse soupçonner au premier abord qu'il s'agisse d'un abbé laïque (17). Sidney Painter n'a point manqué de faire état (18) de ce facteur de la puissance ducale, et le place à côté des atouts que constituait pour ce prince la possession de très vastes territoires, allodiaux ou bénéficiaux.

Puissance qui n'apparaît guère comme limitée au sommet. Peu de temps après l'avènement de Guillaume VIII, le roi Henri Ier fit sacrer à Reims, à la Pentecôte 1059, son fils Philippe, âgé de sept ans, et il se trouve que pour la première fois un tel événement donna lieu à une relation circonstanciée (19). Nous y lisons que, parmi les grands laïques qui, de par leur fief, étaient tenus de particper à la cérémonie, la plupart n'y assistèrent que par procureur, ainsi Guillaume le Bâtard (la Normandie n'avait guère eu jusqu'alors à se louer de l'attitude d'Henri Ier), ou son beau-père le comte Baudouin de Flandre, ou Geoffroy, le comte d'Anjou. Le duc d'Aquitaine, au contraire, cousin issu de germain du roi, non seulement parut au sacre, mais il le fit entouré de plusieurs de ses vassaux *(obtimates)* — le comte de la Marche Audebert, Foulque comte d'Angoulême, le vicomte de Limoges, — et de prélats de son ressort : Itier Chabot, évêque de Limoges, les évêques Guillaume d'Angoulême et Arnoul de Saintes (20), l'abbé Hugues II

(16) « Rex Francorum ausus est eum provocare ad certamen, sed hoc ei mandavit : " Quis te comitem mandavit ? " Et Adelbertus remandavit ei : " Quis te regem constituit ? " » (ADÉMAR DE CHABANNES, *Chronicon*, éd. J. Chavanon, Paris, 1897 [« Coll. textes p. serv. à l'ét. et à l'enseign. de l'hist. », 20], p. 156; cf. Edmond POGNON, *L'an mille*, Paris, 1947 [« Mémoires du passé pour servir au temps présent »], p. 175).

(17) « Signum Widonis, quem Gausfridum cognominabamus, abbatis nostri. Signum Agnetis genitricis ejus » (novembre 1058). — « Dominus meus abbas Gosfridus et ego [Goscelinus, beati Hylarii tessaurarius], et omnes canonici beati Hylarii eam [cartam] nostris manibus firmavimus » (1067) : *Documents pour l'histoire de l'église de Saint-Hilaire de Poitiers*, éd. L. Redet, Poitiers, 1847 (« Mémoires de la Société des Antiquaires de l'Ouest », 1re s., 14), n°s 81, p. 89; 83, p. 90.

(18) Sidney PAINTER, *Feudalism and Liberty*, Baltimore, 1961, pp. 19-20.

(19) Dans *Histor. de Fr.*, XI, 32-33; cf. A. FLICHE, *Le règne de Philippe Ier*, *roi de France...*, pp. 2-6; A. RICHARD, *Histoire des comtes de Poitou*, t. I, p. 277.

(20) Ce prélat simoniaque devait être déposé en 1067 avec l'approbation du duc, cf. *infra*, p. 359.

III

de Charroux. Aussitôt après le légat pontifical et les archevêques, c'était Guy-Geoffroy qui marchait premier des laïcs en cette circonstance. Il ne dut pas être mécontent de faire éprouver au tout jeune Philippe qu'ultérieurement celui-ci aurait à compter avec le puissant « duc de toute la monarchie d'Aquitaine ». S'il est vrai que, à la mort du roi Henri, Guillaume se montra loyal sans réticence à l'égard de Philippe Ier (21), si cette fidélité se poursuivit lorsque, le comte de Flandre étant mort (22), le roi majeur se mit vraiment à gouverner, cependant d'hommage proprement dit l'on ne saurait trouver nulle trace. La médiocre allusion faite par un chroniqueur à un contingent poitevin dans les rangs royaux à la bataille de Cassel en 1071 (23) ne suffit pas pour que l'on puisse parler d'un *auxilium* féodal normalement fourni.

L'hommage du duc, Philippe Ier ne pouvait l'exiger : avec quelle armée, avec les troupes de quel autre vassal eût-il opéré, en cas de félonie, la commise sur des fiefs aussi vastes, aussi lointains ? Ainsi le pouvoir ducal n'était-il pas, en 1066, limité par en haut. Etait-il entravé à la base ? c'est ce dont nous essaierons plus loin de juger.

Quoi qu'il en soit, ce que l'on peut sans peine constater, c'est l'audience européenne de Guillaume VIII; la renommée, sinon de l'homme, certainement de ses Etats, est grande. Deux épisodes des relations internationales, postérieurs de peu à 1066, en fournissent la preuve, tout en soulignant l'équilibre qui existait alors entre l'Aquitaine et une Normandie pourtant gouvernée par un roi. En 1069, Alphonse VI, roi de León depuis quatre ans, demanda la main d'Agnès, fille de Guy-Geoffroy (24), après qu'une fille de Guillaume le Conquérant, d'abord pressenti, fût décédée avant d'avoir rejoint son fiancé. Plus tard, l'empereur Henri IV, pressé par d'énormes difficultés intérieures (25) au cours de sa lutte contre Grégoire VII, chercha en 1074 de l'aide hors d'Allemagne. Il était jeune encore, plein d'illusions en s'imaginant, à vingt-quatre ans, que les rois de France ou d'Angleterre se dérangeraient

(21) « Balduinus, comes Flandriae, quasi interrex in regno judicat, salva fidelitate Philippi pueri regis; huic vero magnum decus intervenit gloriae, nam comes Tietbaldus, Andegavensis comes, et *omnes* Galliae optimates, salva fide Philippi regis, juraverunt fidelitatem et honorem regni » : *Annales Elnonenses minores*, dans *Monum. Germ. histor., script.*, V, 20. Aucun document ne vient contredire cette assertion en ce qui concerne le comte de Poitou, cf. FLICHE, *op. cit.*, p. 10.
(22) Le 1er septembre 1067.
(23) Livrée contre Robert le Frison *(Genealogiae comitum Flandriae*, dans *Monum. Germ. histor., script.*, IX, 322; cf. FLICHE, p. 256).
(24) *Chronicon Sancti Maxentii*, éd. Marchegay/Mabille (*supra*, p. 340, n. 3), pp. 404-405.
(25) Cf. Karl Jordan, dans Bruno GEBHARDT et H. GRUNDMANN, *Handbuch der deutschen Geschichte*, 8e éd., t. I, Stuttgart, 1954, p. 252.

pour le soutenir contre des rebelles saxons. Il se serait, après leur double refus, tourné vers son oncle :

> Il implora Guillaume, duc des Poitevins, frère de sa mère, suppliant celui-ci d'avoir pitié du fils de sa sœur, et de lui apporter du secours afin qu'il pût récupérer le royaume paternel dont il était injustement privé. Mais le duc répondit en alléguant qu'entre eux deux s'interposaient tant de puissances... qu'il lui serait impossible de faire parvenir une armée jusqu'à lui à travers tant d'obstacles.

Ici, notre source d'information est germanique (26), non suspecte d'orgueil de clocher comme le récit du moine Martin de Montierneuf (27), et ses allégations sont d'autant plus probantes. La principauté de la France du Sud-Ouest est évidemment illustre en Europe, et son détenteur rivalise avec son suzerain, comme avec son trop brillant émule et cousin le duc de Normandie.

Cependant — un examen, même superficiel, suffirait à le révéler — quelque chose manquait ici, que le duc Guillaume le Bâtard sut de toute évidence réaliser : la structure d'un Etat. Les institutions de l'Aquitaine — ou tout simplement du Poitou — étaient encore, tout comme celles, par exemple, du duché de Bourgogne, embryonnaires (28), et il allait falloir attendre les Plantagenet pour que l'on pût en observer de plus sérieuses. C'est tout juste si nous avons loisir de constater qu'il existe, au moins par moments, un chancelier comtal à Poitiers, ainsi en 1067 Thibaut, écolâtre de Saint-Hilaire (29). Quant au sénéchal, bien que ce soit

(26) « *Philippum, latinae Franciae rectorem*, multis pollicitationibus sollicitat, ut antiquae memor amicitiae sibi, quandocumque vocatus fuerit, in auxilium veniat; sed ille, similiter a suis accusatus et pene paterno solio depositus, vix suum honorem, cui adhuc haerebat, se dixit retinere, nedum isti suum, a quo penitus ceciderat, temptaret reponere. *Willehalmum, gentis anglicae regem*, hac conditione suum vocavit in auxilium, ut ei vicem redderet aequam, si se umquam haberet necessarium; ille vero respondit se terram illam bellorum violentia pervasisse, et ideo, si reliquerit eam, ne posthac recipiatur in ea, formidare. *Willehalmum, ducem Pictavorum*, matris suae germanum, sororis suae filio rogavit misereri, sibique ferre auxilium, quo posset in regnum patris sui, quo careret injuste, restitui; at ille tanta Francigenarum, Nortmannorum vel Aquitanorum virtutes inter se et illum esse respondit, ut nullo ingenio per tantam fortitudinem cum exercitu transire potuisset » : Bruno, *De bello saxonico liber*, éd. Pertz, Hanovre, 1843 (« Monum. Germ. histor., in usum schol. »), p. 33. Cf. Fliche, *op. cit.*, p. 330.
(27) Cf. *supra*, p. 341, n. 10.
(28) Yves Renouard, *Les institutions du duché d'Aquitaine (des origines à 1453)*, dans F. Lot/R. Fawtier, *Histoire des institutions françaises au moyen âge*, Paris, t. I, 1957, p. 161; Jean Richard, *Les institutions ducales dans le duché de Bourgogne, ibid.*, p. 210.
(29) *Documents pour l'histoire de l'église Saint-Hilaire de Poitiers*, éd. Redet, n° 84, p. 92; cf. A. Richard, *Histoire des comtes de Poitou*, t. I, p. 378; Robert Favreau, *Les écoles et la culture à Saint-Hilaire-le-Grand de Poitiers des origines au début du XIIe siècle*, dans « Cahiers de civilisation médiévale », t. III, 1960, p. 476.

III

précisément en cette seconde moitié du xi⁰ siècle qu'il est apparu, on ignore à peu près tout du contenu de sa fonction à cette époque.

En aucune manière le duché d'Aquitaine n'a constitué alors un Etat; simplement, et tout au plus, une prétention, soutenable de temps à autre, lors des phases de prospérité, ou de grande vigueur militaire, mais une prétention très fragile. Dans une solide esquisse qui, à défaut — jusqu'à présent — d'étude de fond relative à ces problèmes locaux, demeure un des meilleurs travaux écrits sur la question, Yves Renouard notait naguère (30) : « Le titre de duc d'Aquitaine demeure... honorifique et prestigieux, mais nu : il n'apporte aucun élément concret de puissance, aucun domaine particulier au comte de Poitou... Le titre ducal couronne magnifiquement la multiplicité des titres comportant puissance réelle accumulés... Il exalte la grandeur [des comtes], en exprimant sur un plan supérieur l'unité de leur personnage : le pape l'emploie pour les désigner depuis 1033 au moins (31); mais il est symptomatique qu'eux-mêmes, jusqu'à l'aurore du xii⁰ siècle, ne l'aient jamais porté seul. »

Cherchons maintenant à rassembler ce que l'on peut connaître de la politique de Guillaume VIII.

Ses soucis dynastiques ont été grands : comme tout potentat féodal de plus ou moins haute volée, il fut longtemps tourmenté par le désir d'avoir un fils. Allait-il être plus heureux que ses frères prédécédés ? Vers la fin de 1058, au moment où il devenait comte de Poitou, « il quitta », écrit sans émotion le chroniqueur de Saint-Maixent, « la fille du comte Audebert [de Périgord], sa femme, pour cause de parenté, et prit une autre épouse appelée Matéode ». Parenté ? En tout cas, stérilité : ceci est motif, cela prétexte. On n'ignore pas comment, chez les nobles français du xi⁰ siècle, le recours aux arguments généalogiques était courant pour justifier l'instabilité conjugale. Dix ans après ce changement, la nouvelle épouse n'avait donné qu'une fille au duc d'Aquitaine, et le refrain monotone reprend : « Ayant délaissé la susdite Matéode, le comte Guy épousa Audéarde, fille du duc Robert de Bourgogne et nièce du roi Henri de France (32). » A ce moment, c'est-à-dire peu de temps après la conquête de l'Angleterre, le duc avait près de quarante-cinq ans, l'élue bourguignonne une vingt-

---

(30) Y. Renouard, op. cit., pp. 162-163.
(31) Patr. lat., CXLI, 1154. Cf. A. Richard, op. cit., t. I, pp. 227, 228 et n. 1.
(32) « Relinquens filiam Audeberti comitis, uxorem suam, causa parentelae, aliam, Mateodam vocatam, accepit in conjugio... Duxit uxorem Guido comes Aldeardim, filiam Rotberti, ducis Burgundiae et neptam **Ainrici**, regis Francorum, relicta Matode supradicta... » : *Chronicon Sancti Maxentii*, pp. 400, 404.

aine d'années. Qu'avait-on fait de Matéode ? Quel prétexte avait-on saisi pour éloigner cette comtesse de Poitou dont nous ignorons jusqu'à l'ascendance ? Qu'est-elle devenue ensuite ? Les textes font silence. Si la parenté fut invoquée pour dissoudre la deuxième union de Guy-Geoffroy, comment les évêques ont-ils laissé s'accomplir la troisième, alors que notoirement Robert le Vieux de Bourgogne était son cousin issu de germain ? Autant de paradoxes, fréquents dans la vie féodale.

Il ne faudrait pas oublier qu'Audéarde était la nièce du saint abbé Hugues de Cluny (33), grand promoteur de la réforme de l'Eglise à laquelle Grégoire VII allait attacher son nom : il n'est pas dit que, moyennant quelque secrète promesse du duc d'aider à cette réforme, Hugues ne se soit entremis pour faire jeter un voile sur ce que ce mariage avait de contraire aux canons.

D'Audéarde allait naître, le 22 octobre 1071, le fameux Guillaume le Troubadour.

Il est temps de nous demander maintenant quels étaient les problèmes que posaient au comte-duc, et ses propres vassaux, et ses voisins ou grands rivaux.

L'Aquitaine de 1066, à qui l'on se souciait tant d'assurer un héritier mâle, s'étendait fort loin au Sud-Ouest (34). La Gascogne était entrée en 1032, à la mort de son duc Sanche-Guillaume, dans cet ensemble féodal, basculant, par suite d'une alliance matrimoniale, de la mouvance du roi de Navarre à celle du duc d'Aquitaine. La mère de Guy-Geoffroy, Agnès, avait intrigué sans désemparer pour assurer à celui-ci un magnifique héritage, en dépit des efforts d'autres prétendants; avant 1052 le comte d'Armagnac, Bernard Tumapaler, s'était finalement désisté, non sans une énorme compensation de 15.000 sous (35). Ainsi, à son avènement, Guillaume VIII était-il maître théorique de territoires se dévelop-

---

(33) Cf. P. BOISSONNADE, *Les relations des ducs d'Aquitaine, comtes de Poitiers, avec les Etats chrétiens d'Aragon et de Navarre (1014-1137)*, dans « Bulletin de la Société des Antiquaires de l'Ouest », 3ᵉ s., t. X, 1934/35, p. 275.

(34) Guillaume « fut un véritable roi de la France centrale. Il étendait sa domination de la Loire et de l'Atlantique aux Cévennes » (?) « et aux Pyrénées. Il renouvelait l'Aquitaine d'Auguste, le royaume wisigoth, le premier duché d'Aquitaine. Il fut, comme Euric, l'un des arbitres de la chrétienté » : Paul COURTEAULT, *Histoire de Gascogne et de Béarn*, Paris, 1938 (« Vieilles prov. de France »), p. 56.

(35) Charles HIGOUNET, *Bordeaux pendant le haut moyen âge*, Bordeaux, 1963 (« Histoire de Bordeaux », 1), p. 56; cf. A. LUCHAIRE, *Les premiers Capétiens (987-1137)*, p. 72. — La Gascogne, par incorporation à l'Aquitaine, entrait-elle dans le ressort du roi de France ? Sur la délicate question de la « Gascogne allodiale », utile mise au point d'Y. RENOUARD, *op. cit.*, p. 160, n. 5.

III

pant jusqu'au pied des Pyrénées. Possession qui devait se heurter plus d'une fois à de nouvelles contestations de la part de vassaux barbares, et fort agités. Une charte de Saint-Seurin de Bordeaux, en 1060, désigne Guillaume VIII comme « triomphant des rebelles » (36) et laisse donc entendre que Bernard s'était insurgé. Une autre révolte survint en tout cas peu après, mais le comte d'Armagnac se fit battre dans la vallée de l'Adour (mai 1063), à la Castelle, non loin de l'illustre monastère de Saint-Sever, où venait d'être enluminée une extraordinaire Apocalypse (37).

Tumapaler vaincu, et veuf, se retira au prieuré clunisien de Saint-Mont dont une charte, de peu postérieure, salue Guy-Geoffroy dans les termes suivants : « Le très noble comte des Poitevins qui gouverne l'Aquitaine et la Gascogne tout entière (38). »

Cet accroissement territorial avait amené les comtes de Poitou à s'intéresser davantage à Bordeaux. Mais Poitiers ne fut pas pour autant délaissée comme résidence habituelle. Il était seulement important d'exercer une attentive surveillance sur le siège métropolitain de la *II^a Aquitania*. Et nous constatons, non sans intérêt, que ce sont des prélats poitevins qui devinrent, en ce milieu du XIe siècle, archevêques de Bordeaux : Archambaud, abbé de Saint-Maixent, élu en 1045 grâce à l'adresse d'Agnès de Bourgogne, et son successeur Josselin de Parthenay, que fit désigner Guillaume VIII en 1059 (39). Bordeaux, dont l'atelier monétaire vit sortir sous ce règne les premières monnaies ducales portant effectivement la légende AQUITANIE, faisait équilibre à Poitiers, capitale effective, mais vulnérable.

Des vassaux beaucoup plus proches que ceux de l'excentrique Gascogne causaient au comte de Poitou de perpétuels soucis. Il faut, selon nous, s'élever avec quelque vigueur contre certaines vues historiques à travers lesquelles nous nous représenterions, si nous n'y prenions garde, le Poitou de 1066 sous des teintes presque idylliques. Voici, par exemple, ce qu'écrivait il y a peu l'érudit suisse Reto Bezzola :

> Entre tous [les] Guillaumes, nous ne saurions en trouver

---

(36) *Cartulaire de l'église collégiale de Saint-Seurin de Bordeaux*, éd. A. Brutails, Bordeaux, 1897, n° 12, p. 13; cf. HIGOUNET, *loc. cit.*

(37) Emile A. VAN MOE, *L'Apocalypse de Saint-Sever, ms. lat. 8878 de la Bibliothèque Nationale (XIe siècle)*, Paris, 1943.

(38) « Pictaviensium nobilissimo comite Aquitaniam et totam Vasconiam gubernante » : *Cartulaire du prieuré de Saint-Mont*, éd. J. de Jaurgain, Paris/Auch, 1904 (« Archives historiques de la Gascogne »), n° 11, p. 25; cf. HIGOUNET, *loc. cit.*

(39) HIGOUNET, p. 55. — C'est depuis la désignation de Josselin que les seigneurs de Parthenay prirent de nom de Larchevêque, cf. S. PAINTER, *Feudalism and Liberty*, p. 34.

un seul qui eût cette rudesse masculine, cette nature sombre et violente, la cruauté froide, les colères ou le fanatisme que manifestent par exemple leurs voisins du Nord, les comtes d'Anjou. A l'inverse de tant de barons querelleurs, avides d'augmenter leurs possessions et leur pouvoir, les princes de la maison d'Aquitaine... ne cherchaient qu'à maintenir *en paix* leurs domaines par une politique d'équilibre entre les forces opposées de leurs voisins. Ils surent toujours se servir des démêlés de leurs vassaux pour conserver sur eux leur suprématie. Et tandis que, chez les Angevins, les rivalités de famille ne cessent que lorsque le père a maté le fils et le frère le frère, la maison de Poitiers jouit d'une *tranquillité intérieure qui n'a jamais été sérieusement troublée*, depuis l'origine jusqu'à la fin de la dynastie, c'est-à-dire durant près de deux siècles (40).

Un tel tableau appelle de singulières retouches. Ne considérons que deux des baronnies les plus proches, Thouars et Lusignan. Nous constaterons que d'abord Aimery IV, vicomte de Thouars, fief situé aux limites du comté d'Anjou, pouvait se trouver tenté de jouer sur deux tableaux; il ne fut pas toujours rassurant pour le comte de Poitou, loin de là. Après l'aventure de sa participation à l'expédition d'Angleterre que nous évoquerons plus bas, il fomenta par exemple, ou laissa provoquer par son frère Savary, une révolte de la place de Luçon contre le duc-comte. Il en résulta, en 1069, que celui-ci « emporta le château de Luçon, et il incendia le monastère dédié à la bienheureuse Vierge Marie, situé dans son enceinte, ce qui fit périr hommes et femmes en grand nombre » : ainsi s'exprime notre informateur habituel (41). Voilà qui peut constituer à nos yeux un assez sérieux « trouble » de la « tranquillité intérieure ». Ce ne fut pas le seul.

Hugues le Pieux, sire de Lusignan, avait été quelques années plus tôt (1060) en révolte contre Guy-Geoffroy : au cours d'une sortie de son château assiégé par les troupes ducales, il avait été tué. Son successeur Hugues VI, gendre au reste d'Aimery de Thouars, continua la lutte (42).

(40) Reto R. Bezzola, *Les origines et la formation de la littérature courtoise en Occident (500-1200)*, IIe p. : *La société féodale et la transformation de la littérature de cour*, Paris, 1960 (« Bibliothèque de l'Ecole des Hautes études », 313), pp. 253-254. C'est nous qui soulignons.

(41) « Tunc cepit castrum Lucionense et monasterium Sanctae Mariae virginis, quod est in eodem castro, combussit, multosque homines ac feminas in eo extinxit » : *Chronicon Sancti Maxentii*, éd. Marchegay/Mabille, p. 404. Cf. Léon Palustre, *Histoire de Guillaume IX, duc d'Aquitaine*, Poitiers, 1880 (« Mémoires Soc. Antiq. Ouest », 2e s., 3), p. 145; Luchaire, *op. cit.*, p. 72; Jean Verdon, *Intérêt archéologique du « Chronicon Sancti Maxentii »*, dans « Cahiers de civil. médiév. », t. III, 1960, p. 358.

(42) Richard, *Histoire des comtes de Poitou*, t. I, p. 278; Painter, *op. cit.*, p. 51.

III

Au-delà des limites du Poitou, le ciel n'était pas plus serein. Si nous jetons un regard vers les vicomtés limousines, vassales du duc, nous y observons sans peine combien les barons du lieu étaient rudes, instables, combien il était nécessaire que le suzerain leur fît éprouver le poids de son prestige. En 1067, le vicomte Aymar II de Limoges, qui pour son château dépend de l'abbé de Saint-Martial, attaque férocement la cité voisine, relevant de l'évêque, et ses gens s'y livrent à un massacre. A la suite de quoi le duc imposera au vicomte de faire abandon au chapitre cathédral, à titre de réparation, d'une abbaye qu'il détenait. Mais que vaut, dans la société du XIe siècle, une injonction de cette nature ? Le vassal ne s'exécuta point, et il fallut une nouvelle pression — armée probablement — de Guillaume VIII pour que, en 1074, suivi de ses fils, le vicomte Aymar, pieds nus et en habit de pénitent, fît amende honorable au chapitre de Saint-Etienne. Pour accueillir cette solennelle réparation, l'évêque Itier n'était plus là; au cours de ces années de troubles, il était mort (43).

Ces exemples peuvent suffire à ébranler l'illusion d'une Aquitaine patriarcale et pacifique. Ils nous permettent d'éprouver à quel point le duc, en ce troisième quart du XIe siècle, fut constamment obligé de veiller au grain, non moins que les princes qui avaient à gouverner la Normandie ou la Flandre. Et s'il y eut paix relative sous ce Guillaume, une telle paix fut parfois achetée bien cher. D'autant que contraindre à l'obéissance de fantasques vassaux n'est pas le seul thème des luttes menées par le duc.

Il y avait aussi des voisins incommodes. Le plus notoire fut le comte d'Anjou. Depuis que Guillaume le Grand avait accepté, pour mettre fin à une meurtrière rivalité, que son trop puissant voisin tînt de lui en fief la région de Loudun, on devine que le comte d'Anjou mettait à profit une aussi favorable conjoncture. Tenir du duc l'admirable donjon carré de Loudun et, plus loin encore, au cœur du Poitou, à six lieues seulement de sa capitale, la place de Mirebeau, c'était disposer contre son seigneur du plus vigoureux moyen de pression, c'était régler soi-même le débit d'innombrables conflits. Sur ce terrain encore, Guy-Geoffroy dut réagir.

Le problème des relations avec l'Anjou était compliqué pour lui par la question de Saintonge. Lorsque la duchesse Agnès avait épousé Geoffroy Martel, son douaire, qui se trouvait être la Saintonge, avait été saisi par le comte d'Anjou et il en était résulté des heurts très rudes entre Poitevins et Angevins. Ensuite Geoffroy

---

(43) RICHARD, p. 301; Paul DUCOURTIEUX, *Histoire de Limoges*, Limoges, 1925, p. 43; R. LIMOUZIN-LAMOTHE, *Le diocèse de Limoges des origines à la fin du moyen âge*, Paris, 1951, p. 73.

avait répudié Agnès parce qu'elle était stérile (elle était d'ailleurs passablement plus âgée que lui); elle revint en Poitou, mais il garda la Saintonge; quelque temps avant de mourir, il constituait héritiers ses deux neveux, dont l'un, Foulque le Réchin, reçut de lui, à la Pentecôte 1060, avec les éperons de chevalier, l'investiture du pays de Saintes (44). Puis Geoffroy mourut à Saint-Nicolas d'Angers sous l'habit monastique. Le Réchin et Geoffroy le Barbu, ses successeurs, n'étaient que de très jeunes gens sans expérience; pour la première fois depuis bien longtemps, l'Anjou se trouvait débilité. Le duc d'Aquitaine tenta d'en profiter.

Dès mars 1061, il voulut arracher la Saintonge au jeune Foulque; mais il se fit battre à Chef-Boutonne (45). Ah ! s'écrie doctement l'auteur des *Gesta consulum Andegavorum*, comme Sénèque a eu raison de dire : « Les hommes mèneraient une vie bien tranquille si ces deux mots : tien et mien étaient abolis ! » Mais un an plus tard, la discorde s'étant introduite entre les deux Angevins, ce qui les affaiblissait, Guy-Geoffroy réussit à emporter Saintes, et la même chronique est bien obligée de le reconnaître (46). Cependant que le moine de Saint-Maixent claironne : « [Le duc] vint planter ses tentes tout autour de la ville de Saintes et en fit le siège; par la faim et par le fer il opéra des ravages, jusqu'à ce que les Angevins et ceux qui étaient dans la place eussent capitulé entre ses mains avec tout ce qui leur appartenait (47). »

Devenu plus tard comte unique, — par éviction définitive et incarcération perpétuelle de son frère, — Foulque le Réchin, lorsqu'il confirmait les privilèges du monastère poitevin de Saint-Jouin-de-Marnes (48), ne pouvait évoquer sans quelque nostalgie l'époque glorieuse où son oncle le Martel avait, à la bataille du Mont-Couër, à deux lieues de ce célèbre sanctuaire, vaincu et capturé le duc d'Aquitaine Guillaume VI !

(44) « Me nepotem suum ornavit in militem in civitate Andegavis festivitate Pentecostes..., et commisit mihi Santonicum pagum cum ipsa civitate... Aetas autem mea decem et septem erat annorum quando me fecit militem » : FOULQUE LE RÉCHIN, *Historiae Andegavensis fragmentum*, dans *Chroniques des comtes d'Anjou*, éd. Marchegay/Salmon, Paris, 1856 (« Soc. hist. de Fr. »), p. 379. Cf. Louis HALPHEN, *Le comté d'Anjou au XIe siècle*, Paris, 1906, p. 134.
(45) *Chronicon Sancti Maxentii*, p. 402; cf. RICHARD, *op. cit.*, pp. 283-284; HALPHEN, *op. cit.*, p. 136.
(46) *Gesta consulum Andegavorum*, éd. Halphen/Poupardin (*supra*, p. 341, n. 7), pp. 59, 64.
(47) « Obsedit Sanctonas civitatem, castris in circuitu positis, et fame et gladio vastavit, usque quo Andegavenses et cives qui in ea erant se cum suis omnibus in manibus tradiderunt » : *Chronicon S. Maxentii*, p. 403.
(48) Le 19 juin 1068 : *Chartularium Sancti Jovini*, éd. Ch. Grandmaison, Niort, 1854 (« Société de statistique du département des Deux-Sèvres », 17), p. 20; HALPHEN, *Le comté d'Anjou*, n° 211, p. 304.

III

L'on devine que la récupération de la Saintonge par les Poitevins ne mit pas fin à un conflit acharné, mais contribua au contraire à le faire rebondir. Si Foulque tenait désormais les quatre cités qu'il intitule fièrement « capitales de l'honneur des comtes d'Anjou (49) », savoir Angers, Tours, Loches et — hélas ! pour le Poitou — Loudun, ville où son frère avait fait une donation en 1062 pour l'érection du monastère Sainte-Croix (50), en revanche il se voyait farouchement attaqué dans Saumur par son rival poitevin, et l'historiographe maixentais, si empressé à retenir les hauts faits de la dynastie ducale, donnera à ce propos les détails que voici :

> Conformément au jugement de Dieu, qui juge toutes choses selon la justice, le château de Saumur fut consumé au cours d'un horrible incendie, allumé par le comte Guy de Poitou, ainsi que les sanctuaires de Saint-Florent, de Saint-Jean-Baptiste et de Saint-Pierre apôtre, et il ne demeura absolument rien du *suburbium* entier de ce château : pas un seul édifice dans cette enceinte ni hors de celle-ci ne fut épargné par le feu (51).

Agent, conscient ou non, de la justice divine ? Guy-Geoffroy n'était sans doute pas dupe de la phraséologie de ses thuriféraires monastiques ; plus guerrier au total qu'administrateur, il avait surtout voulu tirer profit de la querelle entre les frères angevins ; mais les souffrances infligées à Saumur n'avaient pas eu pour contrepoids d'apporter à Geoffroy le Barbu l'aide militaire que celui-ci espérait. Les Poitevins accouraient trop tard pour le sauver. Tout au plus avaient-ils, par ce coup de main, infligé une sévère leçon au comte d'Anjou, qui ne bougea plus dans les années suivantes : années de rudes épreuves pour lui, puisque le roi Philippe lui arrachait aussi le Gâtinais (52).

Beaucoup moins bien connue est l'histoire des relations entre le duc d'Aquitaine et un autre de ses voisins, le comte de Toulouse

---

(49) « Quae sunt capita honoris Andegavorum consulum » : FOULQUE LE RÉCHIN, *op. cit.*, p. 380.

(50) HALPHEN, *op. cit.*, n° 166, p. 292 ; René CROZET, *L'art roman en Poitou*, Paris, 1948, p. 62.

(51) « Judicio Dei, juste omnia judicantis, castrum Salmurum horribili incendio combustum est a Guidone, comite Pictavorum, cum ecclesia Sancti Florentii, Sanctique Johannis Baptistae et Sancti Petri, nihilque penitus remansit de toto suburbio ejusdem castri, cum domibus extra et intra murum degentibus, quod non incenderetur, v. kalendas julii » : *Chronicon Sancti Maxentii*, p. 404 ; texte rectifié. Il s'agit, semble-t-il bien, de la destruction de trois sanctuaires, non d'un seul comme le paraît suggérer J. VERDON, *Intérêt archéologique du « Chronicon Sancti Maxentii »* (*supra.* p. 11, n. 41), p. 358.

(52) Auguste LONGNON, *La formation de l'unité française*, Paris, 1911, pp. 71-72.

Guillaume IV. Mais en ce domaine non plus le premier ne peut être représenté comme un prince pacifique. A la suite d'une échauffourée assez énigmatique qui se serait produite au début de son règne, à Bordeaux, entre ses chevaliers et des hommes du comte de Toulouse, — une centaine des siens auraient péri, — il voulut venger une aussi rude injure, marcha sur Toulouse, suivi d'un grand nombre de vassaux, ravagea les abords de cette cité et s'en empara; elle fut en partie incendiée (53). C'est là du moins ce que relate la chronique officielle déjà alléguée : il ne dut guère s'agir que d'un épisode sans suite, qui n'entraîna autre chose qu'une humiliation; avertissement, mais non ruine pour cette brillante cité, où commençait à s'édifier le gigantesque édifice roman de Saint-Sernin (54).

Pour en venir — enfin — aux relations entre Aquitaine et Normandie en ce temps, nous poserons en prémisses que le cas de cette dernière est bien différent de Toulouse ou de l'Anjou qui étaient, elles, principautés limitrophes. Entre le Poitou et le grand duché neustrien s'interposaient précisément le comté d'Anjou, avec son annexe de Touraine, et le Maine.

Sur la carte du royaume capétien, Guillaume le Bâtard avait vite tenu une place excessive, et le roi de France, le jugeant encombrant, s'était employé à diverses reprises à le contenir, sans grand succès. Dans ces luttes, comme dans celles que Geoffroy Martel avait menées contre des forteresses telles qu'Ambrières, des contingents poitevins étaient allés combattre (1054-1058), avec le futur duc et Aimery de Thouars (55). Lorsque plus tard le Bâtard, profitant de la mort du comte Herbert II, mit la main sur le Maine (56), Guy-Geoffroy, à vrai dire occupé ailleurs, se garda bien d'intervenir, voire de montrer les dents. L'expansion normande ne s'opérait-elle pas au détriment de son pire ennemi, le comte d'Anjou ? L'Aquitain a pu secrètement s'en réjouir.

Lors des événements dramatiques de 1066, qui aboutirent à la conquête de l'Angleterre, le duc d'Aquitaine n'a pas non plus

(53) « Qui Guillelmus apud Burdegalam occidit circa centum milites nobiles per traditionem, qui erant de exercitu Goffridi ducis. Qui traditionem ipsam non potuit diu sustinere, sed cum omnibus obtimatibus suis calumpniatus est eam, veniens ad Tolosam, et vastavit eam in circuitu, et cepit » : *Chronicon S. Maxentii*, p. 401.
(54) L'histoire de Toulouse avant 1073 est particulièrement pauvre en documents, cf. Philippe WOLFF, *Histoire de Toulouse*, 2ᵉ éd., Toulouse, 1961, pp. 51-52.
(55) Sur ces faits, consulter RICHARD, *Histoire des comtes de Poitou*, t. I, p. 272; HALPHEN, *op. cit.*, p. 78; M. DE BOÜARD, *Guillaume le Conquérant*, pp. 46-50.
(56) Herbert mourut en mars 1062; les Normands envahirent le Maine l'année d'après.

bougé ni, que l'on sache, réagi en aucune manière. Mais un de ses vassaux, parmi les plus illustres et turbulents, déjà nommé à plusieurs reprises, le vicomte de Thouars, joua dans l'entreprise un rôle considérable. Certains ont supposé que, si Aimery IV se jeta dans cette aventure, ce fut pour reconstituer son trésor, obéré par le paiement récent d'une grosse rançon. Il est évidemment impossible de savoir s'il partit avec l'autorisation ou contre le gré de son seigneur ; en un cas comme dans l'autre, Guillaume VIII ne put se désoler de voir s'éloigner ce baron ; une expédition hasardeuse allait occuper Aimery et, si elle s'avérait fatale pour lui, elle pourrait permettre au comte de Poitou d'intervenir dans les affaires de la vicomté.

Qu'il y ait eu des Poitevins au sein de l'armée de Guillaume le Bâtard, la chose est attestée, entre autres sources, par Orderic Vital (57). Mais quel pouvait en être le nombre ? Celui de 4.000, que l'on a proposé (58), sur quoi repose-t-il ? Je sais bien que Guillaume de Poitiers, l'historiographe éminent du règne du Bâtard, parle généreusement d'un effectif de cinquante mille chevaliers (59), mais la critique moderne a prudemment ramené ce nombre à moins de dix mille (60). Dans ces conditions, les combattants de Poitou qui avec Aimery, son frère le sire de Fontenay et le vidame Simon de Parthenay, se trouvèrent attendre à Saint-Pierre-sur-Dives, en septembre, les vents favorables à la traversée, n'étaient sans doute que quelques centaines.

La bataille de Hastings, où Harold trouva la mort, et Guillaume la couronne d'Angleterre, fut livrée le 14 octobre. Nous ne nous attarderons pas à reprendre après tant d'autres le récit d'un engagement aussi illustre, mais il nous faut retenir la place avantageuse que tient, dans les relations les plus autorisées, le vicomte de Thouars : Guillaume de Poitiers tout comme Orderic

---

(57) « Galli namque et Britones, Pictavini et Burgundiones aliique populi cisalpini ad bellum transmarinum convolarunt » : ORDERIC VITAL, *Historia ecclesiastica*, éd. Le Prévost/Delisle, t. II, p. 125 ; cf. *Gesta Ambaziensium dominorum*, dans *Chroniques des comtes d'Anjou*, éd. Marchegay-/Salmon, p. 174.

(58) BOISSONNADE, *Histoire de Poitou*, p. 55.

(59) « Stipendio ipsius millia militum quinquaginta alebantur » : GUILLAUME DE POITIERS, *Gesta Guillelmi ducis Normannorum et regis Anglorum*, éd. Raymonde Foreville, Paris, 1952 (« Classiques de l'histoire de France au moyen âge », 23), p. 150.

(60) Moins de 7.000 hommes, y compris les gens de pied, proposait Ferd. LOT, *L'art militaire et les armées au moyen âge, en Europe et dans le Proche-Orient*, t. I, Paris, 1946 (« Bibliothèque historique Payot »), p. 285. Estimation un peu moins faible chez DE BOÜARD, *op. cit.*, p. 84. Notons que l'auteur du *Chronicon Sancti Maxentii*, pour une fois prudent, avait écrit : « Fertur habuisse in exercitu suo xiiij. milia hominum » (p. 403).

Vital mettent ce guerrier en vedette (61), et le premier surtout donne les détails les plus curieux sur le rôle d'Aimery dans les jours qui suivirent. Après la prise de Canterbury, lorsque la question fut posée de savoir si le Bâtard tenterait de se faire au plus tôt couronner, les avis dans l'état-major de l'expédition furent partagés. Et l'archidiacre de Lisieux poursuit (62) :

> Assistait à ce conseil Aimery l'Aquitain, gouverneur de Thouars, dont l'éloquence égalait la bravoure. Tout en admirant, en louant courtoisement la modestie d'un seigneur qui sondait ainsi les dispositions des chevaliers pour savoir s'ils voulaient qu'il devînt roi, il dit : « A pareil débat jamais n'ont été admis (ou bien rarement) des chevaliers. Mais nous n'avons pas à délibérer longuement sur un vœu dont nous souhaitons qu'au plus vite il soit réalisé. »

Le Normand Wace, dans son roman de *Rou*, se fit l'écho d'une tradition analogue, puisque selon lui, à la veille de Hastings, le vicomte de Thouars, décidément représenté comme une sorte d'ange tutélaire des armes normandes, se serait écrié, parlant du duc de Normandie :

> Soz ciel tel chevalier n'en a;
> Beau quens est, e beau rei sera.
> Cumbate sei, e si veincra.
> Tot seit honi ki li faldra (63) !

Il est probable que le vicomte Aimery ne revint pas les mains vides de son expédition : une tradition, que rien ne permet de contrôler (64), veut qu'il ait, entre autres présents, apporté à sa femme Arengarde des broderies à l'aiguille qui enchantèrent celle-ci, et elle s'ingénia dès lors à en imiter la technique. Invinciblement, ceci reporte notre pensée vers la fameuse broderie de l'évêque Odon de Bayeux, dont il faut bien se dire qu'elle répondait à une mode, et qu'elle ne dut pas, loin de là, être unique de son espèce en ces années-là (65).

---

(61) « Institerunt eis Cenomannici, Franci, Britanni, Aquitani, et miserabiliter pereuntes cadebant Angli. Interfuerunt huic praelio... Haimericus Toarcensis praeses... » : ORDERIC VITAL, éd. Le Prévost/Delisle, t. II, pp. 147-148. Cf. GUILLAUME DE POITIERS, op. cit., p. 196.
(62) *Ibid.*, p. 218; cf. H. IMBERT, *Notice sur les vicomtes de Thouars de la famille de ce nom*, dans « Mémoires de la Soc. des Antiq. de l'Ouest », 1ʳᵉ s., t. XXIX, 1864, p. 347.
(63) WACE, *Roman de Rou*, éd. Fr. Pluquet, Rouen, 1827, t. II, p. 194 (v. 12695/98).
(64) Transmise par H. IMBERT, *op, cit.*, p. 348.
(65) Dans *The Bayeux Tapestry, A Comprehensive Survey*, publ. sous la direct. de Sir Fr. Stenton, Londres, 1957, l'article de G.W. DIGBY, *Technique and Production* (pp. 37, 46) cite quelques exemples de travaux analogues à la fin du XIᵉ siècle, mais rien qui concerne l'Aquitaine.

III

L'Aquitaine des environs de 1066 a joué enfin un rôle non négligeable dans divers événements qui concernaient la vie religieuse; et tout d'abord dans les essais de reconquête chrétienne en pays musulman qui préludèrent aux croisades (66).

Au début de 1063, le duc Guillaume VIII ne savait, si l'on en croit Bezzola (67), « à quoi employer ses troupes ». C'est bien là manière de parler puisque, en mai 1063, se produit l'engagement de la Castelle par lequel il met à raison le comte d'Armagnac (68). Non, il ne faut pas laisser entendre que, si les Poitevins sont descendus en Espagne cet été-là, ce fut pour échapper au désœuvrement. L'expédition de 1063 fut impromptue, provoquée par des causes imprévisibles : l'assassinat par un musulman du roi Ramire Ier d'Aragon souleva une intense émotion en Occident, spécialement dans les milieux clunisiens dont ce monarque avait été un grand soutien. Ce furent pour une bonne part les moines de Cluny qui appelèrent toute la Chrétienté à secourir l'Aragon, et les barons répondirent en foule (69). L'appel de l'aventure y était pour beaucoup. Guillaume d'Aquitaine et ses vassaux participèrent à une expédition dont bien des chansons de geste du début du XIIe siècle nous restituent l'atmosphère.

Le corps expéditionnaire se dirigea sur Barbastro, place d'une importance stratégique considérable, située dans la haute vallée d'un affluent de l'Ebre, au N.-E. de Saragosse, marché agricole et aussi bien centre d'études coraniques. Des contingents hétéroclites, venus de Normandie, de Bourgogne, de Catalogne et d'ailleurs, chevauchaient aux côtés des gens d'Aquitaine; Guy-Geoffroy comptait, parmi ses vassaux présents, cet Aimery de Thouars qui devait trois ans plus tard s'illustrer sous d'autres cieux. Barbastro fut assiégée pendant quarante jours, puis enlevée en 1064, par un coup de chance, les habitants s'étant vus privés d'eau, mais non du fait de leurs ennemis. Selon les auteurs musulmans, les conquérants auraient d'abord promis la vie sauve aux vaincus, puis se parjurèrent en les massacrant; c'est cette tuerie, tout au moins,

---

(66) Qu'Alexandre II ait encouragé l'expédition, c'est certain; mais elle ne fut à aucun titre, en dépit des affirmations tranchantes de Boissonnade, une « croisade », car aucun des caractères juridiques de la condition de croisé n'y apparaît pour les participants. Cf. Michel VILLEY, *La croisade; essai sur la formation d'une théorie juridique*, Paris, 1942 (« L'Eglise et l'Etat au moyen âge », 6), pp. 64 et suiv.

(67) R.R. BEZZOLA, *La société féodale et la transformation de la littérature de cour*, p. 261.

(68) Cf. *supra*, p. 348.

(69) Pr. BOISSONNADE, *Du nouveau sur la « Chanson de Roland »*, Paris, 1923, p. 23; Aug. FLICHE, *La réforme grégorienne et la reconquête chrétienne (1057-1123)*, Paris, 1940 (« Histoire de l'Eglise », Fliche/Martin, 8), p. 51; et surtout Marcelin DEFOURNEAUX, *Les Français en Espagne aux XIe et XIIe siècles*, Paris, 1949, p. 132.

que confirme, à travers son habituel laconisme singulièrement dense, le chroniqueur de Saint-Maixent : le duc, écrit-il, « acquit la ville de Barbastro au nom chrétien, après avoir fait périr tous ceux qui l'habitaient (70) ».

Un si rapide et radical épilogue ne fut pas suivi d'effet. Guy-Geoffroy n'était pas dépourvu de « cruauté froide », ni de « fanatisme »; il n'était pas davantage le « conquérant toujours heureux » que l'on a prétendu nous présenter (71). Brutal, débauché, changeant, il le fut comme la plupart de ses congénères, et l'expédition d'Aragon se conclut pour ses armes sans gloire, sinon sans butin. D'après Ibn Hayyan, chroniqueur cordouan de ce temps (72), la prise de Barbastro et les ravages concomittants amenèrent la mort ou la capture de 50.000 personnes (73), et les chrétiens en entrant dans la cité se livrèrent à de vastes orgies; puis ils s'installèrent, au lieu de continuer à combattre. Les Sarrasins, eux, sans plier devant l'adversité, organisèrent une dévastation systématique du territoire avoisinant en vue d'affamer l'adversaire. En sorte que bientôt celui-ci se replia vers les Pyrénées. « Sous la pression de la faim cette grande armée s'en retourna inefficace », écrit un chroniqueur de Saint-Martin de Tours (74), qui n'est peut-être pas si mécontent, au total, de voir l'abbé de Saint-Hilaire revenir bredouille.

Cependant, les barons poitevins rapportaient des proies abondantes et diverses; parmi lesquelles des esclaves (75). Ibn Hayyan dit que « le roi des roumis... se choisit, parmi les jeunes filles musulmanes, les femmes que distinguait leur beauté ainsi que les jeunes garçons les plus gracieux, plusieurs milliers de personnes, qu'il emmena afin d'en faire présent à son souverain ». Qui peut

(70) « Barbastam civitatem nomini christiano, cunctis qui erant in ea prius perditis, adquisivit » : *Chronicon Sancti Maxentii*, éd. Marchegay/Mabille, p. 403.
(71) Cf. *supra*, pp. 349, 340.
(72) Les extraits du texte de Ibn Hayyan concernant ces événements sont contenus dans R. Dozy, *Recherches sur la littérature et l'histoire de l'Espagne pendant le moyen âge*, 3ᵉ éd., Leyde, 1881, t. II, pp. 332-371.
(73) Chiffre, bien entendu, aussi conventionnel que ceux qui ont été discutés *supra*, p. 354.
(74) « Exercitus multus a Gallis... ad debellandos Sarracenos proficiscitur, sed, omni regione a Sarracenis vastata, urgente fame inefficax revertitur » : *Chronicon Sancti Martini Turonensis*, dans *Historiens de France*, XII, 461-462. Cf. A. FLICHE, *Le règne de Philippe Iᵉʳ*, p. 31; M. DEFOURNEAUX, *op. cit.*, p. 134; Ramón MENÉNDEZ PIDAL, *La España del Cid*, Madrid, 1929, t. I, pp. 165-167.
(75) « ...Multam et variam supellectilem... multaque mancipia adducunt » : *Fragmentum historiae Francorum*, dans *Histor. de Fr.*, XII, 162. Sur l'esclavage des musulmans en Aragon à cette époque, consulter Ch. VERLINDEN, *L'esclavage dans l'Europe médiévale*, t. I : *Péninsule ibérique, France*, Bruges, 1955 (« Rijksuniversiteit Gent, Werken uitgegeven door de Faculteit van de Letteren en Wijsbegeerte », 119), pp. 130-136.

bien être ce « roi » des chrétiens, sinon le plus élevé en dignité des combattants, savoir notre duc (76) ? Il aurait donc ramené des esclaves, mais on peut douter que ç'ait été avec l'intention de les offrir au roi Philippe. En tout cas, il se garda bien de passer à nouveau en Espagne, et la petite garnison laissée à Barbastro, vite amollie par les licences d'une vie à l'orientale, fut taillée en pièces en avril 1065.

Le retentissement de cette singulière expédition allait être cependant durable. Le poème intitulé *Le siège de Barbastre* (77) n'est guère antérieur à l'extrême fin du siècle suivant; il est vrai que, à côté du principal personnage, Bovon de Commarchis, nul héros n'y incarne les barons poitevins de 1064. Pour en revenir au temps de Guillaume VIII, ce n'est pas sans stupéfaction que l'on constate comment la prise de cette place aragonaise a constitué, fût-ce épisodiquement, un élément du langage de chancellerie, voire de comput ! Dans un acte passé en 1067, en présence de la duchesse Agnès, et par lequel l'archidiacre de Saintes fait des largesses à l'abbaye Notre-Dame de cette ville (78), le scribe a cru ne pouvoir mieux faire pour désigner Agnès qu'en la disant mère de Geoffroy, « lequel incendia Toulouse et enleva Barbastro aux Sarrasins ». Et ce n'est pas là un texte unique : une autre charte du même cartulaire — d'ailleurs de 1065 — et une notice de Saint-Cyprien de Poitiers (79) sont datées « au temps du comte... qui prit Barbastro » ou bien « l'an que le duc Guillaume prit Barbastro ».

Les captifs musulmans de Guillaume VIII ou ceux de ses vassaux, ramenés en Poitou, y ont-ils laissé quelque trace de leur activité ? Lorsque l'on constate qu'un portail d'une église de Thouars et quelques autres possèdent un décor à voussures festonnées évoquant certaines portes ou arcades musulmanes (80), on peut se demander si Aimery IV n'aurait pas eu dans son lot quelque esclave sculpteur qui aurait proposé certaines formules aux artistes régionaux. Et quand on constate que le fils du conquérant

---

(76) C'est ce que suggère DEFOURNEAUX, *op. cit.*, p. 134, n. 1.

(77) *Le siège de Barbastre, chanson de geste du XIIe siècle*, éd. J.-L. Perrier, Paris, 1926 (« Classiques français du moyen âge », 54). Cf. DEFOURNEAUX, pp. 265-266.

(78) *Cartulaire de l'abbaye royale de Notre-Dame de Saintes*, éd. Grazilier, n° 12, p. 23.

(79) *Ibid.*, n° 229, p. 150 (« Tempore Willelmi comitis, qui Barbastam civitatem Sarracenis abstulit »); *Cartulaire de l'abbaye de Saint-Cyprien de Poitiers*, éd. Redet, Poitiers, 1874 (« Archives historiques du Poitou », 3), n° 569, p. 333 [« Acta sunt hec tempore quo comes Pictaviensis cepit Barbastam »]. Ces divers actes furent mentionnés par RICHARD, *Histoire des comtes de Poitou*, t. I, pp. 292-293.

(80) Il s'agit, par exemple, d'une porte nord à l'église Saint-Médard de Thouars, cf. R. CROZET, *L'art roman en Poitou*, p. 140 et pl. 17.

de Barbastro, né sept ans après cette aventure, fut l'initiateur d'un lyrisme occitan dont tels érudits s'obstinent à rechercher la source dans la poésie arabe (81), on peut aussi s'interroger : Guillaume IX enfant n'a-t-il pas été bercé par des femmes musulmanes esclaves de son père ? Ce sont là hypothèses séductrices, et il n'est pas interdit à l'historien de les garder en mémoire, mais c'est ici tout ce qu'il peut faire.

Dans les épisodes de la *reconquista* que l'on vient d'évoquer, le duc d'Aquitaine apparut comme un champion du pape Alexandre, lequel, s'il n'avait pas orchestré cette expédition, l'avait en tout cas bénie et encouragée. Et ceci pose le problème des relations de Guy-Geoffroy avec le Saint-Siège. Le prince n'était pas un inconnu pour le pontife : sa sœur, en effet, la veuve de l'empereur Henri III, et sa belle-sœur Hermessende, veuve de Guillaume Aigret, s'étaient retirées à Rome; elles y vivaient dans l'orbite de Pierre Damien, homme d'une haute spiritualité, animateur du mouvement prégrégorien; elles faisaient partie de ces pénitentes à qui Pierre adressait de remarquables lettres de pitié et de direction (82). Elles étaient bien vues d'une Curie en pleine rénovation depuis le décret de 1059 sur les élections pontificales. Un peu de cette attitude bienveillante rejaillit sur le duc d'Aquitaine, bien que celui-ci ne pût se vanter d'être entièrement exempt de simonie dans la concession des crosses épiscopales sur son territoire. Mais le pape lui sut gré de n'avoir à aucun moment trempé dans le schisme de Cadalus provoqué par son impérial neveu, crise d'où le pontife légitime ne sortit définitivement qu'au synode de Mantoue en juin 1064.

Guy-Geoffroy donnait ainsi des preuves de loyalisme autant au pape qu'à son roi. Il fit pèlerinage à Rome en 1066, puis il assista au synode de Saintes, et là, en approuvant ostensiblement la déposition de l'évêque du lieu et son remplacement par l'abbé de Maillezais (83), il donna, non sans habileté, un gage au mouvement de réforme désormais lancé; ceci à la veille même de répudier son épouse Matéode (84). Cette politique prudente ne pouvait que

---

(81) Excellent résumé de la question dans H. Davenson, *Les troubadours*, Paris, 1961 (« Le temps qui court »), pp. 115 et suiv.

(82) A ce propos, voir M. L. Bulst-Thiele, *Kaiserin Agnes*, Leipzig, 1933 (« Beiträge zur Kulturgeschichte des Mittelalters und der Renaissance », 52), notamment p. 110; Bezzola, *Les origines et la formation de la littérature courtoise en Occident*, 1ʳᵉ p. : *La tradition impériale, de la fin de l'antiquité au XIIᵉ siècle*, Paris, 1944 (« Biblioth. de l'Ec. des Hautes Etudes », 286), p. 293; Owen J. Blum, *Saint Peter Damian : His Teaching on the Spiritual Life*, Washington, 1947 (« Catholic University of America, Studies in Mediaeval History », n.s., 10), pp. 39, 164, 193.

(83) Richard, *op. cit.*, p. 303.

(84) Cf. *supra*, p. 346.

III

faire contraste, aux yeux du pape, avec la conduite outrageante de l'empereur ou celle, assez sordide, du roi de France.

Comment ne pas évoquer enfin — Barbastro nous y conviait déjà — la poussée clunisienne qui s'opère alors en Aquitaine ? L'abbé saint Hugues effectuait ses premières tournées en ces régions aussitôt après le concile réformateur de 1059. Par la désignation de clunisiens comme abbés dans les années qui suivirent : Godéran à Maillezais, Eudes à Saint-Jean-d'Angély (1060), Adémar à Saint-Martial de Limoges, Benoît à Saint-Maixent (1064), le duché joue un rôle important en cette phase d'expansion de la congrégation de Cluny, que confirme en 1068 la rédaction de ses *consuetudines* (85). Le duc y aidait de tout son pouvoir, multipliant les égards vis-à-vis de l'abbaye Saint-Cyprien de Poitiers, favorisant les fondations nouvelles, faisant des donations à l'abbaye-mère. Toutefois l'atmosphère était loin d'être partout favorable à l'affiliation clunisienne : l'installation des réformateurs à Saint-Martial, par exemple, malgré l'appui du vicomte de Limoges et du duc, entraîna protestations et rébellions de la part des moines, détenteurs d'insignes reliques, et qui tenaient fort à leur autonomie (86).

Déjà, derrière la grande façade bénédictine et clunisienne de l'Aquitaine, une vie religieuse nouvelle se préparait, à peine perceptible encore. C'était l'heure où disparaissaient des hommes comme Robert, fondateur de la Chaise-Dieu (1067), dont tant de prieurés peuplèrent l'Aquitaine, ou des animateurs de la vie canoniale comme l'abbé Gautier de Lesterps (87), comme saint Thibaut de la Marche, chanoine du Dorat, dont le tombeau fut vite étonnamment vénéré, tous représentants d'une vie religieuse traditionnelle. Mais, dans le même temps, Robert d'Arbrissel commençait, au fond de sa Bretagne, à méditer sur son destin spirituel : prélude à une « conversion » qui, par la fondation de Fontevrault, bouleversa une partie de l'Aquitaine; cependant qu'Etienne de Muret s'ingéniera à adapter en son Limousin natal le cénobitisme érémitique (88), peu après l'époque dont nous parlons.

(85) Sur tout ceci, on se référera essentiellement à Guy DE VALOUS, *Le monachisme clunisien des origines au XVe siècle; vie intérieure et organisation de l'Ordre*, Ligugé/Paris, 1935 (« Archives de la France monastique »), *passim*.

(86) *Chroniques de Saint-Martial de Limoges*, éd. Duplès-Agier, p. 48; cf. FLICHE, *Le règne de Philippe Ier*, p. 463; LIMOUZIN-LAMOTHE, *Le diocèse de Limoges des origines à la fin du moyen âge*, p. 108.

(87) Le 11 mai 1070, « dominus Gauterius, abba et canonicus ecclesiae Sancti Petri Stirpensis, dormivit in pace aeterna » : *Chronicon Sancti Maxentii*, éd. Marchegay/Mabille, p. 405.

(88) Cf. dom Jean BECQUET, *Saint Etienne de Muret et l'archevêque de Bénévent Milon*, dans « Bull. de la Soc. archéol. et histor. du Limousin », t. LXXXVI, 1957, pp. 403-409.

Nous n'avons pas ici la prétention de donner un tableau de l'Aquitaine de 1066 sous tous ses aspects ; à quelques-uns seulement notre propos s'est volontairement limité : parmi tous ceux qui demeurent dans l'ombre, combien d'ailleurs ne peuvent encore être abordés ! Nous manquons d'études exigeantes, par exemple, sur la vie quotidienne en Poitou au xie siècle, d'un dépouillement exhaustif, à ces fins, des cartulaires, des sources hagiographiques, des chroniques. Les conditions matérielles nous échappent dans l'ensemble. Tout au plus la densité des constructions entreprises au temps de Guillaume VIII, la multiplication des chantiers nous suggèrent-elles que le pays est riche, et qu'il est peuplé. Pour ne parler que du Poitou dans les années les plus proches de Hastings, l'église Saint-Romain de Châtellerault monte vers 1060 (89) ; le premier sanctuaire roman d'Airvault se trouve constitué en 1068 (90) ; vers le même temps, à La Chaize-le-Vicomte, le vicomte de Thouars entreprend de faire construire la nécropole de son lignage ; un monastère est fondé en 1069 à Nueil-sur-l'Autize, dont le chantier ne tardera pas non plus à démarrer ; la même année, il est question de deux églises que l'évêque Isembert II fait bâtir à Argenton-Château, et vers 1070 l'abbé de Bourgueil, en accord avec l'archevêque Josselin de Bordeaux, fonde le bourg de Secondigny (91). Si l'on veut bien noter que nous nous bornons à mentionner des entreprises à peu près datées, si l'on songe à la masse de toutes celles, parmi les plus vastes, pour lesquelles aucune datation n'est possible, on ne peut qu'être impressionné par la vitalité de cette Aquitaine.

Certes, le grand réveil de l'économie, ici comme ailleurs, ne deviendra sensible qu'à l'extrême fin du siècle. Rien d'étonnant donc si les activités exportatrices du port de Bordeaux par exemple, ou bien l'industrie métallurgique de Châtellerault ne sont pas encore discernables dans les textes ; pourtant, d'ici peu, les chansons de geste parleront couramment de l'épée poitevine, « le brant d'achier poitevinois », ou du heaume, ou du haubert d'origine poitevine (92). Si l'existence d'un pont sur la Vienne en ce même

(89) R. Crozet, op. cit., p. 65.
(90) Yvonne Labande-Mailfert, *Poitou roman*, La Pierre-qui-vire, 1957 (« La nuit des temps », 5), p. 32.
(91) Crozet, op. cit., pp. 13, 65, 67.
(92) Quelques exemples parmi beaucoup d'autres : « acier » *(Mort Aimery de Narbonne*, éd. J. Couraye du Parc, Paris, 1884 [« Société des anciens textes français »], vers 2810 ; — « brant » *(Gaufrey, chanson de geste*, éd. F. Guessard/P. Chabaille, Paris, 1859 [« Anciens poètes de la France »], v. 3064) ; — « espié » *(Mort Aimery*, v. 1342) ; — « heaume » (A. Tobler, *Aus der Chanson de geste von Auberi...*, Leipzig, 1870, p. 182). L'enquête peut être poursuivie à l'aide de Ern. Langlois, *Table des noms propres de toute nature compris dans les chansons de geste imprimées*, Paris, 1904, v° Poitevin, Poitevinois. Mais le grand problème reste de dater ces textes.

Châtellerault, attestée en 1060 (93), ne suffit pas à elle seule à étayer l'hypothèse d'un courant commercial passant par cette cité, en revanche, certains indices ténus autorisent à déceler quelque vie artisanale en Poitou : dès les environs de 1025, Guillaume V, lors d'un de ses voyages au-delà des Alpes, ne se faisait-il pas fort de procurer à l'évêque de Verceil des étoffes fabriquées sur commande en son propre pays — *apud nostrates,* aurait-il dit (94) ?

Le bilan des activités de l'esprit dans l'Aquitaine d'alors pourrait être plus aisément dressé si l'on s'en voulait donner le mal; il se révélerait comme considérable. Ainsi à Saint-Martial de Limoges, l'abbatiat d'Adémar, imposé aux moines en 1064 dans les conditions que l'on a dites (95), fut-il une longue période de fécondité pour le *scriptorium* de ce monastère : un précieux manuscrit des *Moralia in Job* de saint Grégoire y fut alors copié, entre beaucoup d'autres (96). Le plus ancien exemplaire conservé du fameux jeu du *Sponsus* est du début du XIIe siècle, mais dès le temps de Guillaume VIII rayonnait déjà largement l'école musicale de Saint-Martial (97). A l'abbaye de Maillezais en Bas-Poitou, de somptueux livres liturgiques étaient élaborés (98) et, dans la liste impressionnante des manuscrits de ce monastère que l'on a pu reconstituer, beaucoup sont antérieurs à 1100.

D'un intérêt considérable à son tour se révèle avoir été la bibliothèque du chapitre de Saint-Hilaire à Poitiers, communauté dont nous avons dit (99) les puissantes assises ducales : elle présente cette particularité que, en un siècle connu pour ses violences féodales et — entre les temps carolingiens et la « renaissance » du XIIe — peu soucieux, dit-on, de culture classique, elle contenait un certain nombre de textes grecs (100). La tradition ne voulait-elle pas, en 1450, qu'un « livre en grec » eût été apporté à cette église par son saint titulaire lui-même ? Quoi qu'il en soit, la bibliothèque et le *scriptorium* hilariens furent de très bonne heure

---

(93) Par un acte du *Cartulaire du prieuré de Saint-Nicolas de Poitiers*, éd. Redet, Poitiers, 1872 (« Arch. histor. du Poitou », 1), n° 26, p. 32. Commentaire dans A. Hérault, *Histoire de Châtellerault*, t. I, p. 46.
(94) Texte dans *Histor. de France*, X, 484, cf. 501. Signalé par Mgr E. Lesne, *Histoire de la propriété ecclésiastique en France*, t. III, Lille, 1936, pp. 249-250.
(95) Cf. *supra*, p. 360.
(96) E. Lesne, *op. cit.*, t. IV, 1938, pp. 105-106, 365, 504.
(97) Jacques Chailley, *L'école musicale de Saint-Martial de Limoges jusqu'à la fin du XIe siècle*, Paris, 1960.
(98) Tel le ms. B.N. lat. 9435. Cf. Lesne, *op. cit.*, t. IV, p. 508.
(99) *Supra*, p. 343.
(100) Notamment le ms. B.N. suppl. gr. 8, contenant des œuvres de saint Jean Damascène et de divers autres Pères ; s'il n'est pas assuré qu'il ait été copié à Saint-Hilaire, il appartint à cette communauté.

le noyau d'une école qu'on a récemment définie « le plus important foyer culturel au sud de la Loire (101) » : formule qui demanderait à être quelque peu atténuée si l'on veut ménager le légitime orgueil des Limousins. La tradition de ce *studium* remontait à Guillaume V et à son ami Fulbert, évêque de Chartres et trésorier de Saint-Hilaire. En cette seconde moitié du XIe siècle s'affirmait encore l'école épiscopale de Poitiers (102), rivale de la collégiale. La ville possédait, grâce à ces divers établissements, un prestige dont porte témoignage le seul nom de l'auteur des *Gesta* de Guillaume le Conquérant, puisque ce clerc, normand par ses origines et sa carrière, se fit appeler « Guillelmus Pictavinus », et ce parce que, écrit Orderic Vital, « c'est à Poitiers qu'il s'abreuva largement aux sources de la philosophie (103) ».

En cette Aquitaine qui avait connu, depuis la fin du Xe siècle, les plus généreux efforts pour réaliser la paix de Dieu, le duc Guy-Geoffroy sut, disent les flatteurs, faire régner la paix. Le moine de Montierneuf écrit en effet : « Le " royaume " d'Aquitaine jouissait alors d'une si grande paix que l'on n'a jamais entendu dire qu'un voyageur ou un paysan se déplaçant à travers ce pays y ait subi quelque dommage (104). » Le duc sut-il vraiment maintenir la « tranquillité intérieure » ? Nous avons vu, pour être francs, que ce ne fut pas sans telles terribles parenthèses, comme l'incendie de Saumur ou celui de Luçon, ni sans que l'amour de l'aventure entraînât les barons du pays aux plus douteuses expéditions, dont ils ne retiraient même pas toujours la gloire militaire. Il reste que, en dépit de tout cela, à l'heure où, entre les sanctuaires de Westminster et de Jumièges, se bâtissait l'Etat anglo-normand, la capitale du duché d'Aquitaine constituait déjà ce roc d'où allait jaillir le feu d'artifice de Guillaume IX le Troubadour, mais aussi le sol fécond où germerait la vigoureuse réflexion philosophique d'un Gilbert de la Porrée.

(101) R. Favreau, *Les écoles et la culture à Saint-Hilaire-le-Grand de Poitiers* (*supra*, p. 345, n. 29), p. 473. Cf. Lesne, *op. cit.*, t. IV, p. 508.
(102) L. Palustre, *Histoire de Guillaume IX, duc d'Aquitaine*, p. 158 et n. 1.
(103) « Quia Pictavis fonte philosophico ubertim imbutus est » : Orderic Vital, *Historia ecclesiastica*, éd. Le Prévost/Delisle, t. II, p. 217. — Guillaume de Poitiers acheva de rédiger les *Gesta* peu après 1070.
(104) « Tanta pace tunc regnum Aquitanie potiebatur, ut numquam auditum sit uspiam viatorem aut ruricolam eo venientem disturbatum fuisse » : Martin de Montierneuf, *Fragmentum historiae monasterii novi Pictavensis* (*supra*, p. 341, n. 10), p. 120.

III

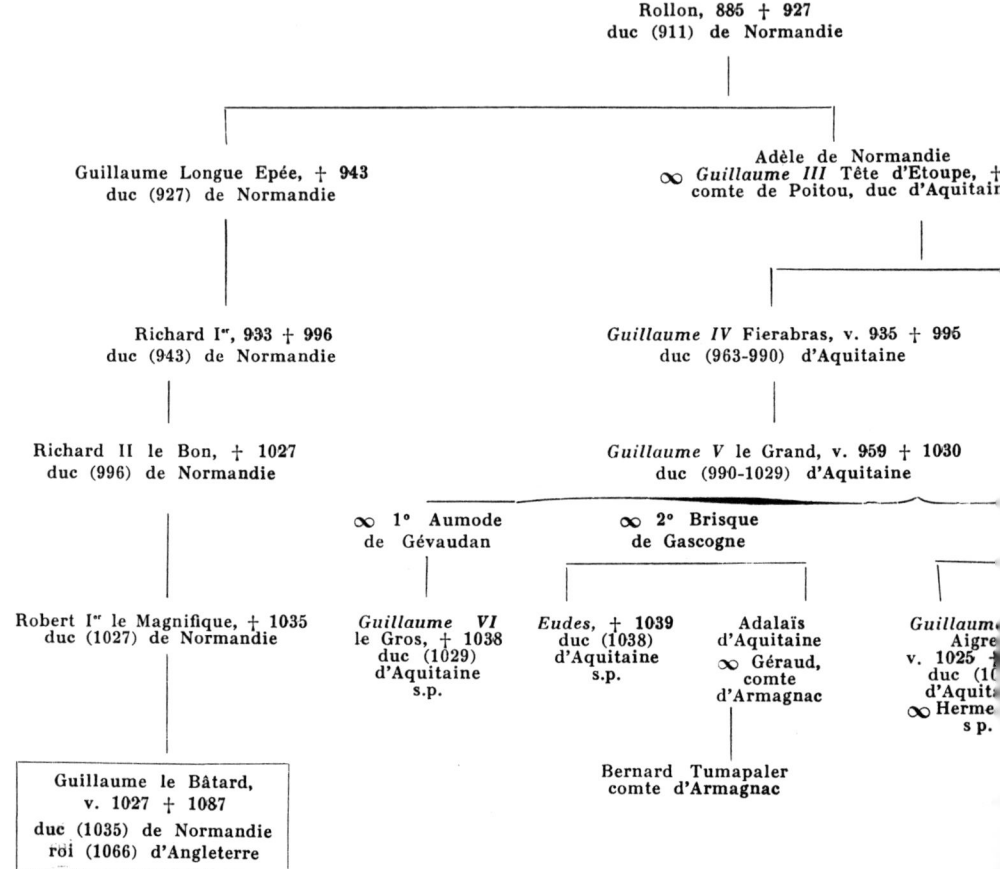

III

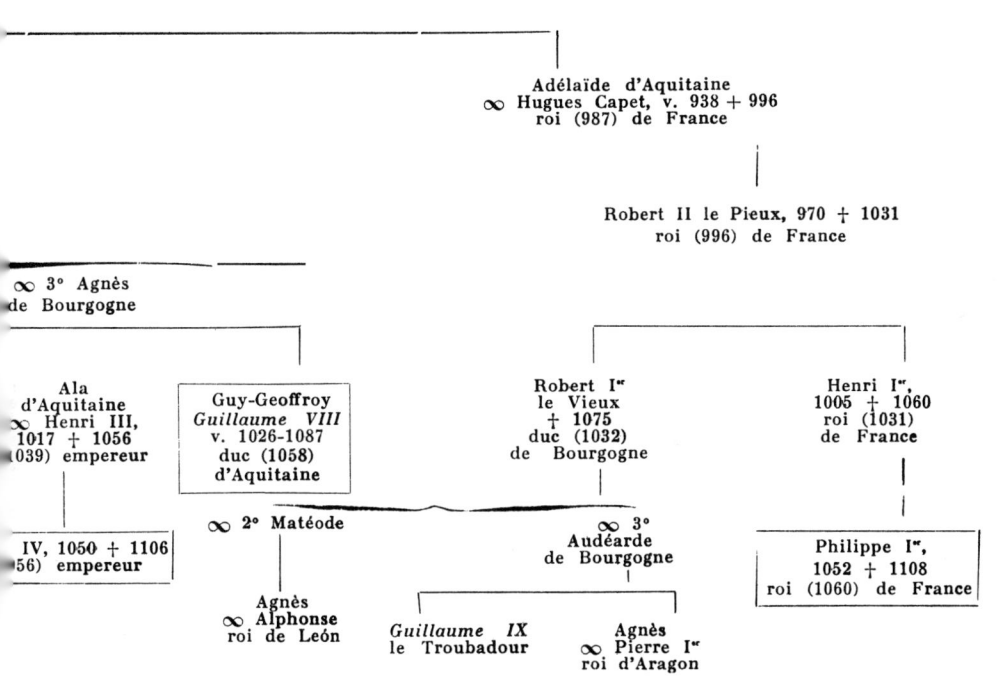

IV

La civilisation de l'Aquitaine à la fin de la période ducale

Pour la deuxième fois au cours de cet hiver, le Centre International d'Etudes Romanes a eu la courtoisie d'inviter le Centre d'Etudes Supérieures de Civilisation Médiévale, ceci à la veille de votre venue dans la capitale du duché d'Aquitaine, ville qui est si riche en souvenirs historiques depuis l'époque mérovingenne. Ce sera une grande joie pour nous que de vous y recevoir. En prélude à cette visite, j'ai proposé à votre président de vous donner un aperçu de ce que pouvait être la civilisation de l'Aquitaine à la fin de la période ducale, autrement dit au XIIe siècle.

Puisque nous devons nous limiter, j'ai pensé qu'il convenait de parler, non de toute l'Aquitaine, mais du cœur politique de celle-ci, c'est-à-dire le Nord du duché, le comté de Poitou et sa capitale. En revanche, lorsque je dis « civilisation », j'entends parler de l'état général du pays ; je ne prendrai pas « civilisation » au sens étroit, mais j'étudierai assez brièvement les conditions politiques de cette région, un peu plus longuement la situation religieuse — car ici déjà nous touchons à des notions culturelles, — enfin, et ce sera peut-être la partie la plus utile, le visage intellectuel du Poitou.

Le duché se constitue à la fin du IXe siècle, dans la décomposition de l'Etat carolingien, laquelle suscite, un peu partout à travers l'Europe occidentale, la naissance de grands ensembles territoriaux dus à l'énergie, à l'audace, à la témérité souvent de certains comtes qui usurpent les pouvoirs royaux. Vers 900 se constituent les grandes « principautés territoriales » (comme disent volontiers,

IV

pensant au comté de Flandre, nos amis de l'école historique belge) ; et le duché d'Aquitaine est un des exemples les plus concrets du phénomène, les plus amples aussi. L'incertitude est grande quant aux limites de l'Aquitaine, car le terme désignant le duché est un mot ondoyant ; les frontières du duché ont été errantes pendant quelque temps, elles se fixèrent un peu au cours du Xe siècle.

Tous les détenteurs du comté de Poitou, qui prétendaient au titre ducal d'Aquitaine et en sont devenus les véritables titulaires après de nombreuses contestations, s'appelèrent Guillaume. Ou Guilhem : sur cette dualité nous reviendrons tout à l'heure. Guillaume V le Grand, entre 994 et 1030, contemporain d'Otton III et Henri II, a déjà un rayonnement européen, et il traite d'égal à égal avec les plus importants personnages à travers le continent. C'est une chose singulière de voir que, à l'heure où le roi de France est un principicule dont nul ne se soucie, ou presque, le duc d'Aquitaine ose parler très haut au pape ou à l'empereur.

Après une difficile succession — car un homme de cette valeur est rarement remplacé par un équivalent, — la fin du XIe siècle connaîtra un nouveau règne assez illustre, celui de Guillaume VIII († 1086), dont vous allez voir le fâcheux monument funéraire dans l'abbatiale de Montierneuf. Ce duc vigoureux a gouverné pendant une trentaine d'années : on peut le considérer, à l'heure de la réforme grégorienne, comme le deuxième fondateur du duché d'Aquitaine.

Avançons très vite en ce rappel historique indispensable et évoquons, rapidement aussi, la mémoire des deux derniers ducs Guillaume, ceux qui se situent à l'époque de la première croisade et de ses suites, au début du XIIe siècle. Il s'agit d'abord de Guillame IX le Troubadour, qui régna une quarantaine d'années et mourut en 1126 : je dis « régna », intentionnellement. Son singulier talent littéraire éclipsa l'inconsistance de son caractère, ou sa regrettable amoralité ; il y a un contraste vraiment éclatant entre sa vigueur littéraire et ce qu'il faut bien définir comme une totale inefficacité au plan politique. Quant à Guillaume X (et dernier), il semble un peu terne entre son père et sa fille ; ce fut un homme très pieux, encore que sa piété l'ait entraîné en telle déviation que j'aurai l'occasion de rappeler. Le grand intérêt qu'il suscita réside en sa fin, une fin pleine de mystère et qui lui a valu une légende hagiographique quelque peu inattendue.

Pour la première fois dans l'histoire de la dynastie, ces hommes, qui jusque-là avaient toujours eu la chance de se prolonger, se trouvèrent subitement sans héritier mâle. Guillaume X, père de deux filles, eut l'idée — elle lui fut suggérée par un grand prélat — de fiancer l'aînée au fils du roi de France Louis VI.

IV

A peine, au début de 1137, cette union avait-elle été résolue que le duc, pour des raisons que l'on n'éclairera sans doute jamais, s'en fut en pèlerinage à Saint-Jacques-de-Compostelle, et y mourut dans les conditions les plus obscures, probablement le vendredi saint 1137. Nous voici donc parvenus à un moment tout à fait dramatique dans l'histoire du duché, car une femme — qui n'a que quinze ans — va transmettre, non seulement le Poitou, mais tout un ensemble, qui atteint ou même dépasse la Garonne, au fils et héritier du roi de France. A peine le mariage s'est-il accompli — à Bordeaux, le 25 juillet 1137, — le roi meurt. Il y a là une simultanéité assurément accidentelle, mais très bouleversante du point de vue historique.

Esquissons, en schématisant beaucoup, la longue carrière politique de la duchesse Aliénor, à présent reine de France. Pendant son union avec Louis VII, elle ne résida guère en son duché. Au cours de la deuxième croisade à laquelle elle avait participé — chose assez insolite, — des dissentiments graves s'élevèrent entre elle et son époux, amenant celui-ci à requérir d'un concile complaisant, assemblé à Beaugency, l'annulation de cette union.

Quelques semaines seulement après cette rupture de 1152, la duchesse d'Aquitaine épousait Henry Plantegenêt, duc de Normandie, qui, quelques mois plus tard encore, devint roi d'Angleterre. Et voici donc le duché d'Aquitaine successivement partie intégrante, bien qu'autonome encore, du royaume de France, puis incorporé, par une connexion que nul n'eût pu prévoir, à l'Etat anglo-normand.

Epoux impérieux autant qu'infidèle, Henry tint son épouse éloignée de son patrimoine. Il éprouva une très grande jalousie à l'égard de l'Aquitaine, ceci jusqu'au jour où, ayant besoin de sa femme à des fins politiques, il fit de leur fils puîné, Richard, un duc d'Aquitaine et l'envoya là-bas, sur le continent, avec sa mère en qualité — en quelque sorte — de régente. De 1169 à 1172, la reine Aliénor séjourna dans l'ancienne capitale des Guilhem, procurant un grand faste au duché. Mais, peu après, les fils d'Henry II et d'Aliénor, se révoltant avec la connivence de cette dernière contre leur père, un épisode intervint, fort tragique pour le duché : la duchesse-reine fut capturée. Elle fut maintenue en étroite prison pendant plus de quinze ans par son époux, jusqu'à la mort de celui-ci en 1189.

Richard Cœur-de-Lion devint alors roi et en son nom sa mère, qui récupéra aussitôt la liberté, redevint active en Aquitaine ; pour la première fois elle allait vraiment gouverner. Lorsque, Richard ayant été tué en 1199 et remplacé comme roi d'Angleterre par Jean sans Terre, son dernier frère, Philippe Auguste

IV

entamera contre ce dernier une lutte sans merci, elle se fera plus active encore, malgré son âge. Mais le prince capétien constituait un rude adversaire, et l'on peut dire que, au moment où la reine-duchesse est morte à l'abbaye de Fontevrault, à 82 ans (début 1204), son Etat était en train de craquer de toute part ; ce fut quelques semaines seulement après son décès que le roi Philippe conquit le Poitou, et que les troupes de ce dernier pénétrèrent dans la capitale du duché.

En ce jeu de bascule, en ces oscillations d'une redoutable amplitude, le pays n'avait, par moments, retrouvé quelque apparence d'autonomie que grâce à la ténacité de cette ambitieuse princesse ; mais inévitablement le pays cesserait d'être indépendant. Avec la chute de l'Aquitaine ducale, on sent qu'est proche la fin des principautés territoriales. S'il est vrai que certaines se maintiendront encore plusieurs siècles, le XIIIe n'en sonnera pas moins le glas pour nombre d'entre elles. Il était fatal que l'Aquitaine fût entraînée vers l'une ou l'autre des deux grandes monarchies européennes occidentales. De là le caractère tragique de cette période.

Comme Aliénor, dernière représentante de la dynastie — ou les fils qui furent associés à son pouvoir, ou le mari, quelque peu encombrant, qui tenta de se substituer à elle, — pour tenir tête à l'insubordination féodale d'une part, comme de l'autre à une Eglise extrêmement envahissante par moments, sut utiliser un précieux personnel. Personnel administratif parfois assez stable, ce qui contraste avec les itinéraires ondoyants des princes ; personnel souvent efficace, sur lequel on est loin à l'heure actuelle d'avoir fait pleinement la lumière. Il y a là un sujet vraiment digne d'être fouillé, et qui réserverait d'heureuses surprises : bien des féodaux eussent pu alors envier à l'Aquitaine — à commencer par leur suzerain à tous, le roi de France — une administration comme celle qu'elle possédait. Depuis 1169 ces commis du pouvoir étaient choisis de préférence chez les très petits vassaux, ou dans des familles non nobles.

Résister, ai-je dit, d'une part à des féodaux fort remuants, et de l'autre contenir l'Eglise, tout au moins certains de ses représentants. Jetons un rapide coup d'œil, d'abord, sur les vassaux. Si nous ouvrons le singulier petit livre que Mlle Jeanne Vieillard traduisit sous le titre *Guide du pèlerin de Saint-Jacques*, nous y trouvons quelques lignes bien connues, mais fort curieuses, sur les barons poitevins. « Ce sont, dit l'auteur, de valeureux soldats, très habiles dans le maniement d'un arc et de flèches, ou de lances de guerre ; courageux au combat, rapides à la poursuite, leur mise est élégante, leur

IV

visage est beau, leurs paroles spirituelles, et ils savent faire de généreux présents. » L'auteur de cette apologie comprimée en trois lignes est le fameux Aimery Picaud, que l'on dit natif de Parthenay, ce qui peut contribuer à expliquer le ton ; mais le ton, lorsqu'on parle des Poitevins, est loin d'être toujours celui-là, et il suffit de feuilleter le poème écrit par un admirateur de Philippe Auguste, Guillaume le Breton, pour y entendre parler d'un Poitou, « terre belliqueuse, et de foi instable ». Ces deux mots-là sont fort importants, ils qualifient exactement le climat politique du duché, et tout particulièrement du comté de Poitou, à l'époque où nous nous plaçons.

Foi instable... Les ducs ont toujours éprouvé d'extrêmes difficultés à contenir leurs gens. Il leur fallait être plus forts que ces vassaux, ou plus intrigants qu'eux. Au reste le problème était exactement le même pour le roi vis-à-vis des ducs : nous retrouvons à tous les échelons la même alternative. Le duc d'Aquitaine devait être habile à brouiller les cartes, c'est-à-dire à brouiller l'un avec l'autre ses vassaux, et tirer parti de la moindre discorde : les occasions ne manquaient pas, heureusement pour le duc, sans quoi sa dernière heure eût été assez tôt venue, si prestigieux qu'il fût. Il n'arrivait à reprendre en mains, parfois, les destinées d'un fief vassal que grâce à l'opportune minorité du titulaire, ou en remariant au mieux de ses propres intérêts la vassale devenue veuve, mais c'était là une toile de Pénélope ; il devait effectivement sans cesse courir à de nouvelles brèches.

Heureusement pour les Guilhem, les barons du Poitou étaient des hommes, peut-être « beaux » et « habiles au maniement des armes », mais surtout avides et bruyants, qui ne savaient que fort rarement s'unir contre leur seigneur ; ils se limaient les uns aux autres en des luttes parfois épuisantes, et dont des châteaux du Poitou portent les traces.

Ce qui doit être noté, c'est que, au cœur des Etats continentaux de cette monarchie normande du XIIe siècle, règne le climat vraiment le plus instable, le plus insubordonné peut-être de la France entière. N'oublions pas qu'en un autre Etat normand, le royaume de Sicile et duché de Pouille, s'observe un phénomène tout à fait semblable. C'est chez Henry II ou Guillaume de Sicile — qui passent pourtant, à juste titre, pour avoir administré les monarchies les plus solides, les mieux charpentés de leur temps, — chez des souverains dans la pleine acception du terme, maîtres d'Etats quasi « modernes », que l'on constate la plus remarquable désobéissance des vassaux, la plus acharnée des résistances instinctives à toute domination centrale.

Sous le joug que l'on prétend leur imposer (et avec Henry II ce joug est

IV

véritablement douloureux), les cavales ruent et se cabrent. On pense bien que le roi de France en a profité : ce fut un des plus grands avantages de sa dynastie que de pouvoir utiliser un tel terrain.

Ces vassaux poitevins, est-il nécessaire de rappeler quels ils étaient ? Les quatre grands d'abord, lesquels ne l'étaient plus également à l'époque dont on parle. Certains se trouvaient sur le chemin de la décadence, ainsi le vicomte de Châtellerault, parent très proche de la dernière duchesse, ou le sire de Parthenay, beaucoup moins puissant à son tour que naguère. Mais les deux autres s'affirmaient avec une vigueur encore inquiétante : le vicomte de Thouars, grâce aux intrigues duquel Philippe Auguste finira par avoir raison du pays ; enfin, plus corrosif que tous les autres, le sire de Lusignan, âme des révoltes féodales dans les années 1170. On a tendance à oublier que, à côté de ces quatre hauts personnages, existent dans le comté de Poitou d'autres familles dont les historiens parlent moins : on ne constatera que plus tard qu'elles sont alors en train de monter dangereusement ; rappelons seulement pour mémoire les Mauléon, basés sur une place forte redoutable — aujourd'hui devenue un très souriant coin des Deux-Sèvres, Châtillon-sur-Sèvre, — ou bien les Sainte-Maure, aux confins de la Touraine.

Comment ces hommes agissent-ils ? Ils sont continuellement raidis contre tout effort de cohésion gouvernementale. La lutte est dispendieuse : pour la mener coûte que coûte, ils embauchent des mercenaires ainsi que leurs seigneurs leur en ont donné l'exemple (car c'est Henry II qui, en Europe occidentale, a accéléré l'emploi de ces méthodes). Mais pour louer des mercenaires ils n'ont pas les ressources suffisantes : aussi cherchent-ils à se les procurer par des procédés qui, s'ils nous semblent blâmables, leur apparaissent absolument normaux. C'est assez dire qu'ils font continuellement empiéter, par leurs agents, sur les droits des communautés religieuses situées à l'intérieur de leurs fiefs, communautés qu'ils ne cessent de ronger.

Nous sommes, pour notre part, toujours profondément surpris par le spectacle qu'offre le comportement de ces hommes, car nous ne parvenons jamais à faire coïncider nos manières de voir avec leurs mentalités ; nous sommes, dis-je, toujours surpris de constater que les mêmes hommes, à peu près simultanément, — les cartulaires sont là pour le prouver, — exercent les pires injustices (les fameuses *invasiones* sans cesse dénoncées par les textes) sur les terres des monastères voisins, et comblent parfois les mêmes monastères, et à moins de six mois de distance, de libéralités spectaculaires. De là l'anxiété, bien compréhensive, de nombre de maisons religieuses qui ne savent jamais ce que sera leur avenir, ni ce qu'elles seront devenues quelques mois plus tard, ni ce que leur domaine contiendra encore.

C'est qu'il y a, dans ces largesses féodales succédant à de grandes rapines, un très grand désir, de la part de leurs auteurs, de manifester qu'ils sont de grands princes : répandre l'argent, le jeter par les fenêtres, est un geste qui en principe sert le prestige du baron qui l'exerce. Mais l'historien n'aurait que trop tendance — la tentation est facile — à réduire à un seul mobile les sources de telles attitudes ; or la sincérité de donations dont les impulsions sont proprement spirituelles, à d'autres moments, n'est pas douteuse.

Plus souvent qu'on ne croit, ou qu'on ne veut bien dire, de tels hommes furent sincères. Là encore s'ouvre un vaste champ d'études à peine abordé, celui des mentalités : il faut étudier plus à fond les mobiles d'actes qui souvent apparaissent contradictoires. Parmi les gestes caractéristiques de la sincérité de foi de cette noblesse au milieu du XIIe siècle, évoquons celui du vicomte Aimery Ier de Châtellerault, aïeul d'Aliénor. Lorsqu'il se sent proche de la mort en 1151, il se fait embarquer sur la Vienne dont il descend processionnellement le cours ; sur les berges de cette rivière les gens du voisinage, les manants du fief viennent en foule pour l'acclamer et se lamenter sur sa fin imminente. Ainsi se laisse-t-il glisser jusqu'en aval du confluent de la Creuse, jusqu'à l'abbaye de Noyers aux confins tourangeaux, et là il se fait recevoir dans la communauté monastique. Y ayant revêtu le froc, il meurt huit jours plus tard, accompagné et comme porté par la prière de tous ses frères.

Les barons de ce temps ne furent pas toujours ce que nous avons tendance à nous représenter en images d'Epinal : des êtres incohérents et fantasques tels que, à vrai dire, ce que nous savons de leurs actes nous les fait imaginer. S'ils ont souvent été politiquement des caméléons, perpétuels rebelles ne tombant que trop aisément dans la vie de brigandage, ils furent aussi cependant, et parallèlement, des fidèles soucieux de leur âme.

Ceci nous conduit à envisager brièvement quel pouvait être l'état religieux du comté de Poitou vers le même temps, tout au moins d'en évoquer quelques aspects. Si nous nous plaçons au début du XIIe siècle, nous constaterons que Guillaume IX avait, du point de vue religieux, jeté le trouble en son comté, par ses contradictions, son cynisme, et pour tout dire sa méchanceté à l'égard de certains monastères, son mépris enfin de la puissance épiscopale. La figure de son fils forme avec lui un absolu contraste, à tel point que le nom de ce prince est encore inscrit au calendrier liturgique du diocèse de Poitiers :

IV

si la « sainteté » de Guillaume X est discutable, le fait en tout cas qu'il ait connu au lendemain de sa mort une canonisation spontanée est une indication précieuse sur la mentalité des populations vers 1140.

Guillaume X, toutefois, avait aussi causé du désarroi dans le diocèse parce que, en 1130, un schisme ayant éclaté dans l'Eglise déchirée entre deux papes rivaux, il eut le malheur de prendre parti pour celui des papes que saint Bernard allait ensuite proclamer illégitime ; il en résulta une scission du clergé dans le diocèse qui fut très préjudiciable aux progrès de la vie religieuse. Mais quelqu'un fit beaucoup pour calmer ce désarroi, quelqu'un dont on n'a pas assez mis jusqu'à présent la personnalité en valeur : Geoffroy de Lauroux, archevêque de Bordeaux, artisan du mariage capétien.

Un peu avant ces événements, au début du siècle, un poète avait ainsi chanté la cité de l'évêque Pierre II de Poitiers : « Si nous faisions le compte de toutes les cités placées en-deçà des Alpes, nous verrions que, entre toutes, Poitiers a porté sa tête plus haut que les autres. Ce qui fait sa parure, c'est son prince, ce sont une forte population, un clergé intègre, la masse de ses richesses, ses nombreuses tours et la beauté de son site ; mais à ces titres de gloire s'en ajoute un plus beau encore, c'est son évêque. » Texte d'autant plus remarquable que l'auteur était un collègue de ce dernier, c'était l'évêque du Mans Hildebert de Lavardin, lequel, on le voit, ne péchait point par excès de campanilisme.

Sur ce siège que le saint évêque Pierre II avant 1115 avait illustré, y eut-il, au cours du dernier siècle de l'indépendance aquitaine, d'autres grands évêques ? Là encore s'ouvre un champ d'études qui n'a guère été défriché ; on ne possède pas d'histoire des évêques de Poitiers à l'époque féodale. Lacune inconcevable : en cette galerie d'évêques, certains mériteraient au moins quelque examen. Vers 1141, il s'agit de Grimouard, lequel ne fit que passer sur le trône épiscopal, tant étaient grandes ses difficultés avec le roi de France ; homme notable dans la mesure où il était frère de saint Giraud de Sales. Giraud fut, à travers la région, un admirable fondateur de monastères, et entraîna dans la vie religieuse par la contagion de son exemple toute une partie de sa famille, exactement comme son contemporain Bernard de Clairvaux.

Un peu plus tard, au milieu du siècle, c'est Gilbert de la Porrée, réputé certes pour d'autres motifs que d'avoir gouverné le siège de Poitiers ; ce n'est pas au seul titre de sa puissance épiscopale qu'il a pris place parmi les célébrités du temps, mais comment ne point noter qu'il a dû évidemment contribuer à illustrer le diocèse, ce Gilbert dont son élève, le fameux Jean de Salisbury, devait faire l'éloge, et qui fit refleurir en ce lieu une doctrine théologique profonde ?

Plus tard encore, il s'agit d'un personnage moins connu, mais qui eut une forte personnalité, une réelle originalité d'action (entre 1163 et 1179) : Jean de Belmais. C'était un homme tout à fait cultivé, et qui fut élevé au siège de Poitiers par la faveur du roi d'Angleterre ; Henry II n'allait pas avoir beaucoup à s'en louer, car cet homme qui avait été son confident, son intime, commença à comprendre, une fois sur place, que le rôle d'un évêque consiste d'abord à résister s'il le faut à la puissance civile. Il se révéla l'ami beaucoup plus de Thomas Becket que du roi. Sous Henry, puis sous Richard devenu duc d'Aquitaine, il fut un modèle de résistance à la tyrannie. C'est à lui qu'un autre prélat, Etienne de Tournai, écrivait : « Je ne puis croire que celui qui a su affermir le courage de ses frères se laisse effrayer par les menaces d'un jeune tyran. » Ceci en réponse à une lettre où l'évêque Jean lui faisait part de ses angoisses face à une attitude tout à fait inquiétante de Richard. En 1174, quatre ans seulement après le drame de Canterbury, il rapportera à Poitiers solennellement des reliques du saint archevêque martyr, transférées à la cathédrale au milieu de la vénération populaire.

A la fin du siècle encore, nous rencontrons quelqu'un de beaucoup plus modeste, qui ne fit guère parler de lui, mais dont la sainteté fut fort remarquable : Guillaume Tempier. Série épiscopale assez impressionnante au total ; on peut s'étonner qu'aucun auteur n'en ait jamais porté le souci.

Pour évaluer l'état religieux du pays, il faudrait encore dire un mot de la vie monastique. A ce point de vue comme à d'autres, le dernier siècle de l'Aquitaine autonome est un temps de profondes transformations. De vieux établissements — certains remontaient à l'époque carolingienne ou même au-delà — étaient encore vigoureux, d'autres, au total les plus nombreux, donnaient des signes d'amoindrissement. Face à ces antiques maisons bénédictines, l'on pouvait observer la floraison de fondations de caractère nouveau, qui annoncent ces temps tout autres où naîtront les Ordres mendiants, au XIIIe siècle.

Parmi les anciennes maisons qui n'avaient plus intacte la gloire qu'on leur avait connue, certaines étaient pourtant encore imposantes. Ainsi le chapitre de Saint-Hilaire de Poitiers, dont le duc, en tant qu'abbé, surveillait étroitement les faits et gestes ; le monastère féminin de Sainte-Croix, gardien de la fameuse relique de la Vraie Croix envoyée au VIe siècle par l'empereur Justin II ; à Poitiers encore les grandes filles de Cluny, Saint-Cyprien d'abord — dont

IV

aujourd'hui reste seul le souvenir, et le nom attaché aux buildings d'une cité moderne, — et surtout Montierneuf (*Monasterium novum*), orgueil de la maison ducale, sanctuaire où les derniers Guilhem aimèrent être ensevelis, entourés des prières des moines.

Ce dernier sanctuaire est encore favorisé tour à tour par Aliénor, Louis VII et Henry II, mais, malgré ces signes de bienveillance, les maisons dont on vient de parler sont bientôt assez dédaignées. Elles n'ont plus en domaine l'ampleur que la plupart connurent au XIe siècle ; on sent très bien que la faveur des puissants ne va plus tellement à ces antiques abbayes, et il en est un signe bien expressif, c'est que Henry II, Richard et Aliénor ne seront plus ensevelis à Montierneuf, mais bien à Fontevrault.

Vieilles maisons encore, hors de la capitale, que l'abbaye de Saint-Maixent, qui avait joué un si grand rôle politique aux Xe et XIe siècles ; ou Nouaillé aux portes de la ville ; ou Charroux dans la Marche, passablement endolorie par un affreux incendie survenu en 1136 : toutes, elles avaient à présent du mal à vivre. Par contre certains autres établissement religieux demeuraient vigoureux parce que proches de zones de chasse où le duc allait souvent ; ce dernier, ayant intérêt à y exercer le droit de gîte, leur faisait encore de grandes faveurs. A ce groupe appartenaient, par exemple, en Bas-Poitou, l'abbaye de Maillezais, ou le prieuré Sainte-Croix de Talmont.

A côté de ces anciennes fondations, on observait alors en Aquitaine septentrionale — elle n'en était pas bien entendu le seul témoin — quantité de signes d'un esprit nouveau. Ainsi le foisonnement des prieurés fontevristes, tel Villesalem, rattachés au grand monastère voulu par Robert d'Arbrissel, qui offrait la singularité d'avoir à sa tête une abbesse gouvernant côte à côte religieux et moniales. Ainsi, provenant d'une tout autre région, l'influence des grandmontains du Limousin, chez lesquels règne — comme d'ailleurs chez les fontevristes de la première génération — un esprit préfranciscain de pauvreté. Et puis il y a de très nombreuses maisons cisterciennes : en ce secteur non plus la lumière n'a pas été faite, et tous ces monastères affiliés à Cîteaux attendent encore leur historien. Retenons enfin, plus nombreuses que naguère, les fondations hospitalières telles que la Maison-Dieu de Montmorillon, en liaison avec l'animation accrue des routes de pèlerinage.

Si nous étions attentifs à tous ces aspects de la vie religieuse, si nous possédions une série de monographies qui nous permettent de les connaître un peu plus profondément, nous aurions la certitude — comme nous avons le pressentiment — que le Poitou fut au XIIe siècle le théâtre d'une

IV

vie spirituelle intense. Le symptôme le plus éclatant de cette vitalité religieuse, c'est, au chevet plat de la nouvelle cathédrale voulue par Aliénor et Henry — à l'érection de laquelle a veillé Jean de Belmais, — l'installation d'une verrière que l'on peut bien dire géniale, où, dans une symphonie — mancelle, ou chartraine ? — de bleus et de rouges, rayonne la Crucifixion.

Ce vitrail témoigne de l'intensité d'une méditation sur le Christ qui apparaît ailleurs, par exemple chez Gilbert de la Porrée, et nous touchons ici au problème de la culture chez les gens de cette région à la fin du XIIe siècle, au problème de leur vitalité intellectuelle. Il rappelle encore, ce vitrail, fort opportunément, une partie de l'héritage littéraire de Poitiers. D'abord parce que c'est en cette même cité, pour le monastère de Sainte-Croix tout proche de la cathédrale, qu'un poète italien, survenu tout à fait par hasard en Poitou au XIe siècle, composa le *Verxilla regis*. Cette œuvre d'art, dirais-je, elle évoque Chartres à mon sens ; or l'histoire des relations entre Chartres et Poitiers, voilà un sujet qui est à peine ébauché. Comment ici ne pas au moins saluer la mémoire de Fulbert qui, au début du XIe siècle, avait été appelé par la faveur de Guillaume le Grand à l'office théorique de trésorier de Saint-Hilaire ? Fulbert marqua, par l'entremise de l'écolâtre Hildegaire, une grande sympathie à Poitiers, et des liens, intellectuels et spirituels, s'établirent entre les deux cités épiscopales, qui se relâchèrent ensuite, mais non entièrement.

Le pays fut ainsi, au début du XIIe siècle, dépositaire de toute une tradition. La « renaissance » carolingienne, tourangelle surtout, n'avait guère touché le Poitou, semble-t-il, mais avec Fulbert commença une vie intellectuelle au sens précis du terme lorsque se créa une école à Saint-Hilaire. A la fin du XIe siècle on voit apparaître — mais elle existait sans doute déjà auparavant — l'école cathédrale : une émulation exista dès lors entre ces deux foyers d'activité; plus tard encore il y eut une troisième école à Saint-Cyprien.

C'est à Saint-Cyprien que vivait, vers 1110, cet abbé Renaud que Baudry de Bourgueil, en un langage précieux, qualifie de « vase récepteur de la philosophie » comme aussi bien de « rose printanière du clergé poitevin ». Nous avons perdu l'habitude d'adresser des compliments semblables à nos prélats.

Mais d'autre part, en ce même début du XIIe siècle, le monde poitevin offrait un phénomène fort différent des précédents, tout à fait inattendu et à vrai dire unique, un phénomène d'une intense originalité : la présence du duc troubadour. Guillaume IX allait contribuer grandement à favoriser la vie de

IV

l'esprit, sans l'avoir autrement cherché ; car au fond ce n'était pas cela qui l'intéressait. Ce qu'il souhaitait, c'était que l'on parlât de lui ; il était extrêmement soucieux de sa propre réputation. Et ses vers y ont bien entendu contribué. Naturellement le climat qu'il a su créer, climat favorable aux jeux intellectuels, a été copié par des vassaux désireux de rivaliser avec celui qui se prétendait leur seigneur ; car on ne fait pas la guerre seulement avec des armes, mais aussi parfois avec des réputations.

C'est ainsi que, dans toutes les vicomtés limousines vassales du duc-comte, le même genre de vie alla se développant. Comme disait Orderic Vital parlant des barons normands,

> les hommes efféminés, rejetant les mœurs guerrières, rient des exhortations sacerdotales ; leurs nuits se passent en débauche, ivrognerie, *entretiens futiles*, dés et autres jeux de hasard. Ils s'étudient à plaire aux femmes par une lasciveté multiforme : front rasé, cheveux frisés au fer, manches démesurées flottant sur les mains, souliers à pointe allongée, rembourrée d'étoupe et ressemblant à une queue de scorpion.

Et au milieu du siècle, un moine limousin scandalisé, le prieur du Vigeois, ajoute :

> On s'est mis à fabriquer des étoffes riches et précieuses dont la couleur s'harmonise avec l'humeur de chacun. On découpe le rebord de vêtements en petites boules et en languettes pointues, de sorte que ceux qui les portent deviennent pareils aux diables que nous représentent les peintres...

Je vous ferai grâce du reste de la description. Ce qu'il faut retenir en ce fatras, ce sont sans doute les mots « entretiens futiles ». Car c'est là, précisément, toute la vie de cour qui se trouve épinglée.

> Ces visites, ces bals, ces conversations
> Sont du malin esprit toutes inventions,

s'écriera madame Pernelle. C'est bien exactement cela : il ne s'agit ici ni plus ni moins que de la naissance de l'art de la conversation. Et il est bien notable précisément que les cours de France et d'Angleterre ignoraient un tel art jusqu'au jour où les gens venus d'Aquitaine le leur enseignèrent, justement au milieu du XIIe siècle.

Voilà donc un milieu, le Poitou, qui, pour des raisons très diverses, les unes d'origine cléricale et scolaire, d'autres d'origine féodale, voilà un pays dont le climat va s'avérer favorable à l'ex croissance, à l'épanouissement de jeux littéraires. Des œuvres de clercs ou de gens de cour ouvrent la voie. Des ouvrages de clercs dès avant le milieu du siècle, on en pourrait aligner de diverse sorte : certains sont des plus étranges, comme le livre d'un moine clunisien racontant en termes romanesques, d'allure prophétique, la chute de la place forte de Châtelaillon sous Guillaume X. Mais parmi les hommes de cour, ce précurseur singulier que fut Guillaume IX tranche évidemment sur tous autres.

Guillaume a su chanter en termes inouïs — j'emploie le terme au sens étymologique — toutes les formes d'amour, depuis les plus tangibles (d'une manière que même en latin nous ne saurions redire) jusqu'aux plus songeuses :

> Il en est de notre amour comme de la fleur de l'aubépine : tant que dure la nuit, elle est tremblante, exposée à pluie et frimas ; mais le lendemain, le soleil éclaire sur le rameau les feuilles vertes... Telle fut, *dit-il ailleurs*, toujours ma destinée que de ce que j'aimais jamais je n'ai pu jouir ; toujours il en fut, toujours il en sera ainsi ; car bien souvent, dès l'instant que j'agis, mon cœur, je le sens, me dit : Tout cela est vain.

Voilà des accents que nul n'avait encore entendus en Europe occidentale : c'était un départ, une corolle qui s'ouvrait.

Et voici venu le temps de la duchesse-reine. Etant donné sa personnalité, on est en droit de se demander s'il y eut, à partir de 1137, des périodes particulièrement favorables durant lesquelles la vie littéraire de cour put fleurir. La détermination de ces périodes a été entreprise en divers travaux récents, notamment américains ; les résultats en sont encore flous, mais il apparaît au moins que, après de premières trop rapides possibilités durant le mariage capétien, ce règne connut deux moments favorables, mais aussi brefs l'un que l'autre, le premier en 1153, tout à fait au début du mariage avec Henry II, l'autre vers 1170, époque où Poitiers connut pendant quelques mois — à vrai dire simple feu de paille — une vie intellectuelle fort brillante, et qui laissa des témoignages assez impressionnants.

Je dis qu'il y aurait eu certaines possibilités au début de l'union avec le roi de France : ceci n'est guère que suggéré par quelques vers de Hildebert de Lavardin dans lesquels — pour faire plaisir peut-être à son ami Suger — cet auteur déclare : depuis que le roi a dompté la révolte latente de la ville de Poitiers, tout est pour le mieux dans le meilleur des mondes. Il s'exprime ainsi : « Cette ville royale trouve son avantage à être régie par ce roi », ce qui se dit en latin : *urbs illo regia rege regi*. Termes gracieux, trop précieux, assez pédants. Mais Hildebert continue : « La paix est florissante, les armes sont devenues oisives, la souffrance se meurt, et voici que renaissent les studieux loisirs... » A

IV

cause de ces trois derniers mots (« studieux loisirs », c'est-à-dire possibilité de parler d'autre chose que de guerre ou de misère) le texte mérite d'être retenu, quoique, à vrai dire, il n'autorise que de fragiles hypothèses. Aucune trace n'est vraiment discernable, à ce moment, d'une vie intellectuelle un peu originale, un peu nouvelle.

Bien plus fécondes en vérité, quoique très brutalement raccourcies par la conjoncture politique, furent les deux autres époques auxquelles j'ai fait tantôt allusion. La première, au début de 1153, dura quelques mois, disons un an et demi au plus, Aliénor étant mariée au duc de Normandie, mais ce prince n'était pas encore roi d'Angleterre et il lui en fallait conquérir la couronne ; nous sommes donc au moment où Aliénor n'est pas encore reine (dès qu'elle le sera, on l'emmènera à Westminster pour y être couronnée, elle deviendra pratiquement captive du royaume d'Angleterre), elle gouverne son duché durant ces quelques mois, elle s'y est installée pour y connaître un peu de répit.

On est assez frappé de voir que c'est, semble-t-il, à ce moment précis qu'Aliénor a reçu plusieurs dédicaces et notamment (chose qu'il convient, je crois, de mettre en évidence) celles d'ouvrages en langue d'oc comme d'ouvrages en langue d'oïl. Par exemple, Wace, de Caen, dédie à la duchesse son *Brut*, et le Tourangeau Benoît de Sainte-Maure le *Roman de Troie* ; mais à la même époque il est un poète limousin, Bernart de Ventadour, qui chante à Poitiers. C'est qu'en effet le Poitou est en France un lieu assez unique, où l'on voit marcher à la rencontre l'un de l'autre, et se conjoindre, langues d'oc et d'oïl, droit romain et droit coutumier, tuile et ardoise, civilisation de l'huile et civilisation du beurre ; le premier chêne-vert en venant du Nord apparaît à Ligugé ; la cigale chante à Châtellerault chaque année — pas longtemps, — mais ne chante au nord de la Loire que rarement : normalement elle ne dépasse pas le Poitou.

De bien des pays c'est la mode de dire qu'ils sont terres de rencontre, mais ceci est tout particulièrement exact pour le seuil de Poitou. Ainsi donc la co-existence à la cour d'Aliénor de poètes d'oïl et d'oc, quelque épisodique qu'ait pu être leur rencontre au milieu du XIIe siècle, est un phénomène intellectuel de grande envergure sans aucun doute. Comme Marcabru et Cercamon avaient fréquenté la cour de Guillaume X, ainsi Bernart a-t-il hanté celle-ci. Les vicomtés limousines engendraient force poètes, et c'étaient des terres vassales du duché.

Laissez-moi vous lire un de ces poèmes que l'homme de Ventadour dédia

IV

— un peu plus tard peut-être — à la duchesse ; on y entend, comme un leitmotiv musical, ce mot de *joi* qui est intraduisible : *gaudium*, joie certes, mais bien autre chose encore de plus ample, et de nuance souvent diverse.

Pels dols chant qu'el rossinhols fai La nueg, quan mi soi adurmitz, Reveih de *joi* totz esbaitz, Pensius d'amor e cossirans ; Qu'aisso es mos mielhers mestiers, Qu'ancse amei *joi* voluntiers, Et ab *joi* comensa mes chans.	Par le doux chant du rossignol, La nuit, quand me suis endormi, M'éveille, tout surpris de joie, Pensif, considérant l'amour, C'est bien là mon meilleur métier, Car j'incline toujours vers joie ; Joie est l'exorde de mon chant.
Qui sabia lo *joi* qu'ieu n'ai Ni'l *jois* fos tals qu'en fos auzitz, Totz autres *joys* fora petitz Vas que lo mieus *jois* fora grans. Tels s'en fait conhtes e parliers, E cuid esser rics e sobriers De *fin'amor*, qu'ieu n'ai dos tens.	Qui saurait ce qu'elle est, ma joie, Si je savais la faire entendre, Toute autre joie serait mince Envers une mienne si grande. Il en est qui content la leur, Se croyant riches possesseurs D'amour ! Mais moi, j'en ai le double.
Soven li remir son corps guai Cum es ben faitz, e ben chausitz De cortesia e de bels ditz ; E si de plus mi pren talans, Ops m'auria us ans entiers, Si volia esser vestadiers, Tant es cortez'e benestans.	Souvent j'observe sa personne Joyeuse, bien faite, choisie, Courtoise, et sachant beau langage. Et s'il me prenait fantaisie D'en dire plus, un an entier Me faudrait, pour être sincère, Tant elle est courtoise, ma dame.
Domna, vostr' om sui e serai Al vostre servizi guarnitz ; Vostr'om sui juratz e plevitz E vostres m'er adesenans. E vos etz lo meus *jois* premiers, Et si seretz vos lo derriers, Tant quant la vida m'er durans.	Dame, suis et serai votre homme A votre service équipé ; Votre homme suis, assermenté, Le resterai dorénavant. Vous fûtes ma première joie, Aussi serez-vous la dernière, Si longtemps que dure ma vie.
Sels que cuion qu'ieu sia sai No sabon ges cum l'esperitz Es de lieis privatz et aizitz, Si tot lo cors s'en es lonhans. Sapchatz lo mielhers messatgiers Qu'ai de lieis, es mon cossiriers Que .m recorda sos belhs semblans.	Tel qui croit que je sois ici Est un ignorant : mon esprit Est proche d'elle et jouit d'elle, Si tôt que mon corps s'en éloigne. Sachez que le meilleur courrier Me venant d'elle, c'est mon rêve Qui me rappelle sa beauté.
No sai quoras mais vos veirai, Pus m'en vau iratz e marritz. Per vos me sui del rei partitz. E prec vos que no.m sia dans ; Qu'ieu serai en cort prezentiers Entre domnas e cavaliers, Francs e dous e humilians.	Ne sais quand je vous reverrai, Car je m'en vais, triste et marri. Pour vous j'ai dû quitter le roi ; Qu'il ne m'en coûte, je vous prie. En votre cour présent serai Parmi dames et chevaliers, Franc, gracieux, humble et soumis

IV

ENVOI

Ugonet, cortes messatgiers,	Hugonet, courtois messager,
Cantatz ma canson voluntiers	Chante de bon gré ma chanson
A la reyna dels Normans.	A la reine de Normandie.

Voilà ce qu'on entendait chanter, accompagné de luth, vers 1153 à la cour de Poitiers.

Il y eut une seconde phase, une quinzaine d'années plus tard, vers 1170, alors que, régente pour le jeune duc Richard, sa mère, à 45 ans, se crut libre. Elle vivait alors à Poitiers entourée de jeunes filles de maison royale « nourries » à sa cour selon le plus pur style féodal ; la moyenne d'âge — l'a-t-on assez remarqué ? — était extrêmement faible autour d'elle, la plupart de ces jeunes personnes avaient de dix à quinze ans. On voyait parfois parmi elles l'aînée de ses propres enfants, la fille — ô ironie ! — de Louis VII et d'Aliénor, la comtesse Marie de Champagne, grande protectrice de Chrétien de Troyes. Mère et fille donnaient le ton ; autour d'elles et de Richard papillonnaient troubadours et poètes latins, en quête de prébendes et de pensions, et cherchant à se faire bien voir en chantant l'éloge de leurs hôtes. Tous ces gens réunis se posaient des questions, des énigmes à résoudre, jouant à des jeux subtils qui annoncent ni plus ni moins que l'Hôtel de Rambouillet : questions insidieuses, et souvent insolubles, en matière de vie amoureuse. Ce qu'un clerc pédant, nommé André, rassemblera dix ans plus tard pour la comtesse de Champagne, en son pesant *De arte honeste amandi* qui a bu à toutes les sources, tenant aussi bien des thèmes arthuriens que d'Ovide, son prétendu maître.

Cependant cette seconde période ne fut guère que le songe d'une nuit d'été. Après la révolte de 1173, ce devait être la dispersion complète. Richard, grandi dans la bagarre, fut bien un prince qui versifia encore — assez piètrement — à ses heures ; il tâcha à son tour d'être un mécène pour les troubadours. Mais le Poitou n'était plus le centre du rayonnement ; on s'acheminait vers la fin de l'indépendance.

Dans le Nord de l'Aquitaine, aux heures cruelles du choix définitif des premières décades du XIIIe siècle, Savary de Mauléon, sénéchal de Poitou, saura encore trouver de vigoureux accents en un dialecte d'oc ; mais à l'heure où il chantait, la cour de Poitiers n'existait plus. Les écoles de cette cité, depuis plus longtemps encore, étaient déclassées au profit de Laon et de Paris. L'heure sonnait désormais à l'horloge capétienne.

V
Pour une image
véridique d'Aliénor d'Aquitaine

> « La véritable Mellusine, mêlée de natures contradictoires..., c'est Eléonore de Guyenne. »
> MICHELET

L'on ne peut se défendre de constater que la biographie critique de la reine Aliénor n'a jamais été écrite [1] : entendons un récit qui s'attacherait à sa seule personne au lieu de donner, non sans une énorme déperdition de forces, un récit complet des événements survenus autour et à côté d'elle durant quatre-vingts ans. Car tel est le net défaut des ouvrages qui lui furent consacrés, des plus sérieux aussi bien que des romans. Raconter par le menu le conflit entre Henry II et Thomas Becket, ou les aventures de Richard en Palestine, à propos de la vie d'Aliénor d'Aquitaine, est une évidente inconséquence [2]. Il serait temps, ramenant l'étude d'une telle destinée à de plus justes proportions, de concentrer tout l'intérêt sur cette singulière figure. Certes, la psychologie historique exige une grande prudence, ce n'est point une science appuyée sur des lois bien établies ; encore n'est-ce pas une raison pour la délaisser comme ont fait trop longtemps des

---

[1] Peu de personnages, dans l'histoire de l'Occident médiéval, ont fait couler autant d'encre que celui-ci. Les biographies d'Aliénor d'Aquitaine sont fort nombreuses, les unes consciencieuses et adhérant aux sources, d'autres plus fantaisistes, certaines enfin franchement romanesques, ne cachant pas leur dessein de retenir, dans la vie mouvementée de cette princesse, les éléments les plus spectaculaires, parfois les plus sujets à caution. Notons au moins dès maintenant : Isaac de LARREY, L'héritière de Guyenne (que nous citerons dans l'édition, parue à Londres en 1788, sans nom d'auteur, sous le titre nouveau : Histoire d'Eléonore de Guyenne, duchesse d'Aquitaine...) ; — Comtesse Palamède de MACHECO, Eléonore d'Aquitaine, roman historique, 1822, 2 vol. ; — Louis de VILLEPREUX, Eléonore de Guyenne..., 1862 ; — L. DELAYANT, Aliénor d'Aquitaine..., dans « Revue d'Aquitaine », 1875, pp. 483-97 ; — Victor BALAGUER, Leonor de Aquitania, dans « Revista de Espana », t. LVII, 1877, pp. 433-48 ; LIX, pp. 49-73 ; — Elie BERGER, Les aventures de la reine Aliénor, histoire et légende, dans « Académie des Inscriptions de belles-lettres, comptes rendus des séances », 1906, pp. 702-12 ; — VITAL-MAREILLE, La vie ardente d'Eléonore d'Aquitaine, 1931 ; — FÉLIX V. MAGNE, La reine Aliénor, duchesse d'Aquitaine, 1931 ; — Melrich V. ROSENBERG, Eleanor of Aquitaine, queen of the troubadours, and the courts of love, Princeton, 1937 ; — Joseph SALVINI, dans « Dictionnaire de biographie française », v° Aliénor d'Aquitaine ; — Amy KELLY, Eleanor of Aquitaine and the four kings, Cambridge Mass., 1950 ; — Curtis H. WALKER, Eleanor of Aquitaine, Chapel Hill, 1950 ; — Andrée LEHMANN, Le rôle de la femme dans l'histoire de France au moyen âge, 1952, pp. 290-309.

[2] Beaucoup des biographes de la reine pourraient faire l'acte de contrition de LARREY (p. 371) : « Mais je me laisse insensiblement emporter au delà des bornes de mon histoire ; il faut en reprendre la suite. »

V

historiens si respectueux des textes qu'ils ne se risquent point à les interpréter, ou la trahir comme ce fut le cas pour d'autres écrivains, tellement influencés par le clinquant des légendes que c'est à peine s'ils méritent d'être comptés au nombre des serviteurs de Clio.

Il n'est pas question ici d'autre chose que de poser quelques jalons, en montrant que l'histoire d'Aliénor a été jusqu'à présent en grande partie faussée par un pullulement de racontars, par des éclairages hasardeux, par l'imagination pure et simple. Reprendre un à un les témoignages valables, les assertions des historiens, concernant l'existence de la duchesse-reine, les confronter, en apprécier la portée, pour proposer quelques prudentes hypothèses, tel est notre unique but.

I

« Guillaume, duc d'Aquitaine, de sa femme qui était la sœur du vicomte
« de Châtellerault, et que l'on appelait Aënor, engendra une fille qui fut
« appelée Aliénor, c'est-à-dire une autre Aënor [3]. »

C'est en ces termes trop poétiques [4] qu'un contemporain, le prieur de Vigeois, relate la naissance de la princesse, sans en indiquer au reste ni le lieu ni la date. Il est probable qu'elle avait quinze ans — certains disent treize seulement [5] — lorsqu'en avril 1137 mourut le comte de Poitou Guillaume X.

Partant pour Compostelle d'où il ne devait pas revenir, il avait pris, semble-t-il, les mesures nécessaires [6] pour assurer, au cas où il disparaîtrait sans descendant mâle, l'avenir de l'aînée de ses deux filles ; elle épouserait Louis de France, héritier de Louis VI le Gros. Que cette union ait fait l'objet de négociations préalables avec le roi — nous le croirions volontiers, en dépit du silence des textes, — ou bien qu'elle ait été proposée *in extremis* à ce dernier par l'ambassade aquitaine qui lui venait annoncer la mort de Guillaume (c'est la version officielle, assez étonnante), toujours est-il que Louis VI, qui lui-même sentait rôder la mort, se hâta. Suger en personne, son tout-

---

(3) « Guillelmus, dux Aquitaniae..., de uxore quae fuit soror vicecomitis de Chastelleyraut, quae vocabatur Aenor, genuit filiam quae appellata est Alienor, quasi alia Aenor. » (GEOFFROY, prieur de VIGEOIS, *Chronicon*, H. F., t. XII, p. 435).

(4) En fait la mère d'Aliénor signa, au moins dès 1129 : Aliénor, et non : Aënor (Alfred RICHARD, *Histoire des comtes de Poitou...*, t. II, 1903, p. 52, n. 2), ce qui rend très fragile l'ingénieuse explication du prieur de Vigeois.

(5) Le *Fragmentum genealogicum ducum Normanniae et Angliae regum* (H. F., t. XVIII, p. 241) lui donne treize ans en 1137. C'est aussi l'avis de Jean BOUCHET (*Les annales d'Acquitaine...*, éd. de 1644, p. 133), mais cet auteur ne fait point autorité.

(6) L'authenticité du testament de Guillaume X — dont le texte se lit dans H. F., t. XII, p. 409 — a été fort discutée, mais Achille LUCHAIRE a fait très justement remarquer (*Louis VI le Gros, annales de sa vie et de son règne*, 1890, pp. 263-64, n° 579) que, de toute manière, le roi devait, à la mort sans héritier mâle de son vassal, exercer, sur la fille aînée de ce dernier, la tutelle féodale.

puissant conseiller et ami, avec les plus hauts membres de l'entourage royal, assista, en la cathédrale Saint-André de Bordeaux, à la célébration du mariage et au couronnement des époux qui se firent dès le 25 juillet 1137 : il en a laissé le récit [7]. Il avait apporté dans ses bagages des lettres du roi de France en faveur du clergé d'Aquitaine et l'on a supposé, non sans raison, que les évêques de la province de Bordeaux encouragèrent grandement cette union [8].

Presque aussitôt, et malgré les fatigues que devaient représenter les chaleurs estivales, excessives cette année-là, Suger fit partir précipitamment le jeune couple : il craignait des embuches de la part de vassaux qui se montraient rebelles. C'est, au témoignage d'un chroniqueur tourangeau [9], à Taillebourg en Saintonge, lorsque l'on eut passé la Charente, que Louis et Aliénor se trouvèrent seuls pour la première fois. Mariage politique s'il en fut, cela va sans dire : les jeunes gens n'avaient guère eu le temps, jusque là, de faire connaissance. Le 8 août, ils furent couronnés ducs d'Aquitaine, à Poitiers [10]. Louis VI étant mort entre temps, ils arrivèrent à Paris comme roi et reine de France.

Louis VII, sacré et associé au trône depuis 1131, n'avait encore que seize ans ; il n'était donc que de fort peu l'aîné d'Aliénor et même, si l'on tient compte du fait qu'à âge égal un adolescent a moins de maturité qu'une jeune fille, on peut dire que la reine était un peu plus apte que son mari, d'emblée, à faire face aux problèmes de la vie. Qu'elle ait exercé aussitôt sur le roi quelque emprise, c'est ce qui n'a rien d'invraisemblable [11]. Louis se montrait fort amoureux, ainsi qu'en témoignent deux contemporains qu'il est permis d'écouter, William de Newburgh et Jean de Salisbury ; « il aimait la reine avec « fougue, et pour ainsi dire à la manière d'un enfant », assure ce dernier [12], et l'autre se sert à son tour, pour caractériser la jalousie du monarque à l'égard de sa toute jeune épouse, de cette épithète de « fougueuse » [13].

(7) SUGER, *Vie de Louis VI le Gros*, éd. WAQUET, 1929, p. 280 ; cf. *Chronicon Mauriniacense*, P. L., t. CLXXX, col. 166.
(8) H. F., t. XVI, p. 2. Cf. Abbé Elphège VACANDARD, *Vie de saint Bernard, abbé de Clairvaux*, t. II, 1895, p. 177 ; Charles PETIT-DUTAILLIS, *La monarchie féodale en France et en Angleterre...* (« L'évolution de l'humanité », vol. 41), 1933, pp. 192, 194.
(9) *Chronicon Turonense magnum*, éd. André SALMON, dans « Recueil des chroniques de Touraine », 1854, p. 134. Selon GEOFFROY de VIGEOIS (p. 435), l'étape en revanche aurait été Saintes. Cf. LUCHAIRE, p. 268, n° 589 ; KELLY, *Eleanor of Aquitaine and the four kings*, p. 8.
(10) ORDERIC VITAL, *Historia ecclesiastica*, éd. LE PREVOST, t. V, 1855, p. 88.
(11) Emprise bien définie par Aug. FLICHE, *L'Europe occidentale de 888 à 1125* (sic) [« Histoire générale, moyen âge », vol. 2], 1941, p. 540.
(12) [Jean de SALISBURY], *Historia pontificalis*, M. G. H., S.S., t. XX, p. 534 : « Reginam vehementer amabat et fere puerili modo. » Cf. ci-dessous, p. 190, n. 71.
(13) «Uxorem juvenculam vehementius aemulatur. » (WILLIAM of NEWBURGH, *Historia rerum anglicarum*, éd. Richard HOWLETT, Londres, 1884, p. 92). Cf. ci-dessous, p. 181.

V

L'influence d'Aliénor sur Louis est difficile à déceler de manière assurée, quoique certains historiens se soient employés à le faire avec une grande ingéniosité. Luchaire n'a pas manqué de relever tout ce qui, dans les premières années du règne, constitue une politique de « hardiesse » : mise en veilleuse de Suger, disgrâce de la reine-mère, et surtout hostilité sensible à l'égard des éléments réformateurs de l'Eglise de France. Ce serait là l'œuvre propre de la reine qui, note l'auteur, « ne trouvait pas dans ses traditions de famille le respect du « clergé et des choses saintes [14] ». Et de rappeler les irrévérences de Guillaume le troubadour concernant l'Eglise, comme la part prise par Guillaume X au schisme d'Anaclet.

Ce que durent aussi remarquer les gens de l'entourage de Louis VII, ce fut, on le pressent, une certaine désinvolture, une liberté d'allures [15] dérivant peut-être du fait qu'Aliénor avait perdu sa mère trop jeune [16], manières qui en tout cas étaient habituelles, spontanées dans tout le Midi. C'est Reto Bezzola qui écrit justement [17] :

« A la civilisation cléricale et érudite du Nord, bornée, en dehors
« du monde de l'Eglise, sans doute à des milieux très restreints, le Sud
« opposait une civilisation toute profane, dont la mollesse et les extra-
« vagances choquèrent toujours le Nord, depuis Louis le Pieux, dont
« l'Astronome vante l'aversion pour les mœurs détestables d'Aquitaine,
« jusqu'aux contemporains de Robert le Pieux, si scandalisés par l'accou-
« trement de la suite de la reine Constance. »

La politique aventureuse et quelque peu cahotante de Louis VII avant la croisade serait due à une dualité d'influences exercées sur le prince par Suger, conseiller de son père, et par sa trop précoce épouse [18]. La campagne, vaine d'ailleurs, menée contre Toulouse en 1141 semble bien en effet avoir été entreprise à l'instigation de la

(14) A. Luchaire, *Louis VII, Philippe-Auguste, Louis VIII...* (« Histoire de France », t. III, 1re p.), 1903, p. 4.

(15) Elle et son entourage continuaient à parler un dialecte méridional (Paul Meyer, *Des rapports de la poésie des trouvères avec celle des troubadours*, dans « Romania », t. XIX, 1890, p. 3).

(16) Aënor mourut sans doute peu après 1130, sa fille n'ayant pas encore dix ans (Richard, *Histoire des comtes....*, t. II, p. 45). On a un témoignage, à vrai dire assez banal, de la piété filiale de la reine dans un acte d'avril 1142 par lequel, de passage à Niort, le roi Louis, d'accord avec celle-ci, confirma la fondation de l'abbaye de chanoines réguliers de Nieuil-sur-l'Autise, où était ensevelie Aënor de Châtellerault : A. Luchaire, *Etude sur les actes de Louis VII*, 1885, p. 124, n° 77. Voir aussi Ch. Arnauld, *Histoire de l'abbaye de Nieuil-sur-l'Autize*, Niort, 1862, preuves, p. 79.

(17) Reto R. Bezzola, *Guillaume IX et les origines de l'amour courtois*, dans « Romania », t. LXVI, 1940-1941, p. 160.

(18) « On dit qu'Aliénor... entraîna peu à peu son mari à des hardiesses capables d'étonner son nouvel entourage. Cette supposition, quoiqu'elle ne soit fondée sur aucun texte, n'est pas dépourvue de vraisemblance. » (Berger, *Les aventures de la reine Aliénor, histoire et légende*, dans « Acad. des Inscr., comptes r. des séances », 1906, p. 703).

reine, celle-ci cherchant à faire revivre les prétentions des comtes de Poitou sur les domaines d'Alphonse-Jourdain [19] ; elle avait maintenant dix-neuf ans, et son initiative peut avoir été plus nette qu'auparavant. D'autre part il est difficile de ne pas voir le fruit partiel de ses intrigues dans le mariage de sa sœur cadette, Pétronille d'Aquitaine, avec le sénéchal Raoul de Vermandois, lequel, pour réaliser son dessein, fit dissoudre une première union par de complaisants prélats. Le roi Louis [20] se trouva engagé de ce fait dans une terrible guerre contre le comte de Champagne, oncle de la répudiée, et dans des embarras inouïs avec le pape Innocent II et saint Bernard, son inspirateur [21].

Mais les événements qui survinrent en 1144 allaient mettre fin à cette première phase de la vie politique d'Aliénor. La mort du pape, l'atténuation des rigueurs pontificales à l'égard de Louis VII — d'abord complice et protecteur du sénéchal — coïncidèrent avec le très vif repentir du monarque, accablé de remords pour avoir provoqué, l'année précédente, un affreux massacre à Vitry. Aliénor redoutait pourtant, si elle abandonnait la cause de sa sœur, que sa propre influence diminuât, que Suger reprît la première place auprès de Louis VII : aussi insistait-elle encore pour obtenir la levée de l'excommunication de Pétronille, pour empêcher toute réconciliation entre son époux et Thibaud de Champagne.

Les choses en étaient là lorsque des fêtes particulièrement solennelles furent célébrées à Saint-Denis lors de la consécration du nouveau chœur de l'abbatiale [22] : véritable triomphe pour Suger [23], cependant que le roi y parut surtout dans l'humble attitude d'un pénitent. C'est à cette occasion que saint Bernard eut avec la jeune reine un entretien dramatique. Elle lui avoua ses craintes concernant l'avenir : depuis bientôt sept ans qu'elle avait épousé Louis, elle n'avait eu qu'une fois, dans les premiers temps du mariage, un espoir

---

(19) Auguste LONGNON, *La formation de l'unité française*, 1922, pp. 87-88.

(20) « Un jouvenceau couronné, maîtrisé par une femme ardente », ainsi le voit, à cette époque, Georges GOYAU, dans son *Saint Bernard*, 1927, p. 137.

(21) Henri d'ARBOIS de JUBAINVILLE, *Histoire des ducs et des comtes de Champagne*, t. II, 1860, pp. 346-47.

(22) Outre que la présence d'Aliénor à ces solennités est attestée par les chroniques, on en a confirmation par un acte royal qui n'est que de peu postérieur (LUCHAIRE, *Etudes...*, p. 143, n° 137).

(23) On n'ignore pas l'importance de cet événement dans l'histoire de l'art. « Ce n'est pas un épisode dans des annales d'abbaye, un moment rapide des fastes dynastiques : c'est une grande date dans une grande époque », a écrit Henri FOCILLON (dans « Histoire générale, moyen âge », vol. 8, 1941, p. 533). A ce propos, consulter Otto CARTELLIERI, *Abt Suger von Saint-Denis* (« Historische Studien », vol. 11), Berlin, 1898, p. 141, n° 115 ; Marcel AUBERT, *Suger*, Saint-Wandrille, 1950, p. 139.

V

de maternité, mais, bientôt déçu [24], il ne s'était plus renouvelé. Bernard aurait, au dire d'un de ses biographes, répondu à ces paroles de la reine en lui enjoignant de ne plus encourager son mari à la révolte ; l'abbé implorerait pour elle en échange la faveur divine. Peu après, un accord fut en effet conclu par le roi avec le comte de Champagne ; Aliénor mettait au monde, l'année suivante (1145), son premier enfant [25].

C'était, il est vrai, une fille, Marie. Pourtant, le démenti qu'apportait celle-ci à une stérilité redoutée du ménage royal rendait l'espoir à tous. On pouvait escompter que la souveraine donnerait bientôt naissance à un héritier de la couronne. Fière de sa maternité, elle fut, dans les mois qui suivirent, assez absorbée par les joies familiales pour ne plus chercher dans l'action politique, comme devant, un dérivatif à une monotone existence. Tout au moins ne discerne-t-on alors chez elle nulle velléité nouvelle de semblable action.

Sa fille avait à peine un an lorsque retentit, dans l'assemblée de Vézelay, à Pâques 1146, l'appel de Bernard à la deuxième croisade. Louis VII, qui cherchait toujours à effacer par la pénitence l'incendie de Vitry, prit la croix ; dans l'enthousiasme général une quantité de barons l'imitèrent. La reine se croisa à son tour [26], et le vœu du mé-

(24) L'affirmation du P. ANSELME selon qui Marie, aînée des filles de Louis et d'Aliénor, morte au début de 1198, aurait eu alors soixante ans, est naturellement fautive ; elle a cependant été retenue par DELAYANT, Aliénor d'Aquitaine..., dans « Rev. d'Aquitaine », 1875, p. 486, qui ignore la fausse couche du début et construit sur une naissance prématurée de Marie de singulières hypothèses gynécologiques. Quant à WALKER (Eleanor of Aquitaine, p. 26), c'est sans doute par lapsus qu'il parle d'enfant mort-né, alors que le texte cité ci-contre dit : « abortivum ».

(25) « Factum est... in festivitate beati Dionysii regina Alienordis, in ecclesia ipsius martyris, cum patre nostro loquebatur, conquerens quod *conclusisset Dominus vulvam ejus* [I REG., 5] ne pareret ; jam enim annis fere novem (sic) vixerat cum rege, et a primis quidem annis conceperat, sed fecerat abortivum, et exinde sterilis permanebat, jam de fecunditate desperans. Cui miserabiliter conquerenti pater venerabilis ait : Sollicite quaere quae ad pacem sunt, et ego tibi, confisus de divina miseratione, partum promitto. Hoc et ipse rex per reginae verbum cognoscens, ubi perfecta est reconciliatio » [avec le comte de Champagne], « secretius alloquens beatum virum, quod reginae promiserat exigebat... Ipso denique anno regina concepit, et peperit. » (Vita Bernardi, H. F., t. XIV, p. 376). Voir à ce propos E. VACANDARD, Le divorce de Louis le Jeune, dans « Revue des questions historiques », t. XLVII, 1890, p. 410 ; LUCHAIRE, Louis VII, Philippe-Auguste..., p. 10 ; Watkin WILLIAMS, Saint Bernard of Clairvaux, Manchester, 1935, p. 215 ; KELLY, Eleanor..., p. 28. — Quelques historiens hostiles à l'Eglise ont trouvé là occasion à des sourires sceptiques, à une facile ironie qui n'ont rien à voir avec la sérénité du critique. Saint Bernard n'est pas la seule âme pieuse dont les prières se soient montrées efficaces en ce domaine : évoquons ici pour mémoire l'intercession de saint François de Paule en faveur d'Anne de Beaujeu, ou celle de Catherine de Sienne pour Marie de Blois, duchesse d'Anjou (E. R. LABANDE, Sainte Catherine de Sienne et le duc d'Anjou, dans « Annales de l'université de Poitiers », 2e s., t. II, 1949, p. 65).

(26) WALKER, très justement, remarque (p. 31) qu'on ignore absolument si Aliénor fut présente à Vézelay.

nage royal était pieusement renouvelé à Saint-Denis en juin 1147 à la veille du départ de l'armée.

C'était là, à coup sûr, une grande nouveauté ; au premier voyage outre-mer on n'avait rien osé de tel. Il est de bon goût de se lamenter, depuis William de Newburgh, sur la décision prise par la reine, décision que Louis VII aurait provoquée :

« Au moment », écrit le chroniqueur, « où allait s'ébranler cette fa-
« meuse expédition, le roi, animé d'une fougueuse jalousie à l'égard de sa
« toute jeune épouse, jugea qu'il ne devait à aucun prix la laisser, mais
« qu'il convenait à celle-ci de l'accompagner au combat. Cet exemple fut
« suivi par beaucoup d'autres nobles qui emmenèrent avec eux leurs
« épouses ; comme celles-ci ne pouvaient se passer de chambrières, une
« quantité de femmes vécut dans ce camp chrétien qui aurait dû être
« chaste ; de là le scandale qu'offrit notre armée [27]. »

Sans faire de Louis VII, en l'occurrence, un tyran en lui prêtant, avec tel romantique historien, « la férocité de l'hyène » [28], sans voir non plus dans Aliénor en 1147 une séductrice raffinée, avide d'aventures amoureuses lointaines, qu'aucun texte n'autorise à imaginer dès ce moment [29], on peut au moins supposer que, si cette résolution, lourde de conséquences, fut prise, c'est que des époux encore jeunes étaient alors suffisamment épris l'un de l'autre pour, tout simplement, ne point souhaiter se séparer [30].

(27) «... Quod exemplum secuti multi alii nobiles, uxores suas secum duxerunt, quibus cum cubiculariae deesse non possent, in *castris* illis christianis quae *casta* esse oportebat » [l'auteur ne dédaigne pas les jeux de mots faciles], « feminarum multitudo versabatur, quod utique factum est exercitui nostro in scandalum. » (WILLIAM of NEWBURGH, *op. cit.*, t. I, pp. 92-93). VINCENT de PRAGUE dit de son côté (*Annales*, M.G.H., S.S., t. XVII, p. 663) : «... Talem viam arripuerunt, ubi plurime Deo abhominabiles oriebantur spurcicie, non autem bene conveniunt nec in una sede morantur arma bellica et muliercularum contubernia. » Cf. encore *Annales Herbipolenses* (*Ibid.*, t. XVI, p. 3) ; GISLEBERT de MONS, *Chronicon Hanoniense* (*Ibid.*, t. XXI, p. 516). — Les armes de ces dames furent sans doute différentes de « la lance et de l'épée » que leur prête généreusement MICHAUD (*Histoire des croisades*, 6e éd., t. II, 1841, p. 142). BRANTOME, lui, n'a pas manqué de tirer parti à sa manière, c'est-à-dire fort gaillardement, en ses *Dames* (*Œuvres...*, éd. LALANNE, t. IX, 1896, p. 434), des chroniques.

(28) « Le nouveau croisé, dont le corps débile et contrefait (!) cachait la férocité de l'hyène, ce misérable Louis le Jeune..., pour ne pas perdre un instant de vue cette jeune victime que les intrigues sanglantes (*sic*) de Suger lui avaient livrée, voulut qu'elle prît la croix et qu'elle vînt partager les fatigues des pèlerins. » (J. B. MARY-LAFON, *Histoire du Midi de la France*, t. II, 1842, p. 219).

(29) « Ne comprenant pas de bonheur comparable à celui de plaire et de séduire, elle désirait renouveler en Orient les succès qu'elle avait obtenus sur tout ce que la France renfermait alors de plus brillants chevaliers » : affirmations gratuites de VILLEPREUX, *Eléonore de Guyenne...*, p. 24.

(30) C'est l'avis qu'exprimait sagement l'abbé VELLY (dont bien des opinions sont par ailleurs très discutables), *Histoire de France...*, nouv. éd. t. III, 1772, p. 120. Voir aussi L. GUERRIER, *Le divorce de Louis VII et d'Eléonore d'Aquitaine...*, dans « Mémoires de la société d'agriculture... d'Orléans », t. LIV, 1882, p. 215. Pour MICHELET (*Histoire de France*, livre IV, chap. V), il croit que la présence d'Aliénor « était peut-être nécessaire

V

Au cours même de la croisade, les choses se sont gâtées, comme chacun sait. L'Aliénor qui reviendra deux ans plus tard sera bien différente de celle qui s'en va de Metz avec les croisés au début de l'été 1147. Pourquoi faut-il que les historiens les plus sages nous la dépeignent, pendant ce voyage de Paris à Constantinople, sous des couleurs de mauvais goût ? Le grave Alfred Richard ne craint pas d'écrire :

> « Soustraite à la surveillance jalouse de son mari (?) et à l'œil vigilant de Suger, entourée de dames de l'Aquitaine qui l'initiaient aux mystères du jeu de la galanterie avec les troubadours et aux débats des cours d'amour, [elle] sentit revivre en elle le sang de Maubergeonne et de Guillaume VII et se donna tout entière à cette vie nouvelle [31]. »

Non, ce n'était pas une partie de plaisir [32] que cette traversée de l'Europe centrale : Ratisbonne, Belgrade, Andrinople..., que cette incertitude au sujet de ce que l'on allait trouver à Byzance, et surtout au delà. Mais ce qu'il faut retenir, c'est le fait pour cette femme de vingt-cinq ans, qui jusqu'alors n'avait guère connu, en dehors de son duché natal, que la vieille capitale capétienne, Etampes ou Bourges, de s'être trouvée lancée sur les routes du monde, et dans l'inévitable confusion de la vie des camps. A partir de Byzance, où elle fut logée avec le roi au Philopation [33] par les soins de Manuel Comnène, un hôte empressé et obséquieux, mais inquiétant [34], Aliénor se trouva brusquement au contact de la civilisation orientale ; très certainement, ainsi que l'a dit Mrs Kelly en un des meilleurs passages de son récent livre [35], ce fut pour la duchesse-reine comme un rideau se déchirant devant des perspectives insoupçonnées de faste, de joie des yeux ; ce fut aussi, ajouterons-nous, la révélation du monde de l'intrigue, politique ou luxurieuse, grecque ou italienne. C'est peut-être pendant les trois semaines passées aux rives de la Corne d'Or, bien avant Antioche, qu'Aliénor eut l'esprit troublé par tout ce que l'Orient lui laissait entrevoir de savantes combinaisons,

pour assurer l'obéissance de ses Poitevins et de ses Gascons », et il ajoute, avec son emphase habituelle : « C'est la première fois qu'une femme a cette importance dans l'histoire. » (!)

(31) RICHARD, *Histoire des comtes de Poitou...*, t. II, p. 91.

(32) En dépit du confort que peut-être lui procurèrent « les sommes considérables qu'Aliénor avait rassemblées en finançant des privilèges aux églises et aux abbayes de son duché » (René LOUIS, *De l'histoire à la légende ; Girart, comte de Vienne, dans les chansons de geste*, Auxerre, t. I, 1947, p. 360).

(33) Non au palais des Blachernes, comme l'interprète, par pure supposition, WALKER, *op. cit.*, p. 49.

(34) Amateur de guerres, de tournois, de théâtre, de médecine, de théologie, mais aussi de beuveries, élégamment corrompu et ne dédaignant pas même l'inceste : Ch. DIEHL a tracé de Manuel un inoubliable portrait dans *L'Europe orientale de 1081 à 1453* (« Histoire générale, moyen âge », t. IX, 1re p.), 1945, p. 46.

(35) KELLY, *op. cit.*, p. 42.

d'ingénieuses inventions, de mépris des lois morales et de luxe ostentatoire, mais raffiné.

L'hiver passa à tenter d'atteindre le royaume de Jérusalem, l'armée croisée défilant par les rivages d'Asie mineure jusqu'à gagner Ephèse, puis s'engageant dans la vallée du Méandre, où se produisirent les premiers contacts avec le Turc [36]. Il faut se résigner à tout ignorer de ce que furent, durant cette marche, la vie de la reine et, bien plus encore, son sentiment. Eudes de Deuil, le chroniqueur le plus ponctuel de l'expédition, témoin oculaire et secrétaire de Louis VII, ne parle pas d'elle depuis le départ de Constantinople [37]. Ce silence n'était pas du goût des biographes qui ont brodé à leur gré, créant une reine guerrière, une Penthésilée qui a la vie dure, car elle continue de galoper dans les vies les plus récentes, même prétendues sérieuses, d'Aliénor [38].

En Paphlagonie, non loin du mont Cadmos, un engagement se produisit qui faillit tourner au désastre. Le roi n'échappa que de justesse aux mains des Turcs. Quelqu'un porte la responsabilité des malheureuses conditions dans lesquelles se déroula ce combat ; c'est Geoffroy de Rancon, chevalier saintongeais, seigneur de Taillebourg, dans le château duquel Louis et Aliénor avaient passé leur nuit de noces. Dirons-nous que son imprudence, qui coûta cher à l'armée [39], était due au fait qu'il ne sut pas désobéir à la reine ; la reine, dont certains auteurs, incorrigibles, le considèrent comme le favori inséparable ? Reprendrons-nous l'opinion, devenue traditionnelle depuis Richard [40], aux termes de laquelle seule la légèreté de la souveraine fut cause du fâcheux succès de la journée ? Le malheur est que ni Guillaume de Tyr ni, beaucoup plus qualifié, Eudes de Deuil ne soufflent mot de l'influence qui aurait été exercée sur Geoffroy par Aliénor. Un récent article [41] a bien mis les choses au point.

(36) Le détail de la marche dans René GROUSSET, *Histoire des croisades et du royaume franc de Jérusalem*, t. II, 1935, pp. 239 et suiv.
(37) Sous le titre *La croisade de Louis VII, roi de France*, le récit d'EUDES de DEUIL a été édité par Henri WAQUET, 1949 (« Documents relatifs à l'histoire des croisades », vol. 3).
(38) La comtesse de MACHECO était excusable d'écrire en son « roman historique » : « Eléonore n'était plus, dans ces instants de danger, cette légère et voluptueuse reine qui ne s'occupait que de fêtes et de jeux ; à la tête de l'armée, l'encourageant par ses exemples, par ses paroles, par sa gaieté à supporter toutes les privations, elle électrisait tous les cœurs. » (*Eléonore d'Aquitaine...*, t. I, p. 94). Mrs KELLY est plus répréhensible lorsqu'elle représente, interprétant de façon abusive un passage de NICETAS CHONIATE, Aliénor chevauchant à la tête d'un escadron d'amazones (pp. 38-39). Cf. T. A. ARCHER, dans « Dictionary of national biography », 1889, v° *Eleanor*.
(39) Des pertes énormes subies par les Français le roi donne une idée en une de ses lettres à Suger (H. F., t. XV, p. 495 ; cf. LUCHAIRE, *Etude sur les actes de Louis VII*, p. 172, n° 229).
(40) RICHARD, *op. cit.*, t. II, p. 92.
(41) C. H. WALKER, *Eleanor of Aquitaine and the disaster of Cadmos mountain*

V

Après mainte péripétie encore, l'armée arriva à Saint-Siméon, port d'Antioche, à la mi-mars 1148. Louis et Aliénor ne passèrent à Antioche que dix jours, qui pourtant ont décidé de leur destinée conjugale, qui ont mis définitivement à mal la réputation de la reine. On sait comment le prince d'Antioche, Raymond, oncle de cette princesse, voulut amener le roi de France à entreprendre les sièges d'Alep et de Hama, nécessaires pour dégager, non seulement sa principauté, mais tous les Etats francs ; comment Louis, piètre stratège, répliqua qu'il voulait d'abord accomplir son pèlerinage à Jérusalem ; comment enfin Raymond, pour tenter de faire revenir le roi sur sa décision, chercha à user de l'influence de sa nièce et eut avec elle d'assez longues entrevues [42]. Ces conversations politiques furent-elles mêlées de plus galants conciliabules ? Le souverain l'a, sinon cru, au moins redouté puisque, brusquant les choses, il quittait Antioche au bout de quelques jours en toute hâte, emmenant sa femme presque de force [43].

Du procès, toujours ouvert, au sujet de la vertu d'Aliénor les pièces sont peu nombreuses, aucune toutefois n'est formellement probante ; en sorte que les historiens appelés à répondre par oui ou par non demeurent dans une profonde perplexité. Le récit du prudent Eudes de Deuil s'arrête aussitôt avant l'arrivée à Antioche. L'on peut se demander si c'est fortuitement. L'ancien abbé de Ferrières en Poitou a peut-être craint d'avoir à se prononcer sur le compte de la duchesse d'Aquitaine. A défaut de ce dernier, le seul auteur sur qui l'on puisse se reposer, c'est bien Jean de Salisbury. Son *Historia pontificalis* fut écrite vers 1161, treize ans après les événements qui nous occupent ; ses incessants déplacements entre l'Angleterre, la France et l'Italie lui avaient permis d'assembler une documentation de premier ordre : il est un écrivain digne de foi [44]. Ce qu'il dit des faits d'Antioche peut être résumé en peu de mots : soupçons du roi Louis ; résistance opposée par la reine à son mari lorsqu'il parle de partir ; efforts de

on the second croisade, dans « American historical review », t. LV, 1950, pp. 857-61, fait sans peine ressortir ce que cette responsabilité d'Aliénor en l'occurrence offre de légendaire. DELAYANT (*Aliénor d'Aquitaine*, p. 488) l'avait déjà pressenti, indiquant que cette tradition, — appuyée sur la croyance à une passion de la reine pour Rancon, — précédemment avancée par maint auteur, dont D. MASSIOU (*Histoire politique, civile et religieuse de la Saintonge et de l'Aunis*, t. I, 1838, p. 523), pourrait bien n'être que répétition de « l'invention d'un romancier ». Mrs. KELLY, qui maintient la légende (pp. 49-50), reconnaît toutefois le caractère indirect de l'accusation.

(42) GROUSSET, *op. cit.*, t. II, p. 249.

(43) LUCHAIRE, *Louis VII, Philippe-Auguste...*, pp. 17-18 ; KELLY, p. 61. « Avec une cruauté froide et inflexible il refusa de la laisser respirer quelques jours l'air embaumé du printemps d'Antioche », ajoute l'ineffable MARY-LAFON (*Histoire du Midi...*, t. II, p. 220).

(44) Sur sa personnalité, voir PETIT-DUTAILLIS, *La monarchie féodale en France et en Angleterre...*, pp. 130 et suiv.

Raymond pour la retenir. Au cours de leurs discussions, elle a cette riposte inattendue : elle et Louis ne peuvent plus vivre ensemble parce qu'ils sont parents à un degré prohibé ; le roi, très respectueux des lois de l'Eglise, est troublé par cette soudaine révélation et son premier mouvement est alors d'envisager, en effet, une séparation, mais il en est détourné par divers membres de son entourage, surtout par un de ses secrétaires, ancien conseiller de son père, Thierry Galeran, qu'il écoute volontiers ; ceux-ci lui représentent le scandale possible et le roi, se rendant à leurs raisons, emmène sa femme à Jérusalem [45].

Le récit de Jean respire la vérité. Le rappel que l'auteur opère du profond amour de Louis pour Aliénor, le fait qu'il signale la persistance de la meurtrissure dans le cœur de l'un et de l'autre après le choc : autant d'indices [46]. Exposé sans doute véridique, mais discret dans ses accusations ; tous les éléments que l'auteur apporte conspirent à proclamer l'adultère ; pour lui, il ne se prononce point. Peut-être se souvient-il de l'Evangile de saint Jean (VII 11) : *Nec ego te condemnabo* [47].

Très différent de ton est le passage de Guillaume de Tyr bien connu, partout cité, mais dont l'auteur apparaît beaucoup plus passionné :

« Dès que Raymond », écrira l'archevêque vers 1180, « vit qu'il n'abou« tissait à rien, il changea de propos et se mit ouvertement à tendre des « embuches au roi. Il se proposa en effet d'enlever, soit de force, soit par

---

(45) «... Familiaritas principis ad reginam et assidua fere sine intermissione colloquia regi suspicionem dederunt, quae quidem ex eo magis invaluit quod regina ibi voluit remanere, rege praeparante recessum, eamque princeps studuit retinere, si pace regis fieri potuisset. Cum vero rex eam inde properaret avellere, ipsa, parentelae mentionem faciens, dixit illicitum esse ut diutius commanerent quia inter eos cognatio *in quarto gradu* vertebatur *et quinto*. Unde rex plurimum turbatus est, et licet reginam affectu fere immoderato diligeret, tum acquievisset eam dimittere, si consiliarii sui et Francorum proceres permisissent. Erat inter secretarios regis miles eunuchus quem illa semper oderat et consueverat deridere, fidelis et familiarissimus regi, sicut et patri ejus antea fuerat, Terricus scilicet Gualerantus : is ei persuasit audientius ne ipsam Antiochiae morari diutius pateretur, cum quia cognato poterat nomine culpa tegi, tum quia regno Francorum perpetuum opprobrium imminebat si inter cetera infortunia rex discereretur spoliatus conjuge vel relictus. Hoc ille, vel quia reginam oderat vel quia sic sentiebat divulgata, fortasse motus opinione. Abstracta ergo coacta est cum rege Jeroselymam proficisci, et in cor utriusque vicissim altius ascenderat, et, licet dissimularent ut poterant, manebat injuria. » (*Historia pontificalis*, M. G. H., S. S., t. xx, p. 534, n° 23).

(46) Indice aussi de vérité, d'avoir noté que le Templier Galeran était eunuque ; que la reine, agacée sans doute de voir Louis suivre assidument ses conseils, n'avait pas assez de mépris, de railleries pour lui, voire de haine, haine que Galeran lui rendait bien.

(47) Gervase of Canterbury, plus tardif, est en revanche d'une excessive discrétion lorsqu'il déclare que la brouille provint « ex quibusdam forte quae melius tacenda sunt, quae in illa peregrinatione contigerunt » (*Chronicles of the reigns of Stephen, Henry II and Richard I*, éd. W. Stubbs, Londres, 1879, p. 149).

V

« d'obscures intrigues, l'épouse de celui-ci, laquelle y consentait : elle
« était du nombre des femmes folles. Oui, dis-je, c'était une femme incon-
« sidérée, ainsi qu'elle le manifesta et avant et après cela de façon évi-
« dente ; contrairement à la dignité royale elle fit peu de cas des lois du
« mariage, et elle oublia le lit conjugal [48]. »

Avec ce texte on a déjà l'impression que la légende d'Aliénor est en train de s'édifier. Tamizey de Larroque écrira [49] : « Pour que, de son
« vivant même, Guillaume de Tyr lui ait si nettement reproché
« d'avoir trahi la foi conjugale, il faut que la culpabilité de cette
« princesse ait été aussi éclatante que la lumière du jour [50]. » Toute-
fois il faut tenir compte de ce que dans le royaume de Jérusalem, à la fin du XIIe siècle, on rappelait souvent avec amertume l'échec de la deuxième croisade, aussi avait-on déjà tendance à grossir démesu-
rément l'accident d'Antioche [51]. La critique actuelle peut seulement établir que la reine fut probablement coupable envers son mari à ce moment-là ; mais qu'elle l'ait une seule fois trahi, soit avant ou après 1148, c'est, quoi qu'affirme Guillaume, ce que nous n'avons aucun moyen de prouver [52].

La légende d'Aliénor ne devait cependant pas s'en tenir aux termes, encore relativement modérés, qu'emploie l'archevêque de Tyr. Au milieu du XIIIe siècle déjà, cette princesse est accusée d'avoir été

---

(48) « Ubi videt Raymundus se non proficere, cum rex Hierosolymam votis ardentibus irrevocabiliter ire proposuisset, ipse frustratus, mutato studio, regis vias abominari et ei praestruere patenter insidias et in ejus laesionem armari coepit. Uxorem ejus enim in idipsum consentientem, quae una erat de fatuis mulieribus, aut violenter aut occultis machinationibus ab eo rapere proposuit. Erat, ut praemisimus, sicut et prius et postmodum manifestis edocuit insidiis, mulier imprudens et contra dignitatem regiam legem negligens maritalem, tori conjugalis oblita. Quod postquam regi compertum est, principis praeveniens molimina, vitae quoque et saluti consulens, de consilio ma-
gnatum suorum iter accelerans, urbe Antiochena cum suis clam egressus est. » (GUIL-
LAUME de TYR, Historia Hierosolymitana, P. L., t. CCI, col. 670).

(49) TAMIZEY de LARROQUE, Observations sur l'histoire d'Eléonore de Guyenne, 1864, p. 14. Extrait de la « Revue d'Aquitaine », ce travail est un compte rendu sévère du livre de VILLEPREUX (Eléonore de Guyenne) : on y trouve quelques judicieuses notations.

(50) Ce n'est pas l'avis de RICHARD qui, pour soutenir l'opinion inverse, aligne les assez médiocres arguments que voici : « Si l'inconduite de la reine avait été aussi notoire qu'on a bien voulu le dire, Louis, dont le caractère était jaloux et facilement porté aux extrêmes, se serait empressé de se séparer d'elle. Bien au contraire, malgré les reproches qu'il croyait avoir à lui adresser..., il continua à cohabiter avec elle pendant quatre (sic) années encore après son retour d'Orient, et c'est seulement par des motifs politiques (?) et religieux, à ce qu'il nous semble, qu'il se décida à réclamer le divorce. » (Op. cit., t. II, p. 93, n. 1).

(51) En outre, vers 1180, Aliénor est en prison, on peut l'accabler non seulement sans danger, mais même au risque de plaire à son geôlier le roi Henry II, toujours puissant et très écouté en Europe.

(52) « Inconduite trop notoire et trop bien prouvée », écrivait dangereusement, sans fournir les dites preuves, LUCHAIRE, Histoire des institutions monarchiques de la France sous les premiers Capétiens, 987-1180, t. II, 1883, p. 267. Sur d'autres bruits qui coururent, voir ci-dessous, p. 192, n. 83.

l'amante d'un Sarrasin. Supposition savoureuse, qui trouve facilement écho en Occident, où la figure de Saladin, ennemi de Richard Cœur-de-Lion, étant entre temps devenue illustre [53], les conteurs et leurs auditeurs ne manquent pas si belle occasion d'embrouiller deuxième et troisième croisades, en prêtant à la reine-duchesse des bontés pour un musulman qui avait dix ans en 1148 [54]. A la fin du XVIIIe siècle, aux temps préromantiques, on fera ses délices de cette turquerie [55], et la *Gaule poétique* de Marchangy offrira aux amateurs de pendules troubadour en bronze doré une Aliénor dont la liaison avec Raymond fut

« le prélude de ses égarements. D'indiscrets témoins de sa conduite
« coupable apprirent au roi qu'on l'avait vue assise à l'ombre d'un syco-
« more, écoutant complaisamment les aveux d'un jeune Sarrasin qui lui
« offrait des fleurs, des diamants et des parfums [56]. »

Comme d'ailleurs on ne prête qu'aux riches, tandis que, dès le temps de saint Louis, le « ménestrel de Reims » [57] racontait l'aventure sarrasine, de son côté un prédicateur célèbre, Etienne de Bourbon, ne craignait pas de colporter sur Aliénor un *exemplum* [58], accusant cette « immonde » princesse d'avoir tenté de séduire le fameux Gilbert de la Porrée [59], homme qui avait plus de soixante ans lorsqu'elle en

---

(53) Gaston Paris, *La légende de Saladin*, dans « Journal des savants », 1893, pp. 284 et suiv., et *passim*.

(54) Le crédule Mathieu Paris, qui écrit dans la première moitié du xiiie siècle, parle déjà d'un Sarrasin, être d'engeance diabolique, dit-il (*Chronica major...*, éd. Luard, Londres, t. ii, 1874, p. 186). Bouchet (*Annales d'Acquitaine...*, éd. de 1644, p. 140) accusera encore Aliénor, par la voix de l'évêque de Langres en son prétendu discours à Beaugency, de s'être donnée « au souldan Saladin, dont elle avoit veu l'image et pourtraicture » ! Cf. Vacandard, *Le divorce de Louis le Jeune*, p. 414, n. 1.

(55) Dans Larrey (*Histoire d'Eléonore de Guyenne...*, pp. 72-74), l'intrigue avec le sultan se trouve combinée avec d'autres galanteries de la dame, ayant pour objet Saldebreuil de Sanzay.

(56) L. A. de Marchangy, *La Gaule poétique, ou l'histoire de France considérée dans ses rapports avec la poésie...*, 3e éd., t. vi, 1819, p. 206.

(57) « Le plus crédule et le plus amusant de tous ces bavards » (Berger, *Les aventures de la reine Aliénor...*, p. 711). C'est surtout chez lui (*Récits d'un ménestrel de Reims...*, éd. Nat. de Wailly, 1876, pp. 4 et suiv., nos 7 et suiv.) que l'idylle Aliénor-Saladin est complaisamment décrite. La scène se passe à « Sur » [Tyr], non à Antioche. Le « soudan », venu d'Ascalon, tente d'enlever la reine, mais une de ses femmes prévient au dernier moment le roi, qui réussit à reprendre son épouse. Elle « estoit ja d'un pié en la galie » qui la devait mener vers Ascalon. Cf. Bayle, *Dictionnaire...*, vo *Louis VII*, et G. Paris, *op. cit.*, p. 435, qui indiquent d'autres étapes et d'autres versions de la légende.

(58) Destiné à mettre en garde contre les tentations par le sens du toucher.

(59) « Audivi quod, cum quedam regina Francie cuperet quemdam magistrum dictum Gilebertum Porretanum, vocavit eum ad se, impetens eum per hunc modum. Videns eum habentem pulcras manus, ait, apprehendens eum per manus : O quam digni essent isti digiti tractare latera mea ! Qui, manum retrahens ad se ait : Non, inquit, domina,

V

avait quinze, et cette nouvelle histoire ne respire pas moins la fantaisie que la précédente. Mais elle prouve que vers 1250 la conviction était bien enracinée qu'Aliénor avait été une Messaline [60] et que, comme l'écrira encore Jean de Serres à la fin du XVIe siècle,

« accoustumée à la licence du tems et du lieu, [elle] s'étoit tellement
« abandonnée aux voluptés du Levant, que la puanteur de son incon-
« tinence étoit répandue partout [61] ».

Singulière destinée littéraire ! Qu'elle ne nous détourne point davantage de suivre pas à pas les avatars authentiques de la duchesse d'Aquitaine.

Un an après le séjour à Antioche, à la suite des faux mouvements et des maladresses de l'armée croisée (lesquels n'intéressent plus autrement Aliénor, retombée dans l'obscurité), on se prépara, vers Pâques 1149, à regagner la France. Pourquoi Louis et sa femme ne prirent-ils pas place à bord du même vaisseau ? Peut-être y a-t-il là une simple question de protocole. Le voyage, d'Acre vers l'Italie, des malheureux pèlerins ne fut pas de tout repos, et les cahots de cette traversée font écho aux mouvements de répugnance, de jalousie, de rancune qui continuaient de gronder dans leurs cœurs. Ils se trouvèrent en Méditerranée au moment même où le printemps redonnait toute leur vigueur aux opérations navales : Manuel Comnène était alors en état de guerre avec le roi de Sicile Roger II [62]. Les vaisseaux français semblent avoir été convoyés au large des côtes du Péloponnèse par ceux de ce souverain, allié de Louis VII ; ainsi se trouvèrent-ils, bien malgré eux, mêlés aux remous d'une bataille navale qui mit aux prises les belligérants au large du cap Malée, non loin de Monemvasie. La reine et sa suite furent un moment capturés par les Grecs ; ces pillards se réjouissaient déjà de l'aubaine lorsque ceux qu'ils

---

fiet hoc, quia si digiti mei vos sic tractassent, cum quibus ego de cetero comedere possem ? Quod dicit : sic immundi fierent quod de cetero abhominarer eos ad os convertere. » (ETIENNE de BOURBON, *Anecdotes historiques, légendes et apologues...*, éd. A. LECOY de la MARCHE, 1877, p. 212). La reine, on le voit, n'est pas nommée, mais le partenaire étant poitevin (né vers 1076, évêque de Poitiers de 1147 à 1154), le doute n'est pas possible.

(60) « Une prostituée » : « Propter incontinentiam ipsius mulieris, que non sicut regina se habebat, sed fere communem se exhibebat » (AUBRY de TROIS-FONTAINES, *Chronica*, M.G.H., S.S., t. XXIII, p. 841). On a abusé de cette phrase dans les vies d'Aliénor ; il ne faut faire ici aucune confiance à ce moine qui écrivait cent ans après les événements qu'il rapporte. Son mot n'est pas « mordante hyperbole » (TAMIZEY de LARROQUE, *op. cit.*, p. 15), mais racontar sans valeur.

(61) Jean de SERRES, *Inventaire général de l'histoire de France...*, t. I, 1597, p. 361.

(62) Sur cette guerre, voir Ferdinand CHALANDON, *Jean II et Manuel Comnène*, t. II, 1912, pp. 330-36 ; GROUSSET, *Histoire des croisades...*, t. II, p. 269 ; Antoine BON, *Le Péloponnèse byzantin jusqu'en 1204*, 1951, p. 82, où les références aux sources sont rassemblées.

s'apprêtaient à traiter en otages, source de fructueux bénéfices, retombèrent sous la protection des Normands. Mais, parmi les péripéties de la lutte, le navire du roi de France, qui faisait voile en toute hâte vers l'Ouest, avait perdu de vue celui à bord duquel se trouvait Aliénor [63].

Dans un port de Calabre qu'il ne désigne pas autrement, Louis VII débarqua le 29 juillet, selon les propres termes d'une lettre qu'il adressa à Suger. Au bout de quelques semaines il apprit que sa femme, dont le vaisseau s'était peut-être égaré au large des côtes de Berbérie, venait de débarquer à Palerme. On voudrait savoir dans quels sentiments les royaux époux s'attendirent, puis se retrouvèrent ; que Louis ait été « malade d'angoisse » avant d'avoir eu des précisions sur le sort de la reine est simple intuition de biographe [64], mais rien de tel ne peut être déduit des textes, le roi s'exprimant au contraire avec une grande sécheresse au sujet de sa compagne [65].

Après avoir été reçus honorablement par le roi Roger à Potenza [66], Louis et Aliénor partirent pour la cour pontificale, qui se tenait alors à Tusculum : Arnaud de Brescia dominait à Rome, et le pape Eugène III était en très mauvais termes avec la commune [67]. En route, la reine fut souffrante, et ce n'est que vers la mi-octobre, après escale au Mont-Cassin, que l'on put s'arrêter, d'abord auprès du pape [68] deux ou trois jours, puis à Rome : nous sommes informés à ce sujet, d'un côté par une nouvelle lettre du roi à Suger [69], de l'autre par

(63) [JEAN de SALISBURY], *Historia pontificalis*, p. 536, n° 28 ; cf. BERGER, *op. cit.*, p. 707 ; KELLY, *Eleanor of Aquitaine...*, pp. 69-70.

(64) « He was sick of anxiety about the queen. » (KELLY, p. 70).

(65) «... In Calabriae partibus secundum dispositionem divinam primus redituі nostro desideratae securitatis portus occurrit, applicuimusque. IV. kalendas augusti ibi ; siquidem ab hominibus dilectissimi nostri Rogerii, regis Siciliae, devote reverenterque suscepti, et ab ipso quidem, directis ad nos frequenter tam literis quam nunciis, magnificentius honorati, fere jam per tres hebdomadas reginae hominumque nostrorum praestolabamur adventum, quae, seorsum a nobis delata navigio, post multos tandem circuitus terrae et maris per Dei gratiam Panormam Siciliae felici cursu pervenerat atque inde ad nos cum omni incolumitate et gaudio properabat » : Louis VII à Suger, vers 15-20 août 1149 (H.F., t. xv, p. 514 ; LUCHAIRE, *Etude...*, p. 176, n° 241). Au même moment le pape écrit à Suger en lui annonçant joyeusement que le roi de France est arrivé au royaume de Sicile et que, à ce qu'il croit, Aliénor et Louis marchent à la rencontre l'un de l'autre (t. xv, p. 455).

(66) *Annales Casinenses*, M. G. H., S. S., t. xix, p. 310.

(67) Helmut GLEBER, *Papst Eugen III., 1145-1153...*, Arnstadt, 1936, p. 108 ; Luigi SALVATORELLI, *L'Italia comunale dal secolo XI alla metà del secolo XIV*, Milan, 1940, p. 233.

(68) Il n'était pas un inconnu pour le couple royal, car il avait présidé les fêtes de Saint-Denis en juin 1147.

(69) « Postquam in Calabriae partibus applicuimus, tribus hebdomadibus plenarie reginam, quae nondum applicuerat, exspectavimus. Ipsa quoque ad nos veniente, per regem Rogerium Apuliae iter nostrum direximus, qui nos secum tribus diebus retinuit. Nobis autem ab eo ipso discedentibus, graviter regina infirmari coepit ; illa vero

V

Jean de Salisbury. Le texte de ce dernier est de la plus haute importance.

« Pour la querelle », écrit-il, « qui à Antioche avait pris naissance entre
« le roi et la reine, le pape l'apaisa, après qu'il eut écouté séparément les
« plaintes de l'un et de l'autre [70] ; il leur interdit de faire davantage allu-
« sion à quelque parenté existant entre eux et, confirmant leur union
« tant oralement que par écrit, il défendit sous peine d'anathème d'écou-
« ter quiconque incriminerait celle-ci ; elle ne devait être rompue sous
« aucun prétexte. Cette décision parut plaire infiniment au roi... Le pape
« les fit coucher en un même lit, orné de très précieuses étoffes par ses
« soins. Au long du peu de jours qu'ils demeurèrent là, il travailla, en des
« entretiens intimes, à faire renaître leur mutuelle tendresse ; il les
« combla de cadeaux; et quand ils prirent congé, cet homme plutôt
« austère ne put retenir ses larmes ; à leur départ, il bénit leurs per-
« sonnes et le royaume de France [71]. »

Cette scène si vivante, si humaine, mêlée de naïf et de tragique lorsque l'on songe à la suite, elle a presque aussitôt été transposée sur le plan épique. Un trouvère, renouveleur de geste, refit vers 1150 la chanson de *Girart de Roussillon ;* une thèse remarquablement méditée et construite a prouvé, il y a quelques années, que cet auteur,

convalescente de infirmitate, statim ad Apostolicum tetendimus, cum quo per duos dies, et uno similiter die Romae perendinavimus. » (H. F., t. xv, p. 519 ; LUCHAIRE, p. 176; n° 242).

(70) De quoi pouvait bien se plaindre la reine ? D'avoir épousé « un moine, non un roi », selon WILLIAM of NEWBURGH (*Historia...*, éd. HOWLETT, t. I, p. 93), faisant allusion sans doute à l'excessive docilité du souverain vis-à-vis des clercs. Cf. VILLEPREUX, *Eléonore de Guyenne* ..., p. 33. — DREUX du RADIER, lui, fournit une originale explication de ce mot fameux : « La mésintelligence [de Suger] avec Eléonore me paraît certaine ; leur caractère opposé l'annonce, ou plutôt leurs défauts qui étaient les mêmes. On a beau vanter le zèle de ce ministre ; la passion de gouverner était dominante en lui ; il agissait en souverain plus qu'en sujet... Suger ne trouvait plus de résistance que dans la reine. C'est sans doute ce qui fait dire à cette princesse qu'elle avait cru épouser un roi, et non pas un moine. Reproche dont il me paraît qu'on n'a pas bien pénétré le sens. » (*Mémoires historiques, critiques et anecdotes des reines et régentes de France*, nouv. éd., Amsterdam, t. II, 1776, p. 316).

(71) « Discordiam regis et regine que Antiochie concepta fuerat, auditis querelis utriusque seorsum, omnino sedavit, prohibens ne de cetero consanguinitatis inter eos mentio haberetur et, confirmans matrimonium tam verbo quam scripto, sub anathematis interminatione prohibuit ne quis illud impugnans audiretur, et ne quacunque solveretur occasione. Regi visa est placuisse plurimum constitutio, eo quod reginam vehementer amabat et fere puerili modo. Fecit eos in eodem lecto decumbere, quem de suo preciosissimis vestibus fecerat exornari. Et, singulis diebus illius morule, familiari colloquio redintegrare studuit caritatem ; honoravit eos muneribus ; et tandem, in eorum dimissione, quamvis esset homo severior, non potuit lacrimas continere, et dimittens benedixit eis et regno Francorum. » (*Historia pontificalis*, p. 537). Pour le commentaire de ces lignes, voir VACANDARD, *Le divorce de Louis le Jeune*, p. 415 ; RICHARD, *Histoire des comtes...*, t. II, p. 95 ; PETIT-DUTAILLIS, *La monarchie féodale...*, p. 115. LARREY, qui se contentait de peu, avait écrit que la réconciliation de Louis avec sa femme, « qu'il aima comme auparavant,... est une preuve convaincante de la vertu de cette princesse » (*Histoire d'Eléonore...*, p. 76).

originaire de l'Angoumois, vivait dans l'entourage d'Aliénor [72] et qu'il forma son projet à Vézelay en 1146. Au début du poème un pape déploie d'intenses efforts pour amener le roi Charles à garder Berthe sa femme.

« Le pape en jure par le Dieu du ciel : Tu ne peux trouver meilleure
« femme, ni pour l'intelligence ni pour la beauté ni pour l'allure. Va
« donc, prends ta femme, que Dieu te donne joie par elle [73] ! »

On trouverait, à fouiller cette version du *Girart* ainsi que l'a fait M. R. Louis, bien d'autres traits étonnants : tout l'a conduit à les rechercher dans un modèle qui n'est autre qu'Aliénor d'Aquitaine.

« Reine, que de fois vous m'avez enjôlé ! » dira Charles à Elissent vers la fin de cette chanson de geste [74]. C'est bien ce qu'aurait pu dire, à plus d'une reprise, le roi Louis. Après la réconciliation de Tusculum, Aliénor et lui ont rapidement regagné Paris, où ils sont sans doute parvenus à la mi-novembre [75]. « Peu de temps après ce retour », disent, avec leur désagréable imprécision, les chroniqueurs, une seconde fille naquit ; on l'appela Aélis [76]. Si cette enfant a été conçue, comme nous en avons la persuasion, à Tusculum [77], sa naissance constitue la preuve que les époux semblaient maintenant résolus à abolir un passé trouble.

Louis avait retrouvé Suger, son ami, lequel très sagement lui avait naguère écrit, avant qu'il ne quittât la Palestine, de ne point faire d'es-

---

(72) Louis, *De l'histoire à la légende ; Girart, comte de Vienne...*, t. I, p. 370 ; cf. compte rendu F. Eygun, dans « Bulletin de la société des antiquaires de l'Ouest », 4ᵉ s., t. I, 1949-1951, pp. 881-82.

(73) « L'apostoiles en jure Jhesu del tron :
  Ne l'i pouz meillorar pres d'un boton,
  De sens, ne de beltat, ne de façon.
  Mais vai, pren ta muiller, Deus jai t'en don ! »

(*Girart de Roussillon..*, éd. W. Foerster, J. Stuerzinger et F. Apfelstedt [« Romanische Studien », vol. 5], Halle, 1880, vers 385-88). Cf. Louis, p. 379.

(74) Vers 8977 ; voir Louis, p. 254 :

  « Reïne, quantes fez m'as engignat ! »

(75) W. Bernhardi, *Jahrbücher... Konrad III.*, Leipzig, 1883, p. 811.

(76) « Auprés ce qu'il fu revenuz, ne demora pas puis moult longuement que la roïne Alienors se delivra d'une file qui ot non Aaliz. » (*Grandes chroniques de France*, éd. J. Viard, t. VI, 1930, p. 64). L' *Historia gloriosi regis...* dit simplement : « post illam regressionem » (dans Suger, *Vie de Louis VI...*, éd. Molinier, p. 161).

(77) Mrs Kelly, sans apporter de preuve, croit Aliénor enceinte à l'arrivée à Palerme (*op. cit.*, p. 70). La façon au contraire dont Vacandard présente les choses (p. 415) laisse présumer que l'effort de réconciliation opéré par le pape porta ce fruit. Dans le premier cas Aélis serait née en janvier 1150 au plus tard, dans le second, en juillet suivant. Nous nous rallions volontiers à cette dernière hypothèse : en effet, à une époque où l'Eglise était très exigeante en matière de relations conjugales, nous doutons que le pape eût incité le roi à « connaître » son épouse si elle avait déjà été enceinte.

V

clandre, de ne pas prendre de subite décision concernant sa femme [78] ; l'abbé ne pouvait que se réjouir à présent de l'heureuse attitude du ménage ; mais il mourut le 13 janvier 1151 [79]. Quelques mois plus tard disparaissait également l'évêque de Soissons qui, après le pape, avait cherché à apaiser dans l'esprit de Louis les inquiétudes nées au sujet de la consanguinité [80].

On peut remarquer que, dès ce moment-là — automne 1151, — l'atmosphère est à nouveau tendue entre les époux ; plusieurs chroniqueurs reparlent de jalousie de la part du roi [81]. Assez vite on en pourra déceler l'origine si l'on note que pendant l'été le comte d'Anjou, accompagné de son fils aîné, Henry Plantegenêt, séjourna à la cour de France.

C'étaient deux puissants princes. Geoffroy le Bel avait été marié adolescent, en 1128, par son père le comte d'Anjou Foulque V, à l'impératrice Mathilde, héritière de la couronne d'Angleterre [82]. Il avait peu après succédé à Foulque, devenu roi de Jérusalem, dans les comtés d'Anjou et du Maine. Dompteur admirable de turbulents féodaux, il avait en outre acquis en 1144, à la force des poignets, la couronne ducale de Normandie ; il est vrai que Mathilde ne réussissait pas aussi bien à s'imposer à l'Angleterre, où elle cherchait à faire valoir ses droits.

De Mathilde et de Geoffroy était né au Mans, le 5 mai 1133, Henry Plantegenêt : celui-ci avait donc dix-huit ans lorsqu'il s'en vint rendre hommage au roi pour la Normandie, que son père lui avait déjà cédée. Quant à Geoffroy, il n'était pas encore quadragénaire en 1151, et Aliénor le connaissait, puisqu'on l'avait vu participer à la croisade ; selon certains — mais c'est encore là chose incontrôlable — elle le connaissait même trop bien [83] ; en revanche c'était peut-être

---

(78) Le texte, bien connu (« De regina conjuge vestra audemus vobis laudare, si tamen placet, quatinus rancorem animi vestri, si est, operiatis donec, Deo volente, ad proprium reversus regnum, et super his et super aliis provideatis ») de la lettre de SUGER est dans l'éd. LECOY de la MARCHE de ses Œuvres complètes, p. 260, n° 11 ; cf. CARTELLIERI, Abt Suger von Saint-Denis..., p. 154, n° 232 ; AUBERT, Suger, p. 107. Il est regrettable que l'on ne possède pas la lettre du roi à laquelle répondait celle-ci.

(79) CARTELLIERI, p. 174.

(80) RICHARD, op. cit., t. II, p. 101.

(81) Par exemple le Chronicon Turonense..., éd. SALMON, p. 135 ; cf. VACANDARD, p. 416.

(82) Josèphe CHARTROU, L'Anjou de 1109 à 1151, Foulque de Jérusalem et Geoffroi Plantagenet, 1928, pp. 20-22.

(83) Walter MAP, préchantre de Londres et ami d'Henry II, a écrit dans son De nugis curialium qui contient, il est vrai, beaucoup de racontars (éd. M. R. JAMES, Oxford, 1914, p. 237), qu'Henry épousa Aliénor « cum tamen haberet in fama privata quod Gaufrido patri suo lectum Ludovici participasset ». GIRAUD le Cambrien est plus précis, mais nous savons de reste comme il est mauvaise langue ; il écrit dans le De principis instructione, éd. G. F. WARNER, Londres, 1891, p. 300 : « Comes Andegaviae Gaufredus regina Alienora, quando senescallus Franciae fuit, abusus fuerat, super quo et filium suum Henricum pluries, ut dicitur, praemunivit, monens et prohibens modis omnibus

L'entrevue entre Aliénor et Henri en 1151,
vue par un artiste de l'époque préromantique (Borel, 1787)

la première fois qu'elle apercevait le jeune duc. Plusieurs chroniqueurs [84] disent qu'il provoqua chez la reine une vive impression.

Peu de temps après, le roi et Aliénor entreprennent, comme déjà ils l'avaient fait avant la croisade, une grande randonnée qui les amènera à tenir leur cour de Noël à Limoges [85] ; à la Chandeleur 1152 ils sont à Saint-Jean-d'Angély. A travers Geoffroy de Vigeois [86], on a l'impression d'assister, au cours de cette chevauchée, à une liquidation du passé : le roi relève ses troupes d'Aquitaine comme pour faire place nette aux hommes de la duchesse dès maintenant [87]. C'est que les époux ont résolu de se séparer. En effet, un mois à peine après le retour de Louis en Ile-de-France, s'assemble, avec la promptitude de l'éclair, un concile à Beaugency en Orléanais. Il va se prononcer sur leur cas.

Qui a voulu l'annulation du mariage ? Louis ou Aliénor ? Michelet répond : « *Elle* demanda le divorce [88]. » Il semble bien qu'il ait eu l'intuition du vrai. Le comte d'Anjou vient de mourir très prématurément en septembre 1151, au retour de la cour [89] ; le duc Henry de Normandie devient donc maître des vastes domaines continentaux des Plantegenêts ; il est jeune, ardent, ambitieux. La reine a jeté les yeux sur lui, car elle est, tout le laisse entendre, lasse de son mari. Elle cherche un nouvel amour, mais non point une aventure passagère ; en elle se rejoignent, se juxtaposent à cette heure critique de sa vie, une passion indéniable qui la pousse, parvenue à la trentaine, aux bras de cet adolescent, et d'autre part — le reste de sa vie le prouvera amplement — la soif qu'elle éprouve de mener une grande politique personnelle.

« La conduite d'Eléonore », a écrit très dignement Dreux du Radier, « n'a d'excuse ni dans la religion, ni dans la politique ; et le nom le plus

---

ne tangeret illam, cum quia domini sui sponsa, tum etiam quoniam a patre suo fuit ante cognita. » Cf. BERGER, *Les aventures...*, p. 710, et VACANDARD, qui conclut de manière un peu cavalière (p. 418, n. 3) : « Calomnies aussi absurdes qu'odieuses. » C'est trop vite dit. Au moins peut-on noter que MAP parle d'adultère consenti, l'autre chroniqueur de viol. Tout cela sent les potins de cour autour d'une femme fort peu aimée des Anglais, mais ne saurait évidemment constituer une certitude quelconque.

(84) WILLIAM of NEWBURGH (*Historia...*, éd. HOWLETT, t. I, p. 93) écrit que, dégoûtée de son mari, Aliénor se mit à songer qu'une union avec Henry conviendrait mieux à son tempérament (« suis magis moribus congruas »). Cf. MAP, p. 237. Autres témoignages ci-dessous, p. 195, n. 97.
(85) RICHARD, *op. cit.*, t. II, p. 105 ; GUERRIER, *Le divorce de Louis VII et d'Eléonore d'Aquitaine...*, p. 223.
(86) GEOFFROY de VIGEOIS, *Chronicon*, p. 438 ; *Chron. Turonense magnum*, éd. SALMON, p. 135 ; cf. KELLY, *op. cit.*, p. 79.
(87) RICHARD, p. 108.
(88) MICHELET, *Histoire de France*, L. IV, ch. V.
(89) A la suite d'un bain pris dans le Loir (*Chroniques d'Anjou...*, éd. P. MARCHEGAY et A. SALMON, 1856, p. 336).

V

« doux qu'on puisse donner aux premiers pas qu'elle fit elle-même vers
« le divorce avec [Louis], est celui d'une imprudence impardon-
« nable [90]. »

Nous éprouverons bientôt comme ce mot d' « imprudence » peut d'ailleurs s'entendre de deux manières.

Pour parvenir à ses fins, la reine n'avait qu'un moyen possible, l'annulation, appuyée sur le prétexte de consanguinité. D'un autre côté des influences [91] furent exercées pour détacher le roi d'elle. La famille du souverain agit ; ses membres [92], profitant de la disparition de Suger, favorable à la conciliation, auraient insisté sur la conduite douteuse d'Aliénor et sur la parenté existant entre les conjoints. Peut-être alléguèrent-ils que la reine n'avait pas encore donné de fils à son mari : n'était-ce pas là indice, en quelque sorte, de malédiction divine ?

Leur attitude, pourtant, s'explique mal. On voit difficilement l'intérêt que pouvait avoir, par exemple, le comte de Dreux, héritier, jusqu'à présent, de Louis VII, à lui conseiller un nouveau mariage. Des inimitiés personnelles durent jouer contre Aliénor [93]. Toujours est-il que les scrupules du roi concernant l'illégitimité de son union, renforcés peut-être par une crainte superstitieuse à la suite d'une deuxième naissance féminine, l'emportèrent dans son esprit, malgré tout ce qu'avait dit le pape. Mais, par là même, il fournissait à sa partenaire le plus sûr moyen d'atteindre son but.

« L'empêchement de parenté fut un expédient », a dit excellemment un critique. « Il devait avoir pour effet de rendre leur liberté au roi et à la
« reine ; on pouvait l'alléguer sans scandale ; surtout le serment, en
« cette matière, dispensait de preuves : immense avantage, quand on n'a
« pas de preuves à donner [94]. »

---

(90) Dreux du Radier, *Mémoires historiques...*, t. II, p. 382.
(91) Elles restent anonymes. Le précieux chroniqueur contemporain Lambert de Waterlos (*Annales Cameracenses*, M.G.H., S.S., t. XVI, p. 522) parle de « personas quasdam regno ». Le *Ménestrel de Reims* (*Récits...*, éd. de Wailly, p. 6, n° 11) a laissé, de son côté, un récit contenant un curieux mélange de vraisemblable et d'imaginaire. Le roi « prist conseil a touz ses barons que il feroit de la roïne, et leur conta comment elle avoit ouvrei. — Par foi, dient li baron, li mieudrez consaus que nous vous sachiens donner, c'est que vous la laissiez aleir, car c'est uns diables, et se vous la tenez longuement, nous doutons qu'elle ne vous face mourdrir, et ensourquetout vous n'avez nul enfant (*sic*) de li. — A ce conseil se tint li rois, si fist que fous. » Ce n'est point là l'avis de Brantome qui, comparant sans doute Louis VII aux princes de la Renaissance, se félicite que ce roi se soit séparé de sa femme au lieu de l'assassiner, « dont sur ce il en acquist plus grande réputation que les aultres rois, et tiltre de bon, et les aultres de mauvais, cruels et tyrans » (*Œuvres*, éd. Lalanne, t. IX, p. 25).
(92) *Historia gloriosi regis...*, éd. Molinier, p. 163: « Quidam propinqui et consanguinei sui. »
(93) Instinctivement la pensée se reporte, pour opérer une comparaison, valable sur divers points, à la famille Bonaparte dressée contre Joséphine de Beauharnais.
(94) Guerrier, *op. cit.*, p. 240.

On s'assembla le 21 mars 1152. Les métropolitains de Rouen, Sens et Bordeaux se rendirent avec plusieurs de leurs suffragants à Beaugency, ainsi qu'un grand nombre de barons. Chose étrange, l'archevêque de Bordeaux était ce même Geoffroy du Lauroux qui, quinze ans plus tôt, avait béni l'union qu'il s'agissait maintenant de desceller ; endoctriné peut-être par la duchesse d'Aquitaine, il ne s'y opposa point. Il y eut complaisance évidente de la part des témoins, lesquels affirmèrent par serment, « un serment bien spécieux », a dit Gervais de Canterbury [95], la consanguinité. Alors la dissolution fut proclamée. En tout cela — on l'aura déjà observé — personne ne tint compte de ce que le pape Eugène, si solennellement, avait affirmé en 1149. N'est-ce pas parce que les évêques se sentirent assurés qu'aucun démenti ne leur viendrait plus maintenant de Rome, dont l'ultérieur silence put paraître en effet un consentement ? Saint Bernard — nul n'ignore quelle influence il exerçait sur le pape cistercien — aura-t-il agi en dernière heure pour persuader Eugène III de laisser faire l'annulation, de peur d'un plus grand scandale ? Un chroniqueur, en tout cas, affirme que le roi a agi sur le conseil de Bernard [96]. Si celui-ci — cela reste mystérieux, *testis unus testis nullus* — joua ce rôle, ou si quelqu'un d'autre donna ce conseil, il fallait vraiment qu'on redoutât tout de la préméditation d'Aliénor, qu'affirment plusieurs annalistes très autorisés [97], il fallait qu'on voulût éviter le scandale dont une fuite possible de la reine vers le Plantegenêt eût éclaboussé le royaume. Dans l'état actuel de nos connaissances généalogiques, la consanguinité des époux apparaît comme absolument évidente, de plusieurs manières, et à des degrés

---

(95) « Artificioso juramento » (GERVASE of CANTERBURY, *Chronicles...*, éd. STUBBS, p. 149) : relevé par GUERRIER, p. 241.

(96) « Consilio beati Bernardi Alienordem uxorem suam repudiavit. » (*Anonymus Blandiniensis*, H. F., t. XIV, p. 21). Témoignage retenu par LUCHAIRE, considéré comme insuffisant par VACANDARD, puis par GOYAU (*Saint Bernard*, p. 184). L'ouvrage très approfondi de WILLIAMS (*Saint Bernard of Clairvaux*, pp. 217-18) ne le rejette pas. Cf. WALKER, *Eleanor of Aquitaine*, p. 106. Voir encore Kate NORGATE, *England under the Angevin Kings*, Londres, t. I, 1887, p. 393, n. 2.

(97) ROBERT de TORIGNI (*Chronicle*, éd. R. HOWLETT, Londres, 1889, p. 165) parle de préméditation possible : « sive repentino sive praemeditato consilio ». Le témoignage de cet abbé du Mont-Saint-Michel, intime des deux rois, nous paraît de la plus haute importance. WILLIAM of NEWBURGH, dont le témoignage est précieux à son tour, affirme aussi la préméditation (ci-dessus, p. 193, n. 84) ; voir encore GERVASE of CANTERBURY (ci-dessous, p. 198, n. 106) ; cf. Jacques BOUSSARD, *Le comté d'Anjou sous Henri Plantegenêt et ses fils* (1151-1204) [« Bibliothèque de l'école des hautes études », vol. 271], 1938, p. 69, n. 3. En revanche, il est bien peu vraisemblable que Raymond d'Antioche ait, dès 1148, suggéré à la reine cette nouvelle union avec un prince qui, à dix-sept ans à peine, ne devait pas être encore très renommé en Orient : c'est pourtant ce qu'imagine WALKER, p. 84.

V

— 196 —

alors prohibés [98]. Du moment que l'on tenait, avec cette consanguinité, une cause d'annulation [99], mieux valait encore en venir là. Ainsi pouvons-nous tenter actuellement d'expliquer le contexte du concile.

La ci-devant reine, laissant à la cour, avec beaucoup d'indifférence, ses deux filles âgées de sept ans et dix-huit mois, se dirigea sans tarder vers ses domaines aquitaniques [100]. Qu'elle fût heureuse de ce qui venait de s'accomplir, c'est fort probable, et rien n'autorise à se la représenter, comme le voudrait Lambert de Waterlos, plongée dans

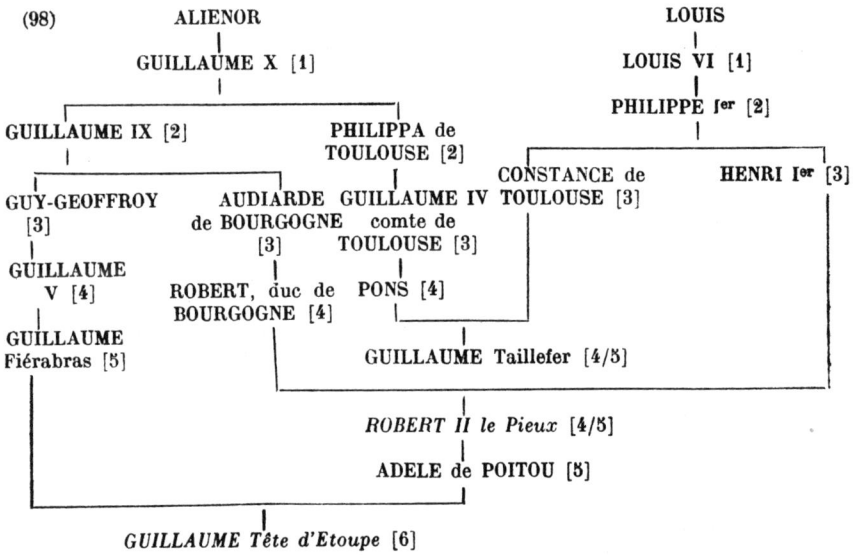

(98)

Le meilleur résumé de la question nous paraît être celui d'Auguste LONGNON, *La formation de l'unité française*, pp. 90-91. Voir encore H.F., t. XII, p. 117 ; Jean BESLY, *Histoire des comtes de Poictou et ducs de Guyenne...*, 1647, preuves, p. 490 ; RICHARD, *op. cit.*, t. II, p. 106. L'Eglise ne devait pas tarder à éprouver le besoin de réformer sa discipline sur ce point : il fallait que les obstacles au mariage chrétien fussent moins nombreux si l'on voulait en assurer l'indissolubilité. Le quatrième concile de Latran (1215) restreignit en nombre les empêchements de consanguinité : MANSI, *Sacrorum conciliorum collectio*, t. XXII, col. 953 ; cf. FLICHE, *La chrétienté romaine (1198-1274)* [« Histoire de l'Eglise », vol. 10], 1950, p. 207.

(99) Dès 1143, dans une lettre à un cardinal, Bernard y avait fait allusion (GUERRIER, *op. cit.*, p. 214 ; WILLIAMS, *op. cit.*, p. 209).

(100) On ne sait où le comte de BOULAINVILLIERS a pris (*Etat de la France...*, t. IV, 1737, p. 217) qu'elle se retira alors un temps à l'abbaye Notre-Dame de Saintes. La *Chronique rimée* de Philippe MOUSKÈS (éd. baron de REIFFENBERG, Bruxelles, t. II, 1838, p. 244, vers 18704), parle d'une escale à « Sainct Jehan ewangeliste » : c'est en réalité avant le divorce qu'elle séjourna à Saint-Jean-d'Angély, cf. ci-dessus, p. 193.

la douleur [101] ; lorsque Jean Bouchet la peint évanouie deux heures durant, sans pouvoir desserrer les dents, à l'annonce de la sentence de Beaugency [102], il suit les chimères de son imagination.

« Déclamations romanesques », écrit à ce propos Thibaudeau [103] ; « la reine était trop satisfaite de cette séparation pour en témoigner du « regret. »

La voici donc à Poitiers, au cœur de ses possessions ; va-t-elle pouvoir enfin les gouverner elle-même, au lieu (comme ce fut le cas jusqu'à présent) d'être réduite à s'associer aux actes de la puissance souveraine exercée par un époux conscient de ses droits ? La main de l'héritière de si vastes fiefs, devenue libre de façon inespérée, sera sollicitée de toute part. Aliénor ne peut se faire illusion sur les désirs, nullement sentimentaux, de cupides voisins ; au cours de son bref déplacement d'Orléans à Poitiers, elle a déjà manqué se faire enlever deux fois, à Blois par le nouveau comte Thibaud V, à Port-de-Piles par Geoffroy Plantegenêt, frère cadet d'Henry [104]. Mais nous savons que son dessein est bien arrêté.

Gervais de Canterbury offre ici un témoignage essentiel : le moine de Christchurch, certes, fut plutôt hostile à Henry II, mais il était excellemment informé, ses dires méritent donc attention.

Aliénor, écrit-il, « envoya secrètement au duc des messagers [105] pour « lui annoncer qu'elle était redevenue libre, le pressant de contracter « mariage avec elle. On disait en effet que c'était elle, par son habileté, « qui avait obtenu cette répudiation pleine d'artifice. Le duc, séduit par « la noblesse de cette femme et surtout envahi du désir de posséder les « honneurs qui relevaient d'elle, sans temporiser prit avec lui quelques « compagnons seulement, suivit les chemins les plus courts et, au bout

(101) «... Quae mœsta repatrians ad gentem suam, Henricus, filius comitis Andegavensis, eam sibi mox in matrimonio copulavit. » (LAMBERT de WATERLOS, loc. cit.).
(102) BOUCHET, *Les annales d'Acquitaine*, éd. cit., p. 140. Un cliché analogue dans Jean de BOURDIGNÉ, *Chroniques agrégatives d'Anjou et du Maine*, éd. GODARD-FAULTRIER, Angers, t. I, 1842, p. 314 : « De ceste séparation fut la bonne dame... tant courroucée qu'elle en cuyda mourir, et toute désolée retourna en son pays d'Acquitaine. »
(103) THIBAUDEAU, *Histoire du Poitou*, nouv. éd., Niort, t. I, 1839, p. 241.
(104) « Regina Blesim rediit, sed Theobaldo, comite Blesensi, eam per vim nubere volente, de nocte fugit ; et inde evadens Turonis venit, cumque Gaufridus Plantagenest, filius Gaufridi, comitis Andegavensis, frater Heinrici, ipsam in uxorem ducere et apud Portum de Piles rapere voluisset, ipsa ammonita ab angelis suis per aliam viam reversa est in Aquitaniam regionem suam. » [Cf. MATT., II 12] (*Chronicon Turonense magnum*, éd. SALMON, p. 135). Voir BERGER, *Les aventures...*, p. 709 ; RICHARD, op. cit., t. II, p. 108. Thibaud de Blois, éclectique comme la plupart de ces princes, épousera plus tard la fille (Aélis de France) au lieu de la mère.
(105) « She decided not to trust the message orally to any messenger nor even to dictate it... No, she must write it *herself*. » [En note :] « I think there is no doubt that Eleanor wrote to Henry, though I have been unable to find any trace of a letter. » (WALKER, op. cit., p. 113). Le livre est plein de ces puérils aveux.

V

« de très peu de temps, il réalisa ce mariage qu'il avait, déjà aupara-
« vant, hautement désiré [106]. »

La chose se fit, sans grand apparat, à Poitiers, dès le 18 mai. Aliénor s'était bien gardée de solliciter l'autorisation de son suzerain et ancien mari ; se sentant dupé, on dit que Louis VII regretta fort — il était bien temps ! — ce qu'il venait de faire [107].

II

Nous sommes persuadé qu'en épousant un tout jeune homme Aliénor a cru pouvoir le dominer sans mal, afin d'être souveraine. Onze ans, c'était l'écart qu'il y avait eu déjà entre l'impératrice Mathilde et le comte Geoffroy. Pour la duchesse d'Aquitaine, sa propre maturité, son expérience politique affermie au cours de tant de voyages déjà et d'aventures, sa beauté radieuse — qui explique la passion plusieurs fois renaissante de Louis VII, et dont plusieurs textes témoignent explicitement [108], — tels seraient, pensait-elle, ses atouts. Lorsqu'Alfred Richard déclare, après avoir, non sans complaisance, dépeint le physique du duc de Normandie [109] : « Elle voulait être
« dominée et, comme dit crûment le peuple, elle était de celles qui
« aiment à être battues [110] », il commet le plus fâcheux contresens historique.

(106) « Missis clanculo ad ducem nuntiis, liberam et absolutam se nuntiat esse, et ad matrimonium contrahendum ducis animum stimulat. Dicebatur enim artificiosam repudiationem illam ex ipsius processisse ingenio. Dux vero, generositate feminae et maxime dignitatum quae eam contingebant cupiditate illectus, amoris et morae omnis impatiens, paucis secum assumptis sociis, viam longiorem discurrit in brevi ; infra tempus modicum conjugio illius, jam olim concupito, potitus est. » (GERVASE of CANTERBURY, op. cit., p. 149). Cf. VILLEPREUX, Eléonore de Guyenne, p. 52.

(107) « Rex autem, hoc audiens et veraciter intelligens, motus animo graviter condoluit atque illam deseruisse poenituit. » (LAMBERT de WATERLOS, loc. cit.)

(108) Des auteurs contemporains d'Aliénor s'expriment de façon nette : « Nimirum ita sibi in principio juvenis animum formae suae venustate praestrictum devinxerat ut... » (WILLIAM of NEWBURGH, op. cit., p. 92) ; — « Reginam uxorem suam... perpulchram... » (LAMBERT de WATERLOS, loc. cit.) — Mais assurément DREUX du RADIER, glosant en ces termes : « Une bouche admirable, les plus beaux yeux du monde, un regard doux, un air affable » (Mémoires historiques..., t. II, p. 297), de même que d'autres qui ont vu la couleur — verte — des yeux de la reine n'ont cherché leur inspiration qu'en eux-mêmes.

(109) Visage carré, chevelure rousse, poitrine large, mains déjà calleuses — ne supportant de gants que pour le faucon, — aspect rude. D'après Pierre de Blois (cf. ci-dessous, p. 201) et d'autres sources, portrait remarquable dans PETIT-DUTAILLIS, La monarchie féodale en France..., pp. 118-19.

(110) RICHARD, op. cit., t. II, p. 110. Les pages suivantes sont d'ailleurs psychologiquement pleines de contradictions.

Aliénor eut toutefois bientôt le temps de réfléchir lorsqu'Henry, la laissant enceinte, s'embarqua pour l'Angleterre (janvier 1153) afin d'y conquérir la couronne sur Etienne de Blois [111]. Ils avaient, après les premiers combats menés par Henry contre le roi de France (aussitôt entré en campagne), passé ensemble l'automne au sein des domaines de la duchesse ; en lui elle avait déjà trouvé un maître, et non pas du tout un prince consort d'Aquitaine. N'est-ce pas l'étude des documents qui nous montre Henry très attentif immédiatement à faire respecter ce qu'il estime ses droits, et agissant comme s'il était le duc, par exemple à Limoges, vis-à-vis de l'abbé de Saint-Martial [112] ? Leroux de Lincy, malgré quelque excès de langage imputable au goût fâcheux de son époque, nous semble avoir visé juste lorsqu'il écrit, parlant d'Aliénor à ce moment-là :

> « Elle s'aperçut bientôt que cette nouvelle chaîne serait plus lourde
> « à porter que celle qu'elle venait de rompre... [Elle] devint la première
> « esclave, et rien de plus, d'un prince fougueux, impatient de porter la
> « couronne, qui brisait comme de faibles hochets toutes les femmes
> « objets de ses caprices [113]. »

Elle a cependant encore cherché, sans doute, à se leurrer. Le 17 août 1153, elle met au monde son premier fils [114] ; Henry II, « l'enfant gâté de la fortune », dit Michelet, voit sa postérité assurée dès l'âge de vingt ans, à l'heure même où il monte les degrés du trône d'Angleterre ; et quant à Louis VII, ce n'est pas sans mélancolie qu'il aura considéré Aliénor, à peine détachée de lui, enfantant un fils, alors qu'en quatorze années il n'avait obtenu d'elle que deux filles. Pour la duchesse, elle donne au nouveau-né le nom de Guillaume, comme afin de bien marquer la continuité de cette dynastie aquitaine qui à travers elle entend se poursuivre [115].

A Pâques de l'année suivante le maître reparut, et la volonté de domination d'Henry continua à s'affirmer ; la duchesse fut emmenée en Normandie, dépaysée, séparée d'une cour brillante qui avait commencé de se constituer autour d'elle à Poitiers [116].

A la fin d'octobre 1154 la mort d'Etienne de Blois permet à l'impatient Henry de se considérer comme roi d'Angleterre. Pendant un mois le ménage ducal attend à Barfleur les vents favorables pour

---

(111) Etienne était « vieux et décrépit » (PETIT-DUTAILLIS, p. 114).
(112) RICHARD, p. 114 ; WALKER, op. cit., p. 121.
(113) LEROUX de LINCY, Les femmes célèbres de l'ancienne France..., t. I, 1847, p. 59.
(114) ROBERT de TORIGNI, Chronicle, éd. HOWLETT, p. 176 ; cf. KELLY, Eleanor of Aquitaine and the four kings, p. 87.
(115) RICHARD, p. 115 ; WALKER, p. 127.
(116) Voir ci-dessous, pp. 206-07. — Pourquoi WALKER écrit-il (p. 128) : « Eleanor enjoyed the tour... » ? Qu'en savons-nous ? Il est certain, en tout cas, que par ce contact avec la Normandie Henry cherche à arracher sa femme à l'Aquitaine.

passer dans l'île [117] ; au début de décembre enfin Aliénor, après Byzance, Antioche et Palerme, fait connaissance avec la brumeuse Albion et, le quatrième dimanche de l'Avent, orgueilleuse à la pensée de donner bientôt naissance à un deuxième prince, elle est associée au couronnement sous les voûtes encore romanes de l'abbatiale de Westminster érigée par Edouard le Confesseur [118]. Le 1er mars 1155 voit le jour à Londres Henry, comte d'Anjou, celui que l'Angleterre appellera « *the young king* » [119]. Quinze mois plus tard naîtra la première fille d'Henry et d'Aliénor, baptisée sous le glorieux nom de Mathilde, celui de l'impératrice-mère.

Avec l'année 1156 commence la vie vagabonde qu'aux côtés de son mari ou bien loin de lui, mais pour obéir toujours à des ordres de lui qui ne se discutent point, elle va être contrainte de mener pendant des années. Louis VII lui aussi l'avait emmenée, on l'a vu, en certaines randonnées, mais dont le rythme n'avait rien de comparable à celui, saccadé, qu'elle connaît désormais. Eté comme hiver, passant et repassant la Manche, presque toujours attendant un nouvel enfant, la voici durement soumise aux plus stricts devoirs d'une souveraine féodale : outre qu'il faut à celle-ci engendrer pour son époux une nombreuse descendance, elle doit être partout présente, à chaque instant, se montrer aux vassaux aux cours plénières de Noël ou de Pâques, et chevaucher, naviguer, encore chevaucher.

Qu'on en juge. L'été 1156 ramène la reine en Normandie, puis en Anjou [120] ; elle et Henry tiennent leur cour à Saumur, ensuite, à l'époque de Noël, à Bordeaux ; quelques semaines plus tard, avec le jeune Henry et la toute jeune Mathilde, Aliénor, en plein hiver, a regagné la Normandie d'où, par Southampton, on la voit rentrer immédiatement à Londres [121]. Mais déjà s'amorce l'hécatombe, la disparition des siens, que la malheureuse femme devra affronter durant un demi-siècle : ce Guillaume qu'elle destinait à être comte de Poitou, il vient de mourir âgé de trois ans [122]. Cependant, elle enfante

---

(117) KELLY, p. 91.
(118) GERVASE of CANTERBURY, *op. cit.*, p. 160 ; WILLIAM of NEWBURGH, *op. cit.*, t. I, p. 101 ; cf. WALKER, p. 136. Jean de PANGE (*Le roi très chrétien*, 1949, p. 320) déduit du texte de WILLIAM qu'Aliénor n'a pas été personnellement couronnée comme reine d'Angleterre ; elle « semble juger définitive la consécration qu'elle a reçue comme reine de France ». Effectivement ni cet auteur ni ROBERT de TORIGNI ne soufflent mot du couronnement de la reine, mais GERVASE l'assure en termes non équivoques.
(119) GERVASE of CANTERBURY, p. 161 ; ROBERT de TORIGNI, p. 183 ; RADULPHUS de DICETO, *Ymagines historiarum*, éd. STUBBS, t. I, Londres, 1876, p. 301 ; MATHIEU PARIS, *Chronica major*, éd. LUARD, t. II, p. 209 ; cf. RICHARD, p. 120 ; KELLY, p. 94.
(120) Le Rév. R. W. EYTON, *Court, household and itinerary of Henry II*, Londres, 1878, p .18.
(121) *Ibid.*, p. 24.
(122) ROBERT de TORIGNI, p. 189.

sans relâche ; deux années de suite, en septembre, lui naissent de nouveaux fils, Richard, puis Geoffroy [123]
Henry II, lui, erre par monts et par vaux.

« Du matin au soir, sans arrêt », écrit Pierre de Blois, « il s'occupe
« des affaires du royaume. Sauf quand il monte à cheval ou prend ses
« repas, il ne s'asseoit jamais. Il lui arrive de faire en un jour une
« chevauchée quatre ou cinq fois plus longue que les chevauchées ordi
« naires. Il est fort difficile de savoir où il est et ce qu'il fera dans la
« journée, car il change souvent d'idées. Il met à une rude épreuve la
« constance de sa suite... Tandis que les autres rois se reposent dans
« leurs palais, il peut surprendre et déconcerter ses ennemis, et il ins-
« pecte tout [124]. »

Parfois Aliénor l'accompagne, lorsqu'il la mande ; ainsi vers la fin de 1158, Geoffroy n'ayant encore que quelques semaines, elle est quand même appelée à suivre Henry II au siège de Thouars [125], car il importe, lorsque le roi doit mettre à la raison un vassal d'Aquitaine, que paraisse à ses côtés la reine-duchesse ; puis on tient cour plénière à Cherbourg [126] ; aussitôt après il faut encore retraverser toute la France de l'Ouest, jusqu'à Blaye où Aliénor assiste (début 1159) à l'entrevue amicale entre Henry et Raymond-Bérenger IV, comte de Barcelone [127]. Déjà c'est à Poitiers que s'assemble l'immense armée qui va être lancée — du moins Henry s'en flatte — à la conquête du comté de Toulouse : Toulouse, maintenant défendue avec succès par Louis VII contre la même femme au nom de qui, dix-huit ans plus tôt, faisant valoir ses mêmes droits, il cherchait à s'emparer de la place [128].

A Noël 1159, cour plénière à Falaise ; puis Aliénor doit, sans désemparer, rentrer en Angleterre pour y représenter le roi, que des soucis continentaux obsèdent ; mais dès qu'Henry, à l'automne suivant, reçoit de l'île des nouvelles peu rassurantes, il fait revenir sa femme à Rouen avec l'héritier du trône, maintenant âgé de cinq ans [129]. Pendant quelque temps, il n'est plus question pour elle de

---

(123) *Ibid.*, pp. 195-97. Oxford, Salisbury, surtout Winchester sont en ces temps-là les résidences d'Aliénor et des enfants royaux (EYTON, pp. 40, 42 et *passim*) ; cf. WALKER, *op. cit.*, p. 145.
(124) Texte reconstitué par PETIT-DUTAILLIS, *op. cit.*, p. 118. Bons développements sur ce thème dans KELLY, pp. 94-95.
(125) RICHARD, p. 125.
(126) ROBERT de TORIGNI, p. 200 ; EYTON, p. 43.
(127) Cf. VILLEPREUX, *Éléonore de Guyenne*, p. 47, et surtout LUCHAIRE, *Louis VII, Philippe-Auguste, Louis VIII...* p. 33.
(128) Voir ci-dessus, pp. 178-79. Cf. NORGATE, *England under the Angevin kings*, t. I, pp. 457-58.
(129) ROBERT de TORIGNI, p. 207 ; cf. RICHARD, pp. 132-33 ; C. E. HODGSON, *Jung Heinrich, Kœnig von England, Sohn Kœnig Heinrichs II., 1155-1183*, In. Diss., Jena, 1906, p. 4 ; KELLY, p. 110.

V

repasser le *channel* ; elle séjourne au Mans, à Domfront. En septembre 1161 une deuxième fille naît ici, à laquelle au baptême, en présence de l'abbé du Mont-Saint-Michel, le précieux chroniqueur Robert de Torigny, elle donnera son propre nom [130]. La reine a trente-neuf ans ; sa fécondité est toujours magnifique, quoique la cadence en soit un peu ralentie désormais.

C'est peut-être l'année d'après qu'Henry, « à la requeste de ma-« dame Aliénor son espouse, fist commencer le beau et somptueux « édifice de l'Eglise cathédrale de Sainct Pierre de Poictiers [131] ». La souveraine serait venue poser la première pierre de l'immense sanctuaire [132] destiné à remplacer celui où, vingt-cinq ans plus tôt, elle avait paru en duchesse d'Aquitaine [133]. Il est possible que, comme on l'avait soupçonné il y a longtemps déjà, un petit personnage couronné figurant au bas du vitrail de la Crucifixion (encastré dans le chevet plat de cette nouvelle cathédrale) représente précisément Aliénor, car on peut dater la verrière de la fin du XIIe siècle, et non postérieurement à 1212, ainsi que se le figurait Boissonnade. C'est ce qu'a si bien démontré M. René Crozet [134].

Mais jamais la reine ne peut s'attarder au Poitou de son enfance : Noël 1162 à Cherbourg [135], puis, dès que les vents deviennent favorables, passage en Angleterre ; séjours de 1163-1164 en Hampshire, en Wiltshire, à Marlborough [136], à Winchester, dans l'île de Wight, au

(130) ROBERT de TORIGNI, p. 211 ; cf. RICHARD, p. 134.
(131) BOUCHET, *Annales d'Acquitaine*, éd. cit., p. 145.
(132) LUCHAIRE, p. 325.
(133) RICHARD (p. 141, n. 2) ne croit pas à une intervention d'Aliénor dans cette construction : « Les portions de la cathédrale et de l'église de Sainte-Radegonde qui appartiennent à cette époque sont l'œuvre des chapitres collégiaux, possesseurs de ces édifices. Si Henri, Aliénor ou leurs enfants eussent coopéré à leur construction, il en serait resté trace dans les documents historiques... et particulièrement dans les obituaires ou livres de fondations. » Cependant il est difficile d'imaginer que le chapitre de Saint-Pierre ait pu jeter les bases d'un œuvre aussi gigantesque sans que les souverains s'y soient efficacement intéressés. Les travaux furent menés très vite. A la mort de la reine « il ne manquait plus à l'église que la façade » (LUCHAIRE, *loc. cit.*). Sa générosité y contribua sans aucun doute, c'est ce qu'estime M. R. CROZET, *Histoire du Poitou* (« Que sais-je ? », vol. 332), 1949, p. 51.
(134) Sur la question, voir l'abbé AUBER, *Histoire de la cathédrale de Poitiers*, Poitiers, 1849, t. I, p. 339 ; CROZET, *Le vitrail de la Crucifixion à la cathédrale de Poitiers*, dans « Gazette des beaux-arts », t. LXVI, 1934, vol. 1, pp. 218-31 ; Pierre LAVEDAN, *Histoire de l'art*, t. II (« Clio », vol. 10), 1944, p. 194, qui propose pour date : vers 1195. WALKER (*op. cit.*, p. 145, note) manque ici de précision. — A propos d'autres images présumées d'Aliénor, consulter R. REY, *L'énigme du portail Nord de la cathédrale de Bordeaux*, dans « Annales du Midi », t. LXIII, 1951, pp. 97-104.
(135) Le roi « venit Barbefluvium, volens, si posset, transfretare ante Natalem Domini, sed vento prohibente egit Natalem Domini cum regina Alienor apud Caesaris burgum. » (ROBERT de TORIGNI, *op. cit.*, p. 216) ; voir aussi EYTON, *op. cit.*, p. 58.
(136) EYTON, pp. 58-9 ; cf. KELLY, *op. cit.*, p. 116. — La cour de Noël 1164 au château de Marlborough aurait été la dernière, avant longtemps, à laquelle aient assisté en-

château de Sherborne en Dorset [137], incessants déplacements en ce Wessex verdoyant et gras où les cinq jeunes princes Plantegenêt, espoir de l'Angleterre mais aussi de l'Aquitaine, croissent sous les yeux d'une mère sans cesse distraite d'eux par l'ambition personnelle ou l'inquiétude conjugale. Car c'est l'époque où, âgée déjà de quarante-deux ans, elle voit de plus en plus lui échapper ce prince insaisissable dont elle éprouve maintenant que, comme l'a bien estimé Gervais de Canterbury [138], il ne l'épousa que pour sa richesse territoriale ; c'est à la guerre qu'Henry s'intéresse, ou à la construction administrative de son Etat, ce n'est pas à elle. Une mention sèche de chroniqueur, parmi tant d'autres, celle-ci de Robert de Torigny pour le printemps 1165, évoque bien pour nous cet isolement, à chaque instant renouvelé, d'Aliénor :

« Sur l'ordre du roi la reine vint en Normandie, amenant avec elle
« sa fille Mathilde et son fils Richard ; mais, le roi s'en retournant en
« Angleterre pour marcher contre les Gallois à la tête d'une grosse expé-
« dition, la reine demeura sur le continent [139]. »

Après la naissance — attendue, cette fois, près de quatre ans, — de Jeanne, sa troisième fille, en octobre 1165, elle passera l'hiver à Angers, vieille cité Plantegenêt, où Henry la viendra rejoindre à Pâques [140] ; mais six mois plus tard elle repassera de l'autre côté de la Manche, enceinte de Jean, le futur « Sans Terre » ; elle accouche à Oxford le 27 décembre 1166 [141]. Jean est le dernier des huit enfants qu'elle aura eus d'Henry, dont sept demeurent vivants.

A cette date, près de quinze ans ont passé depuis que, libérée de ses premières attaches par les prélats de Beaugency, elle s'est donnée au duc de Normandie ; elle a travaillé avec entêtement, tout ce temps-là, à acquérir ou garder quelque part au pouvoir, quelque bribe de souveraineté. Si, au début, elle semble écoutée dans les

---

semble Henry et Aliénor, selon ce dernier auteur (KELLY, *Eleanor of Aquitaine and the courts of love*, dans « Speculum », t. XII, 1937, p. 9) qui estime que leur éloignement sentimental se précisa alors. Remarquons cependant : 1° que leur fille Jeanne fut conçue vers ce moment-là, avant le départ du roi pour la Normandie en février 1165 ; 2° qu'en 1167 ils sont tous deux pour Noël à Argentan (EYTON, p. 112), en 1170 à Bures près Bayeux (RICHARD, p. 147). On peut bien dire que l'itinéraire de leurs personnes n'eut aucun rapport avec celui de leurs cœurs.

(137) EYTON, p. 85.
(138) «Maxime dignitatum quae eam contingebant cupiditate illectus... » (voir ci-dessus, p. 198, n. 106).
(139) « Evocata a rege venit in Normaniam, adducens secum filium suum Ricardum et filiam Mathildem ; redeunte vero rege in Angliam et cum multo apparatu bellico super Walenses eunte, regina remansit in partibus cismarinis. » (ROBERT de TORIGNI, p. 225). Voir encore EYTON, p. 77 ; cf. KELLY, *Eleanor... and the four kings*, p. 131.
(140) *Ibid.*, p. 129.
(141) EYTON, pp. 103, 108. Cf. RICHARD, pp. 140-41 ; KELLY, pp. 103, 132-33.

V

conseils de gouvernement [142], — en quelle mesure, c'est ce qui resterait à déterminer, — très tôt, quand l'archidiacre de Canterbury, le Normand Thomas Becket, a été désigné comme chancelier d'Angleterre [143], elle a senti une influence considérable s'installer en face de la sienne [144]. Il semble que toute sa vie, sur un trône ou l'autre, la fille de Guillaume X doive être amenée par les circonstances à lutter contre les hommes d'Eglise : jadis Suger ou l'abbé de Clairvaux, désormais le chancelier Thomas, plus tard le pape Célestin III.

Malgré Thomas on la verra pourtant, à diverses reprises dans la suite, exercer les pouvoirs royaux, lorsqu'Henry, sans cesse obligé de se partager entre l'île et le continent, ne peut faire autrement que de les lui déléguer, ainsi pendant le séjour d'Aliénor à Westminster en automne 1158 [145], ou bien au début de 1160, les *Pipe rolls* témoignant qu'elle s'occupe alors d'importantes questions gouvernementales [146].

L'hostilité qu'elle avait manifestée à Thomas Becket dès le début trouva occasion de s'exprimer pleinement lorsque celui-ci, devenu primat d'Angleterre, entra en conflit avec le roi Henry. Elle avait pris, en cette affaire, le parti de son oncle (frère d'Aënor de Châtellerault), Raoul de Faye, alors sénéchal de Saintonge, qui avait eu maille à partir avec le prélat [147]. Mais on peut se demander jusqu'à quel point, en attaquant ainsi l'archevêque de Canterbury, ou tout au moins en se gardant bien de le défendre, elle ne cherche pas maintenant à faire sa cour au roi, non pour qu'il revienne à une fidélité qu'elle est résignée à n'obtenir jamais, mais pour qu'il lui maintienne sa confiance, si possible, sur le plan politique.

En janvier 1168 en effet, sur le point de retourner une fois de plus en son royaume, Henry II confie la défense de ses intérêts en Aquitaine à Aliénor ; il vient d'y mater pas mal de rébellions, de raser

---

(142) « Aliénor, au commencement du règne de son mari..., prit une part importante au gouvernement. » (PETIT-DUTAILLIS, *L'essor des Etats d'Occident...* [« Histoire générale, moyen âge », t. IV, 2e p.], 1937, p. 93).

(143) A la suite du plaid de Bermondsey à Noël 1154 (GERVASE of CANTERBURY, *Chronicles*, éd. STUBBS, p. 160), cf. Raymonde FOREVILLE, *L'Eglise et la royauté en Angleterre sous Henri II Plantagenet...*, 1943, p. 80.

(144) KELLY, p. 97.

(145) EYTON, p. 40.

(146) J. H. RAMSAY, *A history of revenues of the kings of England, 1066-1399*, Oxford, t. I, 1925, p. 75.

(147) RICHARD, p. 138. — Bien nette à ce propos, et sans ambages, est une lettre adressée à l'archevêque de Canterbury par Jean de Belmeis (ou Bellesmains), évêque de Poitiers, vers la fin de mai 1165, dans laquelle il est dit : « A regina nec auxilium nec consilium sperare potestis, maxime cum totum consilium suum in Radulphum de Faia, qui vos non minus solito prosequitur, contulerit. » (H. F., t. XVI, p. 242). Sur le rôle de Jean, grand ami de Thomas, en cette affaire, voir Ph. POUZET, *L'Anglais Jean dit Bellesmains (1122-1204 ?), évêque de Poitiers, puis archevêque de Lyon...*, Lyon, 1927, pp. 28 ss.

Lusignan [148] et, comme le dit très bien Alfred Richard, il lui faut maintenant « donner quelque satisfaction à l'esprit public [149] ».

On va lui montrer sans tarder, d'ailleurs, qu'on entend en Poitou ne pas se laisser gouverner par les Anglais : le comte de Salisbury, qui escorte la reine, tombe mortellement blessé dans une embuscade que lui ont tendue les Lusignans [150]. Ainsi se révèle, une fois encore, l'impossibilité où se trouve un maître étranger à l'Aquitaine de gouverner cet ensemble anarchique de fiefs, dont l'insubordination est la règle [151] ; c'est sans doute à considérer cela qu'Henry II, en vertu des accords de Montmirail avec le roi Louis, s'est résigné aux grandes réformes de structure dynastique qui s'accomplissent en 1169-1170, et dont Aliénor est appelée à largement bénéficier.

Richard, le deuxième fils des souverains, âgé de douze ans, est proclamé duc d'Aquitaine et, sous la surveillance étroite de son impérieuse mère, on va le laisser s'installer en Poitou ; c'est ainsi que l'on voit Aliénor et ce fils tenir un plaid somptueux à Niort à Pâques 1170 [152], dans cette place, clé du Bas-Poitou, qu'Henry II a tenu à armer solidement en en reconstruisant le donjon. En même temps, et sur les conseils de la reine, semble-t-il [153], le fils aîné, Henry [154], est couronné à quinze ans et associé au trône, selon la méthode capétienne. Aliénor n'assiste pas à la cérémonie du 14 juin 1170 qui pourtant la comble de joie ; elle assure à Caen la garde de la jeune Marguerite de France, fille de Louis VII et de sa deuxième femme, fiancée presque depuis sa naissance, en 1158, à Henry le Jeune [155]. Ce rôle de geôlier d'une princesse française ne semble pas lui dé-

(148) ROBERT de TORIGNI, op. cit., p. 236 ; Chronique de Saint-Aubin d'Angers, dans Chroniques des églises d'Anjou, éd. P. MARCHEGAY et E. MABILLE, 1869, p. 41.
(149) RICHARD, p. 144. Voir aussi VILLEPREUX, op. cit., p. 50 ; KELLY, p. 154. Cf. EYTON, p. 112.
(150) GERVASE of CANTERBURY, op. cit., p. 205 ; ROGER of HOVEDEN, Chronica, éd. STUBBS, Londres, t. I, 1868, p. 273.
(151) Bon tableau dans PETIT-DUTAILLIS, La monarchie féodale..., pp. 186-88.
(152) RICHARD, p. 150 ; KELLY, pp. 141, 199.
(153) «... Li reis, qui fu de bon sens,
Out finee en Peitou sa guerre,
Si s'en revint en Engleterre
O grant herneis, o grant barnage.
Si li prist talent et corage
De faire son filz coroner.
Si fu a cest conseil doner
La reïne e tot son poeir. »
(Histoire de Guillaume le Maréchal, éd. Paul MEYER, t. I, 1891, p. 70).
(154) Depuis l'âge de neuf ans il avait eu sa maison propre, et ce n'était plus la reine qui s'occupait de sa personne (EYTON, p. 86).
(155) « Regina Cadomi morabitur donec gaudii hujus certitudinem acceperit » (Un anonyme à Thomas Becket, juin 1170 : H. F., t. XVI, p. 431). Cf. Olin H. MOORE, The young king Henry Plantagenet (1155-1183) in history, literature and tradition (« The Ohio state university studies », vol. 2), Columbus, 1925, p. 6 ; KELLY, p. 144.

plaire. Bientôt elle retournera en Poitou, et tandis que le roi se débattra au milieu des difficultés sans nom qu'entraîne l'assassinat de l'archevêque de Canterbury, on verra la duchesse, accompagnée de Richard, parcourir glorieusement l'Aquitaine, poser la première pierre des Augustins à Limoges [156] et, pour la Saint-Martial 1172, accueillir dans cette ville, avec un faste monarchique, de royaux pèlerins, Alphonse II d'Aragon et Sanche VI de Navarre [157]. Elle a cinquante ans maintenant. Mathilde l'a quittée depuis longtemps déjà pour épouser le tumultueux Henri le Lion (de vingt-sept ans son aîné), fondant ainsi une réalité historique qui durera un demi-siècle, jusqu'à Bouvines, l'alliance Guelfes-Plantegenêts [158] ; Aliénor, sa deuxième fille, est reine de Castille ; Geoffroy a reçu la promesse de la Bretagne. Mais c'est ce Richard, duc d'Aquitaine, pour qui elle éprouve une indubitable prédilection. De plus en plus elle se détache d'Henry II, elle voudrait, et parfois semble l'ignorer.

Ce sont pour elle des années en apparence insouciantes. Elle retrouve en Aquitaine ce climat favorable aux jeux de l'esprit qu'avaient si bien développé les derniers ducs, son grand-père surtout. La « riche dame de riche rei » à qui, dès 1155, Benoît de Sainte-Maure en Touraine dédiait son immense *Roman de Troie* [159] et qui, à la même époque, commandait à Wace une traduction de Geoffroy de Monmouth, la duchesse « avenante, vaillante, courtoise » que complimente un autre trouvère [160], Aliénor, dont, au dire d'un intuitif critique moderne, le jugement était « si fin » [161], est aussi la femme « frivole et vaniteuse, [qui] ne pouvait avoir que des regards com- « plaisants pour ces distributeurs de gloire qu'étaient les trouba- « dours », ajoute Alfred Jeanroy [162]. C'est ce qui fit accueillir par Aliénor à sa cour poitevine, dès 1153, avec un peu trop d'empressement peut-être, le non moins vaniteux Bernard de Ventadour, et la malice publique eut tôt fait de transformer ce hableur en un amant comblé, à son tour, comme tant d'autres tout aussi hypothétiques [163] ;

(156) « Monasterium sancti Augustini Lemovicensis incoeptum est construi tempore illo ; regina Alienor cum filio Richardo, Lemovicae forte cum esset, lapides in fundamento primi jecerunt. » (Geoffroy de Vigeois, *Chronicon*, H. F., t. xii, p. 442). Voir également Eyton, p. 137 ; cf. Kelly, p. 155.
(157) *Chroniques de Saint-Martial de Limoges*, éd. H. Duplès-Agier, 1874, p. 58 ; cf. Richard, p. 161.
(158) Edouard Jordan, *L'Allemagne et l'Italie aux XIIe et XIIIe siècles* (« Histoire générale, moyen âge », t. iv, 1re p.), 1939, p. 94.
(159) Benoit de Sainte-Maure, *Le roman de Troie...*, éd. L. Constans, t. vi, 1912, p. 189. Les vers adressés à Aliénor sont les vers 13457-470. Cf. F. A. G. Cowper, *Date and dedication of the Roman de Troie*, dans « Modern philology », t. xxvii, 1929-30, pp. 379-82 ; Kelly, *Eleanor... and the courts of love*, p. 7.
(160) *Histoire de Guillaume le Maréchal*, éd. Meyer, t. iii, p. 88.
(161) Petit-Dutaillis, *La monarchie féodale*, p. 367.
(162) Alfred Jeanroy, *La poésie lyrique des troubadours*, Toulouse, t. i, 1934, p. 151.
(163) Longue discussion dans Richard, p. 118 et p. 170, n. 3. Niccolo Zingarelli a

c'est encore ce qui lui fait rouvrir bien grandes, à partir de 1170, les portes de son palais de Poitiers [164] à toute sorte d'invités, jeunes femmes, jeunes filles « nourries » à sa cour [165], poètes et clercs beaux esprits, troubadours en quête de confortables sportules. Parmi eux, au premier rang, rayonna quelque temps Marie, comtesse de Champagne, l'aînée de tous les enfants de la duchesse-reine, celle que, vingt-cinq ans plus tôt, les prières de Bernard de Clairvaux lui avaient obtenue [166].

Que ces joyeux hôtes d'Aliénor se soient parfois complu à des jeux galants qui consistaient à proposer des énigmes de casuistique amoureuse, et à inventer les plus ingénieuses solutions en réponse à ces rébus, il ne faut pas voir là, Gaston Paris l'a depuis longtemps démontré, autre chose précisément que des jeux. Les « cours d'amour » dont le *Tractatus de amore* d'André le Chapelain, un familier évidemment de la cour de Poitiers, a transmis mainte sentence, attribuée à Marie de Champagne ou à sa mère, n'ont jamais été, ailleurs que dans le cerveau des écrivains romantiques depuis Legrand d'Aussy [167], des tribunaux enchaînant l'honneur des barons par des sentences sans appel [168].

Ces fêtes, ces musiques, ces jeux intellectuels « étaient en oppo-

aisément prouvé (*Ricerche sulla vita di Bernardo de Ventadorn*, Bergame, 1905, pp. 41-53) que la tradition des amours entre Bernard et Aliénor ne repose sur aucun fondement. Malgré cela il y a encore bien des divagations dans l'ouvrage, qui gagnerait ici à être plus critique, de Mrs KELLY (*Eleanor... and the four kings*, p. 86). C'est la « biographie » de Bernard (on sait combien peu on doit se fier à de telles « sources ») qui veut qu'Henry II ait appelé Aliénor de France auprès de lui, dans les premiers temps de leur mariage, parce que jaloux de son intimité avec le poète.

(164) En dépit de tout ce qui s'écrit depuis longtemps à ce sujet (WALKER, *Eleanor of Aquitaine*, p. 151, s'exprime encore de manière inquiétante : « The newly-completed hall... »), il ne semble pas que la monumenta'e salle du Palais de Poitiers ait été achevée avant l'extrême fin du XIIe siècle, et par conséquent ce n'est pas en ce décor incomparable qu'il faut se représenter Aliénor présidant à ses grandes fêtes, du moins pour la période antérieure à 1173 (Yvonne LABANDE-MAILFERT, *Le Palais de justice de Poitiers*, dans « Congrès de la société française d'archéologie », 109e session, 1951, Poitiers, compte rendu, sous presse).

(165) Cf. ci-dessous, p. 214, n. 202.

(166) KELLY, *Eleanor... and the courts of love*, p. 10.

(167) LEGRAND d'AUSSY, *Fabliaux ou contes... des XIIe et XIIIe siècles*, 2e éd., t. I, 1829, p. 319.

(168) La question a été tranchée par G. PARIS, *Les cours d'amour au moyen âge*, dans « Journal des savants », 1888, pp. 664-75, 727-36. Le traité d'ANDRÉ le Chapelain (*De amore libri tres*), contenant les sentences de la duchesse et de la comtesse, a été édité par Am. PAGES (Castellon de la Plana, 1929). L'une d'elles, ainsi formulée : « Causa conjugii ab amore non est excusatio recta », due à Aliénor, est commentée naïvement par RICHARD, p. 172, n. 1. On trouvera un excellent exposé de la question, avec la traduction des sentences de la duchesse d'Aquitaine, dans Jacques LAFITTE-HOUSSAT, *Troubadours et cours d'amour* (« Que sais-je ? », vol. 422), 1950, notamment pp. 52 et 54. Quant à Mrs KELLY, au chapitre XV de son ouvrage (« The court of Poitiers », pp. 157-67), elle est tombée dans tous les excès d'une maladroite et romanesque phraséologie.

V

sition avec la rudesse anglaise », remarque Alfred Richard [169], et en effet les historiens n'ont pas manqué d'être frappés de voir combien cette civilisation courtoise pénètre peu, à l'époque, à la cour de Paris ou, bien moins encore, à celle de Londres. M. Yves Renouard a noté très justement que l'instabilité d'Henry II, ses « constants déplacements à grand rayon d'action » ont été l'obstacle majeur à cette pénétration [170].

Aliénor, durant ces années-là, n'a-t-elle point, au total, cherché un peu à s'étourdir, sachant bien qu'elle ne serait plus aimée ? Au fait, par Henry le fut-elle jamais ? [171] Henry, dit pudiquement un écrivain du XVIIIe siècle, « avoit le cœur aussi sensible à la volupté qu'à l'ambition » [172] ; ses amantes ont été multiples. Si la seconde union de la duchesse d'Aquitaine fut malheureuse, la faute en incombe à l'époux volage, et sans doute à lui seul [173]. Longtemps secrètes, ou tout au moins non affichées, les débauches du roi Plantegenêt prirent, au dire de Giraud le Cambrien [174], une tout autre allure lorsqu'il eut découvert Rosamund Clifford, qui devint sa maîtresse en titre.

La jalousie d'Aliénor à l'égard de Rosemonde (laquelle, écrit le plaisant chroniqueur, ne méritait pas son nom, mais bien celui de « Rose d'impureté, *rosa immundi* »), cette jalousie a constitué un thème littéraire [175] presque aussi fécond, et riche en fioritures, que ceux des amours de la reine avec Bernard, Saldebreuil ou Saladin. Le fait que l'on sache si peu de chose sur celle que le roi aima durant dix ans, croit-on, et qui mourut, jeune encore, au monastère de Gostow, facilitait évidemment la tâche des poètes, depuis les auteurs de ballades du bas moyen âge anglais jusqu'aux dramaturges de médiocre envergure aux environs de 1820. Des mélodrames de ces derniers la silhouette de la reine Aliénor — comme symétriquement celle de Lucrèce Borgia [176] — est sortie encore un peu plus déformée. L'altière épouse offensée pénétrant par trahison

---

(169) RICHARD, p. 168.

(170) Yves RENOUARD, *Essai sur le rôle de l'empire angevin dans la formation de la France et de la civilisation française aux XIIe et XIIIe siècles*, dans « Revue historique », t. CXCV, 1945, p. 296.

(171) WALKER estime que, dès 1154, elle avait déjà manqué son but (*op. cit.*, p. 141).

(172) LARREY, *Histoire d'Eléonore de Guyenne...*, p. 136.

(173) Telle était déjà l'opinion de LUCHAIRE (*Louis VII, Philippe-Auguste, Louis VIII...*, p. 48).

(174) GIRAUD le Cambrien, *De principis instructione*, éd. WARNER, p. 165. Cf. KELLY, *Eleanor... and the four kings*, p. 150.

(175) Inventaire complet de ce thème : V. B. HELTZEL, *Fair Rosamond* (« Northwestern University, Studies in the humanities », vol. 16), Evanston, 1947.

(176) De cette princesse la récente et critique biographie due à Maria BELLONCI (*Lucrèce Borgia*, 1950) restitue l'image véridique, totalement différente de ce que Hugo et tant d'autres nous avaient présenté d'elle.

au labyrinthe de Woodstock, découvrant l'amante éplorée et, « dans un moment de fureur et de rage [lui arrachant] les yeux » [177], à moins qu'elle ne lui offre le choix entre le poison et le poignard, voilà l'image d'Aliénor que retinrent les lecteurs du poème de Charles Brifaut (1813) ou les spectateurs assistant à la tragédie d'Emile de Bonnechose en 1826 [178].

Tout le monde sait, depuis Michelet, qu'Aliénor était « passionnée et vindicative comme une femme du Midi » : définition qui n'a même point le mérite de l'originalité puisqu'elle est copiée, mot pour mot, dans Augustin Thierry [179]. La reine n'avait que trop de motifs de souhaiter se venger, et ses malheurs donnèrent lieu, écrit Elie Berger, au « plus magnifique exemple de haine conjugale qu'il soit possible d'imaginer [180] ».

Aliénor ne s'est pas vengée en assassinant Rosemonde. Elle a fait mieux. Elle a soulevé le Poitou.

A la Noël 1172 encore, tout semble calme. Le roi Henry, réconcilié depuis six mois avec l'Eglise à la suite de la pénitence d'Avranches, tient sa cour à Chinon et l'on voit la reine y participer, comme tant d'autres fois [181] : depuis trois ans que son mari lui abandonna le gouvernement de l'Aquitaine, il veut savoir si elle a été, oui ou non, l'intendant infidèle. Deux mois plus tard, autre assemblée à Limoges, à laquelle participent le « jeune roi » qui n'est roi que de nom, et le duc Richard [182] ; c'est là que les premiers bruits de mouvements souterrains parviennent aux oreilles du souverain [183].

(177) VILLEPREUX, *Eléonore de Guyenne*, p. 53 (d'après J. Bromton, le premier écrivain chez qui la légende apparaisse déjà constituée).
(178) La *Rosemonde* d'E. de BONNECHOSE contient (acte IV, sc. V) ce savoureux résumé des sacrifices consentis par Aliénor à son royal époux :
  « Henri, songez au temps où, reine des Français
  Et témoin indulgent de vos premiers succès,
  La fière Eléonore apprit à vous connaître.
  Songez à ma tendresse, aux lieux qui l'ont vu naître.
  Quand de Plantagenet j'encourageai les feux,
  Il doutait d'un bonheur promis par mes aveux.
  Je bannis vos soupçons, je descendis du trône,
  Sans murmure mon front résigna la couronne.
  Mon rang devint le vôtre, et mon hymen soudain
  En royal avenir changea votre destin. »
(179) A. THIERRY, *Histoire de la conquête de l'Angleterre par les Normands*, t. III, 1825, p. 241 : « Passionnée et vindicative comme une femme du Midi. » — MICHELET, *Histoire de France*, livre IV, ch. V : « La jalouse Eléonore, passionnée et vindicative comme une femme du Midi. » — MASSIOU, *Histoire de la Saintonge et de l'Aunis*, t. II, p. 53 : « Vindicative et passionnée comme *toutes* les femmes du Midi. » — Sans commentaires.
(180) BERGER, *Les aventures...*, p. 712.
(181) ROBERT de TORIGNI, *Chronicle*, éd. HOWLETT, p. 255 ; cf. RICHARD, op. cit., t. II, p. 162.
(182) EYTON, *Court... of Henry II*, p. 170.
(183) KELLY, op. cit., p. 179.

V

Le 8 mars 1173, une semaine après le plaid de Limoges, Henry le Jeune gagna la cour du roi Louis VII. Bientôt Richard et Geoffroy, sur l'ordre de leur mère, l'allaient rejoindre. D'un bout à l'autre de l'Aquitaine la révolte éclata. Aliénor et ses parents poitevins — Raoul de Faye en tête, — puis les Lusignans, les Sainte-Maure, les Rancon, les Larchevêque en constituèrent le nœud [184]. La reine avait croisé tous les fils : ce ne furent point ses enfants, si précoces qu'on les devine tous [185], qui y réussirent. Seule leur mère, véritable louve, avide de ce pouvoir qu'on ne lui avait concédé sur le continent qu'à demi et qu'elle voulait total, ardente maintenant à la vengeance contre un indigne mari, voulant lui faire expier les chagrins dont il l'avait abreuvée, — fût-ce de connivence avec le précédent époux, si dédaigné jadis, — seule Aliénor a pu fomenter semblable insurrection [186].

Lorsqu'en novembre de la même année, Henry est en mesure de répondre à la guerre par la guerre, voici que de l'Anjou il marche vers les confins Touraine-Poitou ; Faye, la forteresse du sénéchal, tombe. Se sentant traquée, la reine tente de fuir sous des habits masculins ; alors des trahisons probables la font tomber aux mains du roi [187], qui l'incarcère à Chinon. Tous les membres de sa suite sont morts, mutilés ou disparus [188].

Au cours d'une captivité interminable, elle va avoir le temps, revoyant en elle-même toute sa vie passée, de peser les termes du monitoire que, sur l'ordre d'Henry, l'archevêque de Rouen, Rotrou de Warwick, lui a quelques semaines plus tôt adressé [189], la menaçant des sanctions canoniques si elle ne venait à résipiscence :

« Que l'homme ne sépare pas ce qui fut uni par Dieu (Mat., xix 6)...
« L'homme est la tête de la femme (Eph., v 23), la femme a été tirée de
« l'homme (Gen., ii 23), elle est unie à l'homme, soumise à la puissance

---

(184) « Hujus autem nefandae proditionis auctores exstiterunt Lodowicus rex Franciae et... Radulphus de Faia. Praedicta quidem regina eo tempore habuit in custodia sua Ricardum, ducem Aquitanniae et Gaufridum, comitem Britanniae, filios suos ; et misit eos in Franciam ad juvenem regem, fratrem illorum, ut cum eo essent contra regem patrem ipsorum.» (Benedict of Peterborough, Gesta regis Henrici II, éd. W. Stubbs, Londres, t. i, 1867, p. 42) ; voir aussi Robert de Torigni, p. 256 ; Radulphus de Diceto, Ymagines historiarum, éd. Stubbs, t. i, p. 355 (« Consilio... reginae ») ; Gervase of Canterbury, Chronicles, éd. Stubbs, p. 242 (« Dicebatur... quod ex machinatione ejus et consilio omnia haec parabantur »). — Cf. Richard, t. ii, p. 167 (et pour mémoire les déclamations, pleines de chauvinisme régionaliste, de Massiou, t. ii, pp. 55-56).

(185) Qu'il s'agisse des dix-huit ans, à peine sonnés, d'Henry, des quinze ans du duc d'Aquitaine, ou des quatorze de Geoffroy.

(186) Cf. ci-dessous, p. 214, n. 202.

(187) « Regina,... cum mutata veste muliebri recessisset, apprehensa est et sub arta custodia reservata. » (Gervase of Canterbury, loc. cit.) Cf. Massiou, t. ii, p. 56 ; Richard, p. 170 ; Norgate, England under the Angevin Kings, t. ii, p. 135 ; Kelly, p. 183.

(188) Cf. ci-dessous, p. 214, n. 202.

(189) Sur le rédacteur de ce texte, voir ci-dessous, pp. 221-22.

« de l'homme. Aussi tous déplorons-nous, d'une plainte unanime et
« pitoyable, que toi, qui es la plus prudente des femmes, tu t'écartes de
« ton mari... Voici que le membre n'est plus le serviteur de la tête, et,
« ce qui est bien plus épouvantable, tu tolères que tes entrailles et celles
« du seigneur roi s'insurgent contre leur père... Nous savons bien que,
« si tu ne reviens vers ton époux, tu seras la cause d'une ruine gé-
« nérale [190]. »

III

C'est d'abord dans la tour de Chinon qu'Aliénor fut incarcérée. Le souverain s'embarqua à Barfleur l'été suivant seulement (8 juillet 1174), déjà partiellement victorieux en Poitou, mais inquiet de ce qui pouvait se tramer en Ecosse ; avec lui ses captifs regagnaient l'île, car Aliénor n'était pas seule otage pour leurs fils rebelles : auprès d'elle on pouvait noter la présence de la jeune reine Marguerite, épouse d'Henry le Jeune, celle aussi des comtes de Chester et de Leicester. Henri II fit enfermer sa femme dans une tour de Salisbury [191].

Il allait tout mettre en œuvre pour la laisser dorénavant dans une obscurité complète. On ignore tout de son comportement, presque tout au sujet des hommes qui la gardent, de ceux qui, tant bien que mal, assurent ses contacts avec le dehors. A Chinon déjà elle aura pu apprendre que, par bulle du 18 janvier 1174 [192], Alexandre III a canonisé Bernard de Clairvaux ; plus tard, à Salisbury, elle saura que, Louis VII s'étant montré un déplorable soutien militaire pour les princes rebelles, ceux-ci ont dû venir faire leur soumission à leur père. Réaliste et fière, on devine assez que la seconde nouvelle l'aura durement atteinte, plus que la première ne l'aura fait mé-

(190) « In publicam notitiam venit, nec alicui christiano licitum est ignorare quod firma et indissolubilis sit copula conjugalis... Quos Deus... conjunxit homo non separet. Sicut autem divini mandati se transgressorem constituit qui separat conjugatos, ita culpabilis conjugata est quae se a viro suo separat fidemque socialis vinculi non observat... Caput enim mulieris vir est, mulier de viro sumpta est, viro est unita, viri subdita potestati. Omnes itaque comuni et lamentabili querimonia deploramus quod, cum sis mulier prudentissima, divertis a viro : recedit latus a latere, membrum capiti non deservit, immo, quod enormius est, viscera domini regis et tua pateris insurgere contra patrem... Scimus quia, nisi revertaris ad virum tuum, eris generalis ruinae occasio... Revertere itaque, regina illustris, ad virum tuum et dominum nostrum... Antequam res in deteriorem exitum vergat, redeas cum filiis ad maritum cui parere et cohabitare teneris... Vel redibis ad virum tuum, vel jure canonico constringemur et tenebimur in te censuram ecclesiasticam exercere, quod quidem inviti dicimus et quod, nisi resipueris, cum dolore et lacrymis faciemus. » (L'archevêque Rotrou de Rouen à Aliénor, 1173 : H. F., t. XVI, pp. 629-30).
(191) BENEDICT OF PETERBOROUGH, op. cit., t. I, p. 72 ; EYTON, op. cit., p. 179. Cf. RICHARD, pp. 178-80 ; HODGSON, Jung Heinrich, p. 37.
(192) P. L., t. CLXXXV, col. 622 ; cf. KELLY, p. 90.

V

diter : elle aura pensé, non sans raison, que seule elle était capable d'animer la coalition, puisque, elle à peine disparue, tout a croulé. Quant à Henry II, s'il pardonnait — théoriquement — à ses fils révoltés, il se gardait bien d'en faire autant à l'égard de son épouse, soit qu'il redoutât sur eux l'emprise de celle-ci, soit que — avec finesse naguère le notait Luchaire [193] — il voulût, sans contrôle désormais comme sans pudeur, développer sa vie de débauche [194]. Ce qui rend plausible cette part de l'explication, c'est l'attitude adoptée peu après par Henry vis-à-vis du légat pontifical, Uguccione, cardinal de Saint-Ange.

Lorsque ce prélat fut envoyé en Angleterre en octobre 1175, le roi attendait de lui, dira Gervais de Canterbury [195], qu'il lui facilitât une annulation, et Henry ne ménagea pas attentions et flatteries à son hôte, espérant que ce dernier saurait lui aplanir les voies. Ce serait, bien entendu, en recourant à la toujours opportune consanguinité que l'on atteindrait ce but. Peut-être ne serait-elle pas plus difficile à déceler dans le cas présent que pour Louis VII à Beaugency [196]. Quoi qu'il en soit, Henry ne put mener à bien sa manœuvre : il se heurtait, du côté de l'envoyé papal, à une évidente fermeté.

(193) Luchaire, *op. cit.*, p. 71.

(194) D'ailleurs ces deux raisons, loin de s'opposer, se complètent. Parmi les accusations, dans le domaine des amours illicites, qui pèsent lourdement sur la mémoire d'Henry, mais demeurent enveloppées d'obscurité, comment ne pas évoquer ici le fait que la jeune Aélis de France, fille de Louis VII et de Constance de Castille, fiancée à Richard en vertu des accords de 1169, fut gardée indéfiniment à la cour d'Angleterre sans que le mariage se réalisât, malgré les réclamations des rois de France, et que l'on accusa le roi Henry d'avoir abusé d'elle ? Cf. Richard, p. 239, et ci-dessous, p. 218, n. 225.

(195) « Rex, suam exosam habens reginam quam sub munitissimi oppidi teneri fecit custodia, eo quod supradicta persecutio ex ipsius reginae consilio emanasse dicebatur, omni conatu divortium moliri videbatur ideoque et praedictum legatum dicebatur evocasse eumque blanditiis et donis subnervavit. » (Gervase of Canterbury, *op. cit.*, pp. 256-57).

(196) C'est du moins ce qu'insinue Richard, p. 185. On peut proposer la justification suivante :

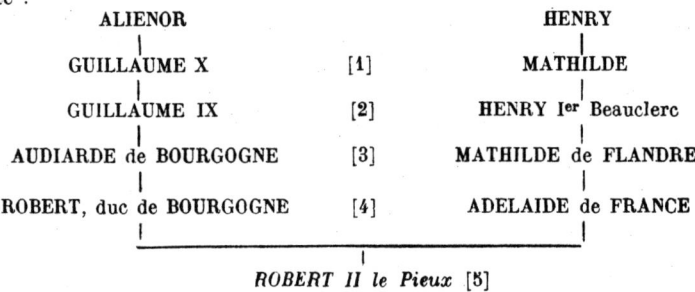

Ou bien est-ce simplement qu'il songea à toute la somme de calamités que l'annulation du mariage du roi de France avait occasionnées à ce dernier [197] ?

La captivité de la reine se poursuivit [198]. Non qu'il faille se la représenter comme étroitement confinée sans cesse en un même château ; les comptes royaux permettent de noter son passage ici et là, en Berkshire, en Buckinghamshire, à Winchester, à Salisbury surtout, sous la garde de Ralph Fitz-Stephen, de Raoul de Glanville ou de quelque autre geôlier [199]. Errants étaient les souverains du XIIe siècle, tout particulièrement Henry II ; errants aussi bien leurs prisonniers. Presque comme trois siècles plus tôt, les trésors royaux continuaient de reposer en grande partie sur l'économie fermée d'un certain nombre de domaines entre lesquels il fallait de toute nécessité, pour faire vivre la cour ou bien ses *impedimenta*, sans cesse se partager.

Qu'à la faveur de ces fréquents déplacements Aliénor n'ait point tenté quelque évasion, cela démontre et l'excellence de la surveillance policière du Plantegenêt, et l'incorruptible fidélité de ses agents, et peut-être la lassitude de la princesse. Sans doute, meurtrie par la conduite de Richard qui, en se soumettant à Henry, semblait désormais trahir la cause de l'Aquitaine et de sa mère, en voulait-elle à ce fils favori en qui naguère elle avait mis ses complaisances [200]. Et les témoignages féaux qui peut-être lui parvenaient de ses sujets poitevins, que pouvaient-ils éveiller en elle sinon la nostalgie d'aller venger elle-même ces derniers ? Vainement, pour lui suggérer d'échapper à la férule conjugale, tel anonyme lançait-il en un style pseudo-prophétique tout bigarré d'expressions bibliques, un de ces pathétiques appels à la duchesse.

« Voici », clamait-il, « que ta cithare ne rend plus que de lugubres ac-
« cords, ta flûte que des sons plaintifs (Job, xxx 31). Naguère délicate,
« voluptueuse (Isa., xlvii 1), tu jouissais d'une royale liberté, tu re-
« gorgeais de richesses, des vierges autour de toi, s'accompagnant du
« tambourin et de la cithare, chantaient pour toi de suaves refrains.

---

(197) Villepreux, *Eléonore...*, p. 73 ; Alexander Cartellieri, *Philipp II. August, Kœnig von Frankreich*, Leipzig, t. i, 1899, p. 208 ; Foreville, *L'Eglise et la royauté en Angleterre...*, p. 432 ; Kelly, *op. cit.*, pp. 190-91.
(198) Elle ne vit pas grandir auprès d'elle les derniers de ses enfants. Jeanne, en février 1177, âgée de onze ans, est mariée à Guillaume II le Bon roi de Sicile. Quant à Jean d'Oxford, qui n'avait que six ans quand elle devint captive, il n'aura pas connu la présence maternelle durant ses années de formation.
(199) Eyton, *op. cit.*, pp. 197, 252, etc. Cf. les excellentes remarques, ici, de Mrs Kelly, p. 191.
(200) A la date de 1181, Geoffroy de Vigeois signalera la fin de cette période de refroidissement entre Richard et sa mère, en ces termes : « Tunc genus inimicitiarum Richardi et Alienoris in speciem amicitiae vertitur. » (*Chronicon*, H. F., t. xii, p. 449).

« Quant à toi, le son des instruments te réjouissait ; de la virtuosité de
« tes musiciens voici que tu te délectais... Pourquoi maintenant laisses-
« tu troubler ton cœur par les larmes de chaque jour ? Reviens, captive,
« reviens vers tes villes (JER., XXX 21) si tu le peux ; que si tu ne le
« peux, pleure avec le roi de Jérusalem et dis : Malheureuse que je
« suis ! Mon séjour s'est prolongé (PSAL., CXX 5), j'ai habité parmi une
« race inconnue et grossière [201] ! Pleure encore, toujours, et dis : Mes
« larmes jour et nuit m'ont tenu lieu de pain, pendant que l'on m'objecte
« sans cesse (PSAL., XLII 4) : Où sont tes serviteurs ? Où tes suivantes ?
« Où tes conseillers ?... Va, crie avec le Prophète, sans trêve, fais reten-
« tir comme la trompette ta voix (ISA., LVIII 1), qu'elle soit entendue de
« tes enfants ! Car le jour approche où ceux-ci te libéreront, où tu re-
« tourneras vers ta patrie [202]. »

Non, Aliénor d'Aquitaine ne fut point libérée par ses fils. On dit bien que lorsque Henry le Jeune mourut prématurément en Quercy (juin 1183), au cours d'une lutte inexpiable qui l'avait opposé à Richard comme à leur père, au moment d'expirer il demanda, entre autres choses, à ce dernier (de qui il implorait le pardon) qu'il consentît à remettre en liberté la reine, détenue depuis plus de neuf ans [203]. Mais ce ne fut pas cette prière de leur enfant tragiquement disparu, et d'ailleurs bientôt auréolé par une légende tou-

(201) Le vieux contraste, cher aux Aquitains, entre leur race, qu'ils estiment hautement civilisée, et un peuple anglais encore barbare, est par ce texte anonyme une fois de plus mis en vedette. On en trouve encore un reflet chez Alf. Richard, cf. ci-dessus, p. 208.

(202) « Dic, Aquila bispertita » [allusion à la double couronne d'Aquitaine et d'Angleterre, cette expression était empruntée aux *Prophecies de Merlin*], « dic : ubi eras quando pulli tui, de nidulo suo avolantes, ausi sunt levare calcaneum suum contra regem Aquilonis ? Tu enim commovisti eos, ut audimus, ut affligerent patrem suum vehementer. Idcirco translata es de terra tua et deducta ad terram quam ignorasti. Optimates tui verbis pacificis in dolo deceperunt te. Versa est in luctum cithara tua, et organum tuum in vocem moerentium. Tu autem, mollis et tenera, regia libertate fruebaris, divitiis affluebas, juvenculae tuae cum tympanis et citharis suavem tibi cantilenam decantabant. Tu vero gaudebas ad sonitum organi, et lusibus tympanistriarum tuarum exultabas. Obsecro te, regina bispertita, ut parcas continuis lamentis. Quare moerore consumeris ? Quare cor tuum quotidianis fletibus affligis ? Revertere, captiva, revertere ad civitates tuas, si potes ; si vero non potes, plange cum rege Hierosolymitano et dic : Heu mihi ! quia incolatus meus prolongatus est, habitavi cum gente ignota et inculta. Iterum atque iterum plange et dic : Fuerunt mihi lacrymae meae panes die ac nocte, dum dicitur mihi quotidie : Ubi sunt familiae tuae ? Ubi sunt adolescentulae tuae ? Ubi sunt consiliarii tui ? Alii de terra sua furtim sublati morte turpissima condemnantur, alii visu privantur, alii per diversa loca vagi et profugi habentur. Aquila rupti foederis, quousque clamabis, et non exaudieris ? Obsidionem posuit super te rex Aquilonis ! Clama cum Propheta, ne cesses ; quasi tuba exalta vocem tuam, ut audiatur vox tua a filiis tuis. Appropinquat enim dies quo a filiis tuis liberaveris et ad terram tuam reverteris ! » (Continuateur de RICHARD le Poitevin, H. F., t. XII, p. 420). Magnifique transcription dans MICHELET, *Histoire de France*, livre IV, chap. V.

(203) GEOFFROY de VIGEOIS, *op. cit.*, p. 220 ; cf. RICHARD, *op. cit.*, t. II, p. 219 ; KELLY, *op. cit.*, p. 219.

chante [204], qui détermina Henry II à accorder peu après à la souveraine quelque atténuation à sa captivité ; ce furent des soucis d'autre politique.

En 1184 il devient pour l'historien évident, même à travers la grille peu serrée de quelques textes, que la situation d'Aliénor n'est plus la même [205]. Les portes se sont entr'ouvertes devant elle. Conduite à Winchester [206], elle a pu revoir sa fille, la duchesse de Saxe, sur le point d'accoucher, et vers la fin de l'année l'on constate qu'elle participe à l'assemblée royale de Londres, laquelle se préoccupe de pourvoir à la vacance du siège de Canterbury [207]. Henri le Lion, alors en exil politique en Angleterre, et sa femme obtiennent pour elle un traitement plus favorable ; le nouvel archevêque Baudouin s'unit à ceux-ci pour solliciter la clémence royale. Mais lorsqu'après Pâques 1185 le roi Henry fait venir Aliénor auprès de lui en France, c'est qu'il veut se servir d'elle comme d'un vulgaire instrument de chantage pour faire céder Richard : si le fils insurgé ne rend pas le Poitou à sa mère qui, déclare le souverain avec une belle hypocrisie, en est la légitime comtesse, celle-ci marchera sur cette province à la tête d'une armée et la ravagera. Ainsi le père obtient-il finalement une nouvelle soumission du rebelle [208] ; sitôt que Richard est redevenu, en apparence du moins, docile, Aliénor est reconduite en Angleterre où le silence s'appesantit sur elle : rentrée dans l'île au printemps 1186, on l'y trouve bientôt en résidence à Winchester, en résidence forcée peut-être, car dans les mois suivants tout semble indiquer qu'elle est à nouveau sous une surveillance étroite, sinon

---

(204) On lira ,dans l'éd. J. STEVENSON de RALPH of COGGESHALL (*Chronicon Anglicanum*, Londres, 1875, pp. 265-73), ce singulier *De morte et sepultura Henrici regis junioris* de Thomas « Agnellus », archidiacre de Wells, aux termes duquel, « sicut ex ejus » [d'Aliénor] « relacione didicimus », le jeune Henry apparut à sa mère, aussitôt après sa sépulture, portant deux couronnes d'or dont l'une brillait beaucoup plus que l'autre. Ainsi Aliénor, en sa retraite forcée, apprit, au dire du panégyriste, que l'âme du défunt était sauvée. Cf. MOORE, *The young king...*, p. 33 ; WALKER, *Eleanor of Aquitaine*, p. 195.

(205) Dès 1179, « Henricus rex et Alienor regina reconciliati fuerunt », disent les *Annals of Waverley* (éd. H. R. LUARD, p. 241). On ne sait ce qu'il faut penser de cette affirmation ; en tout cas les développements de WALKER (pp. 191-94) tendant à prouver qu'Aliénor avait déjà été plusieurs fois amenée à sortir de prison avant la mort d'Henry le Jeune nous paraissent insuffisamment fondés.

(206) WALKER, p. 197.

(207) « In adventu... regis, regina Alienor, quae jam in custodia tenebatur, permissa exire, usque ad Wintoniam adducta est ad loquendum cum filia sua ducissa Saxoniae, quae in Anglia venerat praegnans, quae paulo post peperit ibi filium. » (BENEDICT of PETERBOROUGH, *op. cit.*, éd. STUBBS, t. 1, p. 313). Voir en outre EYTON, *op. cit.*, p. 254 ; cf. KELLY, p. 225.

(208) BENEDICT of PETERBOROUGH, p. 337 ; EYTON, p. 262. Cf. VILLEPREUX, *op. cit.*, p. 64 ; RICHARD, p. 233 ; CARTELLIERI, *op. cit.*, t. I, p. 225.

encore en prison [209]. Comment l'imaginer désormais autrement que comme un être dont les ressorts sont brisés ? Elle a vu les portes de son domaine se refermer devant elle, l'Aquitaine lui échapper définitivement pour passer aux mains de Richard, de qui elle peut à juste titre se demander ce qu'il faut penser. Et son Geoffroy est mort en pleine jeunesse (août 1186) dans des circonstances demeurées obscures [210].

Ainsi vivait recluse [211] celle qui avait été la brillante comtesse de Poitou lorsqu'en juillet 1189 son époux, depuis longtemps traqué, maintenant abandonné de tous, expira en Touraine, à Chinon [212]. Richard Cœur-de-Lion devenait roi, et l'association politique entre la mère et le fils, si aptes, en dépit de tout, à se comprendre l'un l'autre, se ressouda incontinent. Des ordres étaient transmis par le nouveau monarque en Angleterre en vue de l'élargissement de la reine-mère [213]. Joyeuse, retrouvant sa vigueur [214], et ceci en dépit de la mort de sa fille Mathilde, le 13 juillet [215], Aliénor allait aussitôt parcourir « de ville en ville, de château en château, tous les comtés « d'Angleterre », faisant partout prêter à son fils serment de fidélité et, sous condition de ce serment, faisant partout élargir les prisonniers. Il devait y avoir dans les châteaux du roi Henry plus d'un captif pour raisons politiques : celle qui venait de tant souffrir cherchait maintenant à faire partager à tous l'allégresse de la libération, en

---

(209) Eyton, pp. 267, 273, 291. Cf. Richard, p. 236. Est-il question désormais pour elle de liberté complète, comme le postule Petit-Dutaillis (*L'essor des Etats d'Occident*, p. 121) ? Nous ne le croyons pas, cf. ci-dessous, p. 217, n. 216.

(210) Resté jusqu'au bout l'ami de Philippe Auguste, il aurait péri au cours d'un tournoi, broyé sous les pas des chevaux (Tamizey de Larroque, *Observations sur l'histoire d'Eléonore...*, p. 34). Mrs Kelly (p. 226) note que, selon d'autres informateurs (Giraud le Cambrien, *op. cit.*, p. 176), il serait mort d'un simple accès de fièvre.

(211) Pour 1188 encore des suppositions, cette fois particulièrement invraisemblables, dans Walker (*op. cit.*, p. 205).

(212) Aliénor, qui devait survivre d'impressionnante manière à tant et tant des siens, vit ainsi mourir prématurément ses deux maris. Henry n'avait que cinquante-six ans. Louis VII avait expiré le 18 septembre 1180, n'ayant pas atteint, lui non plus, la soixantaine, et déjà usé.

(213) Radulphus de Diceto, *Ymagines historiarum*, éd. Stubbs, p. 67. Selon Mrs Kelly, qui ne semble pas tenir compte du témoignage de Benoît de Peterborough (ci-dessous, p. 217, n. 216), elle aurait devancé les ordres de Richard (*op. cit.*, p. 249).

(214)   « Li mareschal en Engleterre...
    ... La reïne Alienor...
    Trova delivree a Wincestre,
    Plus a ese k'el ne sout estre. »

(*Histoire de Guillaume le Maréchal*, éd. Meyer, t. I, p. 343) ; cf. Larrey, *Histoire d'Eléonore de Guyenne*, éd. cit., p. 217 ; Kelly, p. 248. « Si elle était entrée en prison sous des apparences un peu frivoles, elle en sortit avec le caractère d'une vraie femme politique », déclare sentencieusement Richard (pp. 256-57). Il est permis de trouver peu conforme à la vérité le premier terme du binôme.

(215) Radulphus de Diceto, t. II, p. 65.

même temps qu'elle tâchait ainsi de fournir à son fils les auxiliaires, par là même présumés fidèles, de son futur gouvernement [216].

Ce fut vraiment elle alors qui commença, à soixante-sept ans, de gouverner l'Angleterre [217]. Non point Richard qui n'y fit qu'une courte apparition à l'occasion du couronnement ; il ne songeait alors qu'aux préparatifs de la troisième croisade.

« Elle était enfin dans son rôle véritable », écrit un de ses récents biographes ; « aucun souverain, de par l'Europe, n'avait acquis des « hommes et des affaires une expérience plus variée qu'Aliénor [218]. »

Elle parlait impérieusement [219]. Après la Chandeleur 1190, elle passa sur le continent, accompagnée d'un grand nombre de prélats et de son dernier fils, Jean [220], celui qui, en face d'Arthur de Bretagne, fils posthume de Geoffroy, ou de l'archevêque élu d'York, bâtard d'Henry II, pouvait maintenant prétendre à la couronne Plantegenêt, aussi longtemps au moins que Richard, trop célèbre déjà par ses débauches, n'aurait pas engendré un fils en légitime mariage. Jean reçut un apanage substantiel avant que le roi ne s'embarquât. Etait-ce prudent ?

Il n'a pas fallu davantage, en tout cas, pour qu'on accusât Aliénor de versatilité.

« Quelque chose », écrit Cartellieri [221], « de destructeur, de dissolvant « adhérait à sa personnalité. Jadis elle avait abandonné son légitime « mari et choisi pour époux Henry II, le plus grand ennemi de celui-ci ; « plus tard elle soutint ses fils rebelles contre leur père ; et maintenant « elle prend fait et cause pour son plus jeune fils, dépourvu de carac- « tère, contre le Roi soucieux de la sécurité de l'Etat. »

---

(216) « Mater... ducis Normanniae *per mandatum illius* de ultra mare liberata est de carcere mariti sui quo diu detinebatur, et reginalem curiam circumducens de civitate in civitatem et de castello in castellum, sicut ei placuit profecta est, et misit per universos comitatus Angliae viros honorabiles, tam clericos quam laicos, ad mandatum Ricardi... exequendum in hac forma : imprimis praecepit captivos omnes a carceribus et captionibus liberos reddi, ut a propria persona sua argumentum eliceret captiones molestas esse hominibus et jocundissimam animae refocillationem ab ipsis emergere. Praecepit itaque quod... juret unusquisque liber um hominum... quod fidem portabit domino Ricardo, domino Angliae. » (BENEDICT of PETERBOROUGH, *op. cit.*, t. II, pp. 74-75). Dans sa biographie romancée, avec tout l'attendrissement de sa génération « sensible », la comtesse de MACHECO a retenu cet épisode (*Eléonore d'Aquitaine...*, t. I, p. 265).
(217) NORGATE, *op. cit.*, t. II, p. 273.
(218) KELLY, p. 254.
(219) Et ne se laissa pas, par exemple, impressionner lorsqu'un légat pontifical débarqua à Douvres sans autorisation du roi (RADULPHUS de DICETO, p. 72 ; BENEDICT of PETERBOROUGH, p. 97 ; ROGER of HOVEDEN, *Chronica*, éd. STUBBS, Londres, t. III, 1870, p. 23). Il s'agit du cardinal Jean de Saint-Marc, envoyé par Clément III pour régler un différend à Canterbury. Cf. Lionel LANDON, *The itinerary of king Richard I...*, Londres, 1935, p. 16.
(220) BENEDICT of PETERBOROUGH, pp. 105-06 ; cf. LANDON, p. 26.
(221) CARTELLIERI, *op. cit.*, p. 98.

V

Non moins sévère est le jugement d'Alfred Richard :

« Sa politique », dit-il, « était plutôt celle d'une femme qui se laisse
« aller à ses impulsions, bonnes ou mauvaises, que d'une personne de
« tête qui sait diriger les destinées d'un Etat [222]. »

Or, il suffit de la regarder agir, à partir de 1190, pour devenir plus équitable, et reconnaître qu'elle sut donner des preuves de sagesse politique. Le départ de Richard, avec le jeune et audacieux roi de France Philippe Auguste, pour la croisade la laisse, non point à proprement parler régente, mais chargée, plus ou moins explicitement, de surveiller les affaires du royaume, confiées au chancelier Guillaume Longchamp, évêque d'Ely [223]. Elle semble en fait avoir, dès le début, très bien senti que le danger viendrait, pour le roi, de son jeune frère Jean ; Benoît de Peterborough en témoigne. Alors, dira-t-on, pourquoi, peu après le départ de Richard, quitta-t-elle l'Angleterre afin d'aller courir l'Europe, laissant les intrigues de Jean se développer et amener la chûte de l'évêque Guillaume ?

La réponse est simple. Aliénor, dans son périple européen au début de 1191, agit à la fois en mère et en reine. Son grand souci est de voir Richard marié, non pas tellement par désir d'éteindre chez lui une concupiscence dévorante, que, davantage, dans l'espoir de voir naître un petit-fils qui supplantera Jean-sans-Terre pour la succession au trône. En courant, presque septuagénaire, jusqu'à Bordeaux d'où elle emmène rapidement [224], le long des interminables et médiocres routes de France et d'Italie, vers le camp des croisés qui hivernent à Messine, Bérengère, fille de Sanche de Navarre, maintenant promise au roi Richard [225],

« ... une sage pucele
« E gentilz femme e preuz e bele,
« Non pas fause ne losengere » [226],

---

(222) RICHARD, *op. cit.*, t. II, p. 439. Pourtant, pp. 260-61 du même volume, l'auteur reconnaît qu'Aliénor, qui avait dû beaucoup méditer en sa prison, témoigna en 1189 d'une énergie remarquable et du sens de l'unification monarchique. Quel est celui de ces deux passages où l'auteur exprime sa véritable pensée ? Voir encore ci-dessus, p. 216, n. 214.

(223) PETIT-DUTAILLIS, *op. cit.*, p. 124.

(224) WALKER, *op. cit.*, p. 211. Elle serait allée jusqu'en Navarre selon LANDON, p. 227.

(225) C'est à Messine, après une série d'entretiens orageux rapportés par ROGER de HOVEDEN (*op. cit.*, t. III, p. 99), que Richard se libéra tant bien que mal de son engagement envers la princesse Aélis de France, sœur de Philippe Auguste, princesse dont la honte, qui rejaillissait aussi sur le feu roi Henry, aurait alors été publiquement dévoilée. Voir aussi BENEDICT of PETERBOROUGH, t. II, p. 160. L'on n'a peut-être pas suffisamment prêté attention au fait que Philippe quitta Messine le jour où Aliénor y parvint, escortant la nouvelle fiancée de Richard : il semble qu'il y ait là un mouvement de dépit de la part du frère d'Aélis.

(226) Ainsi la qualifie (en termes dont on peut regretter la banalité) AMBROISE, le compagnon du roi Richard, dans l'*Estoire de la guerre sainte*, éd. G. PARIS, 1897, col. 31, vers 1141 ss. Cf. NORGATE, *op. cit.*, t. II, p. 295 et n. 4.

elle agit peut-être davantage — l'a-t-on assez remarqué ? — contre son dernier fils que si elle fût demeurée en Angleterre à le surveiller. Après être passée en plein hiver par le col de Montgenèvre, après avoir rencontré en Lombardie, à Lodi, l'adversaire de son gendre de Saxe, le nouveau roi des Romains Henri VI [227], la vieille souveraine, avec sa future bru, *via* Naples et Brindisi, finit par rejoindre à Messine le roi Richard le 30 mars 1191, au moment même où les croisés mettent à la voile [228].

« Sans tenir compte de son âge avancé », écrira William de Newburgh,
« sans se laisser arrêter ni par la longueur ni par les difficultés du voya-
« ge, ni par les rigueurs de l'hiver, conduite, disons mieux, entraînée
« par l'amour maternel, elle vint en Sicile depuis l'autre extrémité du
« continent [229]. »

Elle avait atteint son but : six semaines plus tard le roi d'Angleterre, dans le décor inattendu de Limassol, en Chypre conquise, épousa la princesse que sa mère avait choisie pour lui. Aliénor n'en fut pas témoin car, trois jours après son arrivée en Sicile, ayant à peine eu le temps de revoir, après bien des années d'éloignement, sa dernière fille Jeanne, déjà veuve du roi Guillaume II, elle avait repris, inlassable, la route de l'Angleterre.

Après une traversée de Messine à Salerne [230], elle s'arrête quelques jours à Rome, désireuse d'y obtenir du souverain pontife la consécration de son beau-fils comme archevêque d'York [231] ; mais il lui tarde de se retrouver dans les domaines Plantegenêt, et c'est en Normandie, à Bonneville-sur-Touque, qu'elle présidera la cour plénière de Noël 1191 [232] ; six semaines après, elle repasse précipitamment en Angleterre. En effet le roi de France, lui, a tenu sa cour à la même date à Fontainebleau, sournoisement revenu de la Terre Sainte où Richard guerroie toujours.

(227) Landon, *op. cit.*, p. 45.
(228) Le roi d'Angleterre « multas galeas misit... ad Neapolim contra matrem suam... et contra Berengeram, filiam Sanccii regis Navarrae, quam rex ducturus erat in uxorem, et contra Philippum, comitem Flandriae. Praedicta vero Alienor regina et filia regis Navarrae non potuerunt habere licentiam veniendi ad Messanam ab hominibus regis Tancredi, propter multitudinem hominum comitantium, et profectae sunt usque Brundusium. » (Benedict of Peterborough, p. 157). De là elles rejoindront Messine seulement le samedi 30 mars (*ibid.*, p. 161). Cf. Cartellieri, *op. cit.*, t. II, p. 159 ; Richard, *op. cit.*, t. II, p. 272 ; Kelly, *op. cit.*, p. 263.
(229) « Anilis oblita aetatis nec reputans longitudinem seu difficultatem itineris aut rigorem temporis hiemalis, dum materno duceretur vel potius traheretur affectu, a finibus terrae Siciliam venit... » (William of Newburgh, *Historia rerum anglicarum*, éd. Howlett, p. 346).
(230) Landon, p. 48.
(231) Roger of Hoveden, *op. cit.*, t. III, p. 100. Il s'agit du siège métropolitain d'York, non de l'évêché d'Evreux, traduction hâtive de Villepreux, *Eléonore...*, p. 73.
(232) Hoveden, p. 179 ; cf. Richard, p. 276.

V

Philippe Auguste n'a pas gratuitement abandonné à Richard tout l'honneur de poursuivre la croisade : s'il est rentré, c'est — nul n'est dupe — pour guetter cette proie normande qu'aux portes du domaine royal l'apprenti conquérant lorgne depuis de longues années. Reprenant la tradition de son père vis-à-vis des fils d'Henry II, Philippe spécule maintenant sur la haine que Jean, le cadet borné et envieux, nourrit à l'égard du duc de Normandie. Et c'est pour étouffer dans l'œuf, si possible, les intrigues déjà tramées entre Philippe et Jean que la reine, subitement, a franchi une fois de plus la Manche. Aidée de l'archevêque de Rouen, elle parvint provisoirement à empêcher la trahison [233] : elle menaça Jean de la commise féodale qu'elle n'hésiterait pas à appliquer au fils félon au nom du fils suzerain [234] ; elle ajouta à cela, poursuit Hoveden, d'autres avertissements encore... Essaya-t-elle, quoique sceptique sans doute, de toucher chez son dernier-né la fibre familiale, de faire renaître des sentiments de paix fraternelle entre les deux fils qui lui restaient ? On le peut admettre. De toute manière, elle a bien soupesé l'extrême péril que représentait Jean [235].

En mars 1193, un an plus tard, la situation s'était de fait singulièrement aggravée ; la reine y faisait face, usant de tout le poids de son expérience politique, et largement secondée par Hubert Walter, archevêque de Canterbury, grand justicier du royaume. Jean était maintenant en pleine rébellion et s'entendait directement avec Philippe Auguste, à qui il cédait par traité bonne part de la Normandie ; retranché dans Windsor, il allait se heurter à la plupart des barons, avec le solide Guillaume le Maréchal, à lui opposés par la reine [236]. Contre un débarquement dont le roi de France menaçait, assez platoniquement pour l'heure, l'Angleterre, elle appelait tous les vassaux

---

(233) « Omnibus postpositis aliisque negotiis omissis, transfretavit de Normannia in Angliam et invenit Johannem... jam paratum transfretare de Anglia in Normanniam ad loquendum cum rege Franciae ; at mater ejus et Walterus, Rotomagensis archiepiscopus, et caeteri justitiarii Angliae prohibuerunt eum ex parte regis... et sua ne ipse transfretasset, dicentes quod, si ipse transfretasset, ipsi saisirent in manu regis omnes terras et castella sua. His igitur et aliis matris suae monitis Johannes... acquievit. » (BENEDICT of PETERBOROUGH, op. cit., t. II, p. 237). Cf. CARTELLIERI, op. cit., t. III, p. 16 ; NORGATE, op. cit., t. II, p. 314.

(234) «... La guerre
« Ert surse par tote Engletere
« De ses barons e de son frere
« Ki por la reïne sa mere
« Ne voleit fors son voleir faire »,

écrit AMBROISE, op. cit., p. 254, vers 9441-45). G. PARIS traduit (p. 434) : «... Son frère ne voulait, quoi que lui dît la reine sa mère, faire que sa volonté. »

(235) Ceci avait déjà été très judicieusement noté par DREUX DU RADIER (Mémoires historiques..., t. II, p. 366).

(236) Histoire de Guillaume le Maréchal, éd. MEYER, t. I, p. 357.

au service d'ost et, une fois de plus, leur faisait jurer fidélité à Richard [237].

Le roi était prisonnier, en Allemagne, de l'empereur Henri. L'évêque de Bath venait, à la fin de l'hiver, de transmettre à sa mère les conditions que ce dernier mettait, trop heureux de l'occasion qui lui était fournie, à la libération de Richard [238]. La haine du duc d'Autriche, provoquée en Terre Sainte par un geste malheureux du roi anglais, peu capable de se maîtriser, était à l'origine de cette invraisemblable aventure. A la faveur de l'événement Henri VI allait pouvoir, de manière inespérée, se venger sur Richard de tout ce que le vieux « Lion de Brunswick », gendre d'Aliénor, avait suscité d'obstacles naguère aux Hohenstaufen. Aux yeux de toute l'Europe, à vrai dire stupéfaite malgré le cynisme des mœurs du temps, la personne du roi Richard était par Henri mise aux enchères. Qui allait l'emporter, de Philippe Auguste et de son associé Jean Plantegenêt, entraîné par sa cupidité dans le sillage du monarque français, ou de la régente septuagénaire d'Angleterre ? Le biographe de Guillaume le Maréchal relate le douloureux éclat de celle-ci en apprenant la capture d'un fils toujours chéri malgré tant de folies [239].

Ici Aliénor apparut dans sa pleine maîtrise. Elle triompha en quelques mois d'adversaires aussi perfides que l'empereur et le roi Philippe, en même temps que de l'inertie de la curie romaine. « L'impuissance de Célestin III n'a jamais mieux paru que dans cette affaire [240]. » Pourtant c'était un prince croisé sur qui l'on avait osé porter la main, donc un homme placé sous la sauvegarde de l'Eglise. Mais le pape cherchait à ménager le redoutable empereur, roi titulaire de Sicile, celui-ci n'attendant qu'une occasion pour envahir à nouveau l'Italie.

C'est contre cette attitude expectante, indigne, jugeait-elle, du Saint-Siège, qu'Aliénor se serait élevée en une série de trois lettres, écrites en 1193, et qui sont attribuées à la plume de son illustre secrétaire l'archidiacre Pierre de Blois [241]. Chose piquante, ce dernier est probablement le même rédacteur à qui l'on doit la lettre adressée à Aliénor vingt ans plus tôt de la part de Rotrou de Rouen, dans les

---

(237) GERVASE of CANTERBURY précise que les mesures furent prises par la reine-mère « quae tunc temporis regebat Angliam ». Voir encore HOVEDEN, op cit., t. III, p. 210. Cf. VILLEPREUX, op. cit., p. 76 ; LANDON, The itinerary..., p. 204.
(238) CARTELLIERI, t. III, p. 36 ; LANDON, p. 74.
(239) Histoire de Guillaume le Maréchal, t. I, p. 354.
(240) JORDAN, L'Allemagne et l'Italie..., p. 155.
(241) Publiées en maint endroit, notamment dans H. F., t. XIX, p. 277, et par dom Martène, ces lettres peuvent être utilisées dans l'édition qui figure au t. I, pp. 73-78 des Foedera, conventiones... de RYMER (Londres, 1704). On les trouve citées par fragments ici et là ; elles ont fait l'objet de traductions partielles de VILLEPREUX, pp. 76, 79 ; KELLY, op. cit., pp. 311-12, cf. ci-dessous, p. 222, n. 246.

V

circonstances non moins sensationnelles que nous avons rapportées [242]. Longtemps secrétaire et intime du roi Henry [243], Pierre, type caractéristique des écrivains professionnels du XIIe siècle, bouffis de vanité, férus des Anciens, taquinant les muses les plus badines, prêta donc, dit-on [244], son calame pour adresser, sous la dictée d'Aliénor, « par la « *colère* de Dieu reine d'Angleterre, duchesse de Normandie, com- « tesse d'Anjou, malheureuse mère », de véritables diatribes au pape [245].

On y lisait des choses de ce genre :

« J'avais résolu de me taire... Ma spontanéité, la violence de ma dou- « leur pouvaient en effet laisser jaillir quelque mot non contrôlé, car le « chagrin, lorsqu'il est en pleine montée, côtoie facilement la démence, « il ne connaît point de maître... Vous ne pouvez pas feindre d'ignorer « nos calamités qui se sont sans fin multipliées, vous seriez qualifié de « criminel, d'infâme, vous qui êtes le vicaire du Crucifié, le successeur « de Pierre, le prêtre du Christ, l'oint du Seigneur ! »

Après ces aménités on rappelait au pape le zèle d'Elie devant Achab, du Baptiste devant Hérode, de saint Ambroise en face de Valens, et l'on rappelait, avec davantage encore de complaisance, comment Alexandre III, il n'y avait pas si longtemps, faisait ployer sous le faix des sanctions canoniques le père même d'Henri VI. Et après avoir submergé l'auguste correspondant sous des flots d'éloquence pédante, on ne craignait point de lui dire en face :

« Souvent, pour des motifs bien futiles, vos cardinaux se déplacent « en grand appareil, s'en vont jusque dans les pays barbares en qualité « de légats. Mais ici, pour une cause si digne de pitié, vous n'avez pas « encore envoyé un seul sous-diacre, voire un acolythe. Aujourd'hui, « c'est la recherche du profit qui fait déplacer les légats, ce n'est pas la « considération du Christ, l'honneur de l'Eglise, la paix à établir entre « les royaumes ; et pourtant quel plus beau gain, quel plus beau bénéfice « peut-il y avoir pour vous que d'obtenir la libération de ce roi [246] ? »

---

(242) Cf. *Histoire littéraire de la France*, t. xv, p. 395.
(243) On a lu plus haut, p. 201, le portrait qu'il campa du roi.
(244) « Nous n'ignorons pas les doutes qui pèsent sur les lettres de Pierre de Blois ; il en faudrait une édition critique », écrivait en 1933 Petit-Dutaillis (*La monarchie féodale en France et en Angleterre*, p. 118, n. 1). On peut lire sur l'homme la causerie spirituelle, mais un peu trop facile, d'A. Luchaire, *Un diplomate*, dans « Séances et travaux de l'académie des sciences morales et politiques », t. clxxi, 1909, pp. 371-81.
(245) Richard s'exprime de telle manière qu'on croirait ces lettres dues à la reine « *elle-même* » (*op. cit.*, t. ii, p. 283). Mais il n'en apporte aucune preuve, et il dit expressément le contraire, p. 439, n. 1.
(246) « Reverendo patri et domino Celestino, Dei gratia summo pontifici, Alienor, in ira Dei regina Anglorum, ducissa Normanniae, comitissa Andegavensis, miserae matri exhibere se patrem. Silere decreveram... si forte... verbum aliquod minus cautum abundantia cordis et vehementia doloris eliceret. Sane non multum ab insania differt dolor, dum in impetu suae ascensionis est, dominum non agnoscit, socium non veretur... Calamitates nostrae multiplicatae sunt super numerum, nec ista dissimulare potestis citra

Le scribe intempérant rappelait aussi la fidélité de la monarchie anglaise à l'unité romaine le jour où Barberousse avait opposé un antipape à Alexandre III ; il constatait avec amertume qu'une telle fidélité n'avait guère provoqué de reconnaissance. Ailleurs, avec le goût invétéré des hommes de son espèce pour le calembour, il traitait en termes méprisants : *potius ligati quam legati*, les membres de l'entourage du pape. Alternant ainsi menaces, mépris et condescendantes flatteries, il exprimait la rage concentrée dont la reine donna alors à ses proches sans doute plus d'un témoignage.

Mais la femme qui inspirait semblables paroles, sans se faire grande illusion sur la portée qu'elles auraient, agissait, elle, durant ce temps. Elle sollicitait de tous côtés, en Angleterre [247] comme en Aquitaine, l'argent de la rançon : c'était là le plus urgent. Il lui fallait mener de front et cette tâche, et les négociations avec l'Allemagne. Les monastères furent taxés : à Limoges celui de Saint-Martial paya cent marcs d'argent [248]. Enfin, au cœur de l'hiver 1193-1194, elle partit pour l'Allemagne, avec de nombreux fidèles [249]. Elle fut à Cologne pour Noël, à Mayence aux jours de la Chandeleur [250]. Le 4 février, son fils bien aimé lui était rendu [251]. Selon Roger de Hoveden, c'est elle qui, afin de hâter cette libération, lui aurait donné le conseil de faire hommage, pour le royaume d'Angleterre, à l'empereur, comme l'exigeait celui-ci, utopique poursuivant de la monarchie universelle [252].

criminis et infamiae notam, cum sitis vicarius Crucifixi, successor Petri, sacerdos Christi, christus Domini... Ubi est zelus Eliae in Achab, zelus Johannis in Herodem, zelus Ambrosii in Valentem, zelus Alexandri tertii qui, sicut audivimus et vidimus, patrem istius principis Fredericum plena auctoritate apostolicae Sedis solenniter et terribiliter a fidelium communione praecidit ?... Saepe pro causis mediocribus vestri cardinales in magna potestate, etiam ad partes barbaras, legatione funguntur ; in causa vero... tam lamentabili... nec unum adhuc subdiaconum nec acolythum destinastis. Legatos enim hodie facit quaestus, non respectus Christi, non honor Ecclesiae, non regnorum pax... Quis quaestus vobis aut proventus gloriosior potest esse quam in hac liberatione regis ? » (*Loc. cit., passim*). Voir d'autres extraits traduits dans MICHAUD, *Bibliothèque des croisades*, t. II, 1829, pp. 862 ss. ; De PANGE, *Le roi très chrétien*, pp. 332-33.

(247) LANDON, *op. cit.*, p. 76.
(248) *Chroniques de Saint-Martial de Limoges*, éd. DUPLÈS-AGIER, p. 192. Cf. RICHARD, *op. cit.*, p. 286 ; KELLY, *op. cit.*, p. 311.
(249) Richard « statim misit in Angliam pro Alienor regina, matre sua, et pro Waltero, Rothomagensi archiepiscopo, et pro aliis multis, ut venirent ad eum in Alemanniam » (ROGER of HOVEDEN, *op. cit.*, t. III, p. 226).
(250) LANDON, p. 82.
(251) « Elianordis, mater regis Richardi, cum taxato redempcionis precio veniens, eum absolvit a manibus imperatoris et ad Angliam cum gaudio deduxit. » (Anonyme de Laon, *Chronicon universale*, M. G. H., S. S., t. XXVI, p. 452). Voir encore HOVEDEN, p. 233. Cf. RICHARD, p. 289.
(252) Sur cette suggestion faite par la reine (que retient WALKER, *Eleanor of Aquitaine*, p. 224), beaucoup d'autres chroniqueurs sont muets, ce que s'est empressé de relever DREUX du RADIER (*op. cit.*, t. II, p. 370).

V

Cinq semaines plus tard Aliénor et Richard, sains et saufs, débarquèrent à Sandwich [253]. A soixante-douze ans, Aliénor n'en était plus à compter les traversées que la Méditerranée, la Manche, la mer du Nord l'avaient vue, en toute saison, accomplir durant un demi-siècle. Au moins de telles fatigues trouvaient-elles ici leur récompense et la fierté de la souveraine lorsqu'elle participa, fin mars, au grand conseil tenu par le roi à Nottingham, puis, lorsqu'en avril elle assista à son recouronnement, du transept nord de la cathédrale de Winchester, on peut se la représenter comme intense [254].

Bientôt il fallut revenir en France [255] ; la guerre contre Philippe Auguste, lequel avait commencé à envahir la Normandie, était entreprise : Richard et ses routiers allaient s'y consacrer complètement, non sans d'éclatants succès. Comme, dès ce même printemps 1194, Jean-sans-Terre était venu se réconcilier avec son royal frère, à Lisieux, en présence d'Aliénor [256], l'heure du repos paraissait venue pour celle-ci. Ce n'était tout de même pas à elle à mener les armées ni en assurer le recrutement ; elle laissait maintenant Hubert Walter, de sa poigne énergique, administrer l'Angleterre, parer aux rébellions latentes. Pour elle, installée dorénavant dans le calme de l'abbaye de Fontevrault, elle allait peut-être pouvoir y mener la vie que jamais il ne lui avait été donné de connaître, sinon, mais contre son gré, jadis à Salisbury : vie silencieuse et réglée d'une retraite quasi-monastique, loin des heurts et des brutalités du siècle.

Parler de calme, cependant, en parlant d'Aliénor, n'est-ce point paradoxe ? Après une carrière aussi agitée, le repos n'était pas encore venu. Que de motifs de soucis demeuraient en elle : la stérilité de l'union entre Richard et Bérengère, cette dernière vivant d'ailleurs peu auprès du roi, et trop souvent recluse plus ou moins volontaire en son douaire manceau [257] ; l'attitude toujours inquiétante de Jean, ce dément, cet instable dont on ne savait ce qu'il oserait demain ; la guerre, à chaque instant renouvelée, de Richard contre Philippe. Soucis matrimonieux aussi, quoiqu'elle ne fût mêlée pour l'heure que fort indirectement aux négociations dont ses enfants faisaient l'objet. Aura-t-elle été bien rassurée en voyant sa fille veuve, la reine Jeanne de Sicile, remariée par Richard (octobre 1196) au comte Raymond VI de Toulouse [258] pour des motifs trop visiblement de basse politique [259] ?

---

(253) Radulphus de Diceto, *Ymagines historiarum*, éd. Stubbs, t. ii, p. 114 ; Gervase of Canterbury, *op. cit.*, t. i, p. 524 ; Hoveden, p. 235. Cf. Kelly, p. 318.
(254) Hoveden, p. 248 ; cf. Villepreux, *op. cit.*, p. 90 ; Richard, p. 290.
(255) Par Portsmouth et Barfleur (Hoveden, p. 251 ; cf. Landon, *op. cit.*, p. 91 ; Kelly, p. 323). Richard ne devait plus revoir l'Angleterre.
(256) Radulphus de Diceto, *loc. cit.* ; *Flores historiarum*, éd. H. R. Luard, Londres, t. ii, 1890, p. 110 ; cf. Chartrou, *L'Anjou de 1109 à 1151*, p. 252 ; Kelly, p. 324.
(257) Giraud le Cambrien, *De rebus a se gestis*, éd. H. E. Butler, Londres, 1937, p. 153.
(258) Devic et Vaissète, *Histoire de Languedoc*, nouv. éd., t. vi, pp. 173-74.
(259) Ainsi rebondissaient une dernière fois les prétentions des ducs d'Aquitaine à la

Le comte, à quarante ans, se mariait pour la quatrième fois, mais deux de ses épouses vivaient toujours, l'une mise à l'ombre dans un couvent cathare, la dernière, Bourguigne de Lusignan, cyniquement répudiée ; c'était cet excommunié, fanfaron de vices, qui devenait gendre d'Aliénor [260]. Mais n'avait-elle pas, cette souveraine elle-même, par son propre exemple, contribué à ruiner chez les grands, qui de toute part n'y avaient déjà que trop tendance, le respect du mariage indissoluble ?

A ces inquiétudes, joignons les deuils répétés : après ses deux maris et trois de ses fils, Aliénor a perdu sa fille, la duchesse Mathilde, presque tous ses gendres, le roi de Sicile, le duc de Saxe, le comte de Champagne Henri Ier le Libéral dès 1181, Thibaud de Blois à la troisième croisade ; et Aélis même, l'épouse de ce dernier, l'enfant conçue à Tusculum. Le 11 mars 1198 allait s'éteindre encore la comtesse douairière Marie de Champagne, aînée de tous les enfants d'Aliénor, celle qui, fidèle à l'esprit courtois du palais de Poitiers, avait si noblement accordé le secours de son mécénat à Chrétien de Troyes ou Conon de Béthune [261].

Pendant ces années d'effacement politique volontaire, que constitue pour Aliénor la fin du règne de Richard, il est enfin un sentiment qui l'agite profondément, c'est la haine qu'elle éprouve pour une de ses brus, la comtesse Constance de Bretagne, veuve de Geoffroy, mère d'Arthur. Haine dont nous ne savons pas les véritables motifs [262] : qu'il s'agisse d'une antipathie irraisonnée chez une mère qui n'accepte pas de voir une autre prendre la première place au cœur de son fils, si cette épouse n'a point été choisie par elle ; qu'il s'agisse au contraire d'intuition politique, de défense, en l'espèce, contre les intrigues de Philippe Auguste cherchant depuis des années à s'ériger en tuteur et bienfaiteur d'Arthur, le fait est là. Et les Anglais, encore aujourd'hui, sont familiers avec ce thème historique de la haine entre les deux femmes, grâce au drame que Shakespeare a consacré au roi Jean.

Une dernière tragédie, la plus déchirante peut-être dans la vie fatale d'Aliénor, la mort du roi d'Angleterre, allait faire éclater cet antagonisme. Un trait d'arbalète, lors du siège mis par le roi à un château rebelle en Limousin, provoque une blessure à l'épaule de Richard ; l'engin arraché de la plaie, celle-ci s'envenime, d'autant que le blessé est un jouisseur pour qui nulle contrainte n'existe ; pen-

---

suzeraineté sur le comté de Toulouse (ci-dessus, pp. 178, 201). Aliénor ne croyait probablement plus beaucoup à la possibilité de les réaliser.

(260) « Dans une époque où les divorces encombrent les chroniques, il avait établi une sorte de record. » (Pierre BELPERRON, *La croisade contre les Albigeois et l'union du Languedoc à la France...*, 1942, p. 142).

(261) Cf. Gust. COHEN, dans « Histoire générale, moyen âge », vol. 8, 1941, pp. 237, 271.

(262) « On ne sait pourquoi elle détestait Constance », écrit RICHARD, *op. cit.*, t. II, p. 300.

dant onze jours il se laisse glisser vers la mort, et le 6 avril 1199, à quarante-et-un ans, le plus illustre des enfants d'Aliénor est à son tour fauché [263].

Mais la reine, à marches forcées, était accourue de Fontevrault. Elle put s'entretenir avec son fils avant qu'il n'entrât en agonie ; que se sont-ils dit à Châlus ? Faut-il croire qu'à ce moment elle amena Richard à dicter un testament désignant Jean pour son héritier [264] ? On n'en a aucune preuve. Si elle l'avait fait, elle porterait la responsabilité du règne de Jean, un des plus pitoyables épisodes de l'histoire dynastique de l'Angleterre, celle enfin de la perte par les Plantegenêts de leur empire continental.

Toutefois, était-il possible que la vieille duchesse hésitât entre les deux héritiers des vastes domaines, entre Arthur et Jean ? Tous deux avaient le droit pour eux en ce sens que des coutumes contradictoires, l'une admettant la primogéniture et la représentation du fils défunt, l'autre attribuant l'héritage au fils survivant, avaient cours simultanément dans l'empire anglo-angevin. Pour les grands, pour la reine-mère, choisir Arthur, un garçon de douze ans, c'était faire un saut dans l'inconnu ; se rallier à Jean-sans-Terre, quelque notoires que fussent ses vices, ses volte-faces, ses insanités parfois, c'était bien adopter une solution plus conforme à la continuité dynastique. Le roi Jean d'Angleterre ne se souviendrait plus des injures du comte Jean de Mortain ; à condition d'être épaulé, le rebelle de naguère se muerait en un souverain conscient de l'honneur du trône.

Surtout, pour reprendre du jour au lendemain la campagne contre Philippe, il fallait **un homme.** Arthur roi ? Ce serait la régence à la comtesse Constance, à Guillaume des Roches, aux barons continentaux gangrenés par l'habile propagande capétienne. Aliénor, à son âge, s'estimait encore capable de soutenir et conseiller son dernier fils, malgré les trente-trois ans de celui-ci, afin de faire de lui un grand roi, de l'aider à vaincre Philippe. Elle devait pourtant encore vivre assez pour voir s'effondrer, après tant d'espérances, ces deux-là à leur tour.

On a peine à se représenter comment, en ce printemps 1199, elle offre assez de résistance pour se remettre, après les funérailles de son fils à Fontevrault, le 11 avril [265], à chevaucher, suivie des routiers de son fidèle Mercadier, marcher contre l'Anjou qui a proclamé

---

(263) RALPH of COGGESHALL, Chronicon Anglicanum, éd. STEVENSON, p. 96.

(264) ROGER of HOVEDEN, op. cit., t. IV, p. 83, cf. John LINGARD, Histoire d'Angleterre..., Paris, t. I, 1860, p. 337 ; VILLEPREUX, op. cit., p. 92. En tout cas, observe RICHARD (p. 331, n. 1), le testament en question reste douteux. Coggeshall, chroniqueur très digne de foi, n'en dit rien.

(265) LANDON, op. cit., p. 145.

Arthur [266], puis rayonner en Loudunais et dans ses états patrimoniaux afin d'y assurer la reconnaissance de Jean [267]. « Lackland » s'occupe de la Normandie et de l'Angleterre : dès la fin de mai son double couronnement y est obtenu. Sa mère veille au grain en ces vieilles provinces aquitaniques si profondément secouées encore par l'égoïsme féodal, au seuil d'un Limousin instable qu'il faut verrouiller avant qu'il ne soit trop tard, car les Lusignans sont là, redoutables ennemis des Plantegenêts, et prêts à toutes trahisons [268]. Ailleurs le vicomte de Thouars est à la dévotion d'Arthur : son frère Guy va devenir le troisième époux de Constance de Bretagne. Aliénor, à nouveau enracinée dans les vieilles terres de la dynastie des Guillaume, renoue les fils ténus d'un pouvoir perpétuellement contesté, menacé plus que jamais par le roi de France. N'a-t-elle arraché, jadis, l'Aquitaine à Louis VII que pour voir l'héritier de ce roi en expulser le dernier fils d'Henry II ? Elle se croit assez solide toujours pour éviter cela. « Le désir de régner étoit toujours sa passion dominante [269]. »

L'été 1199, vraiment, dans toute la carrière politique de la reine, c'est une suite d'heures triomphales, c'est l'apogée. Jamais, croyons-nous, son action n'avait été aussi libre de contraintes, conjugales ou filiales, jamais son autorité ne s'est éployée avec autant d'assurance ni, avouons-le, de succès. Loudun (29 avril), Poitiers (4 mai), Montreuil-Bonnin (5 mai), Niort, Andilly, la Rochelle, Saint-Jean-d'Angély et Saintes (juin), Bordeaux (1ᵉʳ juillet), Soulac (4 juillet) : randonnée étonnante pour une femme si âgée, mais encore plus surprenante si l'on note que, le 30 juillet, elle sera à Rouen auprès de Jean, après avoir rencontré Philippe Auguste à Tours entre le 15 et le 20 [270]. Rapidité de déplacement qui prouve la volonté d'aboutir vite chez la noble voyageuse, sa vision claire et prompte des résultats à obtenir, son mépris de toute tergiversation comme de toute fatigue, l'excellence aussi des routes et des relais de ses domaines, permet-

---

(266) « Intraverunt in Andegaviam et devastaverunt eam, eo quod Arturum receperunt. » (ROGER of HOVEDEN, p. 88) ; cf. VILLEPREUX, p. 93 ; CARTELLIERI, *Philipp II. August*, t. IV, p. 10 ; BOUSSARD, *Le comté d'Anjou sous Henri Plantegenêt et ses fils...*, p. 91.
(267) RICHARD, *op. cit.*, t. II, pp. 335 ss. Relevons ici une énormité dans MASSIOU (*Histoire de la Saintonge et de l'Aunis*, t. II, p. 158) : « Après la mort de Richard, elle reprit la souveraineté et le gouvernement de ses domaines paternels. Elle habita dès lors constamment au sud de la Loire, où elle n'était pas venue *depuis son mariage avec Henri II.* » On voit par cet extrait quelle confiance peut être faite à pareil « historien ».
(268) A la fin de 1199, se rendant auprès d'Alphonse VIII, Aliénor va tomber dans un guet-apens tendu par Hugues le Brun, seigneur de Lusignan. Il ne la relâchera qu'après lui avoir extorqué l'octroi du comté de la Marche (AUBRY, *Chronica*, M.G.H., S.S., t. XXIII, p. 876). Cf. RICHARD, p. 367.
(269) LARREY, *Histoire d'Eléonore de Guyenne*, éd. cit., p. 368.
(270) Tout le détail de l'itinéraire dans RICHARD, pp. 335-53.

V

tant, en dépit de l'insécurité féodale, une inspection politique d'une telle ampleur.

Quels sont les résultats obtenus ? Nous les connaissons bien. Contre la poussée capétienne imminente, Aliénor a opéré un travail de colmatage dont, à Rouen, elle pourra rendre compte à son fils avec assurance. L'hommage prêté par elle à Philippe à Tours, si paradoxal paraisse-t-il [271], est la clé de voûte de l'œuvre fébrile qu'elle vient d'accomplir : Petit-Dutaillis, avec son acuité coutumière, a relevé l'extrême habileté d'un geste par lequel, s'interposant entre Jean-sans-Terre et son suzerain comme duchesse d'Aquitaine, la reine fait de Jean, pour les fiefs au sud de la Loire, l'arrière-vassal, non plus le vassal direct du roi de France. Somme toute, — est-il geste d'abnégation maternelle plus notable ? — en reprenant elle-même ce dernier rôle, elle en assume tout le risque, afin de donner à son fils davantage les coudées franches [272]. Elle connaît toute la fragilité du pouvoir de Jean et sera, d'ailleurs, la première à lui conseiller d'entamer des pourparlers de paix avec Philippe.

Face en quelque sorte négative de son action en ces quelques mois, l'avenir ne le prouvera que trop bien. Le côté positif, ce furent les chartes communales que, lors de sa tournée, elle concéda aux villes d'Aquitaine, et qui firent sa réputation en ces provinces. De nos jours encore la reconnaissance municipale, exprimée par tel vitrail d'hôtel-de-ville, par telle plaque à l'angle d'une rue, transmet en Poitou, en Aunis, en Angoumois, d'une génération à une autre, un nom dont la popularité ne s'atténue pas : Aliénor [273].

C'est là sans doute le dernier aspect de sa légende. On s'est beaucoup mépris sur la portée des « libertés » urbaines en général, et singulièrement ici. La concession de commune à Poitiers, ou à Niort, ou à la Rochelle, que fit alors la reine, flattait l'orgueil de cités que la prospérité commerciale du XIIe siècle avait rendues plus opulentes, plus bourgeoisement revendicatrices aussi ; mais le principal avantage de ces chartes, inspirées des *Etablissements de Rouen*, fut retiré par le souverain, non par la ville. Aliénor, comme déjà Henry II, ne multipliait ces octrois de chartes que pour pouvoir s'appuyer dorénavant sur une bourgeoisie urbaine de qui, en cas d'attaque, la charte exigeait une participation considérable à la défense ; flattés

---

(271) Hommage attesté et indiscutable : Rymer, *Foedera...*, éd. cit., t. i, p. 113 ; Rigord, *Chronique*, éd. H. F. Delaborde (« Société de l'histoire de France », vol. 210), t. i, 1882, p. 146 ; *Grandes chroniques de France*, éd. Viard, t. vi, p. 252 ; cf. Villepreux, *op. cit.*, p. 96 ; surtout Richard, p. 353, et Petit-Dutaillis, *La monarchie féodale...*, pp. 224-25.

(272) Cf. Norgate, *op. cit.*, t. ii, p. 390.

(273) Aliénor devint, à l'époque « éclairée », comme la personnification d'une époque qui, ayant constitué le crépuscule de l'indépendance aquitanique, « faisait figure d'une manière d'âge d'or poitevin » (Crozet, *Histoire du Poitou*, p. 51).

d'être considérés, pour l'ost royal, à l'égal des plus hauts vassaux, les grands bourgeois de Niort, de Saintes, de Saint-Jean-d'Angély comme les plus humbles de l'île d'Oléron s'engageaient en fait étroitement envers leur seigneur dans l'engrenage d'obligations militaires strictes, lourdes d'ailleurs aux budgets communaux [274].

Ce même été 1199 à Rouen, Aliénor eut la douleur de voir périr, à trente-quatre ans seulement, encore un de ses enfants, la comtesse Jeanne de Toulouse, à la suite d'une césarienne. Pendant une absence du comte Raymond, Jeanne avait dû faire face à une révolte du Lauraguais ; trahie par ses propres troupes, il lui avait fallu fuir à toute bride vers le Limousin, n'y parvenant que pour apprendre la mort tragique de son royal frère ; en état de grossesse avancée, elle avait ensuite couru vers sa mère, à Niort, chevauché enfin aux côtés de celle-ci jusqu'à Rouen. Elle n'avait pu résister davantage [275].

Mais la reine Aliénor parvenait maintenant à l'âge où les chagrins, par leur multiplication même, s'amortissent l'un l'autre ; quiconque a trop vécu ne peut plus souffrir avec la même intensité que jadis ; les deuils comme les passions s'atténuent. D'ailleurs, encore une fois, un dérivatif fut offert à la souveraine. Il ne lui restait plus qu'un fils, Jean, et une fille, Aliénor. Celle-ci, reine de Castille depuis trente ans, avait eu d'Alphonse VIII le Noble grand nombre d'enfants, et parmi ceux qui avaient survécu, plusieurs princesses étaient nubiles. Au cours de l'hiver 1199-1200, en corrélation avec les pourparlers qui allaient aboutir au traité du Goulet, il fut question, comme avec Richard, lors de la trêve de Vernon, on en avait déjà parlé [276], de marier l'une de ces infantes à l'héritier de Philippe Auguste. A la mi-janvier, la reine-mère se rendit en personne à la cour de son gendre, où elle put enfin revoir Aliénor Plantegenêt ; on dit que c'est elle qui, entre les princesses Urraque et Blanche, désigna la seconde.

---

(274) Aliénor choisit le modèle des *Etablissements de Rouen* comme offrant « l'avantage de lui donner un contrôle sur la commune en lui réservant la nomination du maire et de lui assurer l'appui militaire de la milice communale, lorsqu'elle convoquait ses vassaux à l'ost » (Renouard, *Essai sur le rôle de l'empire angevin dans la formation de la France...*, p. 300). Pour les textes, voir Arthur Giry, *Les Etablissements de Rouen, études sur l'histoire des institutions municipales de Rouen...* (« Bibliothèque de l'école des hautes études », vol. 55), t. i, 1883, pp. 68, 89 ; t. ii, p. 143, n° 32 ; 145, n° 33 ; *Recueil de documents concernant la commune de Poitiers*, éd. Audouin et Boissonnade (« Archives historiques du Poitou », vol. 44), t. i, 1923, n° 1 ; Madeleine Dillay, *Les chartes de franchises du Poitou*, 1927, n°s 27-28, 56-57 ; — pour les commentaires, entre autres, Richard, *op. cit.*, pp. 340 ss. ; Petit-Dutaillis, *Les communes françaises, caractères et évolution...* (« L'évolution de l'humanité », vol. 44), 1947, pp. 118-19 ; *La monarchie féodale...*, p. 195 ; *L'essor des Etats d'Occident...*, p. 126.

(275) Devic et Vaissète, *Histoire de Languedoc*, nouv. éd., t. vi, p. 189 ; cf. Belperron, *La croisade contre les Albigeois...*, p. 17, n. 1 ; Richard, p. 360 ; Kelly, *Eleanor of Aquitaine...*, pp. 354-55.

(276) Roger of Hoveden, *op. cit.*, t. iv, p. 81.

V

Faut-il en croire le témoignage, assez tardif, d'un chroniqueur espagnol ? Elle aurait choisi, de ses deux petites-filles, Blanche, en donnant pour motif que le nom d'Urraca serait trop difficile à prononcer pour les Francais du Nord [277].

A quoi tiennent les choses ! Si Urraque devint reine de Portugal, si la France reçut, avec Blanche, une de ses plus grandes souveraines, on le devrait à des préoccupations d'ordre phonétique chez la duchesse d'Aquitaine. La chose est moins imaginaire, peut-être, qu'on ne l'a prétendu [278]. Les vieillards revivent intensément leurs souvenirs de jeunesse : Aliénor pouvait se rappeler comment, accoutumée au parler occitan, elle avait, en arivant à la cour de France dans sa seizième année, entendu écorcher par les Français de langue d'oïl les noms qui lui étaient chers. En tout cas, le mariage de Blanche avec le futur Louis VIII a obtenu un résultat que sa grand-mère ne pouvait ni prévoir ni souhaiter : il a fait singulièrement s'élever, en puissance, en prestige, la dynastie capétienne. En cela, comme à d'autres propos, on peut donc relever qu'Aliénor a été, inconsciemment s'entend, le fossoyeur de sa propre dynastie [279].

Il n'était pas question de célébrer le mariage avant le temps pascal, ce qui permit à la reine-mère de passer le carême dans l'ambiance familiale de la cour castillane ; détente pour elle, atmosphère d'oasis, au milieu des rires d'enfants dont elle avait bien perdu l'habitude. Puis elle put se remettre en marche, avec sa petite-fille ; elles fêtèrent Pâques à Bordeaux, avant que Blanche ne fût remise par l'archevêque de cette ville aux envoyés du roi de France [280]. Enfin, conclut Roger de Hoveden,

« épuisée par l'âge et par les fatigues du long voyage, la reine se
« rendit à l'abbaye de Fontevrault pour y demeurer [281] ».

L'importance de dispositions testamentaires qu'elle prit à peine parvenue à Fontevrault est la preuve de l'état d'affaissement, physique et aussi moral, où elle se trouvait alors. A Bordeaux, dans une échauffourée, Mercadier, vétéran des armées d'Henry II et de Richard [282], avait été tué. On prétend qu'elle en fut profondément

---

(277) Elie BERGER, *Histoire de Blanche de Castille, reine de France* (« Bibliothèque des écoles françaises d'Athènes et de Rome », vol. 70), 1895, p. 8, et KELLY, p. 359.
(278) LE NAIN de TILLEMONT, *Vie de saint Louis...*, éd. de GAULLE, t. I, 1847, p. 6 ; BERGER, *loc. cit.*
(279) Sur l'ambassade de la reine en Castille, voir aussi HOVEDEN, p. 107 ; cf. VILLEPREUX, *op. cit.*, p. 95 ; RICHARD, p. 370.
(280) Le mariage fut célébré le 19 mai.
(281) « Senio et longi itineris labore fatigata transtulit se ad abbatiam Fontis Eubraudi et ibi remansit. » (HOVEDEN, p. 114). Cf. RICHARD, p. 370.
(282) Un des vainqueurs de Fréteval, condottière-type du XIIe siècle. Voir sur lui la note pittoresque de LUCHAIRE (*Louis VII, Philippe-Auguste...*, p. 113) et surtout Hercule GÉRAUD, *Mercadier ; les routiers au XIIIe* (sic) *siècle* dans « Bibliothèque de l'école des

affectée [283]. Comment n'aurait-elle pas été frappée, en effet, par les déficiences de l'Etat Plantegenêt, que Jean-sans-Terre, à l'heure où il signait avec Philippe une fragile trêve, n'était pas apte, elle le savait, à reconstruire ? La perte du plus expérimenté de ses capitaines serait difficilement réparée. En attendant, du fond de l'abbaye elle continuait d'apporter à son fils son aide diplomatique.

Lorsqu'à la fin d'août 1200 se produit l'enlèvement par le roi d'Isabelle d'Angoulême, fiancée au comte de la Marche, — épisode qui entraînera, en vertu de l'appel au suzerain, tous les malheurs ultérieurs de Jean, dont Philippe proclamera la forfaiture, — Jean constitue à sa jeune épouse un énorme douaire contenant en particulier les villes de Saintes et de Niort : on a fait remarquer avec juste raison [284] que le prince n'a pu opérer ce transfert que grâce à l'assentiment d'Aliénor, toujours officiellement duchesse d'Aquitaine. Ce qui ne veut point dire qu'elle ait approuvé un coup de tête dépassant en incohérence tout ce qu'elle pouvait attendre de son fils. Vers la fin de février 1201, quoique malade, elle trouvait moyen, en des entretiens personnels avec le vicomte Aimery de Thouars, de ramener à la féauté ce puissant baron poitevin, et elle s'empressait d'en avertir Jean [285]. La retraite de la reine-duchesse fut donc loin d'être désœuvrée.

Avant de mourir cependant, elle allait encore une fois étonner le monde. Elle avait, depuis quatre-vingts ans, fait parler d'elle à bien des points de vue, mais non pas encore comme capitaine. Les armées qu'elle avait suivies, à la croisade, en Poitou avec Henry II, en Anjou avec Mercadier, étaient commandées par d'autres que par elle. Or, dans l'été 1202, elle va se trouver appelée à prendre des responsabilités de combat dans une de ses forteresses, Mirebeau. Et pour ajouter une dernière note à une vie qui avait été déjà passablement pathétique, elle livrera bataille à son propre petit-fils.

La cour du 28 avril 1202 a proclamé rompues toutes relations féodales entre Jean, déclaré félon, et Philippe. La guerre éclate peu après : l'heure décisive a sonné pour le roi de France ; ses conseillers juridiques ne se sont point embarrassés de la fiction par laquelle Aliénor en 1199 avait interposé, entre les parties, l'écran de son hommage propre. Mère et fils seront simultanément attaqués. Avec son

chartes », t. III, 1841-1842, pp. 417-47. Sur la technique des armées Plantegenêt, indispensable est l'étude de J. BOUSSARD, *Henri II Plantegenet et les origines de l'armée de métier*, ibid., t. CVI, 1945-1946, pp. 189-224.
(283) RICHARD, p. 371 ; KELLY, pp. 359-60.
(284) RICHARD, p. 381 ; KELLY, p. 363.
(285) RYMER, *op. cit.*, t. I, p. 122 (la lettre d'Aliénor est partiellement traduite par Mrs KELLY, p. 365). Pour la datation de l'événement, voir RICHARD, p. 386, n. 1. Cf. Gaston DUBOIS, *Recherches sur la vie de Guillaume des Roches...*, dans « Bibliothèque de l'école des chartes », t. XXXII, 1871, p. 112.

V

allié Arthur de Bretagne, qu'il vient d'adouber, Philippe Auguste donne l'assaut au bastion Plantegenêt. Le tout jeune Arthur — quinze ans, — à la tête de contingents d'élite, bien payés, que Philippe a fournis, fonce sur le Poitou [286]. Il fait ses premières armes en attaquant les terres de son aïeule, suivant l'impulsion reçue de son indomptable mère, Constance, morte le 4 septembre précédent [287].

Comment Aliénor fut-elle prévenue, on l'ignore ; mais, apprenant la concentration de l'ennemi à Tours, elle a craint pour sa sécurité à Fontevrault, et tenté de gagner la cité de Poitiers, qui est d'un loyalisme éprouvé, et surtout bien fortifiée. Ses dispositions ont été prises trop tard : au delà de Loudun l'armée d'Arthur, que renforce le vicomte Hugues de Châtellerault, barre la route. La reine n'a que le temps de se jeter dans le château de Mirebeau : la ville tombe presque aussitôt aux mains de l'assaillant, et Aliénor se trouve bloquée, à la tête d'un très petit nombre d'hommes, dans la forteresse (vers la mi-juillet). Alors elle dépêche, avec la hâte du désespoir, un courrier au roi Jean, dans le Maine [288]. Ce dernier, aidé maintenant de Guillaume des Roches, accourt sans délai et attaque Mirebeau le 1er août, jour même où Arthur allait faire donner l'assaut à la citadelle ; il était temps pour Aliénor, qui savait bien qu'elle ne pourrait tenir contre l'agresseur. Au lieu de connaître la honte de devenir otage de marque aux mains de son petit-fils adolescent, elle va ressentir, ce matin-là, en quelques heures, la joie d'être libérée par son fils, qui emmène Arthur captif. De Chinon, où les troupes victorieuses se referont et où, à la fin de septembre, elle séjourne encore [289], elle regagnera bientôt la paix de son cher cloître.

En avril 1203, elle recevra un singulier message de Jean-sans-Terre (Falaise, 16 avril), qui lui est apporté par frère Jean de Valerant. A sa mère comme à l'archevêque de Bordeaux et à quelques autres fidèles, le roi adresse ces mystérieuses paroles : « Grâce à Dieu, les « choses vont pour nous mieux que cet homme ne peut vous le « dire. » On a vu là une allusion « voilée » — et effarante — à l'assassinat d'Arthur, perpétré le 3 avril par le souverain, de ses propres mains [290].

---

(286) *Chronique de Saint-Aubin d'Angers*, éd. MARCHEGAY et MABILLE, p. 51.
(287) La date d'août 1202, dans RICHARD, p. 395, est erronée.
(288) RALPH of COGGESHALL, *Chronicon Anglicanum*, éd. STEVENSON, p. 137 ; MOUSKÈS, *Chronique rimée*, éd. REIFFENBERG, t. II, p. 314, vers 20.600 ; GUILLAUME le Breton, *Philippide*, éd. DELABORDE (« Société de l'histoire de France », vol. 224), 1885, p. 166 ; RADULPHUS de DICETO, *Flores historiarum*, t. II, p. 125 ; *Chronique de Saint-Aubin*, loc. cit. ; *Chronicon Turonense magnum*, éd. SALMON, pp. 146-47. Voir LUCHAIRE, op. cit., p. 129 ; RICHARD, p. 405 ; KELLY, op. cit., p. 371.
(289) *Histoire de Guillaume le Maréchal*, éd. MEYER, t. II, p. 88.
(290) PETIT-DUTAILLIS, *Le déshéritement de Jean-sans-Terre*, dans « Revue historique », t. CXLVII, 1924, p. 183. Cf. RICHARD, p. 424 ; KELLY, p. 380 (qui donne une traduction du texte).

Aliénor n'a jamais été célèbre par sa tendresse ; mais un tel acte n'a pu que la bouleverser. Les prophéties qui circulaient dans l'empire angevin proclamaient sa dynastie maudite. Voici que celle-ci se rongeait et se détruisait elle-même : *et inimici hominis domestici ejus* (MAT., x 36). L'archevêque de Rouen, trente ans plus tôt, n'avait-il pas écrit à Aliénor : « Tu seras la cause d'une ruine générale » ?

Maintenant, les Français se déversaient sur la Normandie. La forteresse gigantesque, au nom plein de bravade, Château-Gaillard, qu'en 1196 le roi Richard avait fait construire pour barrer l'entrée de cette province, cette forteresse dont il avait été paternellement fier, et que tous jugeaient imprenable, se rendit le 6 mars 1204. C'était bien le désastre, cette fois ; la nouvelle ne dut pas tarder à se propager jusqu'à Fontevrault. Alfred Richard a écrit : « On peut « dire qu'Aliénor en mourut [291]. » Bien sûr, ce n'est qu'hypothèse ; mais qui oserait apporter un démenti ? Sa mort aura été aussi logique [292] que sa vie avait été tissue de contradictions et d'inconséquences.

Le 31 mars 1204 (ou le 1er avril [293]), elle est morte à quatre-vingt-deux ans, à Poitiers, prétend un seul chroniqueur [294], à Fontevrault selon d'autres [295], version plus vraisemblable puisque l'on sait la lassitude de la souveraine, le désir qu'elle avait d'être ensevelie dans l'abbatiale sous l'habit monastique, selon la dévote coutume de la plupart des souverains chrétiens. Combien d'autres nobles dames, de belles et puissantes pécheresses avaient déjà cherché un asile à Fontevrault avant de mourir [296] ! A son tour Aliénor, comme l'écrit sobrement Aubry de Trois-Fontaines [297], « amenda sa vie de telle « manière qu'elle finit ses jours pieusement. »

Cet éloge funèbre nous suffit. Il fait un heureux contraste avec les termes dithyrambiques, visiblement inspirés par une reconnaissance trop matérielle, du fameux nécrologe de Fontevrault, relevant « la noblesse de sa naissance », mais aussi « l'honnêteté de ses mœurs,

---

(291) RICHARD, p. 434.
(292) Aliénor étant morte le 1er avril, Poitiers tomba aux mains de Philippe Auguste le 10 août.
(293) « In kalendis aprilis » *(Annals of Waverley*, éd. LUARD, Londres, 1865, p. 256 ; cité par H. G. RICHARDSON, *The marriage and coronation of Isabelle of Angoulême*, dans « English historical review », t. LXI, 1946, p. 307, n. 3).
(294) *Chronique de Saint-Aubin d'Angers*, p. 53.
(295) *Chronique de Saint-Martial de Limoges*, éd. DUPLÈS-AGIER, p. 69.
(296) Nombreux exemples dans BEZZOLA, *Guillaume IX et les origines de l'amour courtois*, pp. 202 ss.
(297) « Vitam suam ita correxit quod in bono statu tandem finivit. » (AUBRY de TROIS-FONTAINES, *Chronica*, M.G.H., S.S., t. XXIII, p. 876).

« la fleur de ses vertus, son inégalable honnêteté [298]. » Richard de Devizes, le moine de Winchester, est un peu gênant aussi [299] lorsqu'il parle de

« la femme belle et chaste, imposant le respect et modeste, humble et
« éloquente, comme bien rarement cela se rencontre dans le sexe
« féminin [300] ».

Mysoginie monacale et respect habituel pour les souverains qui font d'abondantes donations aux abbayes sont naturellement à la base de notre évaluation de ces termes. Mais cet auteur a aussi trouvé, sans doute sans le chercher, le mot qui convient pour qualifier Aliénor : cette « femme incomparable ».

Dans Fontevrault, à côté de son bien aimé Richard, mais aussi d'Henry, repose la duchesse d'Aquitaine. Les traits sont détendus de celle dont le cœur fut si souvent troublé, dont l'ambition souleva tant d'orages. Sous la couronne royale le beau front médite. Un livre est ouvert aux mains de la gisante, celui qu'elle eut le temps d'approfondir pendant les trop longues journées de la tour de Salisbury, celui qu'elle rouvrit plus tard lorsqu'échappée au guet-apens de Mirebeau elle se renferma dans le calme voulu par Robert d'Arbrissel. Ce livre est celui qui ne ment pas, à l'aide duquel elle a pu, le jour où elle prit le temps de penser à l'au-delà, déchiffrer sa véridique image.

(298) « Migravit a saeculo domina Alienoris, regina Franciae et Angliae, ducissa Aquitaniae, quae nitore regiae sobolis suae mundum illustravit ; nobilitatem generis vitae decoravit honestate, morum ditavit gratia, virtutum floribus picturavit et incomparabilis probitatis honore fere cunctis praestitit reginis mundanis, quae, cum esset in utriusque regni sublimitate constituta, ab ipsis aetatis suae primordiis, ecclesiae Fontis Ebraldi advocata, nos, pariter ac parentes suos et ordinem nostrum ampliori prae ceteris religiosis charitate complectens, redditibus ampliavit, multis et innumeris eleemosynarum ditavit beneficiis » [suit le détail]. « ... Ad ultimum tanto nobis effecta est vinculo sincerissimae dilectionis quae, religiones alias quasi respuens, velamen nostri ordinis suscipere et in nostra praeelegit ecclesia sepeliri. » (Arch. de Maine-et-Loire, H non coté, éd.B. PAVILLON, La vie du bienheureux Robert d'Arbrissel..., Saumur, 1667, p. 589).

(299) En sens inverse non moins gênant est tel critique moderne proférant un jugement tel que celui-ci : « L'une des femmes les plus méchantes et les plus déconsidérées dont l'histoire nous ait laissé le souvenir. » (BERGER, Histoire de Blanche de Castille... p. 7).

(300) RICHARD de DEVIZES, De rebus gestis Ricardi I, éd. HOWLETT, Londres, 1886, p. 402. Cf. CARTELLIERI, Philipp II. August, t. IV, p. 158.

V

Gisant d'Aliénor à Fontevrault

(Cliché Hurault)

VI

CLEMENT V ET LE POITOU

Parmi les lieux de France qui jouèrent, à l'égard des papes, le même rôle que, dans la péninsule, Viterbe, Orvieto, Pérouse, Anagni, Sienne ou tant d'autres, alors que d'incessants remous politiques à Rome rendaient difficile, voire intenable, la permanence auprès des tombes des Apôtres de leur successeur, Poitiers tint une place éminente au début du XIVe siècle, pendant une période relativement longue. Clément V y séjourna, ainsi qu'en divers autres lieux du Poitou, entre avril 1307 et août 1308 : avant d'être le premier des papes d'Avignon, il fut celui de Poitiers. Du fait des caprices de la santé du pontife et de la nécessité pour celui-ci de se rencontrer avec Philippe le Bel, Poitiers, un peu plus d'un siècle après avoir cessé de gouverner l'Aquitaine, devint capitale de la chrétienté (1).

Sans prétendre redire ici le détail de bien des faits qui sont établis depuis longtemps, il nous a paru utile d'abord de préciser l'itinéraire de Clément V en Poitou, ensuite de regrouper les décisions qui furent prises par lui, concernant les divers problèmes de la chrétienté, au cours de ces mois-là ; enfin, considérant l'ensemble du pontificat, de rechercher comment les églises du diocèse ont été traitées par le pape, et quelle fut son activité, éventuellement sa bienveillance, envers ces dernières.

I

C'est en Poitou que Bertrand de Got apprit son élévation à la chaire de Pierre. L'archevêque de Bordeaux était, à la mi-juin 1305, en

---

(1) Il est assez frappant de noter que certains ouvrages d'histoire générale, pourtant par ailleurs solidement documentés, passent tout à fait sous silence le séjour de la curie à Poitiers, ex. Eugenio Dupré-Theseider, *Roma dal comune di popolo alla signoria pontificia (1252-1377)*, Bologne, Cappelli, 1952 (« Storia di Roma », vol. 11), p. 385.

visite pastorale dans le diocèse de Poitiers, qui était du ressort de son siège métropolitain : il se trouvait au prieuré Notre-Dame de Lusignan lorsque, vers le 23 juin (2), l'atteignit la missive des cardinaux assemblés à Pérouse par laquelle ceux-ci, le 8 du même mois, lui avaient annoncé son élection (3). Il est permis de se demander dans quelle mesure le fait de s'être trouvé en cette région à l'heure où il prit conscience de ses nouvelles responsabilités n'a pas influencé le choix du pontife quand, près de deux ans plus tard, il fut question pour lui de déterminer le théâtre de sa deuxième rencontre avec le roi de France.

La résidence de Clément (4) fut d'abord Bordeaux en août 1305, puis Lyon à partir de la fin d'octobre ; ensuite, au début de mars 1306, il quittait la région rhodanienne, théâtre de son tragique couronnement — un mur qui s'effondre au passage du cortège, plusieurs tués dont le duc de Bretagne, la tiare qui roule à terre, — pour retrouver Bordeaux, après deux mois d'un voyage comportant diverses pauses, à Nevers notamment et à Bourges. Pendant près d'un an désormais, le pape ne quitte plus le pays bordelais qui lui est cher, partageant son temps entre la capitale, le bourg de Pessac et sa terre natale de Villandraut (5). Il est malade, il le sera toute sa vie (6) : aussi s'agit-il, de manière très précise, de sa santé et des soucis qu'elle lui cause lorsque, entre le roi Philippe IV et lui, s'amorce une correspondance destinée à fixer le lieu d'une nouvelle entrevue, après celle de Lyon.

Clément, incapable de cacher sa prédilection pour les pays du Midi, voudrait que les conversations se déroulent, au printemps, à Toulouse. Bien qu'une telle cité soit terre royale depuis deux générations, le souverain hésite devant un long déplacement et propose Tours ou Poitiers. Le 9 février 1307, Clément V déclara choisir cette dernière, qui lui paraissait le mieux convenir à sa

---

(2) Vers le 20, au dire de Georges LIZERAND, *Clément V et Philippe le Bel*, Hachette, 1910, p. 43 (dès le 19 selon Mgr Guillaume MOLLAT, *Les papes d'Avignon, 1305-1378*, 9e éd., Letouzey et Ané, 1950, p. 30 ; le 23 d'après Charles-Victor LANGLOIS, *Documents relatifs à Bertrand de Got (Clément V)*, dans « Revue histor. », t. XL, 1889, p. 52). Même en admettant le 23, on peut s'émerveiller de la rapidité d'un tel courrier. Cf. M. N. BOYER, *A Day's Journey in Mediaeval France*, dans « Speculum », t. XXVI, 1951, p. 606 ; C. A. J. ARMSTRONG, *Some Examples of the Distribution and Speed of News in England at the Time of the Wars of the Roses*, dans « Studies... Fr. M. POWICKE » (1948), pp. 429-54.

(3) RINALDI, *Annales ecclesiastici*, ann. 1305, § 6 ; cf. Etienne BALUZE, *Vitae paparum Avenionensium*, éd. G. MOLLAT, t. I, Letouzey et Ané, 1916, p. 1.

(4) Il ne prit ce nom que le 24 juillet, à Bordeaux (BERNARD GUI, *Tertia vita Clementis V*, dans BALUZE, t. I, p. 54) ; cf. l'abbé COUSSEAU, *Mémoire historique sur l'église Notre-Dame de Lusignan et ses fondateurs*, dans « Mémoires de la Soc. des Antiq. de l'Ouest », 1re s., t. XI, 1844, pp. 361-62.

(5) « Natione Vasco, de loco qui Vinhandrau dicitur » (BERNARD GUI, *loc. cit.*).

(6) Cf. BALUZE, *Vitae...*, éd. citée, t. II, 1928, p. 47, n. 1.

santé (7), non sans provoquer chez le roi les expressions d'une répugnance mal déguisée (8). Les arguments que Philippe employa pour emporter l'assentiment du pontife au choix de Tours peuvent paraître inspirés par des préoccupations étrangement modernes, mais elles ne sauraient surprendre chez ce prince. Il alléguait l'abondance des voies d'eau permettant un ravitaillement facile à Tours, la salubrité du climat, la fertilité plus grande des campagnes environnantes, et même l'urbanité des habitants. Il nous est permis de supposer que tant de bonnes raisons, provoquant dans l'esprit du lecteur de désobligeants parallèles entre Tours et Poitiers, servaient d'écran à d'autres motifs, plus politiques. Depuis la conquête définitive du Poitou par saint Louis, le pays était-il, en 1307, parfaitement assimilé ? La Touraine, au cours du XIII" siècle, avait incontestablement donné moins de fil à retordre à la monarchie capétienne que le Poitou.

D'autre part, Philippe a pu voir d'un mauvais œil les positions déjà assurées à Poitiers par la puissance pontificale. Trois mois avant que s'amorce la correspondance qui nous retient, le pape Clément a nommé au siège de Poitiers, vacant depuis la démission du saint évêque franciscain Gautier de Bruges (9), son propre cousin, chapelain et secrétaire, chanoine de Saint-Bertrand-de-Comminges — où lui-même avait été évêque, — Arnaud d'Aux (10), un Gascon qui allait faire en quelques années, au départ de Poitiers, une rapide et brillante ascension dans les plus hautes charges de la

(7) *Ibid.*, t. III, 1921, p. 72, n° 90 ; cf. Edgard BOUTARIC, *Clément V, Philippe le Bel et les Templiers*, dans « Revue des questions histor. », t. x, 1871, p. 322 ; LIZERAND, *op. cit.*, p. 65.

(8) Ceci contrairement à l'opinion que me paraît exprimer LIZERAND, p. 67.

(9) Ce prélat, si différent de la plupart de ses collègues, se montra un remarquable défenseur des droits de l'Eglise contre les empiètements du gouvernement royal. Désigné en 1279, à l'âge de 54 ans, par Nicolas III pour le siège de Poitiers, Gautier, entrant en conflit avec Philippe le Bel dès le début du règne de celui-ci, se vit confisquer son temporel et dut s'exiler. Le pape franciscain Nicolas IV le protégea ouvertement, et obtint même son retour en 1291. Mais la lutte reprit après *Clericis laicos*, et Gautier fut à nouveau persécuté. Il offrit à Benoît XI d'abdiquer ; Clément V, devenu pape, accepta. Ce dernier, en tant que métropolitain de Poitiers, avait été fort au courant des troubles du diocèse sous Gautier ; qu'il ait exercé des vexations à l'égard de Gautier est une légende dérivant d'un document suspect (B. N., Coll. Moreau, ms. 1232, fol. 330 r°, n° 419), qui provient des officines de faux des légistes royaux (r. p. André CALLEBAULT, O. F. M., *Une soi-disant bulle de Clément V contre saint Gautier de Bruges, évêque de Poitiers, O. F. M.*, dans « Archivum francisc. histor. », t. VIII, 1915, pp. 667-72 ; *Une bulle du temps de Frédéric II exploitée sous Clément V contre saint Gautier, évêque de Poitiers*, ibid., t. XVI, 1923, pp. 34-56 ; J. H. GAILLARD, *L'épiscopat de Gautier de Bruges (1279-1306)*, dans « Revue d'hist. francisc. », t. III, 1926, pp. 373-85).

(10) La désignation est du 4 nov. 1306 (*Regestum Clementis papae V ex Vaticanis archetypis... primum editum*, Vatican, 1885-88, n° 1405 ; cf. J. BERNARD, *Le népotisme de Clément V et ses complaisances pour la Gascogne*, dans « Ann. du Midi », t. LXI, 1948-49, pp. 380, 402). Le roi en fut simplement informé le 14 (n° 1514).

sainte Eglise (11). Le pape comble Arnaud, cet hiver-là, de faveurs et privilèges de toute sorte, qui prouvent l'estime où il tient l'élu (12) : le roi de France, après s'être heurté si durement à l'évêque Gautier, a pu considérer cela comme un geste provocateur.

Mais le pape ne se laissa point intimider : le 17 février, il écrivait à Philippe le Bel :

« On dit que dans la cité de Tours règne l'insalubrité atmosphérique : « nous avons appris cela non seulement par certains de nos frères » [cardinaux], « mais aussi par plusieurs habitants de ces régions-là, « ainsi que par nos médecins. Aussi avons-nous choisi Poitiers (13). »

Il fallut encore un sérieux échange de missives entre les deux puissances pour que tombât l'obstination du roi de France à retenir Tours (14) : le pape avait pris incontinent des mesures en vue d'assurer l'approvisionnement de la cour pontificale à Poitiers (15), et cela lui servit d'argument commode pour se cramponner littéralement au choix de cette dernière ville.

Avec quelque retard sur les prévisions (16), le pape pénétra dans l'ancienne capitale de l'Aquitaine en plein temps pascal, le vendredi 14 avril 1307 (17), venant de Bordeaux par la route des pèlerins de Compostelle, Saintes, Saint-Jean-d'Angély, Melle (18). Le dimanche précédent, il avait fait étape à l'abbaye cistercienne de Bonnevaux (19), très proche de Poitiers, installée dans un site particulièrement sain (20), en attendant selon toute apparence que ses

(11) Cf. l'abbé AUBER, *Histoire de la cathédrale de Poitiers*, t. II, Poitiers, 1849 (« Mém. de la Soc. des Antiq. de l'Ouest », 1re s., vol. 17), pp. 75-79 ; BALUZE, éd. MOLLAT, t. II, pp. 155-57 ; — sur lui, v. R. CROZET, dans *Dict. de biogr. franç.*, t. IV, 1948, col. 780-81.
(12) *Regest. Clem. V*, n° 1525-1530, 1536-1539 (5 janv. 1307).
(13) BALUZE, t. III, p. 74 ; cf. BOUTARIC, *Clém. V, Ph. le Bel et les Templiers*, p. 323, n. 3.
(14) BALUZE, t. III, pp. 75 et *passim*.
(15) Lettre du 10 mars, Bordeaux (*ibid.*, p. 77).
(16) Clément avait prévu son arrivée à Poitiers pour le 6 ou 7 avril (LIZERAND, *Clém. V et Phil. le Bel*, p. 66).
(17) *Regest.*, n° 1656 ; cf. BALUZE, t. II, p. 46, n. 1. — LIZERAND (p. 67) reste imprécis.
(18) Où il se trouvait le 7 avril (v. notre itinéraire du pape, ci-dessous, p. 102). Il s'agit de *Metulum* (Melle, a. de Niort, Deux-Sèvres), non de « Mesle, Vienne », ut ap. MOLLAT, éd. de BALUZE, t. II, index.
(19) Bonnevaux, comm. de Marçay, c. de Vivonne, a. de Poitiers. On comprend mal pourquoi *Bonaevallis* est interprété, pour le 9 avril (*Reg.*, n° 1726), Bonneville (Charente) par Yvonne LANHERS, *Tables des registres de Clément V...*, de Boccard, 1948 (« Biblioth. des Ec. franç. d'Ath. et de Rome », 3e s.), p. 33. Quant à Léon LEVILLAIN, il traduisait Bonneval (Dordogne), ce qui l'avait amené à de fâcheuses déductions concernant l'itinéraire (*A propos d'un texte inédit* (sic) *relatif au séjour du pape Clément V à Poitiers en 1307*, dans « Moy. âge », t. X, 1897, p. 74, n. 6-7).
(20) A propos de Bonnevaux, je signalerai quelques pages pertinentes de mon élève et confrère Jacques BRIEN, dans son diplôme d'études supérieures, encore inédit (*Le développement de l'ordre cistercien en Poitou au XIIe et dans la première moitié du XIIIe siècle*, Poitiers, 1954).

VI

logements fussent préparés dans la cité. Huit jours environ après le pontife, le roi Philippe arrivait à son tour à Poitiers (21). Le dimanche 7 mai enfin (22), ce fut l'évêque Arnaud d'Aux qui fit son entrée. Peut-être le pontife avait-il, par prudence, retardé cette intronisation ; elle n'en fut que plus voyante. Arnaud prêta, dans la cathédrale Saint-Pierre, le serment d'usage après avoir été, conformément à ce qui était sans doute déjà la coutume, porté de Notre-Dame-la-Grande à son église dans une *sedia* reposant sur les épaules des quatre premiers barons du diocèse, le comte de la Marche Guy de Lusignan (23), la vicomtesse de Châtellerault, Guillaume Larchevêque, sire de Parthenay et Maurice, seigneur de Belleville en Bas-Poitou (24).

Toutes mesures avaient été prises pour qu'un va-et-vient considérable dans la ville n'entraînât pas de trop graves conséquences pour celle-ci. Une ordonnance, due à la sagesse de Pierre de Villeblouain, sénéchal de Poitou (25), réglementa avec une minutie extrême l'approvisionnement de l'agglomération, taxa le prix des denrées et fixa les salaires *minima* des ouvriers (26) : c'est ainsi que, dans un rayon de quatre lieues autour de Poitiers, il fut interdit d'acheter quoi que ce fût, de façon à réserver la production pour le marché quotidien de la cité, marché qui serait étroitement surveillé par le sénéchal lui-même, en collaboration étroite avec « reverent pere en Dieu monsegneur le chambellenc notre pere le pape », c'est-à-dire le camérier pontifical, lequel était probablement déjà Bertrand de Bordes (27). Ainsi les habitants de Chasseneuil, d'Iteuil, de

---

(21) R. HOLTZMANN, *Wilhelm von Nogaret*, Fribourg, 1898, p. 137, n. 3. Ernest RENAN avait bien vainement tenté de nier ce premier séjour de Philippe (*Etudes sur la politique religieuse du règne de Philippe le Bel*, Paris, 1899, p. 139 ; cf. p. 411, n. 1).
(22) Non le 3, ut ap. AUBER, *Histoire de la cathédrale de Poitiers*, p. 66.
(23) Ce personnage ne tarda pas à disparaître, et avec lui (il ne laissait pas d'enfant) l'autonomie des comtés de la Marche et d'Angoulême (Auguste LONGNON, *La formation de l'unité française*, Picard, 1922, p. 173).
(24) A. REDET, *Cartulaire de l'évêché de Poitiers*, Poitiers, 1881 (« Archives historiques du Poitou », vol. 10), p. 106, n° 68. — Sur cette coutume, v. AUBER, *op. cit.*, pp. 66 ss. ; E. GINOT, dans « Bull. de la Soc. des Antiquaires de l'Ouest », 3ᵉ s., t. x, 1934-35, pp. 13-14.
(25) Pierre sut probablement se faire bien voir du pape : le 20 mars 1308 ce dernier concédait à Etienne, son frère, le prieuré Saint-Ayoul de Provins (*Reg.*, n° 2831).
(26) Souvent édité : [DUPRÉ DE SAINT-MAUR], *Essai sur les monnoies, ou réflexions sur le rapport entre l'argent et les denrées...*, Paris, 1746, p. 198, n. (a) ; LECOINTRE-DUPONT, dans « Arch. histor. du Poitou », t. VIII, 1879, pp. 403-12 ; LEVILLAIN, *A propos d'un texte...*, dans « Moy. âge », t. x, 1897, pp. 81-86. Cf. AUDOUIN et BOISSONNADE, *Recueil de documents concernant la commune et la ville de Poitiers*, Poitiers, 1923 (« Arch. hist. du Poitou », vol. 44), p. 301, n° 202 ; LIZERAND, *op. cit.*, p. 68.
(27) BALUZE, *Vitae*, éd. MOLLAT, t. II, p. 116, n. 3 (contra : LEVILLAIN, *op. cit.*, p. 86, n. 1 et M. PRÉVOST, dans *Dict. de biogr. franç.*, t. VI, 1954, col. 1079-80). Arnaud, le nouvel évêque de Poitiers, le remplacera à ce poste plus tard.

Nouaillé ou de Quinçay eurent-ils l'assurance de pouvoir écouler leurs produits et d'être payés comptant ; ceux de Poitiers surent qu'ils n'auraient pas à dépenser, pour un setier de sel, plus de 5 sous 6 deniers, pour un galon d'huile plus de 4 sous ; une paire de bons souliers d'homme, en vache, leur coûterait 2 sous ; les maçons furent certains de toucher un salaire quotidien de 12 deniers s'ils étaient nourris, ou de 18 sans nourriture ; les ouvriers maréchaux-ferrants 4 deniers (nourris), les ouvriers cordonniers 6 deniers, et ainsi de suite. Ce document, conservé par une heureuse fortune, ouvre des aperçus, qui ne sont que trop rares habituellement, sur les contrecoups des grandes conférences diplomatiques de ce temps. Il détourne un moment notre attention de ceux qui tenaient le devant de la scène, au profit des humbles que l'historien aurait vite tendance à oublier.

Le roi et le pape se rencontraient officiellement pour parler de la paix à établir entre les royaumes de France et d'Angleterre (28), mais Philippe avait une arrière-pensée, mettre Clément V au courant des crimes imputés aux membres de l'ordre du Temple. L'obscurité règne sur ces premiers pourparlers, dont les résultats tangibles n'apparurent point. On parla un peu de tout, mais il n'y eut, de la part du roi, que sondages prudents. Philippe partit sans doute dès le 15 mai, au lendemain des fêtes de Pentecôte (29) ; il dut laisser des observateurs sur place pour surveiller les agissements du pontife et agir sur ses proches. Rien ne serait plus contestable, toutefois, que de suivre à la lettre les assertions d'un chroniqueur comme Jean de Saint-Victor. A écouter ce dernier,

« le pape et les cardinaux firent à Poitiers un séjour plus long, *dit-on*,
« qu'ils ne l'eussent souhaité, le roi de France et son entourage les ayant
« pour ainsi dire détenus là par la violence. Car *on rapporte* qu'un jour
« le pape essaya avec une petite suite, et sous un déguisement, de partir
« en direction de Bordeaux, après s'être fait précéder par des sommiers
« chargés d'argent et d'or. Mais, reconnu par certaines personnes qui
« étaient favorables au roi, il fut contraint de rentrer à Poitiers avec ce
« qu'il voulait transférer là-bas (30). »

Un tel récit, dont cependant l'auteur, écrivant peu après 1308, fait habituellement autorité, ne laisse pas, comme on l'a reconnu depuis

---

(28) BALUZE, t. III, pp. 75 et *passim*. Sur la situation à ce moment, on consultera avec fruit Eugène DEPREZ, *Les préliminaires de la guerre de cent ans, la papauté, la France et l'Angleterre (1328-1342)*, Fontemoing, 1902 (« Biblioth. des Ec. franç. d'Ath. et de Rome », vol. 86), p. 14, et surtout Yves RENOUARD, *Les papes et le conflit franco-anglais en Aquitaine de 1259 à 1337*, dans « Mélanges d'archéo. et d'hist. », t. LI, 1934, p. 274.

(29) Il est, en tout cas, à Loches au début de juin (Frantz FUNCK-BRENTANO, *Les origines de la guerre de cent ans ; Philippe le Bel en Flandre*, Paris, 1896, p. 512, n. 2).

(30) JEAN DE SAINT-VICTOR, *Prima vita Clementis V*, éd. MOLLAT dans BALUZE, t. I, pp. 5-6.

longtemps (31), d'apparaître ici très suspect. L'itinéraire du pontife, établi par ses actes (32), vient infirmer de manière à peu près évidente cette espèce de « fuite à Varennes ». Et un autre biographe, le dominicain Tolomeo da Lucca, dit simplement, avec beaucoup plus de vraisemblance (33), que la curie demeura de longs mois en Poitou parce que Clément se portait mal.

En réalité, durant la fin de mai et la première décade de juin 1307, les exigences royales étant encore relativement modérées, en tout cas indirectes, le pape offrit aux Poitevins le spectacle fastueux du chef de la chrétienté recevant les princes, arbitrant les conflits, cherchant avec bon vouloir, malgré son peu de personnalité, à imposer l'équilibre dans la justice aux nations catholiques. « Ce furent en quelque sorte », écrivait Renan (34) avec quelque emphase, « les Etats généraux de l'Europe latine... Toute l'Europe », avec, pourrait-on ajouter, une part de l'Asie, « gravita quelque temps autour de Poitiers. »

Un des actes les plus solennels fut la ratification, le 2 juin (35), à la requête du roi, du traité d'Athis-sur-Orge, que ce dernier avait imposé deux ans plus tôt au comte Robert de Flandre, la *misera pax* des annalistes flamands (36) : cette approbation était une mesure fort complaisante, certes, à l'égard du souverain, mais la portée en fut atténuée par le fait que le pape ne la publia point sur-le-champ, non plus que les sentences canoniques qui devaient frapper d'éventuels opposants (37). Le comte de Flandre, son frère Guillaume de Hainaut et les représentants des villes flamandes, qui s'étaient rendus à Poitiers, n'avaient pu obtenir que cette atténuation à la rigueur du traité.

Nombreux furent les visiteurs de sang royal à la cour pontificale, dans les jours qui suivirent la Pentecôte 1307 ; on vit pleuvoir les faveurs spirituelles sur divers membres ou alliés de la maison capétienne, à commencer par le duc de Brabant et sa tante, Marie de Brabant, la veuve de Philippe le Hardi, marâtre encore jeune du

(31) Lizerand, op. cit., pp. 67-68. — Boutaric (*La France sous Philippe le Bel, étude sur les institutions politiques et administratives du moyen âge*, Plon, 1861, p. 131) parle d'une semi-captivité du pape.
(32) Voir plus loin, pp. 102-103, l'itinéraire de Clément V en Poitou.
(33) Tolomeo da Lucca, *Secunda vita...*, éd. Mollat, p. 27.
(34) Renan, *Etudes sur la politique religieuse du règne de Philippe le Bel*, p. 411.
(35) *Reg.*, n° 1680 ; autre éd. Comte Th. de Limbourg-Stirum, *Codex diplomaticus Flandriae...*, t. II, Bruges, 1889, pp. 27-28, n° 203. — La bulle n'est pas du 1er juin, ut ap. Lizerand, p. 71.
(36) Sur l'indignation que les clauses d'Athis suscitèrent en Flandre, v. *Annales Gandenses*, éd. Hilda Johnstone, Londres, Nelson, 1951, p. 86 ; cf. Funck-Brentano, *op. cit.*, p. 501.
(37) Cf. Charles V. Langlois, *Saint Louis, Philippe le Bel, les derniers Capétiens directs (1226-1328)*, Paris, 1901 (« Hist. de France » Lavisse, vol. 3, 2e p.), p. 306.

VI

roi ; à continuer par l'avide fils de celle-ci, le comte Louis d'Evreux, qui pour ses quatre enfants obtint des dispenses de consanguinité en vue de leur établissement (38). Les filles, alors toutes petites, de Louis d'Evreux et de Marguerite d'Artois devaient plus tard effectivement profiter de ces autorisations en épousant, l'une son cousin issu de germain le duc Jean III de Brabant, l'autre le propre fils de Philippe IV, devenu le roi Charles le Bel.

On remarqua aussi beaucoup à Poitiers Charles II d'Anjou, dit le Boiteux, roi de Sicile et de Jérusalem, lequel, écrit un historien récent (39), « libéré du voisinage trop immédiat de son suzerain, pou-« vait espérer de l'éloignement de la papauté les fonctions de vicaire « pontifical en Italie ». Sa visite au pape gascon eut pour résultat la remise d'une partie de la dette (40) qu'il avait contractée à l'égard du Saint-Siège au cours de luttes ruineuses contre l'Aragon. De plus, le souverain disposa Clément en faveur de son fils Charles-Robert, prétendant au trône de Hongrie. Bientôt le pape allait, de Poitiers, envoyer le cardinal franciscain Gentile da Montefiore vers les Etats de saint Etienne pour y consolider la dynastie angevine (41). A vrai dire, d'autres résultats, moins terre à terre, avaient été atteints au cours des entretiens entre le roi de Sicile et le pape. Louis d'Anjou, frère du nouveau roi de Hongrie, mort évêque de Toulouse dix ans plus tôt, dans les bras de son père Charles II, à l'âge de vingt-trois ans, avait hautement illustré, par des vertus exceptionnelles, l'ordre des frères mineurs dont il était membre. Le roi, peu de temps après le décès de son fils, implorait déjà Boniface VIII en vue d'un procès de canonisation ; il revint ici à la charge. Le 1er août 1307 à Poitiers (42), le nouveau pape confia l'enquête canonique aux évêques de Lectoure et de Saintes, mesure qui dut combler de joie les franciscains chez qui, depuis son arrivée à Poitiers, logeait le pape, auprès du corps du vénéré Gautier de Bruges (43).

Non moins encombrant que Charles fut un autre quémandeur de marque, le comte Charles de Valois, frère du roi de France, plein

---

(38) *Reg.*, n° 1968-72, 1981-83 et *pass.* ; cf. LIZERAND, *op. cit.*, p. 92.
(39) Emile G. LÉONARD, *Les Angevins de Naples*, P.U.F., 1954, p. 205.
(40) 20 juillet 1307, Poitiers (BALUZE, *Vitae*, éd. MOLLAT, t. III, p. 130, n° 25).
(41) *Reg.*, n° 2274 ss. Cf. MOLLAT, éd. de BALUZE, t. II, p. 42, n. 1 ; LÉONARD, p. 199. — La possession du royaume fut confirmée à Charles-Robert par bulle datée de Poitiers le 10 août (n° 1797) ; sur les conséquences pour l'Eglise de Hongrie, v. MOLLAT, *La collation des bénéfices ecclésiastiques sous les papes d'Avignon (1305-1378)*, De Boccard, 1921, p. 213.
(42) *Reg.*, n° 1777 ; *Processus canonizationis et legendae variae sancti Ludovici, O.F.M.*, Quaracchi, 1951 (« Analecta franciscana », vol. 7), pp. 1-3 ; cf. r. p. M. H. LAURENT, O.P., *Le culte de saint Louis d'Anjou à Marseille au XIVe siècle...*, Rome, 1954 (« Temi e testi », vol. 2), p. 37, n° 7.
(43) C'est Jean XXII qui élèvera Louis de Toulouse à la gloire des autels, le 7 avril 1317.

de visées ambitieuses sur l'Orient byzantin de par son mariage avec Catherine de Courtenay. Il obtint des avantages considérables, le renouvellement pour deux ans de la jouissance d'une décime collectée dans l'île de Sicile en vue d'une expédition contre les Paléologue, ainsi que l'excommunication de l'empereur grec Andronic II, ce schismatique endurci auquel le remuant prince capétien espérait bien pouvoir se substituer ; les sujets de cet empereur étaient déliés de leur serment de fidélité (44).

Ainsi Clément V (45), à Poitiers, se donna-t-il la gloire, assurément bien factice, d'apparaître comme le continuateur de la tradition théocratique — qu'on eût pu croire abattue après l'attentat d'Anagni, — comme le distributeur des couronnes de l'Europe chrétienne en vertu de la *plenitudo potestatis* : rôle que Marsile de Padoue allait si rudement contester à la papauté (46). Par une coïncidence curieuse, en ce début de juin s'étaient trouvés ensemble, à la cour du pape, trois des personnages que Dante — qui mettait alors la dernière main à son *Inferno* — accablera de ses remarques, cinglantes comme des coups de fouet, « la dame de Brabant », accusée par lui et menacée des peines éternelles pour faux témoignage contre Pierre de la Broce ; « le boiteux de Jérusalem » dont, dit-il, les actes de bonté sont marqués du signe de l'unité, tandis que ses méfaits se comptent par milliers ; enfin « cet autre Charles sorti de France », le comte de Valois pour ne le pas nommer, qui « de la lance dont Judas usait dans ses tournois, creva le ventre de Florence » (47), ainsi le poète faisait-il allusion à la « trahison » du prince des fleurs de lys dans les luttes flo-

(44) *Reg.*, n° 1755, 1759 ; Coquelines, *Bullarum... amplissima collectio*, t. III, 2ᵉ p., p. 113, n° 3 ; cf. J. Delaville Le Roulx, *La France en Orient au XIVᵉ siècle ; expéditions du maréchal Boucicaut*, t. I, Paris, 1885 (« Biblioth. des Ecoles franç. d'Ath. et de Rome », vol. 44), p. 45 ; Mollat, *Les papes d'Avignon*, p. 32 (sous la date du 5 juin) ; Joseph Petit, *Charles de Valois (1270-1325)*, Picard, 1900, pp. 103-09. Ce dernier érudit a rétabli prudemment la vérité concernant les rapports entre Clément V et le comte de Valois, lequel quitta la cour pontificale le 17 ou 18 juin (H. Moranvillé, *Les projets de Charles de Valois sur l'empire de Constantinople*, dans « Bibl. de l'Ec. des chartes », t. LI, 1890, p. 67).

(45) Qui en même temps concédait à Charles de Valois les dispenses nécessaires en vue du mariage de ses enfants (*Reg.*, n° 1766-67), cf. Baluze, éd. Mollat, t. II, p. 39, n. 1.

(46) Marsilius de Padua, *Defensor pacis*, II, VI 13, éd. Richard Scholz, Hanovre, Hahn, t. I, 1932, pp. 214-15 ; cf. Georges de Lagarde, *La naissance de l'esprit laïque au déclin du moyen âge*, 2ᵉ éd., P.U.F., t. II, 1948, pp. 234-35.

(47)   « Pier della Broccia dico ; e qui provveggia,
      Mentr'è di qua, la donna di Brabante,
      Sì che peró non sia di peggior greggia. »
                    (PURG., VI, 22-24)
   « Vedrassi al Ciotto di Ierusalemme
   Segnata con un'I la sua bontate,
   Quando il contrario segnerà un'M. »
                    (PAR., XIX, 127-29)

VI

rentines. Quant au pape qui, entre Lyon, Bordeaux et Poitiers, en attendant Avignon, semblait marquer son dédain pour l'Italie de Benoît XI, Dante, non sans cruauté, lui avait déjà réservé une place en son enfer, au cercle des simoniaques.

Le 2 juin 1307, pour la première fois depuis son arrivée à Poitiers, on constate qu'un acte du pontife est donné ailleurs que dans cette cité : la bulle par laquelle il gratifie Roger d'Armagnac d'une prébende au chapitre cathédral de Paris, est datée de Ligugé (48) ; puis à nouveau, à partir du 8 juin, pour la Pentecôte et pratiquement pendant tout le mois (49), on constate la présence du pape en ce petit prieuré Saint-Martin, dépendance de l'abbaye de Maillezais, qui lui sert visiblement de maison des champs au début des chaleurs. Ce n'est pas d'ailleurs que certains jours ses services ne scellent des actes rendus tour à tour à Poitiers et à Ligugé (50), ce qui laisse entendre que Clément V n'hésite pas devant les quatre lieues, aller et retour, dans la journée, que comporte la petite chevauchée. Il peut aller ainsi respirer, au vallon abritant le plus ancien *coenobium* des Gaules, un autre air que celui, un peu étouffant à tous points de vue, de sa résidence des Cordeliers, face au donjon du palais capétien.

Puis, pendant six semaines, le pontife semble n'avoir pas quitté la ville ; mais le 13 août il est, également aux portes de celle-ci, entre Nouaillé et Nieuil-l'Espoir, au prieuré Notre-Dame d'Availle dépendant de l'abbaye de Nouaillé (51), le lendemain à nouveau à Ligugé où ses visites sont encore nombreuses durant plus de dix jours (52). Enfin, un dernier séjour champêtre de Clément, entre le 14 septembre probablement (53) et le 8 octobre, eut lieu en un point du diocèse dit *Cressacum* ou *Creceyum*, suffisamment proche de la cité pour qu'un jour d'automne deux actes aient pu être

« Tempo vegg'io, non molto dopo ancoi,
Che tragge un altro Carlo fuor di Francia,
Per far conoscer meglio e sè e i suoi.
Senz'arme n'esce solo e con la lancia
Con la qual giostró Giuda ; e quella ponta
Sì', ch'a Fiorenza fa scoppiar la pancia. »
(PURG., XX, 70-75).

(48) *Reg.*, n° 1651 (erreur dans la table de Melle LANHERS, p. 33).
(49) Ci-dessous, appendice (diverses erreurs ap. LANHERS, *loc. cit.*) — Cf. LEVILLAIN, dans « Moy. âge », t. x, 1897, p. 77.
(50) Ex. les 2, 9, 10 et 20 juin, voir l'itinéraire, p. 103.
(51) Il y ordonne toute une série de mesures en faveur d'un monastère bordelais qui lui est cher, celui de la Sauve-Majeure (*Reg.*, n° 2064 ss.).
(52) Voir l'itinéraire ; les actes 2294-2295 du 26 août sont donnés à nouveau à Poitiers, non à Ligugé comme l'indique Y. LANHERS (p. 34).
(53) *Reg.*, n° 1906, où la date doit être lue sans doute : « xviij. », puisque le 19 des calendes n'existe pas.

donnés dans les deux endroits (54), et qu'on ne saurait donc identifier, comme certains l'ont fait, ni avec Creysse dans la région de Bergerac (55), ni avec Cressé (Deux-Sèvres) [56], qui est à près de 80 km. de Poitiers, mais, me semble-t-il, avec un Grassay (57), soit qu'il s'agisse d'un point de la commune de Benassay à l'O. de Poitiers, ou des environs de Saint-Secondin au S. E. de Gençay. Vers le 15 octobre, de très graves nouvelles contraignirent le pape à regagner ses quartiers d'hiver (58).

Les intérêts du roi de France ou de ses proches parents n'avaient pas été les seuls qui eussent retenu, jusqu'au coup de tonnerre de l'arrestation générale des Templiers, le vendredi 13 octobre (59), l'attention du pape : ceci soit dit contrairement à une légende tenace, entretenue avec complaisance par certains historiens depuis Villani, légende qui tend à ne montrer en Clément V qu'une sorte de premier aumônier de Philippe le Bel (60). Sans parler de l'administration de l'Eglise et du choix attentif des évêques, dont porte témoignage son régeste, le pape n'oublie pas qu'il est le souverain de Rome ; les Romains — sans doute, a-t-on dit, avec l'espoir de le voir revenir parmi eux —l'ont revêtu personnellement de la dignité sénatoriale, et il délègue ces fonctions de sénateur de l'*Urbs,* tous les six mois, à des représentants de l'aristocratie romaine. C'est à Melle, le 9 avril 1307 (61), qu'il désigne ainsi Pietro Savelli et Giovanni Normanni ; à Grassay, le 8 octobre, Riccardo Annibaldi et Giovanni Colonna, dont les fonctions sont prorogées le 5 avril 1308, de Poitiers (62) ; enfin, le 13 août 1308, il nommera, de Ligugé, Ste-

(54) *Reg.,* n° 2091 et 2112 (ce dernier non relevé à la table), le 8 octobre. D'ailleurs un acte du 2 octobre n'est-il pas donné *Crassaci* prope *Pictavis* (n° 1929) ?
(55) Lizerand, *Clém. V et Phil. le Bel,* p. 432, n. 1 (Creysse n'est pas au diocèse de Poitiers).
(56) Lanhers, p. 35, qui allègue un « Crissé, comm. de Préhacq », évidemment Cressé, comm. de Prahecq.
(57) L. Redet, *Dictionnaire topographique du département de la Vienne,* Paris, 1881, p. 200.
(58) « Le 15, Clément revint à Poitiers » [l'auteur ne dit pas d'où] « et convoqua un consistoire pour le 17. » (Lizerand, *op. cit.,* p. 104).
(59) A ce sujet, v. Langlois, *Saint Louis, Philippe le Bel...,* p. 182 ; Georges Roman, *Le procès des Templiers, essai de critique juridique,* Montpellier, 1943, p. 11.
(60) Mollat, *Les papes...,* p. 12. — Les légendes rapportées par Giov. Villani (VIII, 80) concernant les préambules de l'élection de Clément sont si connues qu'il suffit ici d'en faire mémoire, cf. Mollat, p. 29, et le dessin nuancé que donne cet érudit de la personnalité du pape (pp. 32 ss.).
(61) Bien que le texte porte «.vij. id. martii » (*Reg.,* n° 2257 ; Aug. Theiner, *Codex diplomaticus dominii temporalis sanctae sedis...,* Vatican, t. I, 1861, p. 408, n° 589), il faut lire « aprilis » car, le 9 mars, Clément est à Pessac (n° 1590, 1622) tandis que le 7 avril il sera à Melle et peut très bien s'y être trouvé encore le 9 au matin, partant pour Bonnevaux (ci-dessus, p. 14 et nn. 18-19). On remarquera en outre que, la charge en question devant prendre effet au 1er mai, et celle d'Annibaldi-Colonna au 1er novembre, la nomination de ces derniers intervient le 8 octobre, donc six mois exactement après le *9 avril.*
(62) *Reg.,* n° 2272, 3350. A ce sujet, v. A. Eitel, *Der Kirchenstaat unter Klemens V.,* Berlin-Leipzig, 1907 (« Abhandl. zur mittl. und neueren Gesch. », vol. 1), p. 41 ; Alain

VI

fano Conti avec Orso Francesco Orsini di Campodifiore (63), cependant que, du même prieuré, le 16 juin 1307, il avait désigné Guitto da Farnese, évêque d'Orvieto, pour son vicaire *in spiritualibus* dans Rome (64). L'indifférence que le pontife aurait éprouvée envers la véritable capitale du monde chrétien — que, au grand scandale des Italiens (65), il ne se résigna jamais à rejoindre — ne fut pas aussi absolue qu'on s'est plu trop souvent à le dire. Lorsque la sacristie et le toit de la nef de Saint-Jean de Latran eurent flambé dans la nuit du 5 mai 1308 (incendie succédant de près au fameux jubilé de 1300, d'où une émotion intense en Europe), Clément V, le 11 août suivant, tout en se réjouissant que les précieuses reliques eussent été épargnées, donna de Poitiers des ordres en vue de la reconstruction et assembla des fonds. L'effort entrepris allait être rapide et efficace (66).

A côté des préoccupations italiennes (67), celles de la croisade tiennent une place essentielle dans la pensée du pontife (68) durant qu'il est en Poitou. Les séjours que Charles de Valois fit, à plusieurs reprises, à sa cour (69), furent l'occasion pour lui de repenser continuellement aux problèmes d'Orient. « On séparait assez peu, « en ce temps-là », écrit Delaville Le Roulx (70), « la question de « l'empire grec de celle de la croisade, et, si quelques esprits fai- « saient une distinction, ils ne voyaient dans la conquête de Con- « stantinople qu'une première étape à celle de la Terre Sainte. »

Des messagers venaient d'Arménie, de Chypre, à Poitiers, y entretenaient une atmosphère fébrile, poussant à l'action contre les musulmans. Parmi eux brilla un moine augustin, ci-devant soldat, Hayton, comte de Gorigos, descendant des princes chrétiens d'Ar-

---

de BOUARD, *Le régime politique et les institutions de Rome au moyen âge, 1252-1347*, De Boccard, 1920 (« Biblioth. des Ec. franç. d'Ath. et de Rome », vol. 118), pp. 36-37, 231-32.

(63) *Reg.*, n° 3589 (de BOUARD, p. 253).

(64) N° 1645 (cf. de BOUARD, p. 57, n. 2 ; et, sur le rôle du vicaire, p. 70).

(65) DANTE, *Purg.*, XXXII, 148 ss. ; cf. LABANDE, *L'Italie de la Renaissance...*, Payot, 1954, pp. 123, 126.

(66) *Reg.*, n° 3591 ss. A ce sujet, v. RENAN, *Etudes sur la politique religieuse...*, p. 460 (date fautive) ; DUPRÉ-THESEIDER, *Roma dal comune di popolo alla signoria pontificia...*, pp. 392-93 ; Noelle MAURICE-DENIS et R. BOULET, *Romée...*, 2ᵉ éd., Desclée De Brouwer, 1948, p. 316.

(67) Notons les mesures que le pape prend pour essayer de limiter ce qui va devenir un âpre conflit avec Venise à propos de Ferrare : mission d'Arnaud de Saint-Astier et Nofrio da Trevi, 27 avr. 1308, Poitiers (*Reg.*, n° 3570 ; cf. MOLLAT, *op. cit.*, p. 142) ; avertissement du cardinal Guillaume Ruffat aux Bolonais au nom du pontife (lequel les connaissait bien, ayant étudié dans leur ville), 28 juin, Poitiers.

(68) Cf. RENOUARD, dans « Mél. d'archéo. et d'hist. », t. LI, 1934, p. 273.

(69) De mai à août 1308 Charles est à Poitiers où il se remarie, en juillet, avec Mahaut de Saint-Pol (MORANVILLÉ, dans « Bibl. de l'Ec. des chartes », t. LI, 1890, p. 67 ; cf. PETIT *Ch. de Val.*, pp. 115, 120, 246).

(70) DELAVILLE LE ROULX, *La France en Orient au XIVᵉ s.*, p. 43.

ménie (71). Hayton, sur l'ordre du pape, aurait dicté à Poitiers, au couvent des Cordeliers, tout ce qu'il savait sur l'état du Proche Orient, de l'Asie centrale et sur les progrès des Mongols. Un Poitevin, Nicolas Faucon, recueillait ses dires qui constituèrent les fameuses *Historiae partium Orientis*. Il demandait au pape, en vue d'éviter l'effritement des forces croisées, d'admettre la révolution qui venait de s'accomplir en Chypre au détriment de l'incapable monarque Henri II (72). Il n'obtint qu'une demi-satisfaction (73). Pourtant, la désignation de collecteurs de décimes à lever en vue du « voyage d'outre-mer » (74), une indulgence de cent jours concédée à quiconque travaillerait de ses mains aux murailles de Famagouste pour défendre Chypre contre l'assaillant (1er avr. 1308, Poitiers) [75], enfin la bulle *Exsurgat Deus* du 11 août suivant appelant le monde catholique à la croisade (76), constituèrent des preuves manifestes de l'intérêt que le pape portait aux chrétientés orientales. Il était malheureusement servi par certains prélats cupides, trop habiles à s'enrichir avec les concessions d'indulgences. L'ordre de l'Hôpital fut invité à s'emparer de Rhodes, ce qu'il accomplit effectivement deux ans plus tard (77), afin d'en faire une plate-forme contre les agressions sarrasines. Ainsi l'attention se concentrait-elle davantage sur les valeureux chevaliers de Saint-Jean de Jérusalem, orgueilleux rivaux des Templiers amollis, que sur le comte de Valois, assez inopérant. Celui-ci qui, au cours des mois qu'il passa à Poitiers, offrit au pape plusieurs coupes en or ornées d'émaux, de perles, de pierreries et timbrées de ses armes, cadeaux évalués à plus de mille livres parisis (78), n'obtint guère que des bulles du 1er avril 1308 qui secondaient ses efforts auprès du roi de « Rassie », le serbe Uroch II, afin d'entraîner ce potentat dans la lutte « contre les Sarrasins », disait le pape, contre les Grecs, pensait Charles (79).

(71) Alf. BARBIER, *Le moine arménien Hayton à Poitiers (1307)*, dans « Mém. de la Soc. des Antiq. de l'Ouest », 2e s., t. II, 1888, pp. 23-50.
(72) *Reg.*, n° 3543. Sur la mission de Hayton, v. Charles PERRAT, *Un diplomate gascon au XIVe siècle : Raymond de Piis, nonce de Clément V*, dans « Mél. d'archéo. et d'hist. », t. XLIV, 1927, pp. 42-46, et PETIT, pp. 110-12.
(73) DELAVILLE LE ROULX, p. 67.
(74) Par ex. en Allemagne, par décision du 18 oct. 1307 (*Reg.*, n° 1941).
(75) *Ibid.*, n° 2736.
(76) Rendue à Poitiers (n° 2988), cf. JEAN DE SAINT-VICTOR, dans BALUZE, *Vitae*, éd. MOLLAT, t. I, p. 10 ; Louis BRÉHIER, *L'Eglise et l'Orient au moyen âge, les croisades*, Gabalda, 1907, p. 262. Sur les conséquences dans l'Europe du N. O., v. DELAVILLE LE ROULX, *op. cit.*, p. 43.
(77) Dès le 5 septembre 1307, à Poitiers, Clément V y avait autorisé Foulque de Villaret, le nouvel et entreprenant grand-maître des Hospitaliers (*Reg.*, n° 2148).
(78) « Monseigneur donna au pape, quant il fu a Poytiers, une coupe d'or a esmauz, a pelles et a pierrerie, un pot d'or de quarte a pelles, a esmauz et a escuçons de ses armes, et une pinte d'or de celle meimez façon : et valoient plus de .M. l. p. forz, valent douze cens cinquante l. t. forz » (MORANVILLÉ, *op. cit.*, p. 69).
(79) *Reg.*, n° 3559 ss. ; cf. DELAVILLE LE ROULX, p. 46.

VI

Mais c'est vers des zones bien plus éloignées que l'on regarde alors dans l'entourage de Clément V. Depuis saint Louis l'Europe pense à une alliance avec les Mongols — dont un certain nombre sont chrétiens nestoriens, — afin de venir à bout des Turcs en prenant ceux-ci à revers, et de diminuer l'ingérence musulmane en Méditerranée (80). Bien que cette alliance tatare ait déjà causé pas mal de déboires à la chrétienté et n'ait pu empêcher la perte d'Acre, elle jouit, en ce début du XIVe siècle, d'un renouveau de popularité, auquel n'ont pas peu contribué la vogue d'un certain nombre de récits sur l'Asie centrale (celui de Marco Polo est dans toute la fraîcheur de sa nouveauté), ou les conseils précis du moine Hayton, qui voyait déjà les Tatars attaquant Alep, en conjonction avec l'effort chrétien. Tel est le climat qui explique une lettre de Clément V (1er mars 1308, Poitiers) à « Olgetucan, rex Tartarorum », c'est-à-dire le khan Oldjeitu, maître musulman, mais, semble-t-il, tolérant, de l'Iran (81). A l'entendre, ce lointain souverain lui avait fait de magnifiques promesses par un ambassadeur. Cent mille cavaliers allaient, sous le commandement du roi tatar, attaquer les Turcs : pareils chiffres, d'une ampleur tout orientale, ne semblent pas avoir étonné le pape, lequel déclare : les propositions du khan ont été aussi réconfortantes pour la chrétienté que le pain apporté par Habacuc à Daniel dans la fosse aux lions (82). Langage qui dut étonner les Mongols plus que les Poitevins, habitués à contempler cette scène sur des chapiteaux de leurs églises (83).

Est-il utile de rappeler que de telles négociations firent long feu ? Plus riche de fruits ultérieurs pour le développement du monde chrétien devait être une autre mesure, décidée à Poitiers dès le 23 juillet 1307 : Clément V, en véritable précurseur des papes missionnaires du XXe siècle, avait organisé l'église catholique en Chine. Et la concomitance de cette bulle avec les efforts de croisade fait bien sentir à quel point l'Eglise commence alors à réviser ses positions concernant les rapports avec les infidèles. Elle hésite entre deux formules. Doit-on continuer la guerre sainte ? Ne doit-on pas plutôt faire céder l'Islam en évangélisant ses confins ? En 1307, ne l'oublions pas, retentit la voix — que le pape Clément n'ignore point — du tertiaire franciscain Ramon Lull s'écriant :

« Je vois les chevaliers aller outre-mer à la Terre sainte, et s'imaginer
« qu'ils la reprendront par la force des armes, et finalement tous s'y

---

(80) Bréhier, op. cit., pp. 227 ss. ; excellentes pages, à ce sujet, de René Grousset, Histoire des croisades et du royaume franc de Jérusalem, t. III, Plon, 1936, pp. 518 ss.

(81) Cf. Grousset, J. Auboyer et J. Buhot, L'Asie orientale des origines au XVe siècle, P.U.F., 1941 (« Hist. génér. » Glotz, moy. âge, vol. 10, 1re p.), pp. 337-39.

(82) Dan., xiv, 32-38 (Reg. n° 3549) ; cf. Delaville Le Roulx, op. cit., p. 29.

(83) François Eygun, Saint-Porchaire de Poitiers, dans « Bull. de la Soc. des Antiq. de l'Ouest », 4e s., t. III, 1955-56, p. 101 ; — R. Crozet, L'art roman en Poitou, Laurens, 1948, p. 184 et pl. 39.

« épuisent sans venir à bout de leur dessein. Aussi pensé-je que cette
« conquête ne se doit faire que comme vous l'avez faite, Seigneur, avec
« vos apôtres, c'est-à-dire par l'amour, les oraisons et l'effusion des
« larmes. Que de saints chevaliers religieux se mettent donc en route,
« munis du signe de la Croix, emplis de la grâce que donne l'Esprit saint,
« et qu'ils s'en aillent prêcher aux infidèles les vérités de votre
« Passion ! » (84).

Ces « saints chevaliers » qui vont travailler revêtus seulement du haubert de justice, de l'écu de la foi, du heaume du salut et de l'épée de l'Esprit, comme parle l'Apôtre (ÉPH., VI, 14 ss.), ce sont Giovanni da Montecorvino, missionnaire depuis 1294 chez les Tatars, dont le pape fait un archevêque de Cambaluc, c'est-à-dire de Pékin, et sept suffragants qu'il va lui nommer, chargés de lui porter le *pallium*. Ce sont des franciscains comme lui : Andrea da Perugia, qui évangélisa plus tard les villes de commerce de Chine méridionale, Gerardo Alboini, Pellegrino da Castello, Guillaume de Villeneuve, enfin trois autres dont il est probable qu'ils ne parvinrent pas à destination (85).

A côté de tant de questions qui sollicitaient l'attention du pape Clément en sa résidence poitevine, il est notoire qu'en 1308 celle des Templiers parut l'emporter sur n'importe quelle autre. En tout cas, cette affaire occupa tellement la vedette que, aveuglés par ses reflets, nous avons tendance à oublier comment le pape trouva le temps — ainsi que j'ai cherché à en donner une idée — de se prononcer sur maint autre point. Faut-il évoquer ici les préoccupations apostoliques du pontife concernant le Maroc, que cherchent à évangéliser les dominicains (86) ? la protection octroyée à l'ordre religieux militaire de Santiago (87) ? les autorisations qu'il accorde, en février 1308, au roi Denis de Portugal en vue de la fixation définitive de son université à Coimbre (88) ? l'aide donnée à Ha-

---

(84) D'après [Barth. HAURÉAU], *Raimond Lulle, ermite*, dans « Hist. littéraire de la France », t. XXIX, 1885, p. 229. Lull ne vint pas à Poitiers, mais avait exposé ses idées devant Clément V lors du séjour de ce dernier à Lyon (r. p. E. LONGPRÉ, O.F.M., dans *Dict. de théol. cathol.*, t. IX, 1926, col. 1084).

(85) *Reg.*, n° 2216-2221, 2300, 3582. Sur la question, v. PETIT, *op. cit.*, pp. 112-13 ; BRÉHIER, *op. cit.*, pp. 283-84 ; GROUSSET, *Histoire de la Chine*, Fayard, 1942, p. 305. — Guillaume de Villeneuve ne fut élevé à la dignité épiscopale que le 1er mai 1308, à Poitiers.

(86) L'archevêque de Séville est le conseiller choisi par Clément pour aider à la désignation d'un nouvel évêque dominicain du Maroc (*Reg.*, n° 1837 : Poitiers, 29 août 1307).

(87) *Reg.*, n° 2588 ss.

(88) Par bulles du 26 févr. 1308, données à Poitiers, le monarque est autorisé à transférer le *studium generale* de Lisbonne à Coimbre, en lui affectant les revenus de six églises paroissiales sur lesquelles il exerce le droit de patronage (*Reg.*, n° 2666, 2712). L'université existait officiellement depuis 1290 (Hastings RASHDALL, *The Universities of Europe in the Middle Ages*, nouv. éd., Oxford, Univ. Pr., [1936], t. II, p. 109-10).

akon V Magnusson pour faciliter le recrutement du clergé en son royaume de Norvège (89) ? les adoucissements fiscaux consentis aux églises d'Ecosse à cause de dommages que leur ont causés les guerres (90) ?

Mais l'affaire principale était bien, pour Clément V, de réagir aux innombrables sollicitations de Philippe le Bel, tout en essayant d'apaiser la vieille discorde de la France et de l'Angleterre. Alors que l'on négociait au sujet de certains châteaux réclamés par Edouard Ier (91), celui-ci mourut, le 7 juillet 1307. Clément ressentit douloureusement la perte d'un prince qui, maître de la Guyenne, avait été son premier protecteur du temps que lui-même n'était qu'un assez mince chanoine de Bordeaux (92) ; il voulut en personne assister, en la cathédrale Saint-Pierre de Poitiers, au service solennel célébré pour le suffrage du roi d'Angleterre. Niccoló Albertini da Prato, cardinal-évêque d'Ostie, chanta la messe. Cinquante grosses torches de cire brûlaient devant le catafalque. En chape d'écarlate et mitre blanche, le pape présidait au trône, sous le somptueux vitrail associant le martyre de saint Pierre à la crucifixion du Seigneur. En demi-cercle, à sa droite huit cardinaux-diacres, à sa gauche les autres membres du Sacré Collège, au nombre d'une douzaine (93). Au dehors, la pluie d'été tombait. En regagnant à

On doit avouer que, le même jour, Denis Ier, époux volage de celle qui devait devenir illustre dans l'ordre franciscain sous le nom de sainte Elisabeth de Portugal, obtenait de la bénignité de Clément V, pour son bâtard Jean Alphonse, âgé de onze ans et non encore tonsuré, toutes dispenses en vue de l'accès à n'importe quelle dignité ecclésiastique (n° 2742).

(89) *Reg.*, n° 2430-31 et autres actes du 5 févr. 1308, Poitiers. On consultera, sur la situation religieuse en ce pays au XIVe siècle et l'entente des intérêts entre papes et rois scandinaves, Lucien MUSSET, *Les peuples scandinaves au moyen âge*, P.U.F., 1951, pp. 281-82.

(90) *Reg.*, n° 2329 (mesure du 10 août 1308, une des dernières résolues à Poitiers).

(91) Clément V, de Poitiers, annonce le 13 juin 1307 à Edouard que le château de Mauléon va lui être rendu (RYMER, *Foedera*, Londres, 1705, t. II, p. 1057). Autres actes à ce propos dans BALUZE, *Vitae*, éd. MOLLAT, t. III, p. 54, n° 69 ; LIZERAND, *Clém. V et Phil. le Bel*, p. 434, n° 7.

(92) LANGLOIS, dans « Rev. hist. », t. XL, 1889, pp. 49 ss. Excellentes observations de RENOUARD, dans « Mél. d'archéo. et d'hist. », t. LI, 1934, p. 268.

(93) Les membres du Sacré Collège vraisemblablement présents à Poitiers, en dehors de l'évêque d'Ostie, vers le 1er août 1307, étaient les suivants. Evêques : Giovanni Boccamazzi (Tusculum, 1285-1309) [L. JADIN, dans *Dict. d'hist. et de géogr. ecclés.*, t. IX, 1936, col. 297-300], Leonardo Guercino Patrasso (Albano, 1300-1311), « Joannes Minius », O.F.M. (Porto, 1302-1313) et *Pierre de la Chapelle-Taillefer* (Palestrina, 1306-1312), négociateur de la ratification du traité d'Athis, plus tard agent probable du roi dans l'affaire du Temple (MOLLAT, *ibid.*, t. XII, 1953, col. 410-11). — Prêtres : Jean Lemoine (Saints-Marcellin-et-Pierre, 1294-1313), Gentile da Montefiore (Saints-Sylvestre-et-Martin, 1300-1312, cf. ci-dessus, p. 18), *Etienne de Suisy* (Saint-Cyriaque, 1305-1311), Thomas Jorz, O.P., anglais (Sainte-Sabine, 1305-1310), Nicolas de Fréauville, O.P. (Saint-Eusèbe, 1305-1323), BÉRENGER FREDOL (Saints-Nérée-et-Achillée, 1305-1309), ARNAUD FRANGIER DE CANTELOUP, personnage effacé (Saint-Marcel, 1305-1313), GUILLAUME

cheval les Cordeliers (94), le pape devait songer à la nécessité d'aboutir à une réconciliation définitive des deux monarchies, que l'on scellerait par le mariage, depuis longtemps projeté, entre une fille de Philippe le Bel et le nouveau roi Edouard II. De Poitiers, le 3 décembre suivant, il pouvait écrire au souverain français en se réjouissant de l'imminence des accords (95). Six semaines plus tard en effet, les noces d'Edouard et d'Isabelle, qui furent si fatales à l'Angleterre d'abord, puis à la France, étaient célébrées à Boulogne (96).

Cependant, vers l'Assomption 1307, Philippe avait annoncé au pape l'envoi de négociateurs, en l'espèce Geoffroy du Plessis et Guillaume de Plaisians (97). Qu'il ne se pressât point, lui écrivit de Ligugé Clément V le 24 août : le pape devait prendre médecine au début de septembre ; le mois suivant, on verrait. En attendant, Clément se réinstallerait à Poitiers, où il commencerait à dépouiller le dossier singulier — *quasi incredibilia et impossibilia* — concernant les Templiers, que les bons apôtres de l'entourage royal étaient si pressés de lui commenter (98). Ces manœuvres dilatoires du pon-

RUFFAT (Sainte Pudentienne, 1306-1311, cf. ci-dessus, p. 22, n. 67). — Diacres Guglielmo Longhi (Saint-Nicolas « in carcere », 1294-1319), Landolfo Brancaccio, grand ami des rois de Sicile (Saint-Ange « in foro », 1294-1312), Jacopo Caetani Stefaneschi, fort mal en cour, grand ennemi de Philippe le Bel, auteur de nombreux ouvrages d'intérêt liturgique et littéraire (MOLLAT, dans *Dict. d'hist. et de g.*, t. XI, 1949, col. 151-53) [Saint-Georges-au-Vélabre, 1295-1343], Francesco Caetano (Sainte-Marie « in Cosmedin », 1295-1317) [cf. LANGLOIS, *L'affaire du cardinal Francesco Caetani (avr. 1316)*, dans « Rev. hist. », t. LXIII, 1897, pp. 56-71], Francesco Napoleone Orsini (Sainte-Lucie « in Silice », 1295-1312), Riccardo Petrone (Saint-Eustache, 1298-1314), RAYMOND DE GOT (Sainte-Marie-Nouvelle, 1305-1310, cf. ci-dessous, p. 29), ARNAUD DE PELLEGRUE (Sainte-Marie « in porticu », 1305-1331) et *Luca Fieschi* (Saints-Cosme-et-Damien, 1306-1336). Au total 22, sur lesquels 10 doivent leur chapeau à Clément, et 5 sont ses neveux. Les Italiens, au nombre de 12 (plus 2 autres absents de la curie), sont encore en majorité ; les Français et Gascons sont 9 ; il y a un Anglais, plus un Espagnol absent de la curie. [En italique les cardinaux de Clément, en petite capitale les neveux].

(94) « Quia pluit, recessit in equo » (description fournie par cérémonial dû à Giacomo Caetani Stefaneschi : BALUZE, t. II, p. 49). Sur ce travail, voir L. H. LABANDE, *Le cérémonial romain de Jacques Cajétan*, dans « Bibl. de l'Ec. des chartes », t. LIV, 1893, pp. 45-74.

(95) LIZERAND, *op. cit.*, p. 437, n° 9 ; cf. RENOUARD, *op. cit.*, p. 275.

(96) *Chronographia regum Francorum*, éd. H. MORANVILLÉ, t. I, Paris 1891 (« Société de l'histoire de France », vol. 252), pp. 177-79. Le 23 juillet 1308, par bulles datées de Poitiers, le pape concéda à la nouvelle reine de très nombreuses faveurs (*Reg.*, n° 3014 ss., 3266 ss.).

(97) Sur ce dernier personnage, v. A. HENRY, *Guillaume de Plaisians, ministre de Philippe le Bel*, dans « Moy. âge », t. V, 1892, pp. 32-38.

(98) BALUZE, *op. cit.*, t. III, pp. 59-60 ; cf. LIZERAND, pp. 92-93 ; Robert FAWTIER, *L'Europe occidentale de 1270 à 1328*, P.U.F., 1940 (« Hist. gén. » GLOTZ, moy. âge, vol. 6, 1re p.), p. 417. Le 24 août est la date de ce document pontifical, non de la nouvelle entrevue avec le roi comme on lit sous la plume de A. RENAUDET et E. PERROY, *La fin du moyen âge...*, P.U.F., 3e éd., 1946 (« Peuples et civilisations », vol. 7), t. I, p. 53.

VI

tife se heurtèrent au coup de théâtre de l'arrestation en masse des chevaliers du royaume entier, le même jour, à la même heure. On n'ignore pas avec quels accents indignés Clément, deux semaines plus tard, écrit de Poitiers au roi à ce sujet. « Nous sommes », dit-il, « plus bienveillant pour le roi qu'aucun des pontifes romains qui sous votre règne ont gouverné l'Eglise », et ce n'est que trop vrai, comme la fin de son règne le prouvera ; « pourquoi donc avez-vous à ce point manqué de confiance envers moi ? » (99).

Alors vont commencer, et se poursuivre tout au long de l'hiver, les échanges de messagers et de lettres entre Clément V et le roi, échanges qui, par paliers, en six mois, conduiront aux dramatiques assemblées du printemps. Très vite, la manœuvre d'intimidation a paru aboutir, puisque le roi obtient la bulle *Pastoralis præeminentiae*, du 22 novembre 1307, qui semble aligner la politique pontificale sur la sienne propre. Pourtant le pape manifestait un peu plus tard une énergie, au moins verbale, qui aurait pu sauver l'Ordre s'il avait eu affaire à moins forte partie. Il évoquait le procès à lui, et déjà de nombreux Templiers partaient, disait-on, pour Poitiers afin d'y être examinés par ses propres commissaires. Très judicieuses sont les observations de Georges Lizerand (100) concernant la présente phase, assez obscure : « Cette résolution était », écrit-il, « inatten-« due ; elle dut frapper d'étonnement l'entourage de Philippe qui « croyait tenir le pape... Aussi Philippe déploya-t-il une grande « activité, comparable à celle qu'il avait montrée dans son conflit « avec Boniface. Il ajourna son voyage à Poitiers, qui risquait de « n'être pas efficace s'il n'était pas bien préparé. »

L'habileté des manœuvres qui suivirent est célèbre : entraves de toute nature apportées à la marche de l'enquête pontificale, campagne d'information unilatérale de l'opinion publique, convocation des Etats de Languedoïl et Languedoc, rédaction de mémoires qui sont censés exprimer l'avis de la nation, et qui diffament le pape. Les accusations de favoritisme et de népotisme sont de celles qui sont adressées le plus ouvertement à l'adversaire, grâce à la plume de Pierre Dubois, et il faut bien reconnaître que Clément prêtait le flanc à la critique, comme maint érudit l'a déjà prouvé,

---

(99) « Dolori vero nostro admiracione et dolorose, princeps inclite, causam prestant quod nobis, quos semper invenisti benevolos pre cunctis aliis Romanis pontificibus qui temporibus tuis Ecclesie Romane prefuerunt et honori tuo intentos... in loco tibi vicino morantibus, postquam tue serenitati per nostras innotuerat litteras quod nos in eodem negocio... procedere volebamus..., attemptasti predicta in personas et bona personarum predictarum, nobis et Ecclesie Romane absque medio subjecta. In quo quidem tuo sic repentino processu nostrum et Ecclesie Romane vituperosum contemptum communiter omnes, et non absque rationabili causa, notant » (traduction dans Boutaric, ap. « Rev. des quest. hist. », t. x, 1871, pp. 332-35). Cf. Langlois, *Saint Louis, Ph. le Bel...*, p. 186 ; Roman, *Le procès des Templiers*, pp. 12,23.

(100) Lizerand, *op. cit.*, p. 94.

comme notre étude des bénéfices poitevins exploités par lui le confirmera aisément (101). Mais le roi ne devenait subitement professeur de morale que parce que, ayant juré d'abattre un ennemi d'envergure, il avait craint de voir le Siège de Pierre entraver son action. Lorsque, vers le 15 mai, il préside à l'assemblée des Etats, il se paie le luxe de le faire à vingt-cinq lieues de Poitiers, en cette cité martinienne qui rappelle à la dynastie une de ses plus antiques assises, dans Tours où, au printemps précédent, le pape avait refusé de se rendre.

Etant donné la tension des esprits, il n'est vraiment pas étonnant que certains incidents aient éclaté au mois de mai à Poitiers entre entourage des cardinaux et fourriers du roi, alors que les uns et les autres préparaient la nouvelle confrontation entre Philippe et Clément. Le cardinal Raymond de Got, neveu et intime du pape (102), se plaint amèrement, le 13 mai, au roi, de vexations dont ses collègues ont été, à ce propos, l'objet de la part de ses gens, un jour où, dit-il, le pape revenait en ville (103). C'est que, depuis la fin de mars, Clément a repris ses promenades du côté de Ligugé (104), il y est allé à divers moments, entre autres pendant la semaine de la Passion, et en mai très souvent jusqu'à l'Ascension : les valets du roi ont dû profiter d'un jour où le pontife et sa cour étaient absents pour faire main basse sur des logements. C'est que le roi Philippe s'annonce : il va entrer à Poitiers le 26 mai (105), avec Guillaume de Nogaret et toute une suite, non plus tellement de princes de son sang (106) que de ces juristes habiles qui constituent son conseil (107).

Le roi résida au couvent des Jacobins, si proche des Cordeliers que les conversations privées entre les deux puissances durent être

(101) V. aussi ci-dessus, p. 26, n. 96.
(102) Notice précieuse sur son compte de Mollat, éd. de Baluze, op. cit., t. ii, p. 134, n. 1.
(103) Ibid., t. iii, p. 95. Un acte du pape du 12 mai est, en effet, daté de Ligugé (Reg., n° 2751).
(104) Il est faux que le pape se rende, le 14 avril 1308, à Bonnevaux (Lanhers, Table, p. 38). L'acte allégué est de 1307.
(105) L. Blancard, Documents relatifs au procès des Templiers en Angleterre, dans « Rev. des sociétés savantes », 4e s., t. vi, 1867, p. 416. — C'est à tort qu'Alfred Leroux, Recherches critiques sur les relations politiques de la France avec l'Allemagne de 1292 à 1378, Paris, 1882 (« Biblioth. de l'Ec. des hautes études », vol. 50), p. 128, n. 1, place cette arrivée au 1er juin.
(106) L'informateur du roi d'Aragon, témoin très sûr, en sa relation des événements de fin mai, accuse le fait qu'il y a peu de barons dans l'entourage royal (voir toutefois ci-dessous, p. 30), mais que tous les officiers de la curia sont présents à Poitiers (trad. Langlois, L'affaire des Templiers, dans « Journal des savants », 1908, p. 426).
(107) « Fratrum ac filiorum et consiliariorum discretorum comitiva munitus », écrit Jean de Saint-Victor, Prima vita, dans Baluze, t. i, p. 11 ; — « et cum suo consilio », commente sobrement Tolomeo da Lucca (ibid., p. 29). Cf. Renan, Etudes sur la politique religieuse..., p. 114 ; Lizerand, op. cit., p. 121 ; Mollat, Les papes d'Avignon, p. 18.

VI

nombreuses. La force royale allait se manifester pleinement le mercredi précédant la Pentecôte, 29 mai 1308. Les atermoiements étant devenus impossibles pour le pontife, celui-ci avait dû se résigner à assembler le consistoire, qui se tint en la grande salle du palais des comtes devenue, depuis Philippe Auguste, la « salle du roi ». On y avait fait, ce printemps, divers aménagements, ainsi qu'il résulte d'un fragment de compte de Philippe le Bel : le 19 juin, en effet, allaient être payées 30 livres tournois à un artiste italien, Filippo *Bizuti* da Roma, qualifié de « peintre du roi », « pour ses dépenses « et celles de deux aides en son voyage à Poitiers sur ordre du roi, « ainsi que pour l'achat de couleurs en vue de la restauration de la « salle de Poitiers » (108).

C'est donc chez le monarque que se réunit le Sacré Collège pour envisager les plus graves décisions concernant le Temple. Dorénavant, la soumission du Saint-Siège à la puissance laïque, après une période de trois ans où il maintint tant bien que mal ses prérogatives, risque de devenir totale. Philippe a tout prévu afin d'impressionner le pontife.

Guillaume de Plaisians, docteur en lois, eut le premier la parole ; il harangua, en français, sur le thème *Christus vincit, Christus regnat, Christus imperat*, le pape, les cardinaux, le roi, son fils Philippe, son frère de Valois, les fonctionnaires de sa cour, les députés aux Etats de Tours qui avaient suivi celle-ci (109), des représentants des cités de Languedoc, et une foule innombrable emplissant le vaste espace de la salle Plantegenet. Le choix du texte était significatif : en 1302, plusieurs théoriciens venaient de proclamer que le roi de France est empereur en son royaume, et voici que Plaisians empruntait pour thème les fameuses laudes *Christus vincit*, qui avaient retenti lors du couronnement impérial de Charlemagne (110),

---

(108) « Philippus pictor regis pro expensis suis et duorum valetorum accedens Pictavis ad mandatum regis et pro coloribus emendis pro reparatione aule Pictavis reparande » (éd. MORANVILLÉ d'après un ms. de Rouen, dans « Bibl. de l'Ec. des chartes », t. XLVIII, 1887, p. 632). Philippe *Bizuti*, son fils Jean et Nicolas *dictus Marz*, tous trois de Rome, travaillent pour le roi entre 1305 et 1322. Il est douteux qu'on puisse identifier le premier, comme cela serait assurément tentant, avec Filippo Rusuti, auteur de mosaïques à la loggia de Sainte-Marie-Majeure (Bernard PROST, *Quelques documents sur l'histoire des arts en France, d'après un recueil ms. de la bibliothèque de Rouen*, dans « Gazette des beaux-arts », 2e s., t. XXXV, 1887, p. 325 ; *Recherches sur les « peintres du roi » antérieurs au règne de Charles VI*, dans « Etudes d'histoire du moy. âge dédiées à G. MONOD » [Paris, 1896], pp. 395-96). Tous mes remerciements à mon confrère et ami M. René Crozet, qui a bien voulu éclairer mes recherches sur ce point particulier.

(109) Ce n'est que le 8 juin qu'ils recevront congé pour s'en retourner vers leurs commettants (FAWTIER, *L'Europe occidentale*..., p. 419).

(110) E. H. KANTOROWICZ, *Laudes regiae*, Berkeley, 1946 (« University of California Publications in History », vol. 33), cité par Robert FOLZ, *L'idée d'Empire en Occident du Ve au XIVe siècle*, Aubier, 1953, p. 26. — Cette observation serait à rapprocher de

modèle de la monarchie capétienne. L'équivoque planait sous la charpente du palais des comtes de Poitou : Plaisians, courtisan averti (111), a-t-il fait sonner, au départ de son discours, ces syllabes triomphantes pour exalter la victoire du Christ sur l'hérésie présumée du Temple, ou bien, et simultanément, n'a-t-il pas fait une allusion discrète aux espérances impériales de Charles de Valois ? Albert de Habsbourg, roi des Romains, a été assassiné le 1er mai, on vient d'en apprendre la nouvelle et les convoitises capétiennes s'éveillent de ce côté (112) ; Pierre Dubois, dans son *De recuperatione Terrae sanctae*, a prôné naguère, pour réorganiser le monde, la solution consistant à couronner un prince français empereur.

Quoi qu'il en soit, à son auguste auditeur Plaisians fit entendre ceci : le Christ n'avait pas remporté de plus grande victoire depuis sa Passion que la confusion des impostures des Templiers (113). Suivit, contre cet Ordre, le réquisitoire en règle dont plusieurs témoins ont laissé des relations concordantes, et qu'on ne peut lire sans stupéfaction. Le pape fut submergé sous un déluge de révélations relatives aux méfaits du Temple, dérivant d'aveux arrachés aux chevaliers. Il fut averti solennellement, quoique de manière un peu trop appuyée, de la pureté des intentions du monarque, le plus riche d'Europe, et dont l'avidité n'était donc point le mobile. Pour terminer, il s'entendait dire : « Faites vite... Agissez. Autrement, il nous faudrait vous tenir un autre langage ! » (114). Ceux qui parlèrent ensuite, archevêques de Narbonne et de Bourges en latin, représentants des autres ordres de la nation en langue vulgaire, n'ajoutèrent rien à ce qui venait d'être dit de manière si sonore.

celles de dom Jean LECLERCQ, *L'idée de la royauté du Christ au XIVe siècle*, dans « Miscellanea Pio PASCHINI », t. I, Rome, 1948, pp. 408-10.

(111) Il sera assez adroit pour obtenir du pape un bénéfice en faveur de son neveu Plaisian de Plaisians (*Reg.*, n° 3146) le 5 août, avant le départ de la curie ; quelques jours après, il prenait congé de Clément (BOUTARIC, dans « Rev. des quest. hist. », t. IX, 1872, p. 12 ; cf. RENAN, *op. cit.*, p. 151).

(112) LIZERAND, *op. cit.*, p. 166 ; PETIT, *Charles de Val.*, p. 116. — Après entente avec Clément (qui ou bien feignit d'approuver, ou bien devait changer d'avis en cours de route), les émissaires royaux, chargés de séduire les électeurs allemands en les gagnant à la cause du comte de Valois, quittèrent Poitiers dès le 11 juin (LEROUX, *Recherches critiques...*, p. 128) ; quelques jours plus tard, le roi fournissait à son frère d'abondants moyens pour parvenir à ses fins. Mais les choses évoluèrent au profit d'un prince d'Empire, au reste ami de la France, le comte Henri de Luxembourg : ceci grâce, en partie, à Clément V qui ne fut pas fâché de rétablir ainsi un peu l'équilibre. Le futur Henri VII avait eu à Poitiers, en mars 1308, une entrevue avec Clément, d'où résulta la nomination de son frère au siège métropolitain de Trèves (LEROUX, p. 132 ; LANGLOIS, *Saint Louis, Ph. le Bel...*, p. 316).

(113) H. FINKE, *Papsttum und Untergang des Templerordens*, Munster, 1907, t. II, pp. 135-40 ; autre éd. LIZERAND, *Le dossier de l'affaire des Templiers*, Champion, 1923 (« Classiques de l'hist. de Fr. au moy. âge », vol. 2), pp. 110-25 ; résumé par l'envoyé aragonais trad. dans LANGLOIS, « Journ. des savants », 1908, pp. 426-30.

(114) Cf. LIZERAND, *Clém. V et Ph. le Bel*, pp. 122 ss.

Le pape parla enfin, et en latin et en français ; sa précision fut impressionnante. Jamais peut-être, autant que ce jour-là, il n'était apparu dans la noblesse du rôle de souverain de l'Eglise. Il se déclara prêt à agir si les preuves lui apparaissaient convaincantes, mais la justice est affaire de réflexion et non de hâte. Elle exige de solides enquêtes : or — et là Clément accusa, nettement — jusqu'à aujourd'hui on ne l'avait que peu, et mal, informé à titre personnel. Philippe prétendait avoir mis le pape au courant l'année précédente : c'était vrai, mais il l'avait fait si vite, comme en passant, « juste le temps qu'il faut pour traverser cette salle » (115). En tout cas le pontife proclama, une fois de plus, qu'en octobre on avait agi sans son assentiment ; il était prêt à souffrir, à donner sa vie pour l'Eglise, aussi entendait-il que fût respectée la justice.

Des scènes analogues devaient se reproduire le 14 juin en un autre consistoire, où le ton des gens du roi se fit encore plus véhément et menaçant, la réplique du pape nette, péremptoire, souvent pathétique (116). Pourtant sa résistance fléchissait. Que savons-nous des menaces sournoises qui ont pu accompagner, dans les entretiens secrets Jacobins-Cordeliers, ces joutes oratoires spectaculaires ? Le roi eut l'habileté de paraître céder : plus de 70 Templiers étaient conduits par ses ordres à Poitiers, vers la fin de juin, pour que le pape pût enfin faire procéder personnellement aux interrogatoires (117). Mais il fut visible que Philippe les avait choisis. Les éléments les plus éminents de l'Ordre demeuraient sous sa garde, en son château de Chinon : décidément, il y avait entre Touraine et Poitou comme une barrière morale. Quand le pape demanda à entendre Jacques de Molay, le grand maître, on lui répondit que ce dernier ne pouvait monter à cheval. Les 5 et 6 juillet, en un troisième consistoire, les assauts de Plaisians, toujours en présence du roi, se heurtèrent encore à de nobles protestations de Clément. On en vint pourtant à un accord, fort imparfait, certes, tout différent de ce qu'eût souhaité immédiatement le roi. Le procès canonique des Templiers allait être mené par les soins du pape et par ceux des évêques, assistés de moines mendiants. Un concile, dans deux ans, prononcerait ; seulement, il ne se tiendrait pas en France, mais en Dauphiné, terre d'Empire (118). Quant à la résidence définitive du pape, elle serait pas non plus sur le territoire du royaume, elle serait à Avignon, où le roi de Sicile offrait l'hospitalité à la curie. La décision

---

(115) LANGLOIS, op. cit., p. 430.
(116) Dossier..., éd. LIZERAND, pp. 124-37 ; BLANCARD, dans « Rev. des soc. sav. », 4ᵉ s., t. VI, 1867, pp. 417-18 ; cf. Cl. V et Ph. le Bel, pp. 126 ss. ; ROMAN, Le procès des Templ., pp. 33-35.
(117) Lettres du roi, 27 juin, Poitiers (LIZERAND, Cl. V et Ph., pp. 440-41, n° 10) ; cf. BOUTARIC, dans « Rev. des quest. hist. », t. XI, 1872, p. 15.
(118) Reg., n° 3584 ; cf. RENAN, Études..., p. 425 ; MOLLAT, Les papes, p. 377.

prise, Clément V en informait officiellement les gens du roi le 12 août, en une dernière solennelle assemblée (119).

Les cardinaux étaient invités à se retrouver en Avignon au mois de décembre. C'était le signal de la dispersion. Déjà, Philippe était reparti vers le Nord, inquiet de la ténacité du pontife, mais emportant tout de même des espérances quant à la réalisation de ses plans.

Pour ce qui est de Clément, il fait, à partir du 13 août, diverses réapparitions à Ligugé, dont la paix dut lui apparaître tonique, après tant de combats au cours desquels il n'avait pu quitter la ville (120). Le dernier acte donné à Poitiers, par lequel est confirmée l'élection d'un abbé de Luxeuil, date du 19 août ; dans la journée il est encore à Ligugé, le soir à Lusignan où les religieux de Fontaine-le-Comte s'en viennent implorer sa bienveillance (121). Mais l'étape, en ce lieu où Bertrand de Got pouvait évoquer les souvenirs, déjà lointains, de l'élection de 1305, fut brève (122). Par Brioux-sur-Boutonne qu'il atteint le 23 août (123), il passe de Poitou en Saintonge. Il retrouvera son Bordelais, plus cher à son cœur que toute autre province, mais peu de temps, car il gagne Avignon au cours de l'hiver. Il ne reverra plus ni Bordeaux ni Poitiers.

(119) FINKE, op. cit., t. II, pp. 156-57 ; cf. LIZERAND, pp. 139, 192 ; MOLLAT, p. 18. — Le roi, par la bulle Regnans in excelsis, fut invité au concile de Vienne (Reg., n° 3626). Tous les autres actes pontificaux relatifs au procès des Templiers, scellés le 12 août, sont au Reg., n° 3400-3533.
(120) La mention du Reg. (n° 2907) concernant un acte rendu à Grassay le 22 juillet est évidemment un lapsus des éditeurs.
(121) Reg., n° 2943, 3089, 3171.
(122) Un autre acte à Lusignan le 20 août (n° 3204). Cf. à ce sujet COUSSEAU, dans « Mém. de la Soc. des Antiq. de l'Ouest », 1re s., t. XI, 1844, p. 362.
(123) Reg., n° 3586. Cet acte, par lequel il se réserve la provision au siège épiscopal de Lectoure, est le dernier qu'il ait dicté dans le diocèse.

VI

II

On a depuis longtemps étudié les complaisances que Clément V manifesta pour des clercs de certains diocèses méridionaux : Bordeaux, Comminges, Bazas, Agen. Il peut être intéressant d'essayer de connaître l'usage que ce pontife fit des bénéfices du diocèse de Poitiers, dans quelle mesure il en favorisa les églises, et au profit de quels personnages il y exerça son action.

Nous rappelions plus haut (124) comment fut installé sur le siège épiscopal, en la personne d'Arnaud d'Aux, un cousin et confident du pape. Jusqu'à décembre 1312, date à laquelle ce prélat reçut le chapeau (125) avec le siège suburbicaire d'Albano, il gouverna son diocèse, où d'ailleurs il ne résida pas constamment, chargé qu'il fut par la curie de missions fort importantes. Cependant, dans les années 1308-1310, l'évêque est à Poitiers et tient plusieurs synodes (126). Ses relations avec le chapitre ont été définies par une importante bulle de Clément, du 11 août 1308 (127), qui prétend mettre fin à des difficultés chroniques entre les deux pouvoirs. Ces difficultés, dont le pape avait été témoin lorsqu'il occupait le siège de Bordeaux, concernaient « l'exercice de la juridiction spirituelle dans la ville et le diocèse, et les émoluments en dérivant, ainsi que

---

(124) Ci-dessus, p. 13.
(125) BERNARD GUI, *Quarta vita Clementis V*, dans BALUZE, *Vitae paparum...*, éd. MOLLAT, t. I, p. 74 ; cf. *ibid.*, pp. 57, 103.
(126) Plusieurs canons du synode de 1310 se lisent dans Laur. BOCHELLUS, *Decretorum Ecclesiae Gallicanae ex conciliis ejusdem... collectorum libri VIII*, Paris, 1609, pp. 296-97, n° 96 ; 872-73, n° 13-15 ; 957, n° 7 ; 1070, n° 26 ; 1158, n° 2 ; 1164-65, n° 5-6 ; 1204, n° 7.
(127) *Reg.*, n° 4787 ; mention, sous fausse date, dans *Cartulaire de l'évêché de Poitiers...*, éd. REDET, p. 118, n° 72 ; — sur la « Clémentine », v. AUBER, *Hist. de la cathédr. de Poitiers*, t. II, pp. 65-66 (avec également erreur de date).

le mode d'exercice de ladite juridiction ». Le pape avait chargé d'une enquête son neveu le cardinal Ruffat, puis, à la demande du prévôt du chapitre (128), rendu son arbitrage. Après avoir déploré le scandale que causent dans les âmes de telles dissensions, il délimita très strictement les droits de chaque partie (129). Cette bulle est une des dernières que le pontife ait rendues avant de quitter le Poitou.

Mais il avait eu en même temps le vif souci de relever les prérogatives du métropolitain, et un grand nombre de ses actes visèrent, au profit de l'archevêque de Bordeaux, à éviter le retour des différends qui l'avaient personnellement opposé, lorsqu'il n'était que Bertrand de Got, à son suffragant l'évêque de Poitiers. Dans une bulle du 20 novembre 1308 donnée en Bordelais, à Villandraut (130), il reproduit le texte du serment de fidélité qui vient d'être prêté par Arnaud d'Aux à Arnaud de Canteloup le jeune, successeur du pape sur le siège de Bordeaux (131), et il prescrit que dorénavant un tel engagement soit souscrit par tous les suffragants de cet archevêque. Cela comporte notamment, de leur part, la promesse de rendre visite à l'église métropolitaine chaque année, sauf empêchement dirimant.

Arnaud d'Aux n'en continua pas moins à se faire faire maint cadeau. En 1309 il aurait dû, conformément au serment de son sacre, rendre la visite qu'il devait au souverain pontife tous les deux ans. Clément V l'en dispensa le 9 août 1309, et lui accorda le même jour toute sorte d'autres faveurs (132). Lorsque Arnaud eut été fait cardinal, il obtint de conserver encore quelque temps l'administration apostolique de son diocèse : il séjournait alors en Angleterre où le pape l'avait dépêché (133) pour négocier une difficile réconciliation entre Edouard II et ses barons, à la suite du meurtre de Pierre de Gabaston. L'accord fut signé peu avant Noël (134).

(128) Sur le prévôt (Philippe de Vouhé), v. ci-dessous, p. 87.
(129) Mais les conflits ne cessèrent pas. Moins de trois ans plus tard, Arnaud se fait concéder une bulle déclarant que c'est lui qui doit avoir juridiquement connaissance de toutes causes matrimoniales dans le diocèse, ceci en dépit des prétentions du chapitre (18 févr. 1311, Avignon : *Reg.*, n° 6604).
(130) Et faussement datée du 19 nov. 1309 dans *Archives historiques de la Gironde*, t. X, 1868, p. 375, n° 179. Autres éd. : Jean BESLY, *Evesques de Poitiers, avec les preuves*, Paris, 1647, pp. 163-65, et, préférable, *Reg.*, n° 3896. Cf. REDET, *op. cit.*, p. 134, n° 91.
(131) 1306-1332. Egalement parent du pape.
(132) *Reg.*, n° 4620 ss. Cf. BERNARD, *Le népot. de Clém. V...*, dans « Ann. du Midi », t. LXI, 1948-49, p. 402.
(133) Par bulles du 14 mai 1312, à Romans (*Reg.*, n° 8786) ; cf. BERNARD, p. 402 et n. 325 ; MOLLAT, *Les papes d'Avignon*, éd. cit., p. 412. Ce n'était pas sa première mission anglaise (v. BALUZE, *op. cit.*, t. III, p. 86 ; MOLLAT, *La collation des bénéf. ecclés...*, pp. 242-43, 248).
(134) RYMER, *Foedera*, éd. cit., t. III, pp. 366-68 ; cf. Will. STUBBS, *Histoire constitutionnelle de l'Angleterre*, éd. franç., t. II, Giard, 1913, p. 402. Il n'est point

VI

Clément V, d'Avignon, le 17 avril 1313, autorisa la solution d'attente. Il se réservait de désigner bientôt comme titulaire de Poitiers — ce fut chose faite le 29 mars 1314 (135) — un neveu du cardinal, Fort d'Aux. S'il avait différé plus d'un an, c'était peut-être pour que la chose apparût un peu moins choquante, l'intéressé n'ayant pas les trente ans requis (136). Mais le phénomène est courant alors ; le motif véritable nous échappe. Fort allait gouverner l'église de Poitiers pendant près d'un demi-siècle, au cours duquel, en 1317, il eut la désagréable surprise de voir amputer celle-ci d'une bonne part de son territoire pour constituer les nouveaux diocèses de Maillezais et Luçon.

Le chemin lui avait été tracé. Depuis longtemps l'évêque Arnaud assiégeait le souverain pontife en sollicitant de multiples faveurs pour les fils de son frère Guillaume. Dans le courant de 1309, peu après son installation en Avignon, Clément consentit, coup sur coup, à satisfaire aux requêtes qui lui étaient présentées. Les neveux d'Arnaud étaient au nombre de trois, ou peut-être quatre : Fort, Guillaume, Pierre-Raymond et Vital (137). Plus jeune d'un an que le futur évêque de Poitiers, Pierre-Raymond était déjà en 1309, à l'âge de vingt ans, chanoine de Saint-Hilaire et titulaire d'une cure au diocèse de Toulouse, lorsque le pape l'autorisa à recevoir deux autres bénéfices. Il en eut, presque immédiatement, au moins un dans le diocèse de Poitiers, l'archiprêtré de Lusignan, ce qui ne l'empêcha pas de se faire dispenser, ainsi que son frère Fort, dès 1309 toujours et à la requête de leur oncle, de résidence pour trois ans, puis (nouvelles lettres du pape quelques jours après) pour sept ans, le prétexte invoqué étant l'étude du droit civil (138). Pierre-Raymond d'Aux devait devenir ultérieurement abbé de Notre-Dame-la-Grande, enfin doyen du chapitre de Poitiers. Il mourut en 1336, à l'âge de 47 ans (139).

Quant à Guillaume d'Aux, qui n'était pas encore, en 1309, d'âge

question du rôle d'Arnaud dans l'article d'Y. RENOUARD, *Edouard II et Clément V d'après les Rôles gascons*, dans «Ann. du Midi », t. LXVII, 1955, pp. 119-41.

(135) *Reg.*, n° 9989, 10326.

(136) Fort était dans sa vingt-deuxième année le 9 août 1309, aux termes d'une dispense à lui octroyée par le pape (n° 4628). Il avait donc 69 ans lorsqu'il mourut, peu de temps après la bataille de Maupertuis. Sur lui, v. CROZET, dans *Dict. de biogr. franç.*, t. IV, 1948, col. 781.

(137) Ce dernier, « Vitalis de Auxio presbyter », fait l'objet d'une grâce équivalente à celles des trois autres le 9 août 1309 (*Reg.*, n° 4629), mais sa parenté avec l'évêque Arnaud, qui la sollicite, n'est point précisée dans l'acte. Vital n'est pas nommé au testament du cardinal d'Aux, 23 août 1320 (BALUZE, t. III, pp. 309-16, n° 58), tandis que les autres le sont : peut-être est-il mort jeune. On trouvera plus de détails sur cette famille dans l'abbé BROCONAT, *Le cardinal Arnaud d'Aux*, ap. « Bull. de la Soc. archéol. du Gers », t. VIII, 1907, pp. 124-37.

(138) Bulles des 9 août, 28 oct. et 9 nov. 1309 (n° 4627, 4673, 6255).

(139) AUBER, *op. cit.*, t. II, pp. 82-83.

à recevoir l'ordination sacerdotale (140), il était déjà à ce moment-là chanoine de Faye-la-Vineuse, et en procès pour un autre bénéfice au lointain diocèse de Maguelonne (141), ce qui n'empêchait pas son oncle l'évêque d'obtenir pour lui, sans grande difficulté, qu'il fût habilité à en recevoir deux nouveaux. Il paraît effectivement, le 28 octobre, dans le rôle d'archiprêtre de Loudun, mais c'est pour se voir octroyer les mêmes dispenses qu'a obtenues son frère (142). Il serait difficile d'affirmer que ce Guillaume soit le même qu'un homonyme pour qui, le 18 février 1311, l'évêque Arnaud obtiendra une autorisation de cumul. Ce dernier n'avait pas vingt ans et était alors chanoine de Notre-Dame-la-Grande, mais deux ans plus tôt on le trouvait déjà chanoine de Bazas (et dès 1307 de Sainte-Radegonde de Poitiers), ainsi que détenteur de la cure d'Archigny (143). A la fin de mai 1312 le pape dispensait encore de la résidence, pour sept ans en vue de ses études, ce neveu de l'évêque (144).

On voit que le siège de Poitiers aura procuré au futur cardinal de solides moyens d'assurer la prospérité de sa maison, par l'obtention d'abondantes ressources pour ses parents. Le népotisme dont, depuis le XIIIe siècle surtout, la papauté ne donnait que trop l'exemple (145), fleurissait ensuite à tous les échelons. La famille était conçue par chaque prélat au sens large, presque tribal : dans le cas d'Arnaud d'Aux, on voit ce prince de l'Eglise protéger encore des neveux sans doute plus éloignés, qui à leur patronyme ajoutent un second nom parfois substitué à celui-ci, en sorte qu'à première vue on n'a pas toujours le moyen de déceler les parents de l'évêque, les bulles mentionnant certes, discrètement, l'intérêt que ce dernier porte au suppliant, mais non pas toujours le lien qui les unit. On peut citer l'exemple d'Arnaud de Barran, chanoine de Mirebeau, protégé de l'évêque, objet d'une faveur pontificale le 25 mai 1312 : une autre bulle, donnée quinze mois plus tôt, était adressée *Arnaldo de Auxio, alias dicto de Barano* (146). Même constatation pour un certain Guillaume *de Pomareto*, chanoine de Saint-Pierre-le-Puellier, dont le véritable nom est Guillaume d'Aux (147). Dès lors, Brunet *de Pomareto*, chanoine du Dorat et de Notre-Dame-la-Grande (148), associé par le saint Père, toujours en mai 1312, à ce bouquet de fa-

(140) *Reg.*, n° 4626.
(141) Saint-Hilaire-de-Sauleyrargues (Hérault).
(142) *Reg.*, n° 4674, 6254.
(143) *Cartul. de l'év. de Poitiers*, éd. REDET, p. 106, n° 68 ; — *Reg.*, n° 4630 (9 août 1309) et 6868 (18 févr. 1311).
(144) *Ibid.*, n° 7991.
(145) Est-il besoin de rappeler les accusations précises de DANTE (*Inf.*, XIX, 70-71 par exemple) ?
(146) *Reg.*, n° 6872 et 7991.
(147) *Ibid.*, n° 6871, 7993.
(148) N° 7997.

VI

veurs qu'obtient l'évêque de Poitiers, relève sans doute à son tour de la même surabondante et cupide famille. Famille inquiétante d'ailleurs par ses prolongements puisque, en août 1340, le roi Philippe VI accordera des lettres de légitimation (149) à trois bâtards, Jean, Guillaume et Raymond d'Aux, dont il est dit qu'ils sont issus des œuvres d'un évêque non autrement désigné (150).

Pour revenir au pontificat de Clément V, les registres de ce pape contiennent un assez grand nombre d'actes relatifs à la cathédrale Saint-Pierre, et aux dignitaires et prébendés du chapitre de cette église. Le pape en personne y avait officié (151) et lui gardait peut-être quelque prédilection. Il concéda, le 9 août 1309, par bulle datée d'Avignon (152), sous les conditions habituelles, des indulgences d'un an et une quarantaine aux fidèles qui la visiteraient pour les fêtes de saint Pierre, de saint André ou de Notre-Dame, et de cent jours à ceux qui le feraient durant l'octave des mêmes solennités. C'est ainsi que le futur cardinal cherchait à faire pleuvoir sur ses diocésains, en même temps que sur sa famille, les générosités du Saint-Siège ; on remarquera que beaucoup des bulles qu'il obtint datent de 1309, époque où il réside en sa ville épiscopale.

Le personnage qui, au début du pontificat de Clément V, détenait la charge de prévôt du chapitre de Poitiers, était Philippe de Vouhé. Il recevait alors du pape une autorisation de cumul avec un canonicat de l'église de Bourges (153) ; il décéda en France en 1311, alors qu'il y exerçait ses talents en tant que commissaire à la garde des biens de l'Ordre du Temple (154). Un *motu proprio* conféra alors sa prébende à Hugues Géraud, chapelain et référendaire du pape (28 juill. 1311) [155]. On ne saurait prétendre que le chapitre cathédral ait été particulièrement honoré par la présence en son sein — si jamais il fit acte de présence — de ce singulier Périgourdin, homme intelligent mais intrigant et dénué de scrupules, à qui sa science juridique avait permis de se faire valoir auprès du pape. Nanti de bénéfices sans nombre, chargé souvent de missions diplomatiques,

(149) Et d'anoblissement pour l'aîné.
(150) « Ex copula detestanda : de pontifice videlicet, in pontificali dignitate, gradu seu ordine constituto, et soluta » (Baluze, *op. cit.*, t. III, pp. 486-87, n° 87).
(151) Ci-dessus, p. 26.
(152) *Reg.*, n° 4625.
(153) Bulle du 17 déc. 1305, Lyon (n° 664). — Ce Philippe fut présent à l'intronisation d'Arnaud, selon la relation que contient le cartulaire de l'évêché édité par Redet. Voir aussi Roman, *Le procès des Templiers*, p. 57.
(154) Ce n'est donc pas en 1331 que mourut Philippe comme le voulait Auber (*op. cit.*, pp. 81-82), se fondant sur un testament de l'intéressé que nous n'avons pu retrouver sous la cote indiquée. — Le prévôt de Poitiers faisait partie d'une équipe d'administrateurs et curateurs, qui devaient rendre compte devant une commission dont étaient membres notamment l'évêque Arnaud et Guillaume Durand, évêque de Mende (*Reg.*, n° 6816).
(155) Acte donné au Grozeau (n° 7407).

engagé, comme Philippe son prédécesseur, dans la liquidation des biens du Temple, source de gras profits, il allait être élevé, le 16 février 1313, sur requête de Philippe le Bel, à la dignité d'évêque et comte de Cahors (156). On n'ignore pas que, sous Jean XXII, il se rendit coupable d'envoûtement contre la personne du pape et que, après un retentissant procès, il fut dégradé, livré au bras séculier et exécuté (157).

Jean de Pontoise fut, lui, doyen du chapitre sous le pontificat de Clément V (158), cependant que la prébende d'écolâtre fut détenue successivement par Barthélemy de Roucy, dit Sauquet, chapelain et familier du pape, puis — Barthélemy étant mort à la fin de l'été 1308 (159) — par Raymond Bernard de Montpezat. Ce dernier était un tout jeune homme, non encore ordonné : afin de poursuivre ses études, il fut dispensé de résider l'année suivante (160). Une autre charge du chapitre, celle de chévecier, fut détenue par le cardinal siennois Riccardo Petrone. Celui-ci étant mort à Gênes le 10 février 1314, le pontife, neuf jours plus tard, conféra son bénéfice à un clerc tonsuré de 19 ans (161). On trouve encore d'autres canonicats de l'église cathédrale de Poitiers aux mains de familiers du pape. Voici un de ses chapelains, Bernard d'Artigues, lequel, nanti aussi aux diocèses d'Agen, de Carcassonne et d'Auch, était évidemment dispensé de résidence (162) ; il se montra plus tard, par ses complots contre Jean XXII, aussi redoutable que Hugues Géraud (163). Voici encore un autre chapelain, Jean de Ferrières, chambrier de Raymond de Got

(156) N° 9044 ; cf. bulle du 14 juin suivant (n° 9298) relative à la transmission de ses bénéfices.
(157) Chan. Edmond ALBE, *Autour de Jean XXII ; Hugues Géraud, évêque de Cahors...*, dans « Bull. de la Soc. des études littér., scient. et artist. du Lot », t. XXIX, 1903, pp. 5-206 ; cf. BERNARD, *Le népot. de Cl. V*, pp. 401-02.
(158) 'Reg., n° 5344, 9416 ; cf. *Gallia chr.*, t. II, col. 1216. — A la prébende de doyen du chapitre fut uni par Clément, dès le 20 octobre 1305, le doyenné rural de Mareuil (arr. de la Roche-sur-Yon, Vendée), ceci pour compenser l'exemption accordée par lui de toutes procurations précédemment dues au doyen (n° 1455).
(159) Barthélemy, qui avait été autorisé par le pape (25 juill. 1307, Poitiers) à choisir comme résidence le bénéfice de son choix, le fut à tester par lettres du pape données le 27 août 1308, au prieuré de la Fayolle en Saintonge, au moment où la curie venait de quitter le Poitou. Le 11 décembre suivant, sa succession est déjà assurée (n° 1774, 3217, 3733).
(160) Avignon, 10 juin 1309 (n° 4857).
(161) Béraud de Serres (n° 10242).
(162) Cette dispense est du 15 oct. 1308 (n° 3083). D'autres actes, du 4 févr. 1311 et du 3 juin 1312, montrent Bernard toujours chanoine de Poitiers et donnent une idée de ses bénéfices (n° 6530, 8032). Cf. BERNARD, p. 405, n. 366.
(163) Réquisitoire contre « Bernardus de Artigia, cantor Pictavensis, commensalis, capellanus noster et Sedis ejusdem reverentie filialis officium inofficiose preteriens », dans les *Lettres secrètes et curiales de Jean XXII...*, éd. Auguste COULON, Fontemoing, 1906 (« Biblioth. des Ec. Franç. d'Ath. et de Rome »), t. I, col. 176, n° 224 ; cf. ALBE, *op. cit.*, pp. 131-32.

qui le protège ; mort en 1309, il laissa un remarquable exemple de cumul puisque ses bénéfices étaient dispersés à travers les diocèses de Poitiers, de Nantes, Tours, Orléans, Périgueux, Comminges et York, qu'en plus de son canonicat il fut revêtu de la charge d'archidiacre de Poitiers et que, par dérogation spéciale aux statuts synodaux, le prieuré Saint-Pierre d'Oléron au diocèse de Saintes, dépendant de l'abbaye de Maillezais, fut conféré par le pape à ce séculier (164).

Le régeste de Clément V ne donne lieu qu'à quelques remarques au sujet des archidiaconés et archiprêtrés du diocèse de Poitiers. A la mort de Jean de Ferrières, l'archidiaconé de Poitiers fut conféré à un chanoine de cette ville cumulant aux diocèses de Bordeaux, de Bazas (tous deux chers au cœur du pape Clément), de Narbonne et de Chichester, et qui ne dut pas se soucier beaucoup de ses fonctions ; il reçut en tout cas permission, en 1313, de faire visiter par procureur ce bénéfice. Il se nommait Gaillard de la Mothe (165). Ce petit-neveu de Clément V allait se faire aisément sa place au soleil : Jean XXII le créa cardinal dès la première promotion de son règne, en 1316. Il devait plus tard couronner Innocent VI (166).

L'archiprêtré de Montmorillon était en 1309 aux mains de Jean Barbe : c'est ce personnage qui, avec un chanoine d'Angoulême, fut alors chargé par le pape de porter le *pallium* au nouvel évêque d'Autun (167). Sans doute se plaignit-il auprès de ce dernier, ancien abbé de Nouaillé (168), de la médiocrité de ses ressources, car, moins de trois mois plus tard, le pape autorisait Jean à jouir d'un bénéfice de plus. L'archiprêtré de Montmorillon — avec l'église paroissiale de Haims qui lui était annexée (169) — et une prébende de chanoine à la modeste église Notre-Dame, ne lui rapportaient au total que 56 livres tournois (170). Précieux texte : des données précises telles que celles-ci, sur la baisse des revenus ecclésiastiques au début du XIVe siècle, peuvent aider à mieux comprendre le phénomène du cumul de bénéfices qui sont souvent bien minces. Les

---

(164) Collation d'un canonicat, avec réserve d'une prébende, au chapitre de Poitiers, 2 mars 1308, Poitiers (*Reg.*, n° 2574) ; autorisation de faire visiter par procureur son archidiaconé de Poitiers, 5 nov. suivant, Lormont (n° 3349) ; simple avis à l'abbé de Maillezais concernant la collation du prieuré oléronais, 7 mars 1309, Bédarrides (n° 3898) ; opération concernant la succession de Jean, 15 nov. 1309, le Grozeau (n° 5164).

(165) Collation de l'archidiaconé à Gaillard, par l'acte qu'on vient de citer : autre concession, 29 mai 1313, Bédarrides (n° 9293).

(166) BALUZE, *Vitae*, éd. MOLLAT, t. II, pp. 229-31 : cf. BERNARD, *op. cit.*, p 390 et n. 167.

(167) Le privilège du *pallium* fut concédé aux évêques d'Autun dès la fin du VIe siècle (V. TERRET, *Autun*, dans « Dict. d'hist. et de géo. ecclés. », t. V, 1931, col. 908).

(168) Cf. ci-dessous, pp. 98-99.

(169) Cant. de la Trimouille, arr. de Montmorillon.

(170) Bulles des 19 mars et 5 juin 1309, datées d'Avignon (*Reg.*, n° 3840, 4795).

erreurs d'optique sont trop faciles, à distance, pour que nous ne saisissions pas avec empressement les informations statistiques lorsqu'elles s'offrent à nous.

Si nous parcourons quelques autres actes intéressant les archiprêtrés (171), nous constatons qu'Ardin en Gâtine (172) était en 1307 aux mains d'un chapelain italien du souverain pontife, Rinaldo da Todi (173).

Il ne semble pas que les clercs désignés par le pape à de moindres bénéfices séculiers dans le diocèse aient été beaucoup plus résidents. Nous n'en voulons pour témoignage — parmi tant d'autres qu'il est vain de rapporter — que le cas du doyen de Bressuire, Guillaume de Chabannes, dispensé de présence pour cinq ans (5 avril 1309) en vue de poursuivre des études, ceci à la requête du cardinal Pierre de la Chapelle-Taillefer, son protecteur (174). Ce bénéfice n'est donc, comme tant d'autres, qu'un moyen d'entretien offert à un clerc qui s'apprête à monter, ses études juridiques une fois achevées, les degrés de la hiérarchie avignonnaise.

L'intérêt serait maigre de dresser la liste des autres églises séculières, de peu d'envergure, qui dans le diocèse constituèrent la menue monnaie des libéralités pontificales. Les mentions abondent. Nous ne nous emploierons à les retenir que lorsque ces églises ont eu des titulaires notoires, ou bien lorsque, accidentellement, la valeur précise en est indiquée.

Bertrand de Bordes est un nom commun à deux personnages que le pape aura beaucoup comblés, et notamment en ce diocèse. L'un d'eux fut doyen de l'église du Puy, ensuite évêque d'Albi et camérier pontifical (175), par conséquent bien placé, comme devait l'être après lui Arnaud d'Aux, pour faire profiter ses proches de la bienfaisance du pape. Dès le début du règne (176), il avait reçu de Clément l'archiprêtré de Melle (177) dont le titulaire venait de mourir, ceci bien qu'il eût déjà un canonicat à Lectoure (178), une prébende à Saint-Hilaire de Poitiers, deux églises en Agenais (son

(171) Pour Lusignan et Loudun, voir ci-dessus, pp. 85-86 ; pour Melle et Faye-la-Vineuse, *infra*, pp. 90-91.
(172) Il devait entrer dix ans plus tard dans le territoire du nouveau diocèse de Maillezais.
(173) Qui reçoit, le 4 juillet, autorisation de faire visiter son bénéfice par procureur (*Reg.*, n° 2142). Un autre Italien, Ranieri d'Orvieto, est alors chanoine de Poitiers. Voir aussi ci-dessous, p. 92.
(174) *Reg.*, n° 3915. — Ce même cardinal avait fait donner, en août 1307, à son chapelain Guillaume de Saint-Georges, moine de Saint-Martial de Limoges, le prieuré de Fors (cant. de Prahecq, arr. de Niort) dépendant de Déols (n° 1850).
(175) Ci-dessus, p. 15 et n. 27.
(176) Quelques jours après le couronnement, à Lyon, le 21 nov. 1305 (*Reg.*, n° 995).
(177) Avec l'aumônerie de Périgné (cant. de Brioux-sur-Boutonne, arr. de Niort) qui en dépendait.
(178) Reçu le 27 juillet précédent (*Reg.*, n° 23).

VI

pays d'origine) et cinq autres dépendant précisément de Melle. Lorsqu'il eut été promu au siège d'Albi dans l'été 1308, il ne tarda pas à faire reverser sur un neveu homonyme certaines de ses possessions, tel son canonicat de Saint-Hilaire (179). L'archiprêtré de Melle passa alors à d'autres (180) ; mais une libéralité de la curie, presque simultanée, en faveur d'un certain Pierre de la Garde (181) révèle que le nouvel évêque avait eu en mains aussi l'archiprêtré de Faye-la-Vineuse (avec la paroisse de Leigné-sur-Usseau qui en dépend). Ainsi, à travers une poussière d'actes dont un bref examen prouve vite qu'aucun ne dit tout (182), mais qui deviennent éloquents lors de recoupements fortuits, apparaît toute la bigarrure d'un cumul caractéristique de l'époque.

Bertrand de Bordes *junior* fit collection, comme son oncle lui en avait donné l'exemple. Sans compter tout ce qu'une libéralité désordonnée lui permit d'exploiter aux diocèses d'Albi, Agen, Lectoure et Auch (183), il profitait, en celui de Poitiers, de l'aumônerie de Chizé (184), de la grange de la Bellotière (185) dépendant de la mense abbatiale de Sainte-Croix de Poitiers, et même, estimant après tout que l'accensement uni à son canonicat de Saint-Hilaire était médiocre, il utilisait une heure favorable pour s'en faire conférer un autre, estimé de meilleur revenu, et qui venait de faire retour à la mense capitulaire (186).

On pourrait essayer de suivre ainsi le destin de beaucoup des bénéfices du diocèse de Poitiers, très évidemment désirables, qui passent de mains en mains au cours du pontificat sans qu'il apparaisse qu'aucun des titulaires en prenne possession. Lorsque le recteur de Notre-Dame de Bressuire, Pierre *de Pivali*, meurt en 1311, il est bien précisé que ce familier de Clément V est décédé à la curie (187), et c'est à des aumôniers du pontife, Pierre Jean, *alias* Juge, puis Pierre de Via, que passe ensuite cette cure lointaine (188). Sur un

---

(179) Le 20 oct. 1308, bulle donnée à Lormont (n° 3118) ; cf. BERNARD, *op. cit.*, p. 399, n. 289.

(180) On le retrouvera presque aussitôt tenu par un certain Guy de Mailly qui ne réside point, puis, fin 1313, par Jean de Mailly, lequel se préoccupe de l'échanger contre une prébende à Tours (n° 3106, 9746).

(181) 5 nov. 1308, Lormont (n° 3279). Sur Pierre, v. l'excellent travail de **Bernard** GUILLEMAIN, *Le personnel de la cour de Clément V*, dans « Mél. d'archéo. et d'hist. », t. LXIII, 1951, p. 167.

(182) Le régeste de Clément est très incomplet, cf. RENOUARD, *Edouard II et Clément V...*, pp. 121-22.

(183) *Reg.*, n° 4454, 4968.

(184) Cant. de Brioux-sur-Boutonne (« hospitale de Cherezayo » : n° 4970).

(185) « De Adena » (La Bellotière, comm. de Marigny, cant. de Beauvoir, arr. de Niort) [*Reg.*, n° 4968, 4972 ; cf. Bélisaire LEDAIN, *Dictionnaire topographique du département des Deux-Sèvres*, Poitiers, 1902, p. 24].

(186) Bulle du 11 mai 1311, Avignon : n° 6930.

(187) A son sujet, v. GUILLEMAIN, pp. 167-68.

(188) Actes des 6 juill. 1311, le Grozeau, et 2 févr. 1312, Vienne (*Reg.*, n° 7193, 8246).

autre point du diocèse, en une zone riche, à Thouars, s'exerça la cupidité de certains clercs italiens, lesquels furent encore nombreux dans l'entourage de Clément V, au moins pendant les premières années (189) : le 26 août 1307, à Ligugé, le pape a autorisé un échange de bénéfices entre Andrea Pompinelli, jusque-là prieur de la maison-Dieu Saint-Michel, et Gioffredo Stefanelli, chapelain perpétuel de la chapelle Saint-Nicolas en l'église Saint-Médard. Ce dernier, bien que de naissance illégitime, est recteur de Saint-Médard et chanoine prébendé de Saint-Pierre en la même ville.

Certes, bien souvent, les bénéfices sont abandonnés à des clercs inaptes aux fonctions que ceux-ci comportent (190) ; pourtant on rencontre de temps à autre, reconnaissons-le, des réactions louables. Un chapelain du pape, chanoine de Bordeaux, avait ainsi réussi à placer Vivien de *Blancaflor*, un de ses familiers, à la cure de Notre-Dame du Breuil (191), sans parler d'une autre paroisse en Angleterre ; or il s'agissait d'un clerc minoré. Clément, le 9 mai 1309, proteste et enjoint à l'intéressé de ne pas abuser « de la gracieuse bienveillance du Siège apostolique », donc de se faire ordonner au plus vite conformément aux prescriptions du concile de Lyon (192).

Quelques rares actes pontificaux apportent enfin certaines données relatives à la valeur des bénéfices. Guillaume Charbonneau, docteur en lois, que protège l'évêque Elie d'Autun, et bien qu'il soit aussi chanoine de Notre-Dame-la-Grande, est autorisé en juin 1309 à acquérir un bénéfice autre que sa cure de Benet, celle-ci n'étant que de mince valeur (193). Celle de Saint-Jean-de-Monts (194) vaut seulement 50 livres tournois lorsque, le 13 décembre 1312, le pape en fait cadeau à Pierre du Moulin, pauvre

---

Pierre de Via eut un parent homonyme, chevalier, cf. GUILLEMAIN, p. 159 ; ils sont apparentés au futur Jean XXII (ALBE, *Autour de Jean XXII*, dans « Annales de St-Louis des Français », 1902, *passim*) ; un troisième Pierre de Via fut évêque d'Albi, il est d'une génération postérieur.

(189) Cf. ci-dessus, pp. 26 et n. 93, 90 et n. 173 ; ci-dessous, p. 94.
(190) Les cas de bâtards installés et dispensés ne sont pas rares ; ainsi Jean de Plaisance, dont il est question *infra* (p. 94), saura caser un neveu illégitime à Sainte-Croix de Loudun et le faire reconnaître (31 janv. 1310) comme apte à l'ordination ainsi qu'au cumul (*Reg.*, n° 5962).
(191) Identification incertaine. Ce peut être le Breuil-Chaussée (cant. et arr. de Bressuire), ou le Breuil-Bernard (cant. de Moncoutant, arr. de Parthenay), ou encore le Breuil-sous-Argenton (cant. d'Argenton-Château, arr. de Parthenay), cf. H. BEAUCHET-FILLEAU, *Pouillé du diocèse de Poitiers*, Poitiers, 1868, p. 222.
(192) *Reg.*, n° 4858. — Le pape fait évidemment allusion aux décisions de 1274 (canon 13), cf. Aug. FLICHE, Chr. THOUZELLIER et Yv. AZAIS, *La chrétienté romaine (1198-1274)*, Bloud et Gay, 1950 (« Hist. de l'Eglise » FLICHE et MARTIN, vol. 10), p. 499.
(193) *Reg.*, n° 4691. — Benet, cant. de Maillezais, arr. de Fontenay-le-Comte (Vendée).
(194) Arr. des Sables-d'Olonne (Vendée).

clerc solliciteur (195) contrastant avec tant de cumulants sans scrupules. Quant aux hommes qui, comme Elie de Martel, ne possèdent que deux églises, une au diocèse d'Angers, l'autre en Bas-Poitou, Chauché, dont la valeur ne dépasse pas vingt livres (196), on ne saurait dire qu'ils abusent de la manne pontificale. D'autres exemples de bénéfices infimes pourraient être recueillis au régeste ; les bureaux de la curie ne dédaignent pas de les attribuer aux solliciteurs : c'est le cas de la petite église Saint-Gaudent de Niort, ne dépassant pas 10 livres tournois de revenu, que se fait cependant remettre un clerc du riche diocèse de Bordeaux, Amanieu de la Font (197).

A côté des bénéfices séculiers, il convient d'étudier la manière dont le pape traita les abbayes, prieurés ou chapitres réguliers du Poitou. A vrai dire, on a déjà eu l'occasion, chemin faisant, de faire allusion à tel ou tel de ces établissements, car les mêmes personnages participent souvent à des largesses opérées en l'un et l'autre secteur. Monde régulier et monde séculier sont des vases communicants, et c'est bien là un des aspects les plus inquiétants, à cette époque, d'une décadence monastique que les malheurs ultérieurs de la France, avec la généralisation de la commende, ne feront qu'accuser.

Le chapitre de Saint-Hilaire, dont Philippe le Bel, après les ducs d'Aquitaine, est abbé, apparaît assez déchu : du moins est-il logique de conclure ainsi de la distribution de ses canonicats à des gens qui, de toute évidence, pour la plupart sont complètement étrangers au diocèse.

Bertrand de Bordes, le camérier, avait un jeune frère, Guillaume, qualifié de chapelain du pape au moment de son élévation au siège d'Albi ; à peine est-il évêque qu'il fait obtenir à son cadet un canonicat en son nouveau diocèse ; mais nous apprenons ainsi que Guillaume, quoique encore adolescent et non ordonné, était déjà nanti à Agen, à Auch, à Toulouse, à Lectoure, à Durham, et qu'il était chanoine de Saint-Hilaire de Poitiers (198). Il avait le pied à l'étrier. Son oncle, quelques jours après avoir reçu le chapeau, obtint pour lui l'évêché de Lectoure ; après quoi il se trouva que Bertrand

---

(195) *Reg.*, n° 8917.
(196) Cant. de Saint-Fulgent, arr. de la Roche-sur-Yon, acte du 1er juill. 1310 donné à Bédarrides (n° 5728). On aura observé que les quelques exemples que nous avons pu relever, de cures de médiocre revenu, concernent tout l'Ouest du diocèse.
(197) N° 8415 (acte du 10 juill. 1312). Et que dire de telle chapellenie perpétuelle n'atteignant pas 12 livres, n'ayant plus qu'*un seul* paroissien, que Clément V charge Bertrand de Bordes de pourvoir (10 janv. 1308, Poitiers : n° 2500) ?
(198) 29 oct. 1308, Lormont (n° 3356). — « Le grand nombre des bénéfices ecclésiastiques obtenus par l'intermédiaire des frères de Bordes », écrit Renouard (*Ed. II et Cl. V...*, p. 124), « mesure l'importance de leur crédit. »

mourut sans tarder, faisant de Guillaume son héritier (199). Le très jeune évêque de Lectoure n'offre rien d'exceptionnel : bien d'autres protégés du pape ou des cardinaux commencèrent un *cursus honorum* brillant et rapide en se faisant faire le cadeau d'un canonicat à Saint-Hilaire. Tel fut le cas d'Amanieu de Fargues dont la mère, Marquise de Got, était sœur du pape, un des tout premiers bénéficiaires des faveurs de son oncle (200), lequel fit de lui un évêque d'Agen ; le cas de Guillaume Raymond de Mauvoisin, neveu du cardinal Ruffat, ou encore d'un familier de Raymond de Got, neveu du pape, appelé Jean *de Casalibus* (201). Guillaume Gautier, de l'entourage de Clément, chanoine de Saint-Hilaire, se faisait accorder en janvier 1310 la permission de résider, pour trois ans, loin de Poitiers ; il sera un agent actif de la fiscalité pontificale (202). Cependant qu'un autre prébendé de la même église, Hugues *de Masnoveto*, est employé à des missions diplomatiques (203).

Même les dignitaires du chapitre paraissent bien avoir été des hommes que Poitiers ne vit pas souvent : le seul doyen qui soit nommé dans nos actes, Jean de Plaisance, est dit chapelain du pape, et l'on sait par ailleurs qu'il est chargé d'entretenir les bâtiments pontificaux (204) ; or les lettres où le pape parle de lui comme doyen datent des années 1309-1313, où Clément n'habite plus Poitiers (205). Il est très difficile de dire si Giovanni Stefanelli, chantre de Saint-Hilaire au début de 1308, ou Thomas de Savoie, chanoine de Cambrai, trésorier de Saint-Hilaire dès le commencement du pontificat (206), ont participé d'une manière quelconque à la vie du chapitre. Et, du fait que le doyen ait porté le nom d'un village du Montmorillonnais, il est interdit de rien déduire, car qui nous dit qu'il ne s'agisse pas d'un Giovanni da Piacenza, « lombard » comme les précédents ?

(199) *Reg.*, n° 6492 ; cf. Eubel, *Hierarchia*, t. I, pp. 14, 299 ; Baluze, *Vitae*, éd. Mollat, t. II, p. 143, n. 5 ; Bernard, *Le népotisme*..., pp. 399, 407.
(200) Dès le 31 juill. 1305, Bordeaux (*Reg.*, n° 132) ; cf. Lizerand, *Clément V et Philippe le Bel*, p. 45 ; Bernard, p. 392, n. 198. — Il s'agit d'un canonicat à Reims ; celui de Saint-Hilaire est antérieur.
(201) *Reg.*, n° 4420, 7105, 968.
(202) Bulle du 13 janv. 1310, Avignon (n° 5291) ; acte analogue pour Jourdain Merle, 9 janv. 1306 (n° 526). — Voir, sur Guillaume Gautier, Charles Samaran et G. Mollat, *La fiscalité pontificale en France au XIVe siècle (période d'Avignon et grand schisme d'Occident)*, Paris, 1905 (« Bibl. des Ec. franç. d'Ath. et de Rome », vol. 96), p. 154 ; Guillemain, *Le personnel de la cour de Cl. V*, p. 175 et n. 4.
(203) Clément l'envoie, au printemps 1306, au duc de Bretagne pour mettre celui-ci au courant de la lamentable situation des Arméniens (*Reg.*, n° 750).
(204) Guillemain, p. 162, n. 3.
(205) 5 avr. 1309, 1er févr. 1310, 12 octobre 1313 (*Reg.*, n° 4331, 5961, 9746). De cette dernière bulle il appert que Jean de Plaisance fut aussi chanoine prébendé de la cathédrale et aumônier de Notre-Dame-la-Grande.
(206) *Reg.*, n° 2633, 57.

Malgré cette indifférence au choix d'hommes dont dépendait théoriquement le maintien de la vie canoniale en cet insigne sanctuaire, le pape n'a pas manqué de conférer à ce dernier des faveurs semblables à celles dont Saint-Pierre lui était déjà redevable. La grande bulle donnée au profit du chapitre de Saint-Hilaire, le 1ᵉʳ janvier 1310, en Avignon, suivra d'assez peu celle dont avait été honorée l'église cathédrale (207), de même que l'indulgence d'un an et une quarantaine accordée aux fidèles qui visiteront Saint-Hilaire lors de huit fêtes au cours de l'année (208) vient équilibrer de manière très harmonieuse la précédente (209). Clément accorde au chapitre une confirmation de ses statuts de 1305, aux termes desquels celui-ci comporte 23 canonicats et 36 prébendes. Une prébende est prévue pour chaque chanoine (210), et sur les treize autres une est réservée au doyen, une au trésorier ; le chantre, le sous-chantre, le sous-doyen, chacun des hebdomadiers et d'autres dignitaires s'en partagent neuf, les deux dernières étant réservées aux besoins de la fabrique (211).

Cette clémentine fait pendant à celle du 11 août 1308 par laquelle avaient été définis droits et prérogatives du chapitre cathédral. Nul n'ignore que, tout au long du moyen âge, la rivalité fut grande entre les chanoines de Saint-Pierre et ceux de Saint-Hilaire, les uns ayant pour eux d'être les gardiens des reliques du confesseur de la foi, étape de pèlerinage sur la route de Saint-Martin de Tours à Saint-Jacques en Galice, les premiers pouvant en revanche se targuer d'appartenir à l'église qui, hiérarchiquement, était *caput et mater* de toutes celles du diocèse. C'est sur un point comme celui-ci qu'il est loisible d'expliquer les actes du pape par une connaissance précise des problèmes poitevins, due à son séjour. Les bulles qui concernent la cathédrale ont été données au moment de quitter la ville et dans les mois qui suivirent ; celles qui regardent Saint-Hilaire se situent un peu plus tard, et tendent sans doute à maintenir la balance égale.

Quelques remarques seulement à propos du chapitre de Notre-Dame-la-Grande ; il offrit à son tour un certain nombre de prébendes aux désirs des quémandeurs. Si le nom de Ramnoux de Brie,

(207) Ci-dessus, p. 87.
(208) L'Epiphanie, les quatre fêtes principales de Notre-Dame, les deux fêtes du titulaire et l'anniversaire de la dédicace (n° 5940).
(209) Ci-dessus, p. 87.
(210) Mais il est question, le 7 février 1311, d'une prébende de chanoine surnuméraire, passant des mains de Guillaume de Bordes — nommé évêque de Lectoure — à celles d'Aycard Barbe, clerc résidant à la curie et rendant, diront d'autres lettres, de grands services à la sainte Eglise (n° 7046, cf. n° 6700, 6795).
(211) *Documents pour l'histoire de l'église de Saint-Hilaire de Poitiers*, éd. REDET, t. II (« Mém. de la Soc. des Antiq. de l'Ouest », 1ʳᵉ s., vol. 15), 1852, pp. 2-5, n° 300-01 ; 6-7, n° 303 ; *Reg.*, n° 5938.

docteur en décret, institué chanoine par bulle d'octobre 1308, est certainement celui d'un enfant du pays (212), présumé résident, un autre prébendé des années précédentes, Sylvestre Roussel, détenteur de bénéfices dispersés, avait pour principal mérite d'être chapelain du cardinal de Fréauville (213). D'autres chanoines de Notre-Dame sont dispensés de présence, parfois pour cinq ans, comme Guillaume de Chabannes déjà nommé (214). Certains de ces canonicats échurent à des hommes importants de l'entourage pontifical, dont un des plus représentatifs est le Bordelais Pierre de Labatut, familier du pape et employé par lui à toute espèce de missions de confiance (215) : le canonicat de Notre-Dame-la-Grande ne constitue pour Pierre qu'une valeur d'appoint.

L'on est un peu mieux renseigné sur le chapître de Sainte-Radegonde. Son prieur, Ramnoux Vigier, mourut au début de 1308 pendant le séjour à Poitiers de la curie (216), et ce fut Géraud de Sainte-Eulalie qui reçut ce bénéfice, quoiqu'il fût déjà très abondamment pourvu en six autres diocèses (217). Il ne fit que passer, ayant été désigné, le 19 septembre de la même année (218), pour l'évêché de Lectoure. Le pape, alors visiblement assiégé, en Bordelais, par ses proches, utilisa ce départ pour installer à Sainte-Radegonde un de ses neveux de Fargues. Bertrand n'était pas d'âge à recevoir les ordres sacrés, de plus il était borgne, par accident, ce qui y pouvait mettre obstacle plus tard ; mais la bonté du pontife leva tous les obstacles en faveur du nouveau prieur, qui fut bientôt autorisé à se faire ordonner, à cumuler avec d'autres bénéfices — même comportant *cura animarum* — et néanmoins à poursuivre ses études juridiques durant une période de cinq ans (219).

Nombreux sont d'autres clercs, illustres ou obscurs, que l'on voit honorés, avec éclectisme, des prébendes de Sainte-Radegonde, en même temps que d'églises dispersées aux quatre coins du diocèse, du royaume, voire de l'Europe : Simon David, chanoine de Celles-l'Evescault et clerc de chœur au Puy ; Elie Vigier, sans doute pa-

---

(212) Brie, cant. de Thouars (Deux-Sèvres). — La bulle du 18 octobre 1308, donnée à Lormont, est au *Reg.*, n° 3396.
(213) N° 1877.
(214) Ci-dessus, p. 90.
(215) *Reg.*, n° 5261 et 5958 ; à son sujet, v. Guillemain, *op. cit.*, p. 171 ; Bernard, *Le népotisme...*, p. 404.
(216) Sur les incidents, provoqués par l'évêque, qui suivirent ce décès, v. *Cartulaire de l'év. de Poitiers*, éd. Redet, pp. 128-30, n° 82.
(217) *Reg.*, n° 2613 (8 avr. 1308).
(218) Non 1307 ut ap. Mollat, éd. de Baluze, *op. cit.*, t. II, p. 144, n. 4. — La bulle est donnée à Saint-Emilion « anno tertio » (n° 2979). Quelques jours plus tard, le prélat est relevé de toute excommunication qu'il aurait pu encourir, et habilité à recevoir la consécration épiscopale (n° 2978).
(219) N° 3339, 4824, 1856 (20 nov. 1308, Villandraut ; 12 févr. 1309, Villalier).

rent du prieur Ramnoux (220), déjà pourvu en pays narbonnais ; Guillaume de Blaye ; Yves *de Berione* qui est curé de Peralta en Navarre et chanoine à Saint-Aignan d'Orléans ; Guillaume Amanieu de la Mothe, neveu du pontife (221). Parmi ces nombreux prébendés on peut encore noter le nom de Pierre de Preissac (222), qui n'a d'autre intérêt que de nous faire considérer la personne de son protecteur et frère, Arnaud Bernard de Preissac, abbé de Saint-Maixent.

L'abbaye de Saint-Maixent demeurait, vers 1310, l'un des plus illustres établissements monastiques du Poitou. Elle pouvait se souvenir, non sans quelque orgueil, du rôle qu'elle avait joué dans la vie politique de l'Aquitaine depuis les temps carolingiens. Elle allait recevoir, en la personne d'Arnaud Bernard, un abbé de haute naissance, originaire de Gascogne et très proche parent de Clément V (223). Cette désignation ne se fit pas sans peine (224). A la suite de la mort de l'abbé Aimery, le prieur de Saint-Pierre de Melle avait été élu pour le remplacer, mais était décédé presque aussitôt. Nouvelle élection : le choix porte cette fois sur la personne d'un obscur prieur de Cogulet au diocèse d'Angoulême, Geoffroy. Cette désignation n'a pas l'heur de plaire à l'évêque Arnaud de Poitiers qui intervient, conteste les choix précédents et désigne, en vertu du droit de provision qu'il prétend détenir, Arnaud Bernard de Preissac, prieur d'un monastère d'Agenais. Ce dernier se refuse à accepter tant que le débat n'aura pas été tranché par la plus haute autorité. L'affaire est donc portée devant la cour romaine, qui charge d'une enquête Raymond Guillaume de Fargues, autre neveu du pape, récemment honoré du chapeau de cardinal ; Raymond conclut en faveur de Preissac, comme il fallait s'y attendre, d'autant que dans l'intervalle Geoffroy est mort à son tour. Le 22 mars 1310 ou 1311, Clément V en informe officiellement le roi de France en lui recommandant son protégé (225).

(220) Il s'agit d'une famille alors nombreuse aux pays de Poitou, Saintonge et dans le voisinage (*Recueil de documents concernant le Poitou contenus dans les registres de la chancellerie de France*, éd. Paul GUÉRIN; t. I [1302-1333], Poitiers, 1881 [« Arch. hist. du Poitou », vol. 11], p. 2, n. 2.

(221) *Reg.*, n° 5822, 1214, 24, 6798, 2872, etc.

(222) N° 4200.

(223) Un homonyme de l'abbé de Saint-Maixent, peut-être son neveu, était par ailleurs, du chef de sa mère, neveu du pape qui, le 9 mars 1308, à Poitiers (*Reg.*, n° 2599), le pourvut de hautes fonctions administratives en Italie.

(224) Des incidents exactement parallèles à ceux que l'on va rapporter, avec intervention pontificale pour finir, se produisent à l'abbaye de l'Absie au début de 1311 (n° 7329).

(225) N° 5297 et 5406 ; cf. dom Jean Pierre MULLER, *Les élections abbatiales chez les Bénédictins sous Clément V (1305-1314)*, dans « Studia Anselmiana », t. XVIII-XIX, 1947, p. 351. — Je me permettrai de faire, au sujet de cette affaire, les trois remarques suivantes : 1°) On ne peut affirmer, comme Alf. RICHARD (*Chartes et documents pour servir à l'histoire de l'abbaye de Saint-Maixent*, t. I, Poitiers, 1886 [« Arch. histor. du Poitou », vol. 16], p. LXXXV), qu'Arnaud Bernard ait été désigné par le pape

Le nouvel abbé demeura l'objet visible des attentions du pontife pendant la fin du règne. Nommé en avril 1313, avec deux autres prélats, commissaire pour mettre fin aux troubles qui agitaient l'Ordre de Grandmont, il fut chargé avec eux de désigner le nouveau prieur de celui-ci (226). Il reçut encore l'autorisation de donner, exceptionnellement, l'habit à deux moines en sus du nombre *maximum* que les coutumes de son monastère autorisaient (227) ; Saint-Maixent était accueillant, à en juger par un acte antérieur de Clément, dans lequel ce pontife autorise un prêtre franciscain, Pierre de Champagne, en rupture de ban avec l'Ordre des frères mineurs (il avait quitté son couvent sans permission), à devenir bénédictin en dépit des dispositions contraires de Nicolas IV, et à faire profession en l'abbaye de Saint-Maixent (228).

Un autre fils de saint Benoît qui a joui d'une grande faveur auprès du pape fut Elie Guy, abbé de Nouaillé. Lorsque Clément vint s'installer à Poitiers, Elie détenait la crosse abbatiale depuis déjà, dit-on, plus de quarante ans (229) ; le pape lui avait fait don, peu après les fêtes de son couronnement, d'un canonicat en l'église de Cahors (230) et, pendant le séjour poitevin, l'abbé a été désigné, de pair avec un évêque espagnol, pour lancer l'excommunication, au nom du souverain pontife, contre le comte de Foix, afin de contraindre ce personnage remuant à la paix avec Bernard, comte d'Armagnac (231). Peu après avoir accompli cette mission, l'abbé Elie fut, à Poitiers, le 30 juillet 1308 (232), institué évêque d'Autun.

durant son séjour à Poitiers ; Guillaume Tousselin est encore abbé, selon cet auteur, en 1306, et dans l'intervalle se situe l'abbatiat d'Aimery [de Mareuil ?]. 2°) Il est tout à fait faux que le pape ait alors donné l'abbaye en commende au roi de France, assertion de BERNARD, *op. cit.*, p. 380, qui semble résulter d'une lecture hâtive du n° 5406. 3°) Si l'on accepte de lire, comme le veut l'éditeur, « anno quinto » pour les n° 5297, 5406 et 5378, on comprend mal comment des actes de mars 1310 — la cinquième année débutant en novembre 1309 — mentionnent l'activité de Raymond, cardinal-diacre de Sainte-Marie-Nouvelle, lequel ne reçut le chapeau qu'en décembre 1310 (EUBEL, t. I, p. 14). Faudrait-il corriger « anno sexto » ?

(226) *Reg.*, n° 9114. — Sur les rapports de Clément V avec cet ordre, voir *ibid.*, n° 5366 ; cf. dom Jean BECQUET, *Les institutions de l'Ordre de Grandmont au moyen âge*, dans « Rev. Mabillon », t. XLII, 1952, pp. 37-38.

(227) Bulle du 30 janv. 1314, Monteux (*Reg.*, n° 10185).

(228) 7 avr. 1309, Avignon (n° 4359). On trouve d'autres actes, absolument de même nature, et qui concernent l'entrée de franciscains vagabonds à l'abbaye de Saint-Michel-en-l'Herm ou à celle de Saint-Liguaire (n° 407, 2761). — Sur l'ensemble du problème on consultera avec profit le R. P. GRATIEN, *Histoire de la fondation et de l'évolution de l'Ordre des frères mineurs au XIII° siècle*, Paris et Gembloux, 1928, pp. 571-79.

(229) Dès 1265 selon le *Gallia* (t. II, col. 1242).

(230) Le 5 janv. 1306 (*Reg.*, n° 1437).

(231) N° 2703. — Sur ces événements, intéressant beaucoup d'églises gasconnes où le pape voudrait voir régner des conditions pacifiques, v. DE VIC et VAISSÈTE, *Histoire générale de Languedoc*, nouv. éd., Toulouse, t. IX, 1886, p. 308. Le roi d'Angleterre était intervenu en faveur de Gaston de Foix (RENOUARD, *Ed. II et Cl. V...*, p. 125).

(232) *Reg.*, n° 2871.

VI

Le pape était alors sur le point de quitter le Poitou et, quelques jours plus tard, l'élu d'Autun, l'ayant sans doute accompagné quelques lieues sur la route de Bordeaux et soucieux de laisser les choses en bon ordre dans la maison qu'il lui fallait quitter, obtint, à Lusignan, **une faveur assez extraordinaire**. Bien que le droit de désignation appartînt, pour Nouaillé comme pour Saint-Maixent, à l'évêque de Poitiers, le pontife délégua ce pouvoir — qui lui revenait, disait-il, en vertu de la réserve (233) — à l'abbé sortant ; il l'autorisa à se choisir personnellement, pour Nouaillé, un successeur et à lui conférer la bénédiction abbatiale (234). Sur le siège d'Autun l'évêque n'oublia pas certains clercs, ses protégés depuis longtemps déjà peut-être, pour lesquels il sut à diverses reprises arracher des grâces à Clément V ; on en a eu plus haut des indices (235). De ces clercs plusieurs étaient, bien entendu, ses parents. Le prieuré de Mairé-l'Evescault, dépendant de Nouaillé, est ainsi aux mains de son neveu Imbert en 1312, cependant que, dès juin 1309, il a obtenu pour Guillaume Jolein, un moine de Charroux qui lui est aussi apparenté, la collation d'un petit prieuré périgourdin (236).

Il existe encore un grand nombre d'actes émanés de Clément V qui intéressent diverses abbayes poitevines. Tous, à beaucoup près, ne sont pas aussi pittoresques que celui qui, le 22 novembre 1310, est rendu en faveur d'un moine de Saint-Jouin-de-Marnes, Hugues Challet. Ce dernier était un jour, en compagnie de quelques autres religieux du même monastère, dont le prieur de Faye-la-Vineuse, en train de s'exercer, par manière de délassement, au tir à l'arc dans le cimetière de Saint-Jouin. Au moment où il décochait, Hugues a vu son ami, Richard Le Breton, un laïc, passer brusquement entre lui et la cible. Il a bien crié : « Attention ! », mais trop tard, la flèche a atteint Richard entre l'œil et le nez. A celui qui fut homicide par imprudence le pape pardonne, et il l'habilite même à recevoir les ordres mineurs en vue d'obtenir une prébende, toutefois *sine cura* (237).

De témoignages de la sollicitude pontificale **maint monastère** poitevin a été gratifié. Ceux-ci sont de trois natures. Les actes les plus communs consistent en une confirmation de privilèges qui n'appelle pas grandes remarques. Ainsi les **chanoines réguliers de Fontaine-le-Comte** se verront reconnaître, le 19 août 1308, tous les legs reçus, toutes les donations et dîmes à ce moment en leur possession

---

(233) Voir à ce sujet Mollat, *Les papes d'Avignon*, pp. 527 ss.
(234) *Reg.*, n° 4720 (bulle du 20 août 1308). Cf. Muller, *op. cit.*, p. 358.
(235) Ci-dessus, p. 92.
(236) *Reg.*, n° 8170 et 4692.
(237) *Reg.*, n° 6963.

(238), de même que Nanteuil-en-Vallée, maison bénédictine du Sud du diocèse, prise dès le début du pontificat sous la spéciale protection du pape, qui s'y était attaché étant métropolitain de Bordeaux (239), s'est vu confirmer immunités et privilèges. Le second groupe d'actes contient des concessions d'indulgences comme celles que nous avons déjà rencontrées en faveur d'églises de Poitiers : ainsi la bulle du 30 septembre 1305, précisément pour Nanteuil (240), octroie de ces avantages aux fidèles qui en visiteront l'église le dimanche de Quasimodo. Non moins intéressant est un autre acte, de novembre 1309 : Clément V, depuis peu installé au prieuré du Grozeau — plus tard sa résidence champêtre favorite au Comtat Venaissin, — se souvient, non sans amitié peut-être, de Saint-Martin de Ligugé qui l'accueillit naguère, au même titre, à tant de reprises. En vue de la reconstruction de l'église de ce prieuré, à la requête probable de Jean Baritaud, prieur régulièrement désigné par Maillezais l'année d'avant (241), il concède cent jours d'indulgence à quiconque fera une aumône ; ceci sans compter un an et une quarantaine, aux conditions ordinaires, pour les pieux visiteurs du sanctuaire, aux jours des deux fêtes de son titulaire (242).

De telles faveurs spirituelles (243) sont, de la part du pape, un moyen d'exciter la charité des fidèles, languissante désormais à l'égard de monastères que leurs ancêtres avaient pourtant comblés (244). Un dernier groupe d'actes, fort instructifs, permet de toucher du doigt, davantage encore, la détresse financière trop réelle des abbayes et prieurés. Ce sont les lettres aux termes desquelles le pontife autorise des chefs de communautés à des emprunts massifs, ou bien à des rattachements d'églises à leurs menses, en vue de faire face à leurs obligations. Il y a là des témoignages, dont alarmante est la fréquence, d'un appauvrissement devenu patent, ap-

---

(238) N° 3171-72 ; cf. LEVILLAIN, *A propos d'un texte inédit...*, dans « Moy. âge », t. X, 1897, p. 76 ; COUSSEAU, *Mémoire hist. sur l'égl. Notre-Dame de Lusignan...*, dans « Mém. de la Soc. des Antiq. de l'Ouest », 1re s., t. XI, 1844, p. 363 ; et ci-dessus, p. 33.
(239) « Quod inter cetera monasteria amoris privilegio complectimur » (*Reg.*, n° 567).
(240) *Ibid.*, n° 121.
(241) Et confirmé par lui à Ligugé même le 21 mai 1308 (n° 2998).
(242) N° 4829-30.
(243) Une importante indulgence avait également été concédée le 24 juillet 1307 à quiconque apporterait des dons à l'aumônerie Saint-Pierre de Poitiers, vers laquelle, notait le pape, affluaient les pauvres (n° 2149). Ceci laisse sous-entendre que, en dépit des mesures prévues (ci-dessus, p. 15), les difficultés alimentaires existèrent cet été-là à Poitiers. — Autre octroi d'indulgences, au bénéfice de la Trinité de Poitiers, 5 févr. 1308 : n° 2419.
(244) On trouvera de nombreux exemples de faits analogues assemblés par A. CLERGEAC, *Les concessions d'indulgences de Clément V aux églises de Gascogne*, dans « Rev. de Gascogne », t. XXII, 1927, pp. 104-12.

VI

pauvrissement qui ne date donc pas de la veille. Geoffroy Pouvreau, abbé de Maillezais (245), est autorisé le 2 novembre 1306 à contracter un emprunt de 10.000 florins d'or, et il s'en va, dans les six mois, effectuer le tiers au moins de cet emprunt auprès de Simone Guidi et Ranieri Mei, banquiers toscans (246). Il n'est pas le seul dans ce cas : l'abbé de l'Absie en Gâtine nouvellement désigné sollicite, et obtient dans l'été de 1311, de réaliser pour les besoins de sa communauté un emprunt pouvant aller jusqu'à 2.000 florins (247).

Solution dangereuse que l'emprunt, car il est gagé sur des biens mal administrés, et dont la valeur ne s'accroît pas. La médiocre administration est très souvent, d'ailleurs, aux origines d'une telle situation. Rattacher certains des biens à la mense de l'abbé est un remède plus immédiat et plus sage, auquel le pape admet souvent que recourent les monastères poitevins. L'abbé de Nanteuil-en-Vallée, Hugues *de Sancto Mario*, reçoit de lui la permission de retenir au profit de sa mense un des prieurés de Nanteuil, un moulin et trois maisons (4 févr. 1308, Poitiers) ; et il est à remarquer que, dans l'espace de trois jours, deux autres bulles de même contenu ont été octroyées par la curie, la première en faveur de l'abbé Simon de Saint-Savin, l'autre au profit de l'abbesse et des moniales de la Trinité de Poitiers (248). Celles-ci auront la possibilité de réunir, à la mort des titulaires, quatre des églises qui dépendent de leur maison, églises dont les revenus iront, pour l'une à la mense abbatiale, pour les trois autres à l'ensemble de la communauté. Quant à l'abbé des rives de la Gartempe, il se contente d'annexer les revenus d'un des prieurés à sa collation revenus pouvant aller jusqu'à cent livres, ceci afin de pouvoir s'acquitter mieux des devoirs de l'hospitalité. Une autorisation absolument semblable avait déjà été obtenue par l'abbé de Charroux (249). A son tour Fontaine-le-Comte, pour arriver à vivre, reçoit le 6 janvier 1309 le droit d'annexer, sous condition d'assurer au desservant la portion congrue, l'église de Saint-Christophe-sur-Roc dans l'archiprêtré de Saint-Maixent, jusqu'alors à la collation de l'évêque, et valant trente livres (250).

Ces documents sont significatifs. On a tendance à s'imaginer que jamais le royaume de France ne fut si prospère qu'au début du XIVe siècle, compte tenu de phrases fameuses de Froissart (251), et

---

(245) Dont il deviendra le premier évêque.
(246) *Reg.*, n° 1447, 1608.
(247) Acte du 28 août 1311, le Grozeau (n° 7323).
(248) N° 2516, 2522, 2669, 2418.
(249) Le 1er févr. 1306, à Lyon (n° 495). — Une autre bulle, du même jour, pour Charroux, est dans *Chartes et documents pour servir à l'histoire de l'abbaye de Charroux*, éd. dom P. de Monsabert, Poitiers, 1910 (« Arch. hist. du Poitou », vol. 39), p. 293, n° 155.
(250) Bulle donnée à Toulouse (n° 3780).
(251) Que j'ai moi-même commentées dans *La France féodale (1204-1392)*, in « Hist. de France » Reinhard-Dufourcq, Larousse, t. I, 1954, p. 252.

cela est vrai dans la mesure où la guerre de Cent ans vint affreusement diminuer la vitalité du pays. Mais il ne faudrait pas qu'une euphorie relative, établie durant le premier tiers du siècle, fît illusion. Bien avant « la faim, la peste et la guerre » qui caractérisèrent l'époque suivante, la décadence était commencée pour quantité des établissements monastiques qui, pendant deux à trois cents ans, avaient constitué les véritables bases de l'économie occidentale.

Au terme d'une étude volontairement limitée à une seule circonscription ecclésiastique, il est permis d'observer d'abord que le fait, pour Poitiers, d'avoir constitué pendant seize mois la capitale de la chrétienté, ne valut point à son diocèse de connaître une générosité pontificale particulière, ce qui pourtant eût pu être, pour Clément V, une manière de témoigner sa gratitude à propos de l'hospitalité reçue. Les églises poitevines ont obtenu de lui moins que beaucoup d'autres du Sud-Ouest. Si nous opérions un pointage exigeant des désignations d'évêques faites en ce royaume par le pape, nous trouverions beaucoup de neveux et de proches, beaucoup de prélats gascons, mais pour ainsi dire aucun personnage dont on puisse affirmer avec certitude qu'il ait été originaire du Poitou. En revanche, le pays a été largement exploité afin de caser d'innombrables solliciteurs, pour la plupart méridionaux, gravitant autour des cardinaux et de la curie. Leur pullulement a contribué à aggraver un mal social qui était déjà évident à la fin du XIIIe siècle.

Souhaitons que, diocèse par diocèse, de semblables phénomènes soient analysés. Alors seulement l'historien pourra se permettre de faire le point.

III

Itinéraire de Clément V en Poitou

1307

7	Avril	Melle	*Reg.*, 2197.	
9-10	«	Bonnevaux	«	1726 (1), 2138.
13-14	«	»	«	1599, 1659.
14	«	Poitiers	«	1656 (2).
15	«	»	Baluze, éd. Mollat, t. III, p. 52.	
17-20	«	«	*Reg.*, 1880, 1626, 2151, 1598.	
28-29	«	«	«	1609, 2136.
1er	Mai	«	«	1653.
3	«	«	«	1703.
5- 6	«	«	«	1604, 1628.
11	«	«	«	1669.
15-16	«	«	«	1608, 1620.
18	«	«	«	1795.

(1) Ci-dessus, p. 14, n. 19.
(2) P. 14 et n. 17.

VI

1307

21-23 Mai	Poitiers	*Reg.*,	2018, 1614, 1744.
25 «	«	«	2302 (3).
28-29 «	«	«	2042, 1654.
31 Mai - 1er Juin	«	«	1742, 1965.
2 Juin	«	«	1621.
« «	Ligugé	«	1651 (4).
3- 5 «	Poitiers	«	1524, 1635, 1662.
8 «	Ligugé	«	1789.
9 «	Poitiers	«	2006.
« «	Ligugé	«	1646.
10 «	Poitiers	«	1663.
« «	Ligugé	«	2044.
11 «	«	«	1698.
13 «	«	«	1648.
« «	Poitiers	Rymer, *Foedera*, éd. cit., t. II, p. 1057.
14-18 «	Ligugé	*Reg.*, 1650, 1779, 1645 (5), 1818, 1790.
20 «	«	«	1666.
20 «	Poitiers	«	1728.
21-25 «	Ligugé	«	1882, 1664, 1682, 1900, 1720.
27 Juin - 1er Juill.	«	«	1793, 1683, 1684, 2234, 1696.
2- 4 Juill.	Poitiers	«	1796, 1877 (6), 1813.
6- 8 «	«	«	2092, 1691, 1711.
10-12 «	«	«	1706, 2271 (7), 1690.
14-17 «	«	«	1751, 1816, 2143, 1746.
20 Juill. - 1er Août	«	«	1732, 1722, 1855, 1761, 2149 (8), 1762, 1736, 1770, 2110, 1750, 1753, 1910, 1863.
3 Août	«	«	1763.
6-12 «	«	«	1808, 1842, 1892, 1798, 1797 (9), 2244, 1817.
13 «	«	«	1781.
« «	Availle	«	2064 (10).
14 «	Ligugé	«	1850 (11).
18 «	«	«	1909.
« «	Poitiers	«	1912.
19 «	«	«	1904.
20-21 «	Ligugé	«	1852, 1833.
23-24 «	«	«	1999 ; Baluze, t. III, p. 58.
26 «	«	«	1996.
« «	Poitiers	«	2294 (12).

(3) 25 mai, non 24 comme l'acte est interprété au *Reg.* (« viij. kal. jun. »).
(4) Ci-dessus, p. 20.
(5) P. 22 et n. 64.
(6) P. 96, n. 213.
(7) Cette référence manque dans la table de Melle Lanhers.
(8) Ci-dessus, p. 100, n. 243.
(9) P. 18, n. 41.
(10) Ci-dessus, p. 20.
(11) P. 90, n. 174.
(12) P. 20 et n. 52.

1307

29 Août - 7 Sept.	Poitiers	*Reg.*,	1837 (13), 1881, 1898, 1885, 1692, 1933, 2144, 1901, 2128, 1931.
12-13 Sept.	«	«	2002, 2231.
14 «	Grassay	«	1906 (14).
15-16 «	Poitiers	«	2204, 1939.
20 «	Grassay	«	2070.
26 «	«	«	1903.
2 Oct.	«	«	1929 (15).
4- 7 «	«	«	2108, 2273, 2111, 2102.
8 «	«	«	2091 (16).
16 «	Poitiers	«	1961.
18-21 «	«	«	1941 (17), 2062, 2038, 1924.
23 «	«	«	1926.
25 «	«	«	1928.
27 Oct. - 10 Nov.	«	«	1925, 1927, 1930, 2241, 1945, 2014, 1998, 2040, 1948, 1949, 1940, 1959, 2007, 2010, 2230.
12-13 Nov.	«	«	2015, 2037.
16 Nov.- 3 Déc.	«	«	2322, 2317, 4183, 2873, 2309, 2305, 2307, 2303, 2017, 2306, 2304, 2311, 2355, 2338, 2346 (18), 2097, 2316 ; LIZERAND, *Cl. V et Ph. le Bel*, p. 437, n° 9.
5- 7 Déc.	«	«	2310, 2314, 2313.
9 «	«	«	2422.
11 «	«	«	2333.
14-15 «	«	«	2415, 2384.
17-18 «	«	«	2323, 2397.
20-21 «	«	«	2380, 2344.
23-25 «	«	«	2414, 2358, 2345.
27-28 «	«	«	2365, 2340.

1308

1er Janv.	«	«	2360.
4 «	«	«	2349.
7-13 «	«	«	2400, 2368, 2356, 2500 (19), 2361.
15-19 «	«	«	2385, 2473, 2439, 2573, 2369.
21-25 «	«	«	2370, 2372, 2725, 2579, 3284.
27 Janv.- 5 **Févr.**	«	«	3539, 2451, 2376, 2424, 2396, 2395, 2358, 2379, 2455, 2316.
7-12 Févr.	«	«	2525, 2434, 3078, 2438, 2476, 2464.
14-20 «	«	«	2769, 3354, 2818, 2533, 2530, 2501, 2456.

(13) P. 25, n. 86.
(14) P. 20, n. 53.
(15) P. 21, n. 54.
(16) *Ibid.* (cf. plus bas, *corrigendum*).
(17) Ci-dessus, p. 23, n. 74.
(18) Cet acte (« .ij kal. decembr. ») est interprété à tort dans le *Reg.* 31 décembre.
(19) Ci-dessus, p. 15, n. 197.

VI

1308

Date	Lieu		Référence
22-27 Février	Poitiers	Reg.,	2459, 2478, 2474, 2552, 2452, 2469.
29 Févr. - 4 Mars	«	«	2709, 2493, 2574 (20), 2677, 2511.
6-15 Mars	«	«	3093, 2559, 2551, 2599 (21), 2627, 2668, 2550, 2575, 2647, 2593.
17-21 «	«	«	2592, 2578, 2834, 2318, 2713.
23 «	«	«	2605.
25 «	«	«	3555.
27-28 «	«	«	2648, 2680.
29 «	«	«	2616.
« «	Ligugé	«	2676.
30 «	Poitiers	«	2628.
31 «	«	«	2758.
« «	Ligugé	«	2776.
1er Avril	Poitiers	«	2687.
2- 3 «	Ligugé	«	2700, 2819.
4 «	«	«	3579.
« «	Poitiers	«	3331.
5- 9 «	«	«	2691, 3030, 2635, 2613 (22), 2572.
12-13 «	«	«	2867, 2649.
16-18 «	«	«	2630, 2632, 2767.
20-22 «	«	«	2692, 2681, 2739.
24 «	«	«	2703 (23).
27-28 «	«	«	2328, 2722.
30 Avril - 7 Mai	«	«	2792, 2723, 2774, 3202, 2735, 2801, 2744, 2771.
10 Mai	«	«	2775.
12 «	Ligugé	«	2751 (24).
16-17 «	«	«	2750, 2821.
18 «	Poitiers	«	2948.
19 «	Ligugé	«	2964.
21 «	«	«	2998 (25).
« «	Poitiers	«	3028.
22-23 «	Ligugé	«	2866, 2942.
24 «	«	«	3057.
« «	Poitiers	«	3257.
25 «	Ligugé	«	2759.
« «	Poitiers	«	2578.
26 «	Ligugé	«	2848.
« «	Poitiers	«	2816.
27-29 «	«	«	2802, 2880 ; FINKE, Papst. u. Unterg. d. Templerord., t. II, p. 140.
5 Juin	«	«	2837.
9 «	«	«	2840.

(20) P. 89, n. 164.
(21) P. 97, n. 223.
(22) P. 96, n. 217.
(23) P. 98, n. 231.
(24) P. 29, n. 103.
(25) P. 100, n. 241.

1308

11-13 Juin	Poitiers	Reg.,	2944, 3117, 2835.
15 «	«	«	3131.
17-18 «	«	«	3220, 2858.
21 «	«	«	2890.
26-27 «	«	«	2961, 3107.
30 Juin - 1er Juill.	«	«	2836, 2879.
3 Juill.	«	«	2860.
5 «	«	«	4953.
8 «	«	«	2844.
10-13 «	«	«	2845, 2881, 2850, 2896.
15 «	«	«	2846.
17-18 «	«	«	2993, 2904.
20-28 «	«	«	2053, 2869, 2875, 2319, 3011, 2324, 3135, 2894, 2935.
30 Juill. - 12 Août	«	«	2871 (26), 2891, 2325, 2884, 2949, 2740, 2931, 2965, 2895, 2958, 2903, 2329 (27), 2987, 2923.
13 Août	«	«	2940 (28).
« «	Ligugé	«	3589 (29).
15 «	«	«	2947.
16 «	«	«	3073.
« «	Poitiers	«	3038.
17 «	Ligugé	«	2902.
18 «	Poitiers	«	2936.
« «	Ligugé	«	2939.
19 «	Poitiers	«	2943 (30).
« «	Lusignan	«	3171 (31).
« «	Ligugé	«	3089 (30).
20 «	«	«	3271.
« «	Lusignan	«	3204 (32).
23 «	Brioux	«	3586.

N. B. CORRIGENDUM. —A propos de Grassay, j'ai dit à tort ci-dessus, (pp. 20-21 et n. 54) que deux bulles du 8 octobre 1307 furent données à Poitiers et à Grassay, induit que j'ai été en erreur par les éditeurs du *Reg.* qui, pour le n° 2112, ont daté du 8 octobre, mais donné dans le texte la date véritable (« viij. id. nov. », soit 8 *novembre*). Il est à souhaiter que la table du *Reg.*, actuellement sous presse, soit accompagnée d'un *erratum*.

E. R. L.

(26) P. 98 et n. 232.
(27) P. 26, n. 90.
(28) Il est faux que le pape ait quitté Poitiers le 13 *définitivement,* comme il est dit dans l'éd. MOLLAT de BALUZE, t. II, p. 47, non plus que le 29 août, ce qu'on lit dans un travail, assez consciencieux par ailleurs, mais dépourvu de références, de l'abbé Georges MARCHAL, *Autour du pape Clément V, voyage de Poitiers aller et retour,* dans « Rev. hist. de Bordeaux », t. XIX, 1926, p. 202.
(29) Ci-dessus, pp. 21-22 et n. 63.
(30) P. 33 et n. 121.
(31) *Ibid.* et p. 25.
(32) Cet acte et le suivant évoqués ci-dessus, p. 33.

Séjours des papes dans les pays entre Loire et Basse-Garonne
(de l'époque carolingienne à 1314)

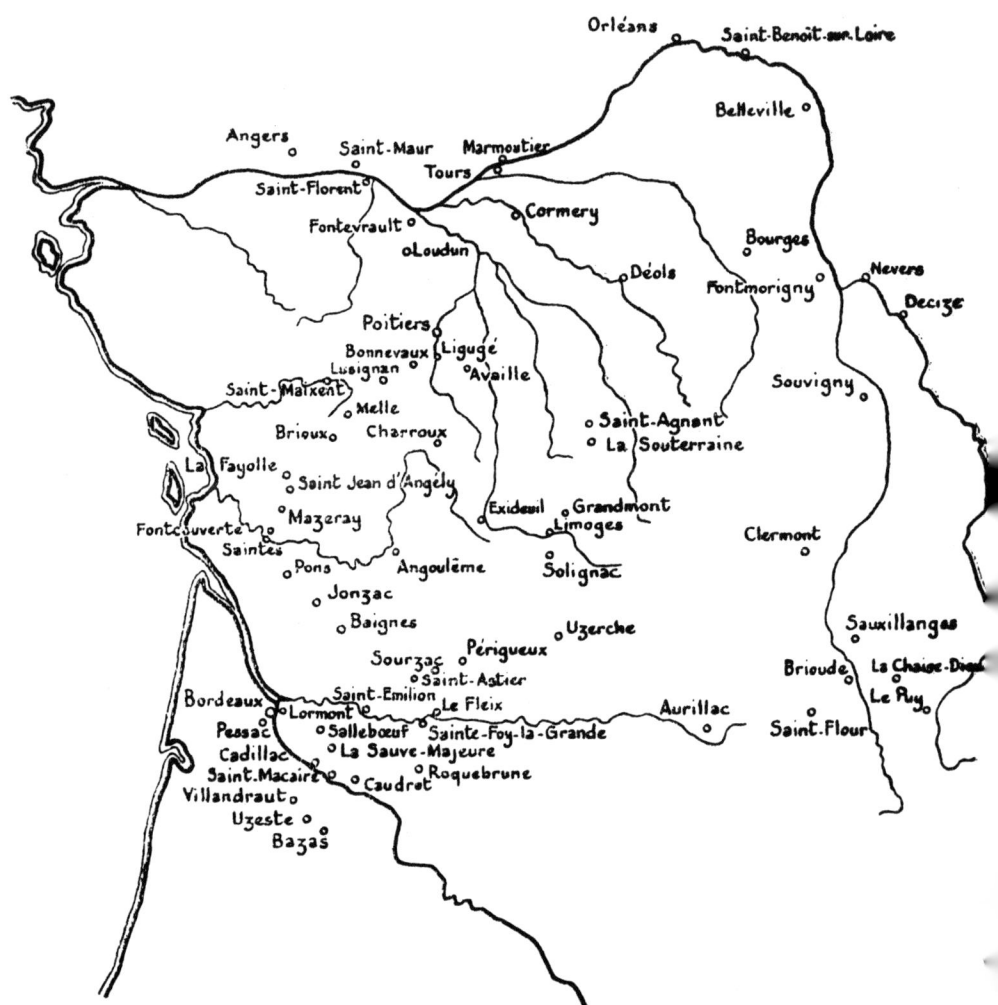

Rectifier la localisation de Saint-Maur, sur la Loire, rive gauche.

Légende de la carte

ANGERS, 1096 (Urbain II), 1119 (Calixte II).
ANGOULÊME, 1119 (Calixte II).
AURILLAC, 1095 (Urbain II).
Availle, 1307.
BAIGNES-SAINTE-RADEGONDE, cant. de Cognac, Charente, 1307.
BAZAS, arr. de Langon (Gironde), 1308.
BELLEVILLE, cant. de Léré, arr. de Bourges, Cher, 1306.
Bonnevaux, 1307.
BORDEAUX, 1096 (Urbain II), 1305.
BOURGES, 1163, 1165 (Alexandre III), 1306.
BRIOUDE, Haute-Loire, 1095 (Urbain II), 1107 (Pascal II), 1119 (Calixte II), 1162 (Alexandre III).
Brioux-sur-Boutonne, 1308.
CADILLAC, arr. de Bordeaux (Gironde), 1308.
CAUDROT, cant. de Saint-Macaire, arr. de Langon (Gironde), 1308.
CHAISE-DIEU (La), arr. de Brioude (Haute-Loire), 1095 (Urbain II), 1165 (Alexandre III).
Charroux, arr. de Montmorillon (Vienne), 1096 (Urbain II).
CLERMONT-FERRAND, 1095 (Urbain II), 1119 (Calixte II), 1130 (Innocent II), 1162, 1165 (Alexandre III).
CORMERY, cant. de Montbazon, arr. de Tours (Indre-et-Loire), 1163 (Alexandre III).
DECIZE, cant. de Nevers (Nièvre), 1130 (Innocent II), 1306.
DÉOLS, cant. de Châteauroux (Indre), 1107 (Pascal II), 1162, 1163 (Alexandre III), 1306.
EXIDEUIL, cant. de Chabanais, arr. de Confolens (Charente), 1306.
FAYOLLE (La), comm. du Pin-Saint-Denis, cant. de Saint-Jean-d'Angély (Charente-Maritime), 1307, 1308.
FLEIX (Le), cant. de Laforce, arr. de Bergerac (Dordogne), 1306.
FONTCOUVERTE, arr. de Saintes (Charente-Maritime), 1307.
Fontevrault, cant. de Saumur (Maine-et-Loire), 1119 (Calixte II).
FONTMORIGNY, comm. de Menetou-Couture, cant. de Nérondes, arr. de Saint-Amand-Mont-Rond, Cher, 1306.
GRANDMONT, comm. de Saint-Sylvestre, cant. d'Ambazac, arr. de Limoges, Haute-Vienne, 1306.
JONZAC, Charente-Maritime, 1307.
Ligugé, 1307, 1308.
LIMOGES, Haute-Vienne, 1095 (Urbain II), 1306.
LORMONT, cant. de Carbon-Blanc, arr. de Bordeaux, 1308.
Loudun, arr. de Châtellerault (Vienne), 1119 (Calixte II).
Lusignan, 1308.
MARMOUTIER, comm. de Sainte-Radegonde-de-Touraine, cant. de Tours 1096 (Urbain II), 1107 (Pascal II), 1119 (Calixte II).
MAZERAY, cant. de Saint-Jean-d'Angély, 1308.

VI

Melle, 1307.
NEVERS, Nièvre, 1132 (Innocent II), 1306.
ORLÉANS, Loiret, 1119 (Calixte II), 1131 (Innocent II).
PÉRIGUEUX, Dordogne, 1119 (Calixte II), 1306.
PESSAC, arr. de Bordeaux, 1305.
Poitiers, 1096 (Urbain II), 1119 (Calixte II), 1307, 1308.
PONS, arr. de Saintes, 1307.
PUY (Le), Haute-Loire, 1095 (Urbain II), 1107 (Pascal II), 1119 (Calixte II), 1130 (Innocent II), 1162, 1165 (Alexandre III).
ROQUEBRUNE, cant. de Monségur, arr. de Langon (Gironde), 1308.
SAINT-AGNANT-DE-VERSILLAT, cant. de la Souterraine, arr. de Guéret (Creuse), 1306.
SAINT-ASTIER, arr. de Périgueux, 1306.
SAINT-BENOIT-SUR-LOIRE, cant. d'Ouzouer-sur-Loire, arr. d'Orléans, 1130 (Innocent II), 1165 (Alexandre III).
SAINT-EMILION, cant. de Libourne, Gironde, 1308.
SAINT-FLORENT-LÈS-SAUMUR, comm. de Saint-Hilaire-Saint-Florent, cant. de Saumur (Maine-et-Loire), 1119 (Calixte II).
SAINT-FLOUR, Cantal, 1095 (Urbain II), 1119 (Calixte II).
SAINT-JEAN-D'ANGÉLY, Charente-Maritime, 1096 (Urbain II), 1307.
SAINT-MACAIRE, arr. de Langon (Gironde), 1308.
Saint-Maixent-l'Ecole, arr. de Niort (Deux-Sèvres), 1096 (Urbain II).
SAINT-MAUR-SUR-LOIRE, comm. de Saint-Georges-le-Thoureil, cant. de Gennes, arr. de Saumur (Maine-et-Loire), 1096 (Urbain II), 1119 (Calixte II).
SAINTE-FOY-LA-GRANDE, arr. de Libourne (Gironde), 1308.
SAINTES, Charente-Maritime, 1096 (Urbain II), 1307.
SALLEBŒUF, cant. de Créon, arr. de Bordeaux, 1308.
SAUVE-MAJEURE (La), cant. de Créon, 1306.
SAUXILLANGES, arr. d'Issoire (Puy-de-Dôme), 1095 (Urbain II) 1107 (Pascal II), 1119 (Calixte II).
SOLIGNAC, cant. de Limoges (Haute-Vienne), 1306.
SOURZAC, cant. de Mussidan, arr. de Périgueux, Dordogne, 1306.
SOUTERRAINE (La), arr. de Guéret (Creuse), 1306.
SOUVIGNY, arr. de Moulins (Allier), 1095 (Urbain II), 1107 (Pascal II), 1162, 1165 (Alexandre III).
TOURS, Indre-et-Loire, 1096 (Urbain II), 1107 (Pascal II), 1119 (Calixte II), 1162, 1163 (Alexandre III).
UZERCHE, arr. de Tulle (Corrèze), 1095 (Urbain II).
UZESTE, cant. de Villandraut, arr. de Langon (Gironde), 1307, 1308.
VILLANDRAUT, arr. de Langon, 1305, 1308.

VII

Louis Ier d'Anjou la Provence et Marseille

Un ouvrage récent, dont on ne saurait trop redire les qualités (1), a sobrement montré de quelle manière, à travers mille vicissitudes, la ville de Marseille se montra inébranlable dans sa fidélité à la reine Jeanne Ire de Sicile, comtesse de Provence, et ensuite à ses successeurs légitimes les princes de la seconde maison d'Anjou, y compris Charles du Maine qui, on le sait, testera à Marseille en faveur de Louis XI le 10 décembre 1481. Cette rigidité dans l'attitude politique de la grande cité maritime a quelque chose de majestueux; elle est d'autant plus impressionnante que la Provence fut terriblement divisée sur la question dynastique à la fin du règne de Jeanne et que l'« Union » d'Aix y développa la guerre civile pendant plusieurs années. La plus grande part du pays prit fait et cause pour Aix et pour les ennemis de la reine, mais Marseille, presque seule à un moment, demeura fidèle. Les intérêts des armateurs, toujours prêts à équiper des navires pour les aventures tyrrhéniennes des Angevins, ne sont-ils pas en jeu? Voici, après que déjà le Dauphiné a été réuni à la France, la Provence, objet de longues et vaines revendications impériales, qui tombe aux mains de nouveaux princes français, déjà apanagés dans le royaume : les dirigeants de Marseille n'ont-ils pas l'intuition que la Provence comme l'apanage ira *inévitablement* un jour se fondre dans ce royaume, une telle fusion assurant l'extension démesurée du trafic du port? Si cette bourgeoisie prévoyante travaille

---

(1) Raoul BUSQUET, *Histoire de Marseille*, Paris, Laffont, 1945, in-8°, pp. 148-84, *passim*.

VII

pour ses arrière-neveux, voilà le raisonnement qu'elle a pu faire. Ainsi s'expliquerait qu'elle appuie de tout son loyalisme — et sinon toujours matériellement, au moins par la parole et la propagande — les armes des ducs d'Anjou. De cet appui je donnerai quelques exemples en analysant, d'après les registres de la commune, la politique marseillaise de Louis 1ᵉʳ d'Anjou et les réactions de la ville.

*
* *

Lorsque Jeanne adopta le duc Louis pour son héritier, ce personnage était loin d'être un inconnu pour les Provençaux; mais ils ne pouvaient guère avoir à son endroit que des préventions, car ce que surtout ils savaient de lui, c'était avec quelle convoitise, quelle âpreté il avait en 1368 attaqué leur propre pays. Sur cette inqualifiable agression, fruit "d'un caractère inquiet et d'une ambition démesurée", menée "cyniquement", un sérieux travail a déjà paru (2) ; aussi ne ferai-je que rappeler succinctement les événements de 1368 (3), afin que l'on imagine quelles réticences avaient pu demeurer ensuite au cœur des Marseillais vis-à-vis du frère de Charles V.

L'agression s'était produite à la fin de l'hiver 1367-1368, quand Du Guesclin eut été libéré de sa prison — il avait été capturé à Najera —. Mais avant même qu'il fût venu prendre le commandement des troupes de Louis, la menace avait plané sur la Provence, le duc surveillant la frontière du Rhône, de Beaucaire où il était installé en permanence depuis octobre 1367 (4). Marseille n'avait pas manqué de

---

(2) V.L. BOURRILLY, *Duguesclin et le duc d'Anjou en Provence* (1368), dans *Revue historique*, t. CLII [1926], pp. 161-80.

(3) En fournissant quelques précisions et textes inédits.

(4) Du 16 oct. 1367 au 28 juin 1368, sa résidence constante fut Beaucaire, si l'on excepte de rares et brèves courses jusqu'à Nîmes, qui n'est pas loin. Voici quelques repères : Beaucaire 16 oct. (arch. Hérault, A 6, fol. 61), 20 nov. (arch. Toulouse, AA 45, n° 60), 20 déc. (*ibid.* AA 5, *fol.* 342), 8 janv. 1368 (arch. Hérault, A 6, fol. 1), 28 janv. (*ibid.*, fol. 3), 4 févr. (arch. Bouches-du-Rhône, III G 13, n° 171), Nîmes, 16 févr. (arch. Hérault, A 6, fol. 8, éd. *Ordonnances,*

prendre des mesures de précaution dès le début de janvier (5); toutefois peut-être pensait-elle pouvoir s'entendre avec le duc s'il venait négocier dans la ville (6), ce qui n'eut pas lieu. Aux tout premiers jours de mars, Tarascon fut menacé ; Arles, un mois plus tard, appela Marseille au secours. Dans le grand port comme en Avignon, les bruits les plus étranges couraient : avec 25 galées le roi d'Aragon, soutenant Louis, allait venir attaquer Marseille ; les comtes de Foix et d'Armagnac enverraient des troupes au duc ; le roi de France allait envoyer contre Aix 1500 lances avec du matériel de siège — plusieurs centaines de trébuchets, affirmait-on sans sourciller, — et autant contre Marseille (7). Or ces dires n'étaient que fumées. La réalité était beaucoup plus modeste, heureusement pour Marseille.

Le rôle de la ville dans la défense de la Provence fut au début assez médiocre. Elle arma quelques navires. La menace était encore toute théorique, les faibles effectifs de l'armée ducale étant absorbés par le siège de Tarascon. Quand les Arlésiens en avril, par contre, furent menacés, l'appoint fourni contre l'envahisseur fut plus substantiel, assez pour permettre la levée du siège d'Arles, mais non éviter la chute de Tarascon (20 mai) (8). Les interventions d'Urbain V (9), sans doute aussi l'annonce faite par la reine de l'envoi de

---

t. V, p. 100), Beaucaire 22 févr. (arch. Albi, FF 44), Nîmes 25 févr. (arch. Hérault, A 1, fol. 117, cf. *Hist. de Languedoc*, t. IX, p. 792, n. 1), Montpellier 26 févr. (E. MOLINIER, *Etude sur la vie d'Arnoul d'Audrehem...*, Paris, 1883, in-4°, p. 183) ; Beaucaire 12 mars (arch. Castelnaudary, AA 1, fol. 64), 31 mars (arch. Albi, CC 72), 1er mai (B.N., ms. Doat 86, fol. 94, cf. *Hist. de Lang.*, t. IX, p. 793, n. 7), 18 mai (arch. Nîmes, NN 1, n° 45bis), 12 juin (arch. Hérault, A 5, fol. 164), 28 juin (arch. Albi, FF 44), Monfrin 11 juillet (arch. Montpellier, gr. chartrier, E VII, n° 2430).

(5) BOURRILLY, *op. cit.*, p. 166 et n. 4.
(6) 10 janv. 1368 : «... *Sex eligendi honorifice recipiant dominum ducem Andegavensem in adventu suo ad hanc civitatem, sicut sue strenuitati videbitur expedire* » (arch. Marseille, BB 26, fol. 22 v°).
(7) *Ibid.*, ff. 42-43 (3 avr. 1368).
(8) BOURRILLY, pp. 167-70.
(9) Maur. PROU, *Les relations politiques d'Urbain V avec les rois de France Jean II et Charles V*, Paris, 1888, in-8°, pp. 69 et 157-58, n° 78 ; cf. RUFFI, *Hist. de Marseille*, t. I, p. 204, n° 22 ; *Hist. de Languedoc*, t. IX, p. 793.

renforts napolitains (10) réussissaient à limiter le conflit. Il est très net que, dès la seconde quinzaine de mai, le duc semble avoir l'intention de ne pas accroître sa pression (11) ; il juge sans doute que Tarascon entre ses mains est un gage suffisant pour lui permettre de négocier fructueusement avec la reine-comtesse.

Mais la guerre n'est pas pour autant terminée. Les bandes libérées par la chute de Tarascon se répandent en Provence, et l'un des buts sans cesse visés par le duc est partiellement atteint : l'expulsion des compagnies qui ravageaient le Languedoc. N'est-ce pas au nom de la "libération du sol" de Languedoc que des subsides ont été obtenus des habitants des sénéchaussées méridionales ? (12). On les libérait en faisant franchir le Rhône aux bandes. Un peu vite on s'imaginait que cette libération serait durable. Par ailleurs, Louis d'Anjou a l'intention maintenant de tirer si possible son épingle du jeu, car il passe tous ses pouvoirs, le 3 juin, à Rainier Grimaldi pour que ce dernier continue la guerre en Provence (13). Moyen commode de ne pas endosser soi-même la responsabilité des méfaits qui seront commis, car le chef a toujours la ressource de désavouer son lieutenant. Le 12 juin, on dit en Provence le duc plus désireux de paix que de guerre (14), ses frais de campagne étant très élevés. Les négociateurs pontificaux sont déjà au travail pour faire accepter la conclusion d'une trêve.

---

(10) Lettre de la reine aux Marseillais, 1er mai 1368 (*reg. cité*, fol. 53).
(11) Le 13 mai, de Beaucaire, Louis mande aux gens de Montpellier d'arrêter les envois d'archers, arbalétriers (munis de « *viretons et toute autre espece d'artillerie* »), fustiers, charpentiers et ouvriers demandés à la ville en vue de la campagne de Provence, car il a maintenant suffisamment de monde (arch. Montpellier, gr. chartrier, E VII, n° 2429).
(12) Arch. Hérault, A 6, fol. 17 v°: au sujet de 40.000 florins octroyés à cet effet « *per universitates senescallie Bellicadri* » (23 mars 1368) ; cf. arch. Montpellier, H VI, n° 3961 ; *Hist. de Lang.*, t. IX, p. 792.
(13) Arch. princ. Monaco, A 254, n° 10, éd. G. SAIGE, *Documents hist. antérieurs du XVe s. relat. à la seigneurie de Monaco...*, Monaco, 1905, in-4°, t. I, pp. 448-50, n° 161.
(14) Arch. Marseille, BB 26, fol. 65 r°.

En août, au plus tard au début de septembre, le duc avait regagné Toulouse. Tandis que ses procureurs et ceux de la reine, sous l'œil attentif des envoyés du pape Urbain, engageaient d'interminables pourparlers de paix, lui-même avait à s'occuper de bien autre chose que de la Provence, et c'est très probablement sur l'ordre de Charles V (15), angoissé par la question des appels de Guyenne, qu'il rejoignit son poste de commandement, où il allait rendre à son frère les plus grands services.

A l'automne Tarascon fut évacué. Du Guesclin et ses bandes refluèrent vers le Languedoc. L'agression angevine se soldait par un échec total (16). Or les Provençaux n'étaient guère disposés à oublier. Aussi peut-on penser que leur surprise ne fut pas mince lorsque, douze ans plus tard, ils apprirent que Jeanne Ire venait d'adopter Louis d'Anjou (29 juin 1380).

Ce n'est pas que certains symptômes avertisseurs n'eussent été déjà, avant 1380, observés par des spécialistes de l'information diplomatique, et cela depuis longtemps. On savait, ou on croyait le duc d'Anjou hanté par l'idée d'acquérir une couronne. « Certains disent qu'il se veut faire roi d'Arles; d'autres qu'il cherche à obtenir le royaume de Sicile après la mort de la reine; d'autres qu'il descendra en Italie pour conquérir les territoires des Visconti », écrivait déjà, le 29 novembre 1374, Tommaso

---

(15) Envoi d'un négociateur du roi vers Louis et Jeanne le 23 juin; d'un courrier « hastivement » au prince et à Jean d'Armagnac le 22 août (*Mandements et actes divers de Charles V...*, éd. DELISLE, Paris, 1874, in-4°, p. 228, n° 454; 234, n° 463; cf. PROU, *op. cit.*, p. 72 et n. 2). Cela n'empêche pas que le roi autorise des levées d'hommes d'armes — jusqu'à cinq cents — en Anjou pour être conduits en Provence en renfort aux troupes ducales (paiement de 60 fr. d'or à un sergent : A.N., K 49, n° 30 : 7 juillet 1368).

(16) Une trêve fut signée avec le comte de Mileto, lieutenant général de la reine, au début de novembre 1368 (*Petit Thalamus*, p. 383; BOURRILLY, *op. cit*, p. 178 et n. 1; R. DELACHENAL., *Hist. de Charles V*, Paris, 1916, t. III, p. 463, n. 3). Voici, résumées, les suites et la conclusion de l'affaire de 1368. Le 24 février 1369, démentant que des lettres de marque aient été concédées en son nom con-

VII

da Tortona à son maître le marquis d'Este (17). Mais tant de bruits divers avaient couru sur le compte de l'ambitieux que peut-être les Marseillais croyaient-ils peu alors à ce qui se produirait un jour. Cependant les intrigues du prince prenaient corps. A la fin d'août 1375, la dernière des trois éventualités devinées par Tommaso semblait au moment de se réaliser, Grégoire XI concluant avec Louis un projet de traité pour la conquête, sur les « tyrans de Melan », d'une

---

tre les Provençaux qui se rendent à certanes foires languedociennes, Louis en profite pour préciser que la trêve conclue avec les représentants de la reine durera jusqu'au 30 novembre et non jusqu'à fin février (arch. Marseille, HH 248; Jos. EIGLIER, *Etude historique sur le droit de marque ou de représailles à Marseille aux XIIIe, XIVe et XVe siècles*, Marseille, 1888, p. 12). Pierre Scatisse, au nom du duc, se rend à Avignon le 15 juin pour y prendre contact avec le sénéchal de Provence au sujet de Tarascon (MENARD, *Hist. de Nîmes*, t. II, preuves, p. 2); ces négociations durent tout l'été et sont ardues; Artaud de Beausemblant, Jean de Saint-Sernin et Robert Lecomte complètent la délégation ducale chargée de les poursuivre de concert avec Amédée de Baux, sénéchal de Beaucaire. Le 2 janvier 1370 seulement, une nouvelle trêve fut signée en présence du médiateur, Canillac, cardinal-évêque de Palestrina; les représentants de la Provence protestèrent que leur souveraine entendait bien se réserver de punir les rebelles et ceux qui avaient collaboré avec l'envahisseur (arch. Bouches-du-Rhône, I G 5, fol. 35 r°; cf. *H. de Lang.*, t. IX, p. 810, n. 2; PAPON, *H. de Prov.*, t. III, p. 220 et n. 1); une prolongation était signée le 19 décembre suivant, jour même de la mort d'Urbain V, en présence de six cardinaux — dont celui qui allait coiffer la tiare —, sous condition de ratification définitive de la paix par les parties contractantes avant Pâques (arch. B. du R., B 5, ff. 59-60). De fait procuration était donnée par Louis — 20 mars 1371, Nîmes — à l'évêque de Mende et au juriste Pierre Flandrin pour signer cette ratification (*ibid.*, B 209, ff. 1-2). Ce fut le traité d'Avignon du 11 avril suivant, que signèrent pour la reine Niccoló Spinelli da Giovenazzo, chancelier, et Luigi Marchisano da Salerno, maître rational. Si le duc d'Anjou s'engageait solennellement à éviter dorénavant à la Provence toute attaque venue de France, en revanche la reine faisait des concessions qui avaient dû être cuisantes pour sa dignité, puisqu'elle promettait rémission totale non seulement aux gens de Tarascon, mais même à Rainier Grimaldi (*ibid.*, B 572). Le traité fut confirmé par Jeanne personnellement le 26 mai 1371, par Charles V en juin (B 573).

(17) Art. SEGRE, *I dispacci di Cristoforo da Piacenza, procuratore mantovano alla corte pontificia, 1371-1383*, dans *Archivio storico italiano*, 5e s., t. XLIV [1910], p. 325, app. II.

VII

hypothètique couronne de Lombardie ; en des clauses détaillées il était bien spécifié que les territoires de la reine de Naples seraient respectés, le duc d'Anjou en prenait l'engagement (18). Toutefois les Provençaux auraient eu bien des motifs d'inquiétude si l'on était passé à la réalisation du projet. On ne le fit pas : une nouvelle couronne, celle de Majorque, miroitait aux yeux de Louis, détournant les menaces (19).

Dès lors et jusqu'à 1381, nous ignorons presque tout des rapports entre Marseille et le duc, qui ne furent qu'accidentels, et certainement toujours sur le plan d'une mutuelle méfiance. Au printemps de 1376 par exemple, le séquestre par les Marseillais d'un chargement de blé, opéré au détriment de marchands montpelliérains descendant le Rhône, leur attire une protestation (20) du conseil ducal (21). En tout cas le lieutenant général réside de moins en moins en Languedoc, où se multiplient les exactions de ses gens : ainsi les Provençaux respirent-ils plus librement.

*
* *

A partir de 1378, les événements se précipitent : double élection pontificale ; le roi Charles V, et son frère avant lui

---

(18) B. N., lat. 17196, ff. 76-77, éd. DELACHENAL, op. cit., t. V, pp. 43-45.
(19) Alb. LECOY DE LA MARCHE, *Les relations politiques de la France avec le royaume de Majorque...*, Paris, 1892, t. II, pp. 207-10.
(20) « *Fuit recitatus tenor litterarum directarum sub nomine domini ducis Andegavie, locumtenentis domini regis Francie in partibus occitanis, super restitutione septingentorum sestariorum frumenti, Johannis Bermundi de Biterris et Jacobi Carcassone, ville Montispessulani regni Francie mercatorum et consortum suorum oneratorum in Arelate et captorum noviter in flumine Rodani et ad hanc civitatem transductorum, videlicet super ipsa restitutione fienda dicti grani* », séance du 10 mai 1376 (arch. Marseille, BB 27, fol. 62 r°). Le blé manquait partout dans le Midi, la précédente récolte ayant, semble-t-il, été désastreuse.
(21) Le duc n'est pas alors en Languedoc. Venu à Bruges le 12 mars (RYMER, *Foedera*, t. III-3, 41-42) pour les trêves franco-anglaises, il y est encore vraisemblablement le 12 avril (A.N., KK 242, fol. 29 r°), il est à Paris le 24, le 3 mai (*ibid.*) Il séjourne ensuite en plusieurs de ses châteaux, puis gagne l'Anjou.

peut-être, embrassant le parti de Clément VII d'Avignon ; insurrection de Montpellier (automne 1379) contre les officiers du duc d'Anjou ; fin de la lieutenance languedocienne de Louis (21bis) ; mort de Charles V, le 16 septembre 1380, entrainant la régence ducale ; enfin, au printemps de 1381, appel de détresse de la reine Jeanne.

Charles de Durazzo, couronné roi par Urbain VI, parti de Rome, le 8 juin 1381, à la conquête du royaume de Naples, entrait sur les terres de Jeanne le 28 et à Naples trois semaines plus tard. La reine était dès lors étroitement assiégée. Les demandes de secours avaient afflué en Provence. Marseille allait prendre sa part de ceux-ci, en armant des vaisseaux pour Naples afin d'essayer de débloquer la forteresse où Jeanne Ire résistait encore faiblement. Mais l'organisation de ces secours était lente. Le duc d'Anjou n'avait encore pris que des décisions de principe en cet été de 1381 (22).

Deux préoccupations obsédaient son esprit depuis que, informé de l'aggravation progressive de la situation à Naples, il savait devoir être obligé de répondre un jour à l'appel de sa « mère ». Où trouver l'argent ? — et l'on sait que le prince n'était pas homme à se contenter de peu. — Comment d'autre part les Provençaux réagiraient-ils ? pourrait-on se fier à eux ? leur comté servirait-il de base de départ ? allait-il exiger une conquête préalable coûteuse ? En sens inverse, les preuves ne manquent pas des craintes réitérées éprouvées par la reine et la cour de Naples au sujet de la Provence : on savait trop bien là-bas comme ce pays avait déjà éveillé la concupiscence des Valois pour ne pas redouter que le duc ou le roi de France ne saisît la Provence, partie tangible du futur héritage, sans

---

(21bis) Lequel, loin d'être révoqué par le souverain, sollicite, semble-t-il, son rappel (mai 1380), à l'heure même où son étoile est offusquée dans le Midi, mais où il a déjà la certitude d'être promptement appelé au royaume de Naples (car quelques semaines après son retour il est adopté).

(22) *Journal* de Jean LE FÈVRE.., éd. MORANVILLÉ, Paris, 1888, t. I, p. 8 ; N. VALOIS, *La France et le grand schisme d'Occident*, Paris, 1896, t. II, p. 14.

se soucier d'aller plus avant (23). On peut bien dire que ce climat de défiance explique en grande partie le long retard apporté par Louis d'Anjou à son entreprise, retard qui devait causer sa perte.

Il est de toute évidence que les agents de Durazzo avaient intérêt à entretenir le trouble dans les esprits en Provence, afin d'essayer de désorganiser, de disloquer les tentatives de secours. A leurs efforts, à leur campagne d'opinion fait allusion un message de Clément VII adressé aux Marseillais le 29 août 1381. Il a été dit et répandu, déclare l'envoyé, que l'expédition préparée par Louis aboutira à une nouvelle invasion de la Provence; on a prétendu que c'est une occupation du comté par lui, au nom et au profit de la Couronne de France, qui se dessine. Ainsi les Marseillais devraient, a-t-on dit, être prudents; on leur a conseillé de n'être point dupes des agissements du duc, car en armant des navires pour précéder sa prétendue expédition, ils serviraient non les intérêts de leur souveraine, mais ceux de Charles VI. Combien une telle propagande devait être agissante, il est aisé de l'imaginer. Louis, en effet, ne représente encore rien aux yeux des Marseillais. L'adoption de ce prince par la reine n'est qu'un bruit qui court entre tant d'autres; le duc n'est pas encore pour la

---

(23) Lorsque s'engagent en novembre 1379 les négociations préalables à l'adoption, il est bien précisé, au texte des instructions de Jeanne à ses représentants, 1° que Louis promettra de défendre la Provence contre toute agression; 2° que tel Provençal rebelle à la reine, allié au duc d'Anjou en 1368, devra être tenu pour rebelle par Louis devenu duc de Calabre; 3° que Louis jurera de ne faire occuper aucun territoire des Etats de la reine sans l'exprès consentement de celle-ci (E. JARRY, *Instructions secrètes pour l'adoption de Louis I*er *d'Anjou par Jeanne de Naples...*, dans *Bibl. de l'école des chartes*, t. LXVII [1906], p. 236). En janvier suivant les envoyés du duc demandent que mention expresse soit faite du comté de Provence dans l'acte d'adoption (« *per ipsum enim comitatum illud regnum potest deffendi ac deperditum recuperari* »). Mais, ajoutent leurs secrètes instructions, « *in tali negocio est multum caute, graciosis verbis et discrete agendum et procedendum, ne domina regina suumque consilium terreantur aut quid sinistri suspectent* », et 50.000 florins seront affectés à acheter le consentement des conseillers de la reine sur ce point particulier (*ibid.*, pp. 244 ss.).

VII

commune l'héritier du royaume de Sicile ni du comté de Provence (24). Son nom n'évoque pour l'instant que de funestes souvenirs, ceux d'une campagne où il est apparu sous les dehors d'un conquérant rapace.

Le pape d'Avignon oppose aux rumeurs semées en Provence le démenti le plus formel. Il déclare être garant du projet ducal : cette entreprise vise uniquement les territoires d'outre-monts et non le comté, la délivrance de la reine et non l'asservissement de Marseille ou de ses voisins. Le grand port n'est en rien menacé, et la preuve en est que Sa Sainteté s'offre à venir y résider avec la curie si cela est nécessaire pour rassurer les esprits (25).

Mais dans le même temps, à Tours, le conseil ducal avait estimé que le départ devait être retardé, la saison n'étant plus propice (26). Je ne me perdrai point au dédale des raisons, mauvaises et bonnes, qui furent alléguées par le duc d'Anjou pour expliquer ses retards successifs dans

---

(24) « ... Les Provensaulx ne luy voulurent obeijr, car ilz ignoroient l'adoption dudict Loys et la mort de la royne Jehanne » (PEIRESC, *Traités généalogiques pour l'histoire des comtes de Provence*, bibl. mun. de Carpentras, ms. 1843, fol. 18).

(25) « ... Quidam iniquitatis filii et perditionis alumpni, cupientes statum Sancte Romane Ecclesie eorum viribus perturbare et armationem et sucursum que (sic) paratur et fit in hac civitate Massiliensi de galeis mittendis armatis per reginales fideles istarum par cium in presidium et succursum domine nostre regine, obsesse noviter per Carolum de Duratio et cives Neapolitanos suos rebelles, per indirectum, viis et coloribus exquisitis licet falsis et mendacibus impedire, dederunt noviter intelligi et publice per totam patriam seminarunt quod dominus dux Andegavensis intendit et vult invadere manu armata istam provinciam reginalem, ... de quo falciter sunt mentiti, nam, ex ordinatione facta tam per ipsum dominum nostrum Papam quam per dominum regem Francie, ipse dominus dux, cum honorabili comittiva baronum, nobilium et magnatum in armis probabiliter expertorum, in potenti brachio, manu armata, se conferri intendit de proximo ad partes Italic in sucursum et favorem S.R.E. et dicte domine nostre regine, ad quam dictus dominus noster tota mente afficitur tamquam ad suam devotam filiam, pre ceteris mundi principibus »* (arch. Marseille, BB 28, fol. 57 ; extraits dans VALOIS, *op. cit.*, t. II, p. 18, n. 1).

(26) LE FÈVRE, *op. cit.*, pp. 8-9.

l'exécution de ses engagements. Marseille, rassurée sur son propre compte, s'inquiétait pour la reine (27), cependant que le duc, encore à la fin d'octobre, se montrait fort soupçonneux à l'égard des Provençaux dont il faisait sonder les intentions (28). Un mois plus tard, il commença d'être rassuré, et dans les tout premiers jours de janvier on se mit à préparer le départ. Dès qu'il fut parvenu en Avignon le 22 février, Louis vit se multiplier les démarches de délégations qui tenaient à lui faire préciser l'objet de son dessein, le priaient de se hâter, « considéré que le cas requiert celerité » (29).

En avril 1382, Louis achève ses préparatifs dans le Comtat. Deux de ses lettres (7-8 avr.) sont relatives aux constructions de galées qui se poursuivent pour son compte à Marseille. Des membres de son entourage lui ont fait observer que certains de ces navires ne conviendraient pas à l'expédition (30) ; mais Louis rassure les Marseillais, il leur veut donner satisfaction et confirme sa précédente commande pour l'armement de quinze galées (31). Georges de Marle, son chambellan, est reçu le 12 avril par la commune.

Peut-être n'y a-t-il pas longtemps que les habitants sont

---

(27) « ... *Dignetur Sua Sanctitas presentialiter succurrere domine nostre regine in tanto periculo constitute necnon rogare regem Francie, ducem Andegavensem et alios principes mundi quod velint et dignentur dicte nostre regine succurrere in presenti necessitate tam ardua* », séance du 5 oct. 1381 (BB 28, fol. 63 r°). Cf. Valois, p. 11, n. 5.

(28) Le Fèvre, pp. 11-12 : mission de Raymond-Bernard Flamenc (A. Coville, *La vie intellectuelle dans les domaines d'Anjou-Provence de 1380 à 1422*, Paris, Droz, 1941, p. 71). Le Religieux de Saint Denis fait allusion aux inquiétudes que le retard du duc causait à Clément VII, lequel redoutait la versatilité des Provençaux (éd. Bellaguet, t. I, p. 122). Voir Valois, p. 17.

(29) Le Fèvre, p. 22.

(30) Arch. Marseille, BB 28, ff. 122, 170 (Valois, p. 22, n. 5).

(31) « *Intentionis nostre existit ut quindecim galee armentur in Massilia prout alias extitit ordinatum, tamen, ad majorem certitudinem premissorum, vobis iterato scribimus* » (8 avr., ibid., ff. 125, 173).

rassurés sur la présence de forces du duc d'Anjou aux confins du comté de Provence (32). C'est en effet seulement dans une séance du 11 qu'on a adopté la décision suivante : puisqu'il est maintenant bien avéré que *c'est en Italie que le duc va porter la guerre*, « lesdits Marseilais sont disposés à tenir pour définitif tout ce qui a été fait ou le sera par la reine à l'égard dudit duc », et ils promettent de se tenir à cette résolution. Que si la reine vient à mourir, ils ne reconnaîtront point d'autre prince que Louis pour comte de Provence — à condition, bien entendu, que leurs libertés soient sauves (33).

De ces solennelles déclarations, il semble que Marseille ait soigneusement pesé les termes. Marchands prudents, soucieux d'éviter tout bouleversement, les habitants n'entendent s'engager qu'à bon escient, mais ils demeureront ensuite dans la légalité. Et si, à comparer leur attitude de 1382 avec celle de 1368, on les accusait de volte-face, on ferait preuve de légèreté. Quatorze ans plus tôt, Louis était l'agresseur : ennemis irréconciliables du duc, les Marseillais se devaient de l'être, ils défendaient leur comtesse, le pouvoir légitime. En 1381, instruits par l'expérience et redoutant une nouvelle attaque, ils n'ont eu qu'une pensée : continuer à défendre Jeanne et son comté ; mais depuis lors les assurances du pape d'Avignon, les lettres du duc ont amené les Marseillais à comprendre, tout au moins à admettre que ce prince est maintenant l'héritier légitime de Jeanne, que l'adoption est bien authentique, qu'il ne s'agit pas d'une manœuvre politique insidieuse. Si leur prudence les a longtemps rendus incrédules, ils seront désor-

---

(32) Vers le 10 février, « *nostre saint pere ordenna* » [à Raymond-Bernard] « *de aler a Biaucaire pour requerir les genz de compagnez qu'il se traiissen arriere du Rome, quar les Prouvenceaulx s'en tenoient a mal contens, et pourroit tourner a grand prejudice de monseigneur* » (Journal de Jean LE FÈVRE, pp. 19-20). Cf. ci-dessous, p. 312, n. 44.

(33) BB 28, fol. 124 r°; LE FÈVRE, p. 30. Vers le même moment le duc promit de respecter, « *ymo ipsa capitula et libertates Massilie augmentare* » (fol. 127).

mais les plus fidèles partisans de Louis, et leur loyalisme sera infrangible (34).

Dès le lendemain de cette séance du 11 avril, les intentions de Louis se précisent : Georges de Marle les fait connaître. Le duc se rendra prochainement en visite officielle à Marseille, dans le dessein de développer de vive voix les accords qu'on est en train de négocier. Le but apparent de ce déplacement sera un pélerinage aux reliques de saint Louis de Toulouse, le bienheureux évêque de la maison d'Anjou, reliques que Marseille conserve jalousement : ce pieux voyage se poursuivra peut-être jusqu'à la Sainte Baume, où l'on vénère le corps de Marie Madeleine. Les bénédictions célestes ainsi sollicitées, le duc n'hésitera point, annonce-t-il en terminant, à confier à la garde des Marseillais, pour la durée de l'expédition, sa femme et ses deux fils (35).

La visite en question n'eut point lieu et je ne sache pas que, au total, Louis 1er soit jamais venu à Marseille. En ce printemps décisif, il allait, s'engageant dans les vallées alpines, parvenir en Piémont sans s'être acquitté auparavant de ses promesses. Une lettre pompeuse (36) les avait cependant renouvelées :

« Avec quelle immense ardeur, fruit de quel dévouement,
» de quelle constance dans la fidélité, votre pur loyalisme
» a soif de réaliser la libération de très noble princesse
» notre dame et mère la vénérable dame reine de Jérusalem
» et de Sicile, non moins que l'accroissement de notre propre

---

(34) A plusieurs reprises la chancellerie de Louis usera, pour qualifier le loyalisme marseillais, de la métaphore biblique sur l'or éprouvé au creuset, « *aurum in fornace comprobatum* » (*ibid.*, fol. 192 r° : Prov., XXVII, 21 ; Sap., III, 6).

(35) « *Ipse dominus dux... disponit breviter, Christo duce, venire ad hanc civitatem Massilie romipeta, ad gloriosissimum sanctum Ludovicum et proinde ad sanctam Mariam Magdalenam et, attendendo et considerando magnam et constantem fidelitatem quam homines Massilie habent dicte serenissime domine nostre regine, intendit et disponit ipse dominus dux in hac civitate Massilie dimitere, pro singulari fiducia hominum Massilie, serenissimam dominam ducissam consortem suam et liberos suos illustres* » (*ibid.*, ff. 125 et 173).

(36) Ecrite à Avignon le 22 avril, lue le 24 à Marseille.

» gloire, cela nous a été manifesté une fois de plus par les dis-
» cours, d'une suprême élégance, de vos concitoyens, qui sont
» venus en ambassadeurs de votre communauté. A l'assem-
» blée d'Apt, devant tous les représentants de la Proven-
» ce (37), voici que ces messagers ont donné un témoignage
» remarquable de ce qu'est la ferme persévérance de vos sen-
» timents ; en l'occurrence non seulement Marseille, par le
» truchement de ces envoyés, s'est généreusement offerte,
» avec toutes ses ressources, pour secourir ladite vénérable
» dame notre mère, mais encore ceux-ci, par de sages avis,
» ont ramené dans le sentier de la fidélité due à leur souve-
» raine les esprits de certains Provençaux, sans doute
» aveuglés par de honteuses suggestions. Ah ! plus vous
» manifestez dans votre dévouement, vous et votre com-
» mune, votre promptitude à venir servir la reine aussi
» bien que nous-même, plus nous nous sentons contraint de
» vous aimer mieux que quiconque ! Sachant donc, très
» chers amis, comment votre loyauté haletante aspire après
» la délivrance de la reine, nous vous annonçons une grande
» joie : d'ici la mi-mai au plus tard sans faute, dans cette
» intention, à la tête de notre immense armée, pour la
» gloire du Tout Puissant et la ruine des ennemis de notre-
» dite mère et des nôtres, nous entreprendrons notre marche.
» D'ici là toutefois, chers et bien aimés, nous avons l'inten-
» tion, Dieu aidant, d'aller visiter en personne, en même
» temps que notre armée navale, le temple consacré sous
» l'invocation de notre très saint oncle Louis, ainsi que
» ceux des autres glorieux saints dont les reliques, grâce
» à une bienveillance particulière de la divine Providence,
» sont la parure de la ville de Marseille. » (38).

---

(37) Le même registre (fol. 126) nous apprend que cette assemblée eut lieu le 12 avril. La ville d'Apt se prononça officiellement pour Louis le 17 (Le Fèvre, *op. cit.*, p. 31).

(38) « *Dilectissimi nostri, ecce quot et quantis desideriis, ecce quanta devotione quantaque fidei constancia sitit vestre devotionis* (sic) *puritas serenissime principisse domine et matris nostre reverende domine regine Jerusalem et Sicilie liberationem nostrique culmen honoris, nobis nobilium et providorum virorum Antonii Deodati, militis, et Guillelmi de Sancto Egidio, concivium vestrorum, ad nostram presenciam ambassiatorum pro parte vestre comu-*

Ainsi le duc de Calabre répondait-il aux démonstrations dont s'étaient chargés les ambassadeurs Antoine Daudet et Guillaume de Saint-Gilles (38*bis*) ; le secrétaire de Louis résume leurs paroles en termes aussi ampoulés qu'élogieux. Les offres de services faites par les Marseillais, leurs témoignages patents (et hautement affirmés) de stabilité ont pu faire réfléchir plusieurs communautés de Provence déjà prêtes à tourner casaque.

Le style de cette lettre est si outré, les témoignages de reconnaissance de l'héritier du trône comtal sont tellement démesurés dans leur expression qu'on sent très bien, à les lire, son inquiétude. L'Union d'Aix, en effet, s'affirme en face de Marseille (39), et Louis, désireux de mettre dans son jeu ce précieux atout qu'est l'amitié marseillaise, n'a

---

nitatis honorande transmissorum denuo sermones elegantissimi demonstrarunt. Ecce vere dicte vestre comunitatis perseverancie firmitatem ambassiatores ipsi in Aptensi consilio (sic) *apud omnes Provinciales incolas effectualiter ostenderunt, ubi nedum honorabilis ipsa comunitas per ipsorum ambassiatorum organa ad ipsius reverende domine matris nostre subsidium liberaliter obtulit se et sua, verum etiam nonnullorum Provincialium animos, indebitis persuasionibus forcitan obfuscatos, ad debite fidelitatis semitam sagacibus ingeniis reduxerunt... Vos et vestrum comune tanto pre ceteris diligere compellimur quanto diligencius ad* [*matris nostre*] *et nostra servicia vestra devocio se exhibet promptior(e)... Quia vero, dilectissimi, devocionem vestram ad dicte domine matris nostre liberationem hujusmodi novimus sitibundis affectibus anelare, vobis ad gaudium nunciamus nos ad hoc, cum ingenti nostro exercitu, ad laudem Omnipotentis, hostium dicte domine matris nostre et nostrorum confusionem, iter nostrum infra medium mensem madii ad longius infallibiliter arrepturos ; verumtamen, dilectissimi nostri, sanctissimi Ludovici patrui nostri ceterorumque gloriosorum sanctorum limina, quorum reliquiis summa Dei providentia civitatem Massiliensem insignire dignata est, interim, una cum nostrarum classe galearum, intendimus Deo duce personaliter visitare...* » (*ibid.*, ff. 129-30 et 176).

(38 *bis*) Ils furent tous deux de ceux qui reçurent du duc 250 fr. de pension le 4 juin (Le Fèvre, *op. cit.*, p. 42).

(39) L'archevêque d'Aix et les Etats de Provence, déclarant tout ignorer de l'incarcération ou de la mort de la reine, s'étaient montrés dès le mois de mars hostiles au duc (Pitton, *Hist. d'Aix*, p. 195 ; Papon, *Hist. de Provence*, t. III, p. 239). « *Et fait on entendant a Monseigneur que ce est son bien. Mal le croi* ». (Le Fèvre, p. 25).

pas hésité à employer dans son message les épithètes les plus louangeuses.

L'échange des lettres se poursuivit : réponse hyperbolique des intéressés, transmission par Louis des bonnes nouvelles reçues d'Italie (40). Mais tout le monde n'était pas encore entièrement rassuré à Marseille, où d'incorrigibles incrédules avaient exigé, avant l'assemblée d'Apt, que les députés de la ville allassent trouver le sénéchal pour obtenir garantie de l'authenticité des lettres d'adoption. Ce haut officier n'avait pas hésité à bannir leurs craintes (41).

Cependant les jours s'écoulèrent sans que Marseille reçût la visite du prince des fleurs de lys. C'est que la situation était mauvaise : à Aix, de plus en plus encouragée par Durazzo et le pape de Rome se précisait l'opposition à ses projets ; il allait falloir peut-être détacher des troupes pour guerroyer contre Aix et ses amis, assurer le paiement de celles-ci ; ainsi le départ pour l'Italie tant de fois ajourné, allait à nouveau se trouver retardé (42). Le duc avait certes maintenant assez de soucis pour ne plus payer ses fidèles Marseillais que de bonnes paroles, dont nous savons du reste que ses scribes n'étaient point avares. Une lettre écrite d'Avignon le 12 mai (43) présente des excuses et laisse entendre que le voyage se fera (44) ; quatre semaines plus tard, écri-

---

(40) Arch. Marseille, BB 28, ff. 130 v°, 138 v° (cf. E.R. LABANDE, *Rinaldo Orsini, comte de Tagliacozzo...*, Monaco et Paris, 1939, p. 134, n. 1).

(41) Ils demandèrent « *si bullas et litteras ut dicitur concessas per dictam dominam nostram reginam in personam dicti domini ducis et suorum liberorum et heredum habet pro certis et veris idem dominus senescallus ; qua expositione facta per dictos ambassiatores, idem dominus senescallus respondit, in presencia ceterorum nobilium, quod ipse vidit et palpavit pluries cum peritis et legit easdem litteras et bullas, et ideo tamquam veras et certas habet dictas bullas et litteras* » (BB 28, ff. 126-27) cf. LE FÈVRE, p. 23.

(42) L'attente de la fonte des neiges, quoi qu'en dise VALOIS (*op. cit.*, t. II, p. 23), ne suffit pas à expliquer la temporisation.

(43) Reçue à Marseille le 15.

(44) Lettre du 12 mai (simple mention dans VALOIS, p. 22, n. 4) : « *Dum, die veneris ultimo preterita* » [le 9 mai], « *essemus parati versus Massiliam peregre proficisci..., intelleximus grandem turmam capitaneorum gentis nostre armigere prope locum Sancti Spiritus* » [Pont-Saint-Esprit] « *declinasse, ob quod... remansimus, et peregrinationem nostram usque ad aliquos et breves dies distulimus.*

vant encore à la ville, le duc, qui s'est avancé jusqu'à Carpentras où le comte de Savoie le rejoint, ne souffle plus mot de son pélerinage. Il ne parle plus que d'épineuses négociations avec quelques délégués permanents des Etats de Provence, sur les délibérations de qui devront sans doute faire pression les mouvements de troupes de Louis autour d'Aix ; à ces conférences les Marseillais sont priés d'envoyer leurs représentants, afin que les deux voix de la province se puissent faire entendre. Mais surtout le duc de Calabre ajoute : « Nous vous
» en prions, n'oubliez pas, sans ménager vos soins, de faire
» équiper au plus vite vos galées, les pourvoyant de
» matelots, de rames, d'arbalètes, d'outils, de vivres en
» quantité suffisante, ainsi que de tout ce qui sera nécessai-
» re à notre expédition navale ; et n'ayez point de crainte
» au sujet de la solde des équipages, car nous venons de
» prendre les mesures nécessaires afin qu'elle leur soit inces-
» samment payée » (45).

C'est, semble-t-il, au sein d'une atmosphère de grande incertitude que s'achève le séjour de Louis dans le Comtat. Il n'est pas douteux, ce dernier texte en est la preuve, que Marseille soit peu rassurée. Si elle ne se presse pas d'armer les bateaux, c'est d'abord qu'elle devine l'impécuniosité de Louis (46), c'est aussi peut-être — et cela elle ne peut le

---

ut de ipsius gentis nostre armigere et balistariorum nostrorum celeri transitu ordinemus ac eorum... stipendia promptissime exsolvi faciamus... Scitote tantum quod quam cito comode poterimus et breviter apud Massiliam proponimus accedere » (BB 28, ff. 140 v°, 183 v°). Ceci est confirmé de manière fort précise par LE FÈVRE (p. 35). — Pendant les semaines qui suivent, une partie de ces troupes traverse la Durance et menace celles des villes provençales dont la fidélité est déjà douteuse. Sans doute sont-ce là les ennemis auxquels les gens d'Hyères font allusion en écrivant le 7 juin à ceux de Marseille : « *Nudius secundus scriptione percepimus, et hodie fidedigno relatu, quadringentas lanceas emulorum tra[n]sisse Durentiam et [prope] turim de Antremont, civitatis Aquensis, propria erexisse vexilla* » (fol. 192 v°).

(45) *Ibid.*, ff. 132-33, 191-92.
(46) Le 6 janvier 1383, on reste encore, à Marseille, très préoccupé du non paiement de ces gages, et l'on décide de réclamer auprès des conseillers du duc de Calabre demeurés en Avignon (*ibid.*, fol. 242 r°). L'un d'eux était le fameux Raymond-Bernard (COVILLE, *op. cit.*, p. 74).

VII

dire — qu'elle craint encore un revirement de la part du prince et que ce dernier, faisant fi de ses promesses, se borne à conquérir la Provence plutôt que d'aller dans la péninsule au devant d'un destin bien obscur. N'y a-t-il pas une preuve de ces frayeurs dans une petite phrase des délibérations du 9 juin? Si Louis vraiment s'en va, dit tel conseiller, qu'il donne une preuve de la pureté de ses intentions en laissant au gouvernement de la province l'actuel sénéchal, nommé par Jeanne Ire! (47). Comme pour répondre à ces insinuations, dont il devait être averti, Louis dès le 10 juin, trois jours avant de quitter Carpentras pour le mont Genèvre, en une lettre de forme particulièrement solennelle, prenait vis-à-vis des Marseillais l'engagement de n'empiéter en rien sur les droits souverains de la reine, ni dans son royaume ni en Provence (48).

*
* *

Une fois en Italie, le duc de Calabre donna-t-il souvent de ses nouvelles aux fidèles Marseillais? il ne semble pas, à en juger par le petit nombre de ses lettres qu'enregistrera la commune. On en trouve une que Louis leur adresse de

---

(47) « *Dicti eligendi* » [les envoyés auprès du duc] « *requirant dictum dominum ducem quod dignetur ordinare quod dominus Provincie senescallus remaneat pro gubernacione hujus patrie sibi comisse et pro bono pacifico statu hujus patrie* » (BB 28, fol. 193 r°).
(48) « *... Nec occupabimus dictos regnum aut comitatus* » [de Provence, Forcalquier et Piémont] « *ipsa* [*regina*] *vivente, aut alias de ipsorum regni et comitatuum administratione curabimus nos intromittere nisi quatenus de beneplacito, mandato et voluntate ipsius domine et matris nostre procedet* » (ibid., ff. 136 et 207; v. VALOIS, *op. cit.*, p. 37, n. 6). Rappelons pour mémoire ici la légende tenace, que VALOIS eut le grand mérite de dénoncer (p. 21), d'après laquelle le duc aurait pendant six mois fait la guerre aux rebelles de Provence, et dont je citerai encore le témoignage suivant: « *Il y* » [en Provence] « *entra avec grosse armée, mettant son camp du cousté d'Arles, Tarascon, Camargues et les Maries, où il y sujourna six moys et y fist beaucoup de maux* », etc. (PEIRESC, *Traités généalogiques...*, ms. Carpentras 1843, fol. 18). « L'étrange alliage qui se fait parfois du roman et de l'histoire! » conclut VALOIS.

son camp devant Imola, le 10 août (49) ; ce texte est assez connu, mais, s'il nous apporte des détails intéressants sur l'entreprise de Louis — séjour en Piémont et en Lombardie, relations avec les Visconti, ravitaillement, effectifs, comportement des gens de guerre —, en revanche il ne contribue point, à proprement parler, à notre connaissance des rapports entre le duc et la ville. Louis d'Anjou semble toutefois soucieux, entre autres choses, de rassurer l'opinion publique sur divers points ; peut-être est-ce une riposte à des observations ou à l'expression de plusieurs inquiétudes des Marseillais.

Et d'abord, pourquoi le duc est-il demeuré si longtemps dans la plaine du Pô au lieu de progresser immédiatement en profitant des longs jours d'été ? Réponse : ce ne fut pas du temps perdu ; il a fallu négocier des accords ou des alliances, rédiger et publier des règlements concernant la discipline de l'armée, pour éviter d'ultérieurs ennuis (50). Observons au passage que cette répartie n'est guère satisfaisante : car, diront les esprits chagrins, tout cela ne pouvait-il être étudié avant qu'on passât en Piémont ?

Autre motif d'inquiétude : des bruits courent... On dit que les troupes angevines pillent, parce qu'elles sont mal fournies de vivres, qu'elles se livrent à des sévices sur les populations italiennes, que le découragement s'empare des hommes et que ceux-ci ne rêvent que de rentrer chez eux. A tout cela la chancellerie du prince oppose une série de démentis catégoriques. Acceptons-les sans trop d'illusion ; il n'est pas de fumée sans feu, et cet optimisme officiel est peut-être suspect.

« Quant à nous-même », ajoute Louis, « nous jurons de
» ne plus coucher sous autre toit que celui de notre tente
» jusqu'à ce que nous ayons atteint Naples ». Sa lettre

---

(49) BB 28, ff. 137-38, 218, citée dans RUFFI, *Hist. de Marseille*, t. I, p. 215 ; quelques extr. dans VALOIS, t. II, p. 42, n. 2 ; 43, n. 1 ; LABANDE, *Rinaldo Orsini...*, p. 148. — L'entrée de l'armée en Romagne le 10 août est confirmée par le *Diario d'anonimo fiorentino...*, éd. GHERARDI, Florence, 1876, p. 444.

(50) Texte dans VALOIS, p. 40, n. 1 ; 43, n. 1.

VII

se termine par l'appel traditionnel à la fidélité envers la reine, et par la requête suivante : « Qu'il vous plaise » d'adresser à Dieu prières et oraisons, avec piété, pour » l'heureux succès de notredite entreprise. » Et les Marseillais, à qui cette lettre parvient le 29 août, de prendre docilement le jour même une délibération aux termes de laquelle « les syndics et deux délégués demanderont » audience au seigneur évêque de Marseille, le priant de » daigner ordonner à tout le clergé et aux réguliers » d'adresser des oraisons au Très Haut pour le triomphe » de monseigneur le duc de Calabre et de son armée ainsi » que pour la libération de la reine » (51).

L'assassinat de Jeanne Ire fut un grand malheur pour la Provence. Le bruit de ce drame (52) courait dans le pays, semble-t-il, vers la Noël ; et tout le monde savait alors en dépit de la propagande du duc de Calabre, dont je viens de donner un spécimen, que les armes angevines avaient rencontré d'insurmontables difficultés. Marseille, ennemie de l'Union d'Aix, se trouvait solidement attachée au pape Clément et à Louis ; mais cette solidarité allait entraîner pour elle de graves conséquences. Complice des informations angevines (53), la ville doit cependant être désabusée lorsqu'une lettre du sénéchal, qui rentre d'Italie, avoue au début de mars 1383 : « Nous désirons que vous sachiez » que le seigneur roi (54) a le ferme propos et l'intention

---

(51) BB 28, fol. 216 r°. L'évêque était Aymar de la Voûte, qui, le 18 avril précédent, promettait à Louis son concours pour faciliter l'expédition d'Italie (VALOIS, p. 23, n. 1).

(52) L'assassinat (27 juill. 1382) est sans doute encore ignoré du duc d'Anjou le 10 août, et de toute manière cette nouvelle sera aussi longtemps que possible tenue secrète.

(53) Délibération du 17 janvier 1383: « Scribatur omnibus universitatibus Provincie et notifficentur bona nova que habemus de vita domine nostre regine » (BB 28, fol. 245 r°). Toujours l'optimisme de commande, dissimulant mal un croissant malaise. La situation morale et psychologique des Provençaux a été bien définie par VALOIS, pp. 95 ss.

(54) Ce titre donné à Louis en place de celui de duc de Calabre est en soi un aveu. Lui-même ne l'osera prendre qu'à la fin d'août 1383.

VII

» immuable, au cas que ladite dame notre reine soit déjà
» morte d'un trépas aussi cruel que le disent certains —
» chose abominable à entendre, — l'intention, dis-je, de ne
» prendre jamais de repos ni souffrir de consolation tant
» qu'il n'aura pas, à la pointe de l'épée, vengé un si grand
» crime. » (55). Or les durazzistes, avec Baldassar Spinola,
redoublent maintenant d'audace en Provence. Leurs
informateurs vont jusqu'à répandre un peu partout des
bruits particulièrement tendancieux et pervers. En voici un
exemple : « N.S. le pape » [Urbain] « a appris que le comte
» de Savoie s'est abouché avec plusieurs conseillers du roi
» Charles » [de Durazzo] ; « il faisait certaines propositions
» de la part du duc d'Anjou. Le duc aurait sauf-conduit
» pour rentrer chez lui avec ses troupes, et le roi lui concè-
» derait la Provence et Forcalquier. » (56).

Oui, Louis d'Anjou est loin. Le possesseur légitime du royaume et de la Provence ne peut défendre les loyaux Marseillais contre les « rebelles ». Or il est quelqu'un qui ne demande qu'à les « défendre », saisissant ce prétexte pour entrer en Provence : c'est le roi de France, ou plutôt ce sont ceux qui gouvernent sous le nom de l'adolescent Charles VI (57).

Marseille a-t-elle été surprise par l'étrange ambassade de l'évêque de Paris, Aimery de Maignac, dont elle reçoit le message le 18 mai 1383 ? sans doute pas. S'acquittant d'une commission dont il avait été chargé près de trois mois auparavant, le représentant de la cour de France annonce non sans circonlocutions, que le sénéchal de Beaucaire, Enguerran d'Eudin, a reçu ordre d'intervenir en Provence

---

(55) « *Vos scire cupimus quod firmi propositi est et incommutabilis intentionis existit ipsius domini regis quod, in casu quod ipsa domina nostra sit morte tam crudeli sicut aliqui asserunt jam deffu* [n] *cta, quod abominabile est audire, numquam requiem appetet nec consulationem* (sic) *assume(n)t donec vindictam assumpserit in ore gladii tanti mali* » (BB 29, fol. 1 1°).

(56) D'après une dépêche publ. par SEGRE, *I dispacci di Cristoforo da Piacenza...*, dans *Archivo stor. ital.*, 5ᵉ s., t. XLIV, p. 317-18, n° 48.

(57) VALOIS, *op. cit..*, t. II, p. 95.

pour porter secours aux forces de la reine. Avec une belle duplicité le roi de France parle des liens de parenté qui l'unissent à Jeanne; ce sont ces liens qui le contraignent à agir, aucune allusion n'est faite ni à la disparition de la souveraine ni à l'existence de son successeur qui bataille au loin. Serait-ce que de nommer ce dernier révèlerait trop clairement les vieilles visées de la monarchie, et comment Louis d'Anjou, depuis 1380 ou même déjà plus tôt, n'a peut-être été, tout compte fait, qu'un instrument aux mains de sa royale famille ? Dès le 19 mai, Marseille décide de répondre au prélat qu'elle offre un contingent d'un millier d'hommes (gens d'armes, arbalétriers, « talatores » (58) pour coopérer contre Aix aux opérations du corps français (59).

Ainsi, du jour où Marseille s'est engagée, non sans hésitations on l'a vu, dans la politique pro-angevine, par obéissance envers la comtesse de Provence, elle a soutenu le nouveau duc de Calabre courageusement; mais cette attitude n'allait point sans risques, car derrière Louis il y avait la France. Et voici la ville bien compromise, par sa « collaboration », aux yeux des Provençaux. Du moins peut-on penser que les Marseillais savaient fort bien où ils allaient en entrant dans cette voie; la ligne rigide qu'ils suivent peut mener, certes, à l'annexion, la cause de Jeanne et de Louis étant déjà bien compromise; il ne paraît pas que, cent ans avant 1482, les habitants du grand port méditerranéen aient redouté le principe d'une telle éventualité, si favorable à leurs affaires.

Leur réalisme, au reste, est suffisant pour qu'ils ne s'engagent présentement qu'avec prudence dans les opérations commencées. C'est avec une sage lenteur qu'ils envoient du monde à Enguerran; on ne saurait être trop méfiant. Déjà lorsqu'il s'agissait d'armer les galées de Louis d'Anjou, les procédés étaient les mêmes : adhésion

---

(58) Spécialistes des opérations de dévastation (notamment des récoltes). Sur la « *tala* », voir Ferd. LOT, *L'art militaire et les armées au moyen âge...*, Paris, Payot, 1946, t. II, pp. 303-04.
(59) Arch. Marseille, BB 29, ff. 32 r°, 33 v°; VALOIS, p. 97.

VII

réticente, enthousiasme mitigé. Le 19 mai, Marseille a promis, on vient de le voir, mille hommes ; le 6 juin Clément VII lui a écrit : « Nous vous prions instamment » de vous tenir prêts avec les hommes et le matériel que » vous avez décidé de fournir » (60) ; plus de quinze jours après, le conseil délibère sur la nécessité de tenir les promesses faites en vue du siège d'Aix, mais l'argent manque, et les mille soldats semblent n'exister que sur le papier ; *en attendant* (on pressent ce que ce terme représente), la ville enverra deux cents arbalétriers au sénéchal, qui en est à assiéger Saint-Cannat, à 15 km. au N.O. d'Aix (61). Bientôt les habitants se voient adresser par le pape d'Avignon une sévère semonce. Selon le pontife, si les opérations trainent, c'est leur faute, car ils manquent à leur parole, et le sénéchal ne saurait se contenter, pour opérer l'encerclement d'Aix, du faible contingent offert, alors qu'on lui avait promis bien davantage. « C'est parce » que nous avions confiance dans vos offres », ajoute Clément, « que ni le sénéchal ni nous n'avions rassemblé » d'autres troupes, et maintenant il ne saurait en être » assemblé que par vous » (62). Marseille réplique sans se laisser démonter : elle attend, pour envoyer le reste de ce qu'elle a promis, qu'Enguerran, aidé de ses deux cents hommes, assiège Aix (63). A ce compte la guerre peut durer longtemps.

---

(60) « ... *Vos deprecamur ut etiam cum gentibus et aliis munimentis vestris sicut ordinastis sitis prepariti* » (BB 29, fol. 34 r°).

(61) « ... *Attenta promissione facta pridem per dictum consilium domino nostro pape... de mille hominibus, balistariis, enpavezatis, talatoribus et aliis ante civitatem rebellem Aquensem mittendis placuit dicto consilio refformare quod dicta promissio attendatur et quod domini sindici... ut cicius poterint provideant... quod dicti mille homines... mandentur, et quod ille persone que nondum mutuarunt... ad mutuandum compellantur, et etiam qui non miserunt mitere compellantur, et quod pro nunc mandentur domino senescallo Bellicadri ante Sanctum Cannatum sistenti* » (ms. *sistentem*) « *ducenti aubalistarii boni et sufficientes* » (fol. 39).

(62) Clément VII aux Marseillais, 27 juin 1383 (*ibid.*, fol. 40 r°).

(63) Je ne trouve point trace des 2.000 hommes que Marseille aurait envoyés au siège d'Aix, selon Busquet, *Hist. de Marseille*, p. 159.

VII

Les vrais motifs de la lenteur des opérations sont à n'en pas douter d'ordre financier, pour Marseille certainement (64), pour les armées royales peut-être aussi.

*

La correspondance de la cité avec le duc de Calabre et d'Anjou — il ne prendra le titre de roi officiellement que très tard (65) — est dans les mois qui suivent peu révélatrice à cause de sa maigreur. Il est à croire que les lettres échangées furent en 1383 effectivement très rares, et qu'avec une désolante et inconsciente monotonie la propagande angevine a continué à vouloir faire croire aux Marseillais que la reine Jeanne vivait toujours. La commune ayant résolu, le 15 juillet, d'annoncer au duc ses succès militaires de Provence qu'elle déclare éclatants, tout en renouvelant à Louis l'expression d'un attachement très sincère, « qu'on
» recommande à Son Altesse », a dit un membre du conseil,
« l'illustre personne de la reine et sa délivrance, ainsi que
» son royaume, qu'on lui recommande aussi notre ville et
» ses habitants ; et que, lorsque madame la reine aura
» récupéré la liberté de ses actes, il daigne la prier de consi-
» dérer avec bienveillance les privilèges de Marseille ! » (66).

---

(64) Les arbalétriers marseillais, qui assiègent maintenant « *castrum de Bucco* » [Bouc-Bel air, comm. de Gardanne, à mi-chemin entre Marseille et Aix], « *... ad presentem civitatem redire intendunt nisi eis satisfiat pro tempore futuro, quod si fiat erit grande dedecus et diffamia hujus civitatis, et cum prescns civitas presentialiter pecuniam propterea non habeat ad solvendum...* », on va chercher qui pourrait faire les frais (séance du conseil du 25 août, fol. 49 r°). Le même jour il est décidé qu'une contribution extraordinaire de 200 florins d'or sera imposée à l'abbaye de St Victor et une de 100 aux chanoines de la Major. S'ils refusent, « *fiat preconisatio... per... loca... consueta quod nulla persona census dictis monachis et canonicis faciens eis aliquid solvere presuma(n)t donec ipsi dictos trecentos florenos solverint.* » Ce n'est pas avec des expédients de cette sorte que la ville peut entreprendre une action militaire d'envergure.

(65) Ci-dessus, p. 316, n. 54.
(66) BB 29, fol 45 r°.

Aveuglement, aberration ou attitude politique ? Il y a près d'un an maintenant que la souveraine a péri étranglée dans sa prison...

L'année s'achève, lourde d'indécision, d'obscurité. Les opérations contre les rebelles paraissent être allées en diminuant d'intensité. A un capitaine qui combat les Aixois, on ne parle plus d'envoyer (20 oct.) qu'un dérisoire secours de dix arbalétriers, et seulement pour un mois (67). Mais les Marseillais manifestent une réelle amertume à la suite des déconvenues des derniers temps ; c'est en termes durs qu'on parle, dès le 1ᵉʳ septembre, d'écrire pour demander du secours au pape, ainsi qu'à Marie de Blois, femme du roi Louis, et à Jean de Berry, son frère : « Il leur faut
» rappeler les promesses qu'ils ont faites avant le départ
» dudit seigneur duc de Calabre, de secourir notre ville
» chaque fois qu'il en serait besoin. Sauf le respect qui leur
» est dû, ils s'en préoccupent fort peu ! » (68).

La guerre se poursuit en 1384 en Provence, série d'épisodes sans portées, opérations locales réduites de part et d'autre, faute de finance ; et si, à deux reprises encore, de son château de Tarente (12 mars et 18 mai 1384) (69), le roi

---

(67) « *Attentis litteris heri missis per bastardum de Terrida... cum certa gente armorum ad rebellium offensionem sistentem, attentis periculis in suis litteris prenarratis, placuit dicto consilio reformare quod de decem ballistariis... ad unum mensem dumtaxat expensis dicte civitatis juxta postulata per eum liberaliter conceda(n)tur* » (*ibid.*, fol. 66 v°).

(68) « ... *Recordando eisdem promissa per eos, ante dicessum dicti domini Calabrie ducis, de succurrendo huic civitati totciens quotciens opus esset, que, salva eorum reverencia, minime attendantur* » (*ibid.*, fol. 51 v°).

(69) BB 30, ff. 34-35, 46-47. Depuis que Louis a acquis pacifiquement Tarente par héritage, on y note très fréquemment sa présence, et notamment les 13 sept. 1383 (M. Camera, *Elucubrazioni storico-diplomatiche...*, Salerne, 1889, in-4°, p. 316), 14 sept. (arch. Bouches-du-Rhône, B 8, fol. 19 r°), 26 sept. (A. N., P 1334-17, 33). 12 nov. (*ibid.*, J 847, 7), 15 déc. (arch. des B. du R., B 11, fol. 84 v°), 26 déc. (testament), 2 janv. 1384 (arch. B. du R., B 6, fol. 89), 23 févr. (B 9, fol. 125), 26 févr. (*ib.*, fol. 81), 7 mars (B. N., ms. fr. 26020, 644), 8 mars, 12 mars, 12 mai (arch. couronne d'Aragon, reg. Juan I n° 1817, fol. 174), 18 mai, 12 juill. (A. N., J. 850, 27).

Louis adresse à ses fidèles Marseillais des lettres débordantes de reconnaissance pour la ténacité dont ils font preuve en combattant l'infâme Aix, ne voyons là que les efforts probablement assez amers d'un prince, au reste très incomplètement informé, qui tente encore, au milieu de son armée démantelée et à travers les terribles difficultés de sa campagne en Italie méridionale, de maintenir ce qui peut subsister du bon moral de ses lointains sujets.

Ces mêmes archives communales de Marseille, dont les délibérations ont fourni les principaux matériaux du présent travail, conservent un des rares diplômes originaux qui soient conservés en France, émanés de la chancellerie de Louis Ier, roi de Naples, daté de Tarente, 8 mars 1384 (70). Le style en est aussi emphatique que vain en est l'objet. « Comme de la constance de leur fidélité ceux-là qui sont
» fidèles se parent non sans raison, ainsi ne pas garder
» sincèrement la foi jurée mérite le juste poids d'une royale
» colère, de sorte que ce qui est perdu par l'infidèle que
» ses sentiers obscurs ont conduit au châtiment doit être
» acquis, haute récompense de la vertu, par ceux qui ont
» tenu la voie droite » (71). Ce préambule, conforme à toute la majesté de la chancellerie royale des Angevins,

---

(70) Arch. Marseille, FF. 1, parchemin, « *sub magno pendenti sigillo quo ante intitulacionem nostram regiam utebamur* » (sceau en excellent état de conservation). Cf. Papon, *op. cit.*, t. III, p. 238, qui date à tort l'acte du 26 mars 1383. Des *copies* de diplômes royaux émanés de Louis existent dans les registres des arch. des Bouches-du-Rhône, actes relatifs à des Provençaux (B 11, fol. 88 : 31 août 1383, Tricarico ; — 8, fol. 17 : 14 sept., Tarente ; — 5, fol. 236 : 12 nov., *ibid.*, — 11, fol. 88 : 15 déc. ; — 6, fol. 88 : 2 janv. 1384 ; — 9, fol. 125 : 23 févr. ; — 9, fol. 81 : 26 févr. ; — 8, fol. 44 : 12 juill.).

(71) « *Ludovicus, Dei gratia rex Jerusalem et Sicilie... magnifico viro comitatuum Provincie et Forcalquerii senescallo... gratiam nostram et bonam voluntatem. Siccut fidelitatis constancia fideles ipsi rationabiliter decorantur, sic fidei non servata sinceritas indignationis regie justam summam promeretur, ut quod ipsius infidelitatis obscuris tramitibus in penam demerentis ammictitur splendentis fidei servantibus viam rectam per virtutis laudabile premium acquiratur.* »

laisse pressentir que Marseille est destinée, dans la pensée du roi, à s'enrichir des dépouilles d'Aix.

L'acte d'accusation suit immédiatement. Aix a adhéré à Durazzo, le « cruel matricide », « téméraire envahisseur » du royaume napolitain ; cette cité a été le noyau d'une ligue qu'ont cimentée « l'infidélité, l'ingratitude, l'impiété, l'iniquité et la trahison ». Pour punir ce crime de lèse-majesté, il n'est que de faire un exemple. Avant de passer au dispositif, une transition prétentieuse annonce que les rois doivent suivre les traces du Roi des rois, qui est la justice même. N'est-ce point le maître de l'intendant infidèle qui déclare : « *Quid haec audio de te ? redde rationem villicationis tuæ* » (72) ? Et le Seigneur a dit aussi, parlant de Sodome, à laquelle l'acte compare Aix, impitoyablement : « Je veux descendre et voir si, selon la clameur qui est venue jusqu'à moi, leur crime est arrivé au comble » (73). Suit la teneur même du document : le roi mande à son sénéchal de Provence de priver, après enquête, les Aixois de tous leurs privilèges et honneurs, de leur infliger des châtiments proportionnés à leurs crimes, enfin de transférer à Marseille tous les organes de l'administration comtale, dont le siège était à Aix jusque-là : cour du sénéchal, maîtres rationaux, juge des appellations, président de la chambre et archives ; les villes et châteaux de Provence précédemment rattachés à la viguerie d'Aix supprimée feront partie dorénavant de celle de Marseille. Désormais les Aixois pourront pleurer leurs forfaits, et leurs heureux rivaux se laisser aller à l'allégresse que justifie leur persévérance.

**

Cet acte, dont la majesté inopérante est un exact reflet de ce que fut la piètre royauté de Louis Ier, cet acte est le dernier en date que j'aie noté parmi les témoignages successifs de ses rapports avec Marseille. On voit que des

---

(72) Luc., XVI, 2.
(73) Gen., XVIII, 21.

VII

relations, qui n'avaient pas toujours été sereines, aboutissaient à une amitié et une confiance affermies. Au travers d'épreuves multiples la fidélité de la cité phocéenne est demeurée. C'est cela que Louis a voulu récompenser d'un geste évidemment platonique, mais dont la résonance peut être grande, et la belle confiance des révoltés peut en être fêlée.

Six mois plus tard, le roi titulaire de Naples, qui au cours de sa brève carrière n'avait vu lui échapper tant de fragiles couronnes que pour en ceindre une enfin qui ne devait être qu'un leurre, mourait à Bari dans la plénitude de la maturité. Ce fut avec des marques non équivoques d'une sincère douleur que les Marseillais, ayant écouté le récit des derniers instants de ce prince infortuné et de la proclamation de Louis II — récit qui leur était fait le 18 octobre par leurs plénipotentiaires en cour d'Avignon — prirent les mesures exigées par le deuil de la Provence fidèle. A partir du 23 octobre et pendant huit jours consécutifs, un service solennel serait célébré en l'église St Louis, avec participation de tout le clergé de la ville, avec décoration de drap d'or et « autant de torches de cire qu'il peut convenir à la mémoire d'un si haut prince », avec aussi, bien entendu, oraison funèbre. En outre, et pour une durée indéterminée, étaient interdits tous les bals, fêtes et cérémonies avec participation d'instruments de musique, même à l'occasion de mariages (74).

La grande cité avait donc témoigné d'un remarquable empressement à honorer la mémoire de l'illustre défunt, tout en assurant à son âme le réconfort de la prière. Mais elle montra aussi que ce n'était pas là simple geste de sa part ; car en ouvrant ses portes, le 19 août 1385, à la courageuse Marie de Blois, veuve de Louis Ier, elle allait permettre à la bannière d'Anjou de reconquérir rapidement tout le pays de Provence, dont l'assassinat de Durazzo, survenu peu après, hâtait d'ailleurs le revirement, cependant que les

---

(74) Arch. Marseille, BB 30, fol. 2.

menaces annexionistes de la France s'étaient évanouies. Si la ville d'Aix recevait rémission totale et recouvrait (1387) ses prérogatives (75), Marseille ne montrait que mieux par sa conduite son désintéressement politique ; en outre ses bourgeois aidaient matériellement Louis II à s'en aller conquérir Naples deux ans plus tard.

Aux héritiers de la reine Jeanne, de cette princesse qui en 1348, dans des conjonctures tragiques, était venue leur demander asile, les Marseillais donnaient ainsi la preuve que la fidélité n'est pas un vain mot.

Poitiers.

---

(75) BUSQUET et BOURRILLY, *Histoire de la Provence*, Paris, Presses univ., 1944, p. 61.

VIII

L'ADMINISTRATION DU DUC D'ANJOU EN LANGUEDOC AUX PRISES AVEC LE PROBLÈME DU BLÉ

(1365-1380)

Etudiant depuis plusieurs années l'activité administrative et militaire du duc Louis d'Anjou au cours de son long gouvernement de Languedoc (1365 à 1380), j'ai pu noter combien sont nombreux les actes, issus de la chancellerie de ce prince, ayant trait à la vie économique des sénéchaussées méridionales. Si certains de ces documents sont connus et publiés, un bien plus grand nombre demeure ignoré, et à chaque sondage il s'en révèle de nouveaux au chercheur. Bien que l'attention ait été déjà attirée sur quelques éléments de cet ensemble, notamment par Alexandre Germain en son *Histoire du commerce de Montpellier*, il m'a semblé qu'on était loin d'en avoir jusqu'à présent tiré tout le parti souhaitable[1].

Je voudrais ici en signaler le grand intérêt. Me fondant sur des actes pour la plupart inédits, je m'attacherai, par quelques exemples, à définir l'attitude du lieutenant général à propos des subsistances, surtout de l'approvisionnement en blé.

Un pays riche, largement mis en culture, mais dont la fertilité reste aléatoire; des disettes promptes et dramatiques; une économie paralysée par les incohérences ou les tracasseries de la bureaucratie royale comme par la corruption de ses agents ou aussi bien par les froids calculs des spéculateurs; un commerce actif en dépit des entraves apportées par une réglementation souvent désuète — qu'on pense au privilège obsinément maintenu du port d'Aigues-Mortes —, telles sont les constatations qu'on peut le plus aisément faire. Mais les mandements et ordonnances du duc d'Anjou présentent un autre intérêt que de nous montrer ses services aux prises avec ces diverses difficultés, s'efforçant tant bien que mal à les résoudre. L'exposé des motifs, suppléant pour nous à l'indifférence trop fréquente des chroniqueurs, est une source d'information des plus précieuses en ce qui regarde la vie économique de ces régions.

Du mauvais temps dépend la mauvaise récolte; de celle-ci, le médiocre rendement du fouage; et les rentrées insuffisantes n'entraî-

---

1. C'est ainsi que la réédition de l'*Histoire de Languedoc* de Dom Vaissète en fait fort peu état.

nent-elles pas un ralentissement des opérations militaires, principal objet des préoccupations du duc[2]? On sent, à réfléchir un moment sur ces données, qu'il n'est pas inutile, pour apprécier les fluctuations de la guerre de Cent ans, d'être au courant de la pluie et du beau temps.

Deux objections demeurent possibles. Les peuples heureux n'ayant pas d'histoire, seules les mauvaises années nous seront vraisemblablement connues, parce que génératrices de misère. Un exemple, cependant, nous prouvera[3] que l'abondance, à son tour, donne lieu à des inquiétudes. D'autre part, un mot tel que « disette » étant fort vague, n'est-il pas à présumer que, plus les exigences fiscales seront fortes, plus on verra les contribuables, en vue d'y échapper, arguer de leurs difficultés matérielles et peut-être les grossir? L'examen loyal des pièces du dossier nous permettra de répondre qu'il n'en est rien, car la véracité de leurs dires est souvent contrôlable par des recoupements.

Les premières années de la lieutenance du duc d'Anjou ne fournissent pour ainsi dire rien. Quoique l'hiver 1365-1366 ait été, trois mois durant, si rigoureux qu'une quantité de pieds de vigne périrent dans la basse vallée du Rhône[4], on ne voit point, au début, les textes émanés de la chancellerie ducale porter grande attention aux fâcheuses conséquences de la saison. Des marchés sont concédés à diverses petites cités[5]; une seule de ces concessions, en faveur de Saint-Jean-du-Gard (27 janvier 1365)[6], fait allusion à l'appauvrissement de la région, dû aux guerres, au subside pour la rançon du roi Jean, à des inondations et à de maigres récoltes. Ce n'est là qu'un renseignement isolé.

L'hiver 1368-1369 vit d'assez sérieuses alarmes au sujet des réserves de blé en Languedoc. Mais le motif de ces soucis n'était pas d'ordre climatique. La campagne menée par Louis d'Anjou contre les terres de Jeanne Ire, comtesse de Provence, avait nécessité, au cours de l'été précédent, de gros approvisionnements; le duc en avait fait à Nîmes notamment, et interdisait très énergiquement aux trois séné-

---

2. Depuis 1368, date de sa campagne de Provence, et surtout à partir des appels de Guyenne, en 1369.
3. Cf. ci-dessous, p. 13.
4. Arch. de Vaucluse, G 9, n° 70; cf. Albanès, *Gallia christiana novissima*, col. 821, n° 4587.
5. Par exemple à Brousses, non loin de Castelnaudary (Arch. de l'Hérault, A 5, ff. 42-43), au Monastier-en-Velay (*ibid.*, ff. 43-44) : actes de juin 1365.
6. Acte donné à Béziers (*ibid.*, A 6, fol. 126).
7. 18 mai 1368 : achat de blé, de vin, de bois, de cuirs (Arch. de Nîmes, NN 1, n° 45 *bis*).

chaux toute sortie de blé du royaume par un acte du 11 juillet 1368[8]. Mais ses troupes en absorbèrent — et sans doute en gaspillèrent — assez pour qu'il fût devenu rare et cher en février suivant. L'on voit alors, à plusieurs reprises, le lieutenant du roi exempter pour un certain temps, à cause de ces motifs, plusieurs cités parmi les plus riches de Languedoc, Montpellier[9] et Toulouse[10], du paiement de l'imposition de 12 deniers pour livre en ce qui concerne blés et farines panifiables. De ce que cette mesure ait dû être renouvelée pour Toulouse après la moisson, tandis qu'elle ne le fut point à Montpellier, peut-être est-il permis de déduire que la récolte de 1369, meilleure à Montpellier qu'à Toulouse, calma partiellement les inquiétudes des communautés en Languedoc oriental.

Ce ne fut sans doute qu'une assez brève détente. L'hiver 1369-1370 vit se présenter encore les mêmes problèmes. A nouveau le grain manquait à Montpellier, dont les habitants se voyaient autorisés par le duc Louis, le 11 janvier, à faire des achats de blé dans la viguerie de Béziers[11]. Un peu plus tard, un autre acte est plus explicite : il précise bien que la sénéchaussée de Beaucaire a été vidée de son grain par la malencontreuse guerre de Provence, et que pour la ravitailler 3 à 4.000 saumées seraient indispensables. C'est de la sénéchaussée de Carcassonne qu'on va tenter de faire venir une part du complément; une récente assemblée des communautés méridionales a pris en effet une résolution en ce sens. Mais il n'est pas facile, même au lieutenant général pour le roi, de persuader à un sénéchal d'ouvrir ses frontières afin de laisser sortir du blé à destination du voisin, et le mandement adressé à cet officier par Louis d'Anjou (16 mars 1370) use de termes comminatoires[12].

Cependant la disette devenue endémique doit avoir, estimera-t-on, d'autres causes que la campagne déjà ancienne menée contre la reine de Sicile. Et des soupçons que nous pourrions avoir nous trouvons confirmation en un autre mandement adressé, le 18 août 1370, par

---

8. Daté de Monfrin : Arch. de Montpellier, grand chartrier, E VII, n° 2430 (original); E VIII, n° 2597.
9. Pour six mois à dater du 17 février 1369, acte donné en présence du duc à Toulouse (*ibid.*, E VII, n° 2431).
10. Pour trois mois, par acte du 22 mars, Toulouse (Arch. de Toulouse, AA 45, n° 67); la mesure est renouvelée par mandement du 20 août suivant, pour la période du 15 août 1369 au 1er avril 1370 (*ibid.*, non classé, layette 61).
11. Arch. de Montpellier, gr. chartr., B XIX, n° 1042. Il est vrai qu'à Béziers le blé manque aussi (Jacme Macsaro, *Libre de memorias*, éd. Ch. Barbier, ap. *Revue des langues romanes*, t. XXXIV [1890], p. 61). Passant par Montpellier le 4 juillet suivant, le duc renouvelait un don charitable, fait à la ville, de 500 francs d'or, « pour la poureté et chierté de blez qui naguieres estoit en la ville de Montpellier » (*ibid.*, E VII, n° 2469).
12. *Ibid.*, n° 2433; E VIII, n° 2618 (le premier, original; le second, vidimus contemporain par Amédée de Baux, sénéchal de Beaucaire).

8

le conseil ducal au sénéchal de Beaucaire, ainsi qu'au maître des ports de cette sénéchaussée. Il y est dit : « Bien que, tant à cause « de la cherté des blés et du *faible rendement de la moisson* qu'à « cause de la distance qui nous sépare de la future moisson, la « pénurie de blé soit extrêmement grave ès parties de Languedoc et « que l'on redoute grandement la famine avec ses funestes consé- « quences et la détresse des pauvres gens, ce néanmoins un certain « nombre d'étrangers, non sans le concours d'une société secrète « composée de sujets du roi ou d'habitants du royaume, ne cessent « d'acheter en ladite sénéchaussée des blés en grande quantité, qu'ils « font enlever par voie de terre ou de mer pour les exporter en « diverses régions hors du royaume, faisant ainsi augmenter en ce « pays le prix des denrées »[13]. Et le conseil de donner des ordres en vue d'arrêter le scandale de ce trafic infâme.

Les deux choses sont liées : c'est parce qu'il y a de médiocres récoltes qu'il y a accaparement. Et ceux qui abusent de la situation créent la panique en achetant *sur pied* les récoltes, qu'il s'agisse du blé ou de la vigne. Reste à savoir quels sont les complices que rencontrent dans le royaume les spéculateurs étrangers.

Le mal ne s'est pas ralenti dans les mois suivants, comme en font foi les ordres réitérés lancés par le duc d'Anjou, portant interdiction de sortie des blés, vins et viandes des trois sénéchaussées pour cause de pénurie temporaire (8 septembre et 20 décembre 1370)[14]. Le seul fait que soient renouvelées continuellement les interdictions est une preuve de leur inefficacité. Le mois d'août 1371 ne se passera pas sans que le conseil ait à nouveau donné des ordres pour faire cesser l'activité de ces « Lombards » qui, dans la région de Beaucaire, Saint-Gilles, Nîmes et jusqu'à Lunel, achètent sur pied — en donnant des arrhes — les raisins qu'on vendangera deux mois plus tard, et leurs agissements font à nouveau monter le prix du vin. Il faut, dit le mandement non sans naïveté, qu'un terme soit mis à ces pratiques...

---

13. « Licet, tam propter caritatem et defectum messium et bladorum quam distantiam temporis ad messes futuras, caristia bladi in partibus occitanis quamplurimum insurgat et de fame atque inconvenientiis et pauperum personarum afflictionibus dubitetur vehementer, nihilominus nonnulli extraregnicole, non sine nota (??) societatis occulte quorumdam regnicolarum seu in regno Francie commorantium, blada quamplurima et in magnis quantitatibus in partibus dicte senescallie emere et ipsum bladum sive blada tam per terram sive mare extrahere sive vehi et apportari ad diversas partes extra Francie regnum facere non desinunt, annonam cariorem in patria faciendo » (Arch. de l'Hérault, A 6, ff. 30-31). Dès le 6 juillet précédent, de Montpellier, Louis avait ordonné une enquête à ce propos (ff 29-30).
14. Arch. Montpellier, gr. chartr., E VII, n° 2461; B XX, n° 1073 (ce dernier, éd. A. Germain, *Histoire du commerce de Montpellier...*, tome II, Paris, 1861, in-8°, p. 279, n° 169).

au moins jusqu'à ce que la cour d'Avignon ait fait ses achats[15] — car le Midi languedocien a récupéré depuis quelques mois cette fastueuse clientèle que constitue l'entourage du pape[16].

Cette dernière clause est de celles qui peuvent donner à penser que le conseil ducal rend un mandement platonique, à la requête peut-être de la curie, mais sans pouvoir, ni sans doute même vouloir entraver l'inquiétante activité des officiers royaux. Comment expliquer que ce soit sans la connivence de ceux-ci que les Italiens trafiquent ? N'est-on pas tenté de lancer contre certains de ces fonctionnaires une telle accusation, lorsque l'on voit, à l'autre bout des provinces méridionales, le conseil du duc interdire aux officiers royaux de faire pénétrer dans Agen une quantité de vin plus grande que celle qui est nécessaire pour les besoins de leurs propres maisons[17] ? Si l'on est obligé de le leur défendre, c'est qu'ils trafiquent de leur côté.

L'année 1373, à en croire la teneur des documents dont nous poursuivons l'examen, aurait été marquée dans le Midi méditerranéen par de nouvelles calamités naturelles[17 bis], entraînant encore une fois la disette partielle. Par mandement destiné au sénéchal de Beaucaire, Louis d'Anjou, à la requête des gens de Lunel, leur accorde, le 29 janvier 1374, un moratorium d'un an pour leurs dettes. Si la poursuite des créances était tolérée, en effet, est-il dit, « lesdits « suppliants n'auraient plus qu'à abandonner leurs propres domiciles « et s'exiler en demandant l'aumône, étant donné la très grave « pénurie des biens de la terre qui, non seulement audit lieu, mais « *de tous côtés*, a sévi cette année, et qui fait qu'ils n'ont pu récolter « de blé »[18]. Ce « de tous côtés » trouve confirmation en d'autres actes, concernant notamment la région albigeoise, à vrai dire pour une époque un peu antérieure[19] ; et, quant aux habitants de Montpellier,

---

15. 9 août 1371, Toulouse (Arch. de l'Hérault A 6, ff. 59-60).
16. Parti d'Avignon le 30 avril 1367, Urbain V y fit retour le 24 septembre 1370.
17. Mandement en date du 17 juin 1372 : original, Arch. d'Agen, CC 41, éd. ap. *Archives historiques de la Gironde*, t. XXXIV [1899], pp. 208-209), n° 96.
17 bis. Macsaro (*op. cit.*, p. 66) note un grave tremblement de terre dans la zone de Béziers.
18. « ... Opporteret dictos conquerentes lares proprios et domicilia sua deserere et ad alienas partes se transferre mendicando..., attenta gravissima sterilitate bonorum et fructuum quorumcumque que, non solum in dicto loca de Lunello, *sed ubique*, regnavit in hoc anno, propter quam nulla blada recolligerunt » (Arch. de Lunel, II 5, n° 17).
19. Dès le 21 juillet 1372, de Port-Sainte-Marie, Louis, duc d'Anjou, accorde d'importantes remises à la ville d'Albi à cause de destructions de récoltes dues au mauvais temps (arch. d'Albi, CC 78). De nouvelles exemptions sont octroyées à Albi, à la demande de Grégoire XI, un peu plus tard (28 novembre 1372, Cahors : *ibid.*, CC 79), « tam propter gelu et tempestates que non solum anno presenti sed etiam preterito in eorum campis et vineis affuerunt, per quas quartam partem eorum fructuum minime receperunt,

une exemption d'impôts considérable leur est accordée le 7 juin 1374, « pour les pluyes et tempestes qui leur ont ostees et gastees « toutes les cuilliees de toute ceste annee presente et, qui plus « fort est, pour (ms. de) la grant mortalité pestilencial qui « longuement a esté, et est encore a present plus fort que jamais « en ladicte ville et environ, dont ilz sont si apouvriz et afoibliz « que c'est tres grande compassion »[20].

Partout l'agitation est grande en 1374. Que le blé manque un peu de tous côtés, cela n'est point douteux[21]. Montpellier envoie certains des siens en acheter « ou païs de Bourgongne et en autres parties, « tant du royaume comme de l'Empire »[22]; Aigues-Mortes est obligée aussi d'acheter des grains et du vin à l'étranger[23]; il est vrai que « ledit lieu est situé sur le bord de la mer en un terrain sablonneux « qui ne saurait porter de blé »[24]; de même Agen, qui a épuisé ses réserves au profit des armées du duc opérant en Guyenne, est autorisée à acheter du blé en Rouergue[25], cependant qu'au Puy-en-Velay le bailli est invité par le duc d'Anjou à ouvrir les greniers où sont entreposées les réserves et à les vendre à bas prix à la population[26]. Il est des causes diverses à cet état de choses : guerre

---

quam etiam propter mortalitatem, durante dicto tempore vel quasi, in dicta civitate existentem ». Un nouvel acte du conseil ducal (17 avril 1874, Toulouse) portant remise d'un reliquat de dettes, confirme qu'en 1371 le gel a détruit bonne part du vignoble, et qu'il en a été de même en 1372 du fait d'une « horribilis et vallida tempestas »; l'épidémie a fait un millier de morts (*ibid.*, CC 81).

20. Acte pris à Toulouse en présence de Louis; original Arch. de Montpellier, gr. ch., E VII, n° 2473.

21. On notera la remarque de R. Delachenal, *Histoire de Charles V*, tome IV, Paris, 1928, in-8°, p. 513, n. 2.

22 Mandement ducal du 29 novembre 1374 (Arch. Hérault, A 5, ff. 361 et *bis*); cf. l'ordre du 26 septembre précédent (*ibid.*, ff. 360-361, d'après original aux Arch. Montpellier, B XX, n° 1064), éd. Germain, ap. *Histoire du commerce de Montpellier*, t. II, pp. 292-294, n° 175.

23. Il est mandé au viguier du lieu, le 11 janvier 1375, de Nîmes, de n'entraver en aucune manière ce ravitaillement (Arch. Hérault, A 5, ff. 372-373).

24. « Cum dictus locus in littore maris et territorio sabuloso situatus existat, in quo bladum excrescere non potest », dit le vidimus par le conseil ducal (7 mars 1374, Nîmes) du privilège qu'a Aigues-Mortes d'être exemptée de tous droits concernant le passage de ses convois d'approvisionnement (*ibid.*, ff. 368-369).

25. Autorisation donnée à La Réole le 6 septembre 1374 par le conseil (Arch. Agen, HH 1, éd. *Archives hist. Gironde*, t. XXXIV, pp 209-210, n° 97). — Les exemples ne manquent pas. Béziers essaie vainement de se procurer du blé en Sardaigne (Mascaro, *Libre de memorias*, p. 68).

26. A. Aymard, *Inventaire qui contient les titres... de la maison consulaire... du Puy*, ap. *Annales de la Soc. d'agr., sciences..., du Puy*, t. XV [1850], p. 708; cf. Vaissète, *Hist. de Languedoc*, t. IX, p. 847, n. 4; J. Monicat, *Les grandes compagnies en Velay...*, 2ᵉ éd., Paris, 1928, in-8°, p. 176. L'acte est daté du 18 novembre 1374, Villeneuve-lès-Avignon. — V. encore Vaissète, t. IX, p. 841, n. 7.

aux Anglais et ravages des compagnies s'associent, pour le créer, aux méfaits du mauvais temps comme aux perpétuelles entraves que les agents du roi apportent dans la circulation des denrées. On pourrait fournir bien des témoignages ici pour confirmer ce dernier point. S'aidant de lettres la plupart du temps subreptices (arrachées à l'ignorance, à l'apathie ou bien à l'avidité des gens de l'entourage du prince), sénéchaux, viguiers et maîtres des ports agissent à l'envi pour harceler les convois d'approvisionnement, les cribler de droits, parfois depuis longtemps établis, mais souvent aussi purement arbitraires, et fréquemment retenir tout ou partie des chargements sitôt qu'un refus leur est opposé[27]. Alors la chancellerie ducale lance une pluie de mandements pour faire rentrer les choses dans l'ordre, mandements que les plaignants viennent longuement quémander dans les bureaux de Toulouse, où l'on n'obtient rien sans débourser encore[28]. Et pendant ce temps des greniers comme ceux du Puy sont pleins, cependant que le peuple a faim, et que d'autre part d'année en année le faix des fouages devient plus lourd.

Exigences monstrueuses permettant de substantielles confiscations; complicité avérée entre les spéculateurs professionnels et les agents du duc : quoi d'étonnant si la disette demeure? Elle est partout en 1375, depuis Alès[29] jusqu'à Toulouse. Des lettres de Louis, datées

---

27. Le 31 janvier 1375 de Nîmes, Louis réitère ses ordres à tous les fonctionnaires de Languedoc en vue de réprimer les abus commis contre les convois de blé acheminés vers Montpellier par la voie du Rhône, en provenance de régions éloignées du royaume. Pour la plus grande honte du roi, leur dit-il, « ultra modum consuetum ab eisdem mercatoribus... exigere nitimini et, quod pejus est, ultra hoc ab eis tam in bladis quam in pecuniis redemptiones habere bladaque eorum pro vestris necessitatibus retinere non cessatis ». Des amendes sont prévues, allant jusqu'à 500 marcs d'argent (Arch. Hérault, A 5, ff. 358-360). D'autres mesures sont prises dans le même sens, le 12 octobre 1376, à Béziers (Arch. de Nîmes, AA 1, n° 20).
28. Dans les comptes consulaires d'Albi, on trouve mainte notation savoureuse concernant ces débours. Ce sont cinq paires de chapons donnés à Guy de Lasteyrie et Pierre de Cazeton, deux des membres les plus influents du conseil ducal (10 octobre 1374); cinq fromages que Dominique de « Monnac », au nom de la ville, offre « a moss. Johan de Sanh Serni » [Jean de Saint-Sernin n'était pas moins influent que les précédents] « que lo acosselhes en la gracia que demandava a moss. d'Anjo » (2 janvier 1378); ce sont deux quintaux et plus de viande salée, et seize langues de bœuf pour le chancelier, le trésorier de Carcassonne et d'autres « per tal que nos fosso favorables per enpetra la gracia que demandavem a moss. d'Anjo ». — Voir *Douze comptes consulaires d'Albi...*, éd. Aug. Vidal, Paris, Toulouse et Albi, 1906, in-8°, p. 209, n° 235; 266, n° 430; 276, n° 563, et *passim*.
29. Un acte en faveur des consuls d'Alès (2 février 1375, Nîmes) fait allusion à la sévère disette dont souffre la région et à la mortalité qui en est le résultat (Arch. d'Alès, I S 13, n° 21). A Montpellier « et ou païs d'environ « a esté l'annee darrainement passee et est encore a present tres grant chierté « et famine de blez, pain et autres vivres » (15 mai 1375) : Arch. de Montpellier, gr. ch., E VII, n° 2482. Voir encore Mascaro, *op. cit.*, p. 7.

12

du 9 février 1375, à Villeneuve-lés-Avignon, approuvent les mesures que les capitouls de Toulouse ont, de leur propre initiative, commencé d'appliquer. Ils peuvent réquisitionner pour les vendre tous les excédents de provisions de blé qu'ils auront découverts dans leur ville. Et ces lettres prennent bien soin de préciser que parmi les « aucuns de ladicte ville » qui « malicieusement detiennent, [et] « absconduement, plusieurs et grans quantitez de blés, sanz ce que « il le vueillent vendre au peuple », parmi ces gens contre qui les capitouls sont autorisés à sévir, il y a des sergents du roi[30].

Pour parer à de telles difficultés économiques, on a bien l'impression que la machine administrative mise en place dans les provinces du Midi est, au total, impuissante. Sa complexité de plus en plus sensible, le nombre croissant de ses agents sont une cause de dispersion des responsabilités. Le lieutenant général est bien un véritable vice-roi, ayant délégation des pouvoirs du souverain. « De nostre... auctorité « royale dont nous usons en ceste partie », ainsi s'exprime-t-il en ses lettres patentes. Mais le roi use d'un droit de regard sur ses actes, par intermittence. De leur côté les membres du conseil ducal, secrétaires de Louis d'Anjou, Pierre Scatisse en tête, agissent à chaque instant de leur propre autorité. Combien d'actes, et sur les plus graves objets, ordonnés « par le conseil estant a Thoulouse », cependant que le duc est tout entier à la guerre qu'il mène en Guyenne, ou mandé à la cour, ou employé, au moins officiellement, à négocier la trêve de Bruges; qu'il s'attarde aux bords du Rhône en pourparlers avec Grégoire XI, ou qu'il se perd au dédale de ses intrigues visant la couronne de Majorque! Ainsi, de même que bien des fois des lettres du prince désavouent l'activité intempestive de ses agents[31], de même il arrive que le roi vienne contrecarrer les ordres de son frère. Charles V ordonnera par exemple, le 13 août 1376, en dépit des ordres à ce contraires du duc d'Anjou, déclarés subreptices, la liberté de transit des blés de la sénéchaussée de Carcassonne à celle de Beaucaire[32].

A la corruption s'ajoutait donc l'incohérence gouvernementale; aux insuffisances des récoltes les agissements contradictoires. Le mal ne

---

30. Original aux Arch. de Toulouse, AA 45, n° 89 (copie : AA 5, ff. 458-459, n° 207).
31. Scatisse et les gens de sa Chambre des comptes ayant récemment doublé les droits perçus sur les marchandises sortant du royaume par Aigues-Mortes Louis abolit, par mandement du 11 mai 1377, ces élévations de tarifs, à la requête des Montpelliérains (original : Arch. Montpellier, H V, n° 3798; vidimus par le sénéchal de Beaucaire : Arch. Nîmes, CC 1, n° 17; éd. Germain, *op. cit.*, t. II, pp. 300-302, n° 190).
32. Arch. Montpellier, B XX, n° 1074; éd. Germain, t. II, pp. 297-299, n° 178.

datait pas d'ailleurs de Charles V, et l'on pourrait en remonter le courant jusqu'aux temps de Philippe le Bel.

Vers la fin de la lieutenance d'Anjou, on rencontre certains actes émanés de lui qui visent à atténuer un état de choses contrastant tout à fait avec ceux qui avaient été observables au cours des dernières années. En septembre 1378, les habitants des régions de Nîmes et de Beaucaire sollicitèrent et obtinrent de lui la remise de moitié du montant d'une imposition sur la vendange consentie précédemment pour les besoins de la guerre. C'est que, cette fois, la récolte qui allait se faire serait excédentaire, et la mévente s'annonçait[33]. Une mesure encore plus radicale (exemption totale) devait être obtenue par Toulouse aussitôt après la vendange[34].

C'est que, pour les marchands languedociens, cette soudaine abondance des fruits de la terre — aussi bien des céréales que du raisin — tournait au désastre. Si, cet hiver-ci, les pauvres gens étaient assurés de ne pas avoir à redouter la faim, la clientèle locale ne suffisait pas, loin de là, à absorber les excédents. La population était en voie de diminution, du fait des guerres et des « pestilences » ; et l'énorme débouché qu'avait constitué, pour le commerce languedocien, la présence à Avignon du pape et de sa cour, n'existait plus. Depuis les vendanges de 1376, Grégoire XI avait regagné Rome. Dès lors, en présence des tarifs portuaires prohibitifs qui décourageaient l'exportateur, la bourgeoisie languedocienne n'avait plus qu'à contempler, impuissante, l'effondrement des prix.

Or, c'est absolument au mépris des médiocres conditions économiques du pays que le duc d'Anjou a imposé, aux assemblées successives des communautés de Languedoc, de « consentir » des fouages de plus en plus lourds. Inférieur à 2 francs par feu jusqu'en 1367, l'impôt s'élève déjà à 3 francs en mars 1370, les opérations contre les Anglais ayant débuté l'année précédente. Il retombe à un franc en 1372, mais pour une brève période. Il est à nouveau, en octobre 1372, de 2 francs ; en mars 1373, de 4 ; se maintient entre 2 et 3 jusqu'à l'été 1376. Puis brusquement il monte à 6 en 1377, s'élève enfin à 12 francs par feu en 1378 et l'année suivante[35].

Je sais bien qu'entre temps le roi a dû consentir de nombreuses réparations de feux, mais on voit qu'elles n'ont été à peu près qu'illusion, étant donné l'accélération prodigieuse des exigences financières.

Par son manque de mesure et sa méconnaissance des réalités,

---

33. « Propter habundanciam nimiam vindemiarum fructuumque aliorum que nunc viget » (mandement ducal du 17 septembre 1378, La Réole : Arch. Nîmes, NN 1, n° 59).
34. Arch. Toulouse, AA 45, n° 98 (18 novembre 1378).
35. Mascaro, *op. cit.*, pp. 70-71.

14

l'administration ducale a soulevé en Languedoc, au cours de ces quatorze années, des flots de mécontentement. Le duc d'Anjou l'a bien senti, qui cherche toutes les occasions, en Bretagne et ailleurs, de se détourner de sa tâche, en 1379. D'une manière qui n'a rien d'honorable, il laisse ses officiers, seuls, faire front. En octobre, l'émeute sanglante de Montpellier, suprême et tragique avertissement, coûtera la vie à un certain nombre d'entre eux, sonnant inexorablement l'heure du départ pour le lieutenant du roi[36].

---

36. Cette étude a fait l'objet d'une communication au Congrès d'histoire de la France méditerranéenne à Montpellier le 21 mai 1949.

IX

DE QUELQUES ITALIENS
ÉTABLIS EN LANGUEDOC SOUS CHARLES V

Nombreux sont les travaux que les érudits français ont consacrés, depuis la fin du siècle dernier, aux « Lombards », pour la plupart hommes d'affaires, qui circulèrent ou se fixèrent dans le royaume de France, depuis le xie siècle au moins (1). La renaissance économique du xiie les attira en foule, et les foires de Champagne les virent exercer une véritable prépondérance commerciale. A partir surtout du règne de Philippe le Bel, il en est qui s'insinuent dans l'administration royale, dans les offices de finances; qui ne se souvient de Biche et Mouche? ils s'y rendent indispensables et si, par moments, une réaction xénophobe se produit dans l'entourage royal, comme sous Philippe V (2), l'épuration ne dure guère, les Italiens plient sans rompre, et on les retrouve peu de temps après aux mêmes fonctions.

Certes, les premiers malheurs de la guerre de Cent ans, ainsi que les ravages de la peste noire, firent notablement diminuer le nombre des Italiens établis en France, dans le Midi en particulier, mais on peut remarquer qu'ils reparurent, puissants, riches, omniprésents, dans la seconde moitié du xive siècle (3), et durant toute la fin du moyen âge ils jouèrent en France un rôle considérable. Une quantité d'études partielles leur ont été consacrées, et l'on se prend à regretter qu'un ouvrage de synthèse, très nécessaire, sur les Lombards en France du xie au xve siècle, n'ait point encore été écrit (4). Les quelques notes

---

(1) Un texte fameux de Grégoire VII faisait allusion déjà à des trafiquants italiens circulant en France sous Philippe Ier, vers 1074, cf. A. FLICHE, *La Réforme grégorienne*, Louvain, 1925, t. II, p. 162 et suiv.

(2) Philippe V voulut que les clercs du Trésor redevinssent tous français, mais il fut le premier à donner des entorses aux ordonnances qu'il avait prises contre les Italiens : J. MATHOREZ, *Notes sur les Italiens en France du XIIIe siècle jusqu'au règne de Charles VIII*, dans *Bull. italien*, t. XVII [1917], p. 17.

(3) A.-E. SAYOUS et J. COMBES, *Les commerçants et les capitalistes de Montpellier aux XIIIe et XIVe siècles*, dans *Rev. histor.*, t. CLXXXVIII-CLXXXIX [1940], p. 370.

(4) Il ne saurait être ici question de fournir une bibliographie, même sommaire, du sujet. On rappellera simplement quelques-unes des études les plus substantielles; leur énumération aidera

IX

qui suivent n'ont d'autre prétention que de chercher à éclairer un coin très restreint d'un si vaste tableau : les pays de Languedoc au temps de Charles V. Les Lombards que l'on rencontre là sont des marchands, des capitaines ou entrepreneurs d'opérations de guerre, enfin des aventuriers qui se glissent dans les offices royaux, et l'un de ceux-ci peut être suivi d'assez près au cours de sa carrière, qui va nous offrir matière à divers commentaires.

Pour ce qui concerne les négociants, changeurs, prêteurs, banquiers ou assez troubles trafiquants, ceux dont on entend alors parler en Languedoc sont pour la plupart des hommes qui représentent des compagnies ayant leur siège en Avignon, d'où ils rayonnent au travers des sénéchaussées de Beaucaire, de Carcassonne, voire de Toulouse. Entre le Comtat et le royaume, il n'y a pas à proprement parler de frontière : l'accord très étroit qui règne entre Paris et Avignon donne, presque automatiquement, licence aux Lombards de cette ville d'aller et venir pour leurs affaires en France. Ainsi voyons-nous circuler par les provinces méridionales les Capponi, les Pazzi, les Baroncelli, les Spifame, tous gens de haute volée, intermédiaires continuels entre Charles V ou ses représentants et les débiteurs ou créanciers du souverain (1).

Certains, qui évidemment avaient commencé par travailler sur la place d'Avignon, s'établissaient, au moins temporairement, dans des villes du royaume. Tel un Pardo Alamanni que l'on voit installé à

à indiquer la fertilité et la diversité de ce champ d'études, qui attend encore son moissonneur définitif : C. PITON, *Les Lombards en France et à Paris*, Paris, Champion, 1892, in-8°; L.-H. LABANDE, *Les Doria de France...*, Paris, Picard, 1899, in-8°; Léon GAUTHIER, *Les Lombards dans les Deux-Bourgognes*, Champion, 1907, in-8°, [*Bibl. de l'Éc. prat. des Hautes Études*, vol. 156]; Léon MIROT, *Notes sur une famille florentine établie en France au XIV*[e] *siècle*, dans *Mélanges d'archéol. et d'hist.*, t. XXXVI [1916-1917], p. 3-26; MATHOREZ, *op. cit.*, dans *Bull. italien*, t. XVII-XVIII [1917-1918], *passim* (bourré de renseignements, mais extrêmement désordonné); L. MIROT, *Études lucquoises : la colonie lucquoise à Paris du XIII*[e] *au XV*[e] *siècle; les Isbarre, monnayeurs royaux; la société des Raponde, Dine Raponde; les Cename; Forteguerra Forteguerra et sa succession; l'origine des Spifame, Barthélemy Spifame; Galvano Trenta et les joyaux de la couronne*, dans *Bibl. de l'École des chartes*, t. LXXXVI [1925] à CI [1940], *passim*; G. BIGWOOD, *Les Tolomei en France au XIV*[e] *siècle*, dans *Rev. belge de philol. et d'hist.*, t. VIII [1929], p. 1108-1130; A.-E. SAYOUS, *Les Opérations des banquiers italiens en Italie et aux foires de Champagne pendant le XIII*[e] *siècle*, dans *Rev. histor.*, t. CLXXX [1932], p. 1-31; Anne TERROINE, *Études sur la bourgeoisie parisienne : Gandoufle d'Arcelles et les compagnies placentines à Paris (fin du XIII*[e] *siècle)*, dans *Annales d'hist. sociale*, t. I [1945], p. 54-72; II [1946], p. 53-75; Yves RENOUARD, *Le Rôle des hommes d'affaires italiens à Bordeaux au cours du moyen âge*, dans *Studi Luzzatto*, Milan, Giuffré, 1949, in-8°, p. 47-54.

(1) « Bartholmieu Espiafam » est un richissime changeur, qui venait fréquemment à Avignon : les Montpelliérains ont affaire à lui dans leurs rapports avec le fisc royal en 1375 (Arch. de Montpellier, grand chartrier, H 5, n° 3.796). Et Giovanni Spifame, directeur de la compagnie familiale en Avignon, est au nombre de ceux qui assurent le paiement de la pension accordée par le roi au comte d'Armagnac (8 février 1372 : Arch. de l'Aveyron, C 1.332, fol. 3 r°). Sur eux, voir Yves RENOUARD, *Les Relations des papes d'Avignon et des compagnies commerciales et bancaires de 1316 à 1378*, Paris, de Boccard, 1941, in-8°, [*Bibl. des écoles françaises d'Athènes et de Rome*, vol.151], p. 106. — Luigi et Giorgio Capponi, marchands d'Avignon (le premier est fermier des gabelles pontificales, *ibid.*, p. 405), trafiquent dans le royaume et font l'objet de prévenances du gouvernement royal, car, le 10 février 1375, le maître des ports de la sénéchaussée de Beaucaire reçoit l'ordre de les exempter d'une taxe établie à Villeneuve-lès-Avignon en vue de la fortification de

Montpellier en novembre 1368 (1), de même, quelques mois plus tôt, qu'un Roberto Dal Poggio *(de Podio)* auquel les consuls recourent pour leurs opérations financières (2). Plusieurs de ces hommes d'affaires apparaissent fréquemment dans les pièces comptables du duc d'Anjou, lieutenant-général pour le roi en ces provinces. Tel est surtout « Jehan Bel », marchand florentin, qui lui aussi sert d'intermédiaire aux Montpelliérains pour de lourds paiements, et qui sait se rendre non moins indispensable au prince en diverses circonstances (3).

Les bonnes dispositions du roi et de son frère à l'égard de ces indispensables auxiliaires ne sont pas douteuses. Tels changeurs italiens ne devront plus être inquiétés pour des dettes dont Jean le Bon, déjà, leur avait fait remise : c'est ce que mande le roi au sénéchal de Beaucaire le 4 mars 1374 (4). En février 1365 deux Florentins, Iacopo et Simone Gherardi, ont été faits par Charles V bourgeois de Montpellier (5) en même temps que de Paris, et lorsque, quelques mois plus tard, le duc d'Anjou octroiera des lettres de bourgeoisie et citoyenneté des villes de Nîmes et de Montpellier à deux très hauts personnages de Florence, Niccolò di Iacopo et Benedetto di Nerozzo Alberti (6), il satisfera à un désir évident du pape Urbain V. On sent que ces étrangers excellent à tirer le meilleur profit des relations plus que cordiales existant entre la curie et la cour des Valois (7).

Saint-André (Arch. de l'Hérault, A 5, ff. 362-363). Cependant que « Guynofle » Pazzi effectuera une partie des paiements de l'énorme amende due par Montpellier après sa rébellion (quittance du 4 mai 1380 : Arch. Montpellier, grand chartrier, n° 4.210) : notons qu'un *Ghinozzo* d'Uguccione Pazzi était facteur de la compagnie Peruzzi en 1341 (Arm. SAPORI, *Studi di storia economica medioevale*, 2ᵉ éd., Florence, Sansoni, 1946, in-8°, p. 462).

(1) Arch. Montpellier, grand chartrier, H 1 (sans cote).
(2) Bibl. de Nîmes, ms. 155, ff. 14-15. Il s'agit sans doute d'un Lucquois (cf. RENOUARD, *op. cit.*, p. 409), d'autant qu'il était, dès 1356, facteur de Bartolomeo Spifame (Arch. Nat., JJ 84, n° 624; éd. DEVIC et VAISSÈTE, *Hist. de Languedoc*, nouv. éd., t. X, preuves, col. 1123-1124, n° 451).
(3) Des sommes avancées aux consuls lui sont remboursées en janvier 1375 (Arch. Montpellier, grand chartrier, H 5, n° 2.796); avec un confrère nommé Michele di Simone, il avance une part de l'amende de 130.000 francs due par la ville en 1380 (*ibid.*, n° 4.141). D'autre part c'est à lui que le duc d'Anjou fait payer (10 juin 1374) 2.000 francs d'or « pour certaine quantité de veluyaux, draps d'or, draps d'argent et de soye et aucunes autres besoingnes que nous avons eues nouvellement de lui pour faire porter avec nous a ceste assamblee prouchaine que nous devons faire avec le roy de Castelle vers Ortes ou Bayonne, a donner aux chevaliers et escuiers dudit roy et à autres » (Bibl. Nat., pièces orig. 266, v° *Bel*, n° 3; cf. Rol. DELACHENAL, *Hist. de Charles V*, Paris, Picard, 1928, t. IV, p. 512, n. 1). Les agents de « Jehan Bel » seront dans l'entourage du duc aux conférences de Bruges.
(4) Arch. Montpellier, grand chartrier, C 9, n° 1.229.
(5) *Mandements et actes divers de Charles V*, éd. Léop. DELISLE, Paris, 1874, in-4° [*Documents inédits*], p. 87, n° 187; cf. MATHOREZ, *op. cit.*, t. XVII, p. 76.
(6) Niccolò, directeur de la compagnie familiale, fut un des hommes les plus riches de Florence; sa fortune propre était évaluée à 340.000 florins, et ses funérailles, en août 1377, furent un spectacle d'un faste inouï. Cf. SAPORI, *op. cit.*, p. 96, n. 3. Benedetto était associé à son frère.
(7) Les lettres du lieutenant général en faveur des Alberti se lisent dans Arch. Nat., JJ 98, fol. 180 r°, n° 586 (et copie moderne, Arch. Hérault, A 5, ff. 346-348). Le 9 janvier 1366, six mois plus tard, le pape priait le roi de France de confirmer la naturalisation de ces marchands « qui et eorum socii tam in romana curia quam *in aliis partibus* nonnulla nostra et Romane Ecclesie negocia exercent fideliter » (Arch. du Vatican, Reg. Vat. 248, fol. 24, éd. Maur. PROU, *Étude sur*

Ainsi s'étendaient en bas Languedoc les zones d'opérations des marchands italiens, qui ne se gênaient point pour spéculer, causant parfois de vives inquiétudes aux représentants du roi en ces provinces (1).

Une tout autre catégorie d'ultramontains compte en Languedoc, sous Charles V, d'assez nombreux représentants : ce sont les gens de guerre. Depuis le début des luttes franco-anglaises, on les recherche volontiers, surtout les arbalétriers, encore que leurs armes soient un peu désuètes par rapport au « long bow » qui assura les premières victoires d'Édouard III (2). Les noms de quelques-uns de ces hommes, d'ailleurs déformés comme à plaisir par les scribes, apparaissent dans les textes; trop souvent toutefois ce ne sont que des noms, derrière lesquels l'activité déployée au service du roi de France ne se laisse pas complètement apprécier.

Voici « Benezit Chapperel », *alias* « Ciperel », qu'il faut interpréter Benedetto Cepperello (3) : avec soixante-quinze hommes d'armes il fait montre à Verfeil-sur-Seye (près de Saint-Antonin) au printemps 1369, époque où reprennent les opérations de guerre (4); le duc d'Anjou ne tardera pas à sceller ses lettres de retenue. Il demeurera de longues années au service de Charles V : on voit en effet « aucunes genz d'armes qui ont esté bleciez en la desconfeture qui a esté faicte en Albigeois de la compaingnie de Benedit Ciperel, capitaine de genz d'armes », bénéficier de paiements faits par Louis d'Anjou à Béziers en janvier 1372 (5); et encore le 6 mars 1378, ce même capitaine est un de ceux auxquels le lieutenant du roi mande de se tenir prêts à voler au secours du comte de Foix; à cette époque il tient probablement garnison dans la région de Marmande, en un des nombreux châteaux que les Français ont conquis l'année précédente (6).

A côté de ce Toscan, voici un Bolonais, « Phelippes de Bouloingne », retenu avec trente arbalétriers le 16 décembre 1370 pour la garde de la cité de Cahors; à la tête d'une compagnie accrue il combattra vail-

les relations politiques d'Urbain V avec les rois de France..., Paris, 1888, in-8º [*Bibl. École Hautes Études*, vol. 76], p. 146, nº 64). Cette faveur continua sous Grégoire XI (RENOUARD, *op. cit.*, p. 416, n. 36).

(1) Cf. E.-R. LABANDE, *L'administration du duc d'Anjou en Languedoc aux prises avec le problème du blé (1365-1380)*, dans *Ann. Midi*, t. LXII [1950], p. 8.

(2) Ferd. LOT, *L'Art militaire et les armées au moyen âge en Europe et dans le Proche Orient*, Paris, Payot, 1946, in-8º, t. I, p. 313.

(3) Cepperello était le nom d'un homme originaire de Prato qui fut receveur des deniers royaux en Auvergne sous Philippe le Bel (GAUTHIER, *Les Lombards dans les Deux-Bourgognes*, p. 64). Boccace en fit le héros d'une nouvelle du *Decameron*, cf. C. PAOLI, dans *Giorn. storico della letteratura italiana*, t. V [1885], p. 329 et suiv.

(4) Bibl. Nat., P. O. 751, vº *Chaperel*, nº 2; cf. VAISSÈTE, *Hist. de Languedoc*, nouv. éd., t. IX, p. 803, n. 1.

(5) Arch. Montpellier, grand chartrier, H 6, nº 3.927.

(6) Arch. des Basses-Pyrénées, E 410. Parmi les autres destinataires de ces lettres que reçoit Cepperello, figurent les capitaines de Duras, Marmande, Langon, Landiras, Créon et Sainte-Foy-la-Grande. Sur Cepperello, voir encore VAISSÈTE, *op. cit.*, t. IX, pp. 871, 891; t. X, preuves, col. 1750, nº 705; 1836, nº 742.

lamment deux ans plus tard autour de la place de Penne-d'Agenais (1); et un Jean de « Boulogne » qui, le 17 avril 1374, est nommé capitaine général pour le roi ès jugeries de Rivière et de Rieux afin d'aller délivrer la place de Montberaud (2), est à n'en pas douter de même origine.

Les Génois sont souvent mentionnés. Pour les chevauchées de Guyenne on en a enrôlé à diverses reprises au cours de l'été de 1370. Leurs capitaines appartiennent tous à l'illustre famille des Doria. Antonio Doria reçoit de fortes sommes les 8-18 août 1370 pour faire venir en Languedoc des arbalétriers génois et savoyards (3); et cet autre homme de guerre qui avait été retenu le 1er juillet précédent sous le nom de Baude d'Aurie, ou mieux Daurie (4), n'est autre que Baldo Doria que l'on retrouvera tout à l'heure. Un Lodovico de la même famille, commandant à cent arbalétriers montés, était également à la disposition du lieutenant général en Languedoc entre 1374 et 1377 (5). Dès la fin de 1370, un des motifs invoqués par le duc d'Anjou pour justifier le subside demandé aux communautés de Languedoc, c'était son intention d'enrôler mille arbalétriers de Gênes (6).

D'autres chefs italiens apparaissent encore ici et là au cours des campagnes menées pour la récupération de la Guyenne : un certain « Anric Lombart » est mentionné par les comptes en langue vulgaire de Périgueux comme combattant entre Quercy et Périgord avec Sylvestre Budes, aux ordres de Louis d'Anjou, à l'automne 1372 (7); en avril 1379 encore, un nommé Michelino Torcelli, capitaine d'arbalétriers à cheval, est retenu pour servir sous Pierre de Bueil, capitaine général en Languedoc et Guyenne (8); et l'on voyait en 1375 le château de Roquemaure, importante forteresse royale à la frontière de la sénéchaussée de Beaucaire, avoir pour « artilleur », c'est-à-dire sans doute ingénieur militaire ou armurier, un nommé Lancelot de Naples (9).

(1) Lettres de retenue : Bibl. Nat., P. O. 399, v° *Bologne*, n° 4; lettres de croissance, 24 août 1372 : *ibid.*, n° 6. C'est seulement en une autre pièce (n° 8) qu'il est dit « lombart », ainsi qu'on le soupçonnait.
(2) P. O. 452, v° *Boulogne*, n° 2; coll. de Languedoc, vol. 71, fol. 26; cf. G. DUPONT-FERRIER, *Gallia regia...*, Paris, 1947, in-4°, t. III, p. 498, n° 13.774.
(3) P. O. 1.015, v° *Doria*, n°s 6-7; cf. VAISSÈTE, *op. cit.*, t. IX, p. 818; DELACHENAL, *op. cit.*, t. IV, p. 264-265. Sur lui, voir L. H. LABANDE, *Les Doria en France*, p. 43. Il ne faut certainement pas le confondre avec le « grant escumeur de mer », d'une génération antérieure, dont parle Froissart à propos des débuts de la guerre de Bretagne, sur qui voir LABANDE, p. 40.
(4) P. O. 145, v° *Aurie*, n° 2 : exemple des savoureuses surprises auxquelles peut conduire le classement alphabétique des *Pièces originales*. Cf. d'ailleurs FROISSART, éd. Kervyn de Lettenhove, table des noms de personnes, Bruxelles, 1875, in-8°, t. XXI, p. 106, v° *Doria*.
(5) Bibl. Nat., ms. Clairambault 41, p. 3.071, n° 101; ms. fr. 21.406, p. 500; P. O. 1.015, v° *Doria*, n° 12; cf. L. H. LABANDE, *op. cit.*, p. 44.
(6) Bibl. Nîmes, ms. 155, fol. 74 v°.
(7) Arch. Périgueux, CC 66, fol. 7 r°.
(8) VAISSÈTE, t. IX, p. 870. — Peut-être est-il napolitain ainsi qu'un chevalier nommé Cicco Tortelli (les deux lectures étant possibles), messager d'Urbain VI en France dans l'été 1378 (cf. DELACHENAL, t. V, p. 146].
(9) Mandement, à son sujet, du duc d'Anjou au châtelain de Roquemaure, 20 juin 1375 : Arch. Hérault, A 6, ff. 132-133.

Ce sont là, qu'il s'agisse du métier des armes ou bien de la marchandise, des genres de vie qui, de la part des Italiens immigrés en France, ne surprennent point. Plus étrange apparaît aux modernes (qui ont peine à comprendre un âge où la notion de nationalité n'était pas bien nette) que certains de ces ultramontains se soient introduits dans l'administration ou la gestion des finances royales.

Des lettres en vue de contraindre des débiteurs sont par exemple adressées, le 7 décembre 1370, au nom du duc d'Anjou, à un de ses huissiers d'armes, dont le nom ne peut laisser de doute : « Vanoche Silvestre » (1), c'est certainement un Vannuccio di Silvestro qui a peut-être reçu — mais rien ne nous le prouve — des lettres de naturalité. Par ailleurs, quelques années plus tard, Baldo Doria, naguère capitaine d'arbalétriers (2), est devenu fermier d'un denier pour livre établi sur les ports et passages de la sénéchaussée de Beaucaire, dont le produit doit servir à l'entretien de la place forte de Saint-André-lés-Avignon (3). Et son cas ne laisse pas d'être assez instructif; car au fond, les « capitaines » italiens dès ce moment n'ont-ils point tendance à être ce que seront, de manière avouée et éclatante, les grands condottieri du xve siècle : plus que des tacticiens ou des techniciens du combat, avant tout des hommes d'affaires, spécialisés assurément dans l'embauche et l'exploitation des gens de guerre, mais capables d'appliquer à d'autres domaines leurs qualités de flair commercial, leurs dispositions innées au trafic et au gain?

Un dernier personnage nous retiendra un peu plus longtemps, car nous avons eu la chance de découvrir une série d'actes qui le touchent, c'est un nommé Étienne de Brandis ou Brandiz, dont le nom jusqu'ici n'était pas inconnu (4), mais on peut s'étonner qu'il n'ait pas été identifié comme un Italien, car nul n'ignore que Brandis est la traduction habituelle du nom de Brindisi, port du royaume de Naples (5). Ici encore on a donc rencontré un homme du sud de la péninsule, ce que confirment au reste quelques mots d'un acte (6).

Charles V avait nommé, par lettres du 10 décembre 1370, un bourgeois de Marseille, Stefano da Brindisi ou Étienne de Brandis, — précédemment déjà affublé du titre de sergent d'armes du roi —, maître

---

(1) Ms. Nîmes 155, fol. 77 v°.
(2) Ci-dessus, p. 363.
(3) Arch. Hérault, A 5, ff. 421-422; Vaissète, t. IX, p. 866. C'est le même impôt dont se font exempter d'autres Italiens (cf. ci-dessus, p. 360, n. 1).
(4) Les renseignements les plus curieux fournis à son égard le sont par Ch. de La Roncière, *Hist. de la marine française*, Paris, Plon, 1914, in-8°, t. II, p. 34. Il est mentionné, mais avec références pour l'année 1374 seulement, par Dupont-Ferrier, *Gallia regia*, t. I, p. 567.
(5) Ainsi est traduit le nom de Brindisi dans les chansons de geste de *Renaut de Montauban, Girart de Roussillon, Huon de Bordeaux* et d'autres, plus tardives, du début du xive siècle (Ern. Langlois, *Table des noms propres de toute nature compris dans les chansons de geste imprimées*, Paris, Bouillon, 1904, in-8°, p. 111, v° *Brandis*).
(6) Ci-dessous, p. 366, n. 1.

des ports et passages de la sénéchaussée de Carcassonne (1), en remplacement de Bertrand Roux, décédé. Il s'écoulait toujours un temps assez long, des semaines et souvent plusieurs mois, entre le moment où un fonctionnaire était ainsi désigné pour le Midi et celui où les lettres royaux, après vérification à la Chambre des Comptes, parvenaient aux bureaux du lieutenant en Languedoc pour être vidimées et rendues exécutoires. Si rapide que, en l'occurrence, semble avoir été l'exécution, un nommé Pierre le Prétel (2) avait agi déjà auprès des conseillers royaux, ou d'autres pour se faire octroyer l'office que, avant le début d'avril 1371, Étienne de Brandis trouva occupé par l'intrus (3). Le différend fut porté devant le sénéchal de Carcassonne qui le trancha en faveur de Pierre le Prétel, de même que le Parlement ensuite, auquel l'Italien fit appel. Comme, à deux reprises (13 avril et 11 juin 1371), on voit le duc d'Anjou intervenir en faveur de ce dernier, on pourrait se demander s'il n'y a pas ici rivalité entre le roi et son frère. Ce serait faire fausse route : il semble plutôt — et c'est assez piquant — que l'on se trouve en présence d'une lutte d'influence entre Narbonne et Marseille, l'un et l'autre port cherchant, par son candidat, à détourner à son profit les bénéfices, sans nul doute considérables, de ce haut office royal que l'on pourrait appeler, en langage de nos jours, une direction régionale des douanes (4). De cette collusion entre Pierre le Prétel et Narbonne on a la révélation par le mandement du conseil ducal en date du 11 juin (5).

A la fin de décembre 1371 cependant, le roi, cassant la décision du Parlement à l'égard d'Étienne, ordonnait restitution d'office en faveur de ce dernier (6), par une de ces pirouettes administratives dont le

(1) On lit en effet dans des lettres données par le roi un an plus tard : « Comme nostre amé sergent d'armes Estienne de Brandis, bourgeois de Marcelles, nous ait fait signiffier... que l'an mil.ccc.lxx, le xe jour de decembre, nous lui eussions donné et octroié par noz lettres l'ofice de la maistrie des pors et passages de la seneschaucie de Carcassonne et de Besiers », etc. (ms. Nîmes 155, fol. 152 v°).

(2) Ci-devant secrétaire du duc d'Anjou et titulaire du très gras office de receveur des finances des fiefs nobles et amortissements de Languedoc (Arch. Montpellier, E 7, n° 2.469). Courte notice dans Dupont-Ferrier, *op. cit.*, t. I, p. 567.

(3) Ms. Nîmes 155, fol. 96 v° (acte du duc d'Anjou, 13 avril 1371, Pont-Saint-Esprit).

(4) Les maîtres des ports et passages surveillent notamment les sorties prohibées de denrées ou d'espèces, et gardent personnellement une part considérable de ce qui est confisqué.

(5) Il mande au sénéchal de Carcassonne de ne plus entraver les actes d'Étienne de Brandis, qui doit être réputé vrai titulaire de l'office, et de ne point tenir compte, comme il l'a fait précédemment, de lettres subreptices obtenues en sens contraire par les consuls de Narbonne (ms. Nîmes 155, fol. 103 r°).

(6) Les explications sont extrêmement embarrassées : « ...Comme... ledit Estienne ait appellé a nous ou nostre court de Parlement, laquelle appellacion non obstant ledit Estienne a esté debouté d'icellui office et y a été institué ledit Pierre le Pretel par vertu desdites lettres par lui empetrees de nous depuis que nous l'eusmes donné audit Estienne comme dit est..., savoir faisons que nous..., aianz consideration a ce que ledit Estienne a eu le don d'icellui office, et que noz lettres furent passees... par avant la confirmation que nous feismes audit Pierre le Pretel, laquelle nous feismes non recordans de nostredit don, aians aussi en memoire les bons et agreables services que ledit Estienne nous fist de ses gallees sur mer quant le pape Urbain retourna de Romme par deça les

IX

règne offre tant d'exemples. On aurait cependant tort de croire que la roue de la fortune ait désormais cessé de tourner pour Étienne, car les choses ne sont jamais si simples. Six semaines après avoir rendu exécutoires les lettres royaux de décembre, le lieutenant du roi (ou son conseil) révoquait à nouveau Étienne le 13 avril 1372, comme étranger et concussionnaire (1), au bénéfice bien entendu de l'heureux Pierre le Prétel, mais dès le 3 mai suivant les espoirs de ce dernier étaient définitivement tronqués par de nouvelles et très solennelles lettres patentes, émises à Carcassonne, le duc étant présent au conseil.

Parmi les motifs invoqués le 26 décembre par le roi pour justifier la restitution d'office, il y avait ce détail fort intéressant qu'Étienne de Brandis avait fourni des navires en 1370 pour les convois qui ramenèrent de Rome en Avignon le pape Urbain V et sa cour (2). Le duc d'Anjou en ajoute d'autres en ses lettres du 3 mai pour blanchir celui que, trois semaines plus tôt, il accablait avec un non moindre empressement. Il avoue que l'Italien, sans doute pour faire définitivement pencher la balance, s'est engagé à fournir au lieutenant en Languedoc pour ses prochaines campagnes (3) cent cinquante arbalétriers à recruter dans la région de Marseille et le comté de Provence (4).

Dès lors le long ballottement cesse, et Étienne de Brandis jouit d'un office si chèrement conquis jusqu'au 13 janvier 1374, où le roi l'appelle à d'autres fonctions loin de la Languedoc : il s'agit d'aller réorganiser le clos des galées de Rouen (5).

En ce dernier personnage, on a pu considérer d'assez près un remarquable exemplaire de ces hommes venus d'outre-monts, à qui la Provence, comme à d'autres le Comtat Venaissin, servit de tremplin pour pénétrer dans le royaume et y exercer une fructueuse chasse aux offices. Stefano da Brindisi ne se laisse point rebuter par les revers; il est tenace,

---

mons... »; suit le dispositif (*ibid.*, fol. 153 r°). La restitution d'office est du 26 décembre 1371, le vidimus exécutoire par le lieutenant en Languedoc du 17 février 1372.

(1) « ...Animadvertentes quod dictus Stephanus de Brandisio... qui... *de regno Francie non est oriundus, quinymo de partibus extraneis*, plures extorciones ac fraudes in excer[ci]tio sui prelibati officii comisit, de quibus per relationem plurium officialium dicti domini nostri [regis] consiliariorumque nostrorum fuimus informati... » (*ibid.*, ff. 162-163).

(2) Ci-dessus, p. 365, n. 6. Voir à ce sujet les détails donnés par LA RONCIÈRE, *op. cit.*, p. 34.

(3) Le duc d'Anjou, par Montauban et Moissac, allait en effet entreprendre, dans les derniers jours de juin, en direction de l'Agenais, sa deuxième campagne d'été contre les Anglais; la première s'était déroulée en 1370.

(4) « Nos..., [a]ttento... quod dictus Stephanus de presenti dicto domino meo et nobis grande et fructuosum servitium promisit... in nobis adducendo centum quinquaginta balistarios de Marcillia alias de comitatu Provincie, bonos et sufficientes, pro dicto domino meo et nobis in guerris nostris serviendo », etc. (ms. Nîmes 155, fol. 169 v°).

(5) *Mandements... de Charles V*, éd. Delisle, p. 523, n° 1.009. Sur la suite de sa carrière, voir LA RONCIÈRE, p. 35 et suiv. Ajoutons qu'on peut retrouver Étienne de Brandis parmi les hauts personnages de Marseille que Louis d'Anjou, à la veille de son expédition napolitaine, comblera de faveurs d'ordre financier (*Journal* de Jean LE FEVRE, évêque de Chartres, éd. H. Moranvillé, Paris, Picard, 1887, in-8°, t. I, p. 42). Quand Marie de Blois se rendra à Marseille en 1385, il offrira l'hospitalité à la reine (*ibid.*, p. 185).

il sait que l'administration royale est versatile, qu'elle tourne à tout vent. S'est-il rendu coupable de concussions ? c'est bien possible; mais il sait que les fonctionnaires français sont loin d'être, pour leur part, tous innocents. Quant à lui, citoyen de Marseille et armateur, il a évidemment de solides bases financières; il peut louer ses vaisseaux pour le retour du pape, et prendre de la sorte une assurance sur le roi de France, pour qui maintenir la Papauté aux bords du Rhône fut une obsession (1). Il trafique aussi sur les contingents étrangers dont le lieutenant du roi en Languedoc a si grand besoin pour hâter la reconquête de la Guyenne anglaise. En lui se rejoignent les multiples aptitudes, les diverses formes d'activité, souvent fiévreuse, dont à cette époque les Italiens font preuve dans le royaume des Valois.

(1) Mais comme l'argent n'a pas d'odeur, cela ne l'empêchera pas de fournir aussi bien des navires en 1376, pour le voyage du pape Grégoire, en sens inverse.

X

LA POLITIQUE MEDITERRANÉENNE DE LOUIS Ier D'ANJOU ET LE RÔLE QU'Y JOUA LA SARDAIGNE

Dans un ouvrage paru en 1892, intitulé *Les relations politiques de la France avec le royaume de Majorque* (1), l'érudit Lecoy de la Marche, au moment d'étudier la revendication de la succession de Majorque par Louis Ier, duc d'Anjou, écrit:

« Cette tentative offre » un intérêt tout particulier, en raison de la longue et savante préparation dont le frère de Charles V (la) fit précéder, de la hardiesse et de la largeur de vues qu'elle suppose, de l'obstination qu'il mit à la poursuivre, enfin de la part qu'y prit, à n'en pas douter, par ses agents, par ses diplomates, par ses soldats, le roi de France lui-même; ce qui achève de lui donner le caractère d'une *entreprise nationale*. La conception politique de Louis d'Anjou, poursuit-il, était vraiment grandiose. Elle consistait à reconstituer à son profit le royaume de Majorque, récemment démembré, en y comprenant, s'il était possible, Montpellier et sa seigneurie, ce qui, avec la Provence, dont il se proposait de se rendre maître, eût formé, le long des côtes de la Méditerranée, de l'Espagne à l'Italie, une ligne presque ininterrompue de territoires reliés entre eux par une grande affinité de race et de langage, et amené par la suite la formation d'un Etat maritime de premier ordre ».(2).

Chacune de ces lignes exige de sérieuses réserves. Le regretté. Busquet a déjà remarqué, à propos d'un autre ouvrage, que « Lecoy de la Marche, bon ouvrier d'histoire, (était) très conventionnel dans ses jugements, ou, pour mieux dire, complètement dépourvu de jugement » (3). Dans le passage cité ici, l'expression « entreprise nationale »

---

(1) Paris, 1892, 2 vol.

(2) T. II, p. 190.

(3) R. BUSQUET, *Histoire de Marseille*. Paris, 1945, p. 173.

concernant la France du XIVe siècle, donne prise, par son anachronisme, à la critique. Que Charles V ait, de ses agents, toujours soutenu le fol propos de son frère, cela demeure à prouver (malgré le « à n'en pas douter » de l'auteur). Mais il est surtout difficile de suivre ce dernier dans l'hypothèse qu'il propose d'un comportement politique de Louis d'Anjou basé sur un vaste dessein logique. Qu'il s'agisse de politique proprement dite ou d'intentions économiques, il est périlleux de prêter à des princes médiévaux des vues correspondant à des manières de voir contemporaines (4). Aussi, sans poser de postulat préalable, jugeons-nous utile de retracer les étapes de la politique méditerranéenne du premier duc d'Anjou, d'en estimer les mobiles, les fluctuations, surtout de chercher dans quelle mesure elle fut cohérente, réfléchie, ou au contraire fruit de l'occasion, et de passagères impulsions.

* * *

L'homme qui devait, à moins de cinquante ans, périr dans un essai de conquête de Naples, ne s'est intéressé que tard à l'Italie. Pendant longtemps, c'est vers l'Aragon qu'il regarde, c'est avec le roi Pierre le Cérémonieux qu'il correspond, lui qu'il flatte, informe, redoute, ou contre qui il intrigue, ou qu'il s'enhardit à contrarier. S'il y a, dans l'horizon du prince, un point qu'il ne cesse de fixer, même dont il a l'air d'être obsédé, c'est bien la couronne d'Aragon. Ce qui s'explique sans peine. Il n'avait que onze ans lorsqu'il fut fiancé, dès avant l'avènement de son père Jean le Bon, à Constance, deuxième fille du roi Pierre, à laquelle fut presque aussitôt substituée sa soeur Jeanne (5).

---

(4) Pour l'économique, un bon exemple de ce qu'il convient de ne pas faire serait fourni, à propos du début du XIIIe siècle, par l'article de A. VARAGNAC, *Croisade et marchandise; pourquoi Simon de Montfort s'en alla défaire les Albigeois*, dans *Annales, E. S. C.*, t. I, 1946, pp. 209-18. Cf. les remarques de R. BOUTRUCHE, dans *Rev. hist.*, t. CCI, 1949, pp. 257-58.

(5) Engagements de Barcelone, 11 mai 1351 (ZURITA, *Anales de la corona de Aragón*, éd. de 1668, t. II, fol. 242 r°; LECOY DE LA MARCHE, *op. cit.*, t. II, p. 169; R. OLIVAR BERTRAND, *Bodas reales entre Francia y la corona de Aragón...*, Barcelone, 1947, pp. 122-23).

X

Le mariage avec l'infante Jeanne était résolu en février 1352 par le traité de Perpignan (6).

Pendant plus de trois ans, on n'entendit parler de rien d'autre; de toutes manières l'infante ne devait parvenir à l'âge nubile qu'en 1356 (7). Mais le roi d'Aragon souhaitait tenir ses engagements; en octobre 1355, après une rude campagne en Tyrrhénienne, il faisait dire par un familier à Jean II :

« Le roi revenu, grâce à Dieu, sain et heureux de son royaume de Sardaigne, qu'il a laissé en bon état et tranquillité, ayant ramené les rebelles à l'obéissance; il désire vivement que le mariage entre sa fille Jeanne et Louis, fils du roi, s'accomplisse (8) ».

Si le roi de France tint son fils, alors âgé de seize ans, au courant du message de l'envoyé aragonais, ce fut là sans doute la première fois que le comte d'Anjou entendit parler de la Sardaigne, à laquelle, vingt ans plus tard, il allait s'intéresser de singulière façon.

Cependant, le monarque français se montrait moins pressé que don Pedro, tirait en longueur (9) une négociation qui, dans l'été 1356, se heurte à des obstacles mal définissables, et des deux parts. Obstacles non dirimants, pourtant, puisque, à l'heure même de la rencontre de Poitiers-Maupertuis, le roi d'Aragon est prêt à faire partir sa fille pour Montpellier où doit se célébrer le mariage. Mais l'issue de la bataille est connue dès le 6 octobre à Barcelone où le bruit court que, non seulement Jean le Bon, mais aussi le comte d'Anjou, est prisonnier

---

(6) ZURITA, t. II, ff. 241-42; cf. LECOY DE LA MARCHE, pp. 168-69. — Le traité est daté, de manière irréfléchie, de 1351, par R. DELACHENAL, *Histoire de Charles V*, t. III, Paris, 1916, p. 194.

(7) « Cum infantissa duodecim jam annorum vel circa etatem attingat », écrit son père le 25 novembre 1355 (Arch. Cor. Aragón, deg. 1293, fol. 24 v°). D'une autre lettre du même on déduit qu'elle était née en octobre 1344 (reg. 1068, fol. 166 v°), elle avait donc cinq ans de moins que son fiancé.

(8) Ambassade confiée à Bernard Atzat (*al*. Arzat, Actat) : « .... Lo senyor rey es vengut, gracies a Deu, sa et alegre del regne de Cerdenya, loqual regne ha lexat en bon estament et en tranquillitat, et aquells que li eren rebelles et inobedients ha tornats a sa obedientia..... Lo senyor rey ha gran volentat que li matrimoni del alta infanta dona Johana filla sua et del alt en Luys fill seu completsa » (Arch. Cor. Ar., reg. 1148, fol. 10). En même temps, Pierre IV demandait à Jean II un sauf-conduit pour accomplir divers pèlerinages à des églises de France qu'il avait promis, peut-être au cours de son expédition.

(9) Texte éloquent cité par J. MIRET y SANS, *Lettres closes des premiers Valois...*, dans *Moyen âge*, t. XXIX, 1917-18, pp. 75-76, n° 15.

X

des Anglais (10). Ainsi le projet se trouve-t-il ajourné *sine die*.

A quel point l'Aragon tenait malgré tout à le réaliser, nous l'apprenons en lisant les excuses que, aussitôt après le traité de Calais (octobre 1360), le roi Jean, revenu de captivité, crut nécessaire d'adresser à Pierre IV; car, durant le séjour londonien de son père, Louis d'Anjou, en juillet 1360, avait épousé Marie de Blois-Bretagne (11).

« Le roy est demouré grant piece prison », déclarait le monarque. «... et... ne povoit pas oïr nouvelles de l'estat de son royaume ne de ses enfans a sa volenté, et en cest temps avint que le conte d'Anjou, gouverné par josne conseil, fist mariage de lui et de la fille du duc de Bretaigne, sanz le faire assavoir au roy et sanz son congié .... Ledit mariage est venu a la cognoissance du roy, si fait savoir audit roy d'Arragon en verité, et aussi certain comme Dieus est, que si tost que il le a sceu *il li a despleu*... Et se il le eust sceu, il le eust empeschié a son povoir (12) ».

A quoi Pierre répondra en acceptant ces humbles explications, mais déplorant que Louis ait agi « si deshonnestement » qu'il n'ait pas cru devoir présenter les siennes propres (13).

On méconnaîtrait cependant l'esprit même de toute diplomatie médiévale si l'on imaginait, après un aussi grave incident, une rancune du roi d'Aragon persistant à l'égard de la France, ou même à l'égard du jeune prince qui avait montré une légèreté insigne. Pierre IV se consola si vite de n'avoir pas fait de sa fille une duchesse d'Anjou, il en voulut si peu au roi Jean de n'avoir pas réalisé leur projet que, le 3 août 1362, il proposait la même Jeanne en mariage au roi lui-même (14). Quant au duc d'Anjou, nommé, après l'avènement de son frère Charles, lieu-

---

(10) A. C. A., reg. 1068, ff. 228-29 : le roi Pierre aux évêques d'Huesca et d'Urgel.

(11) DELACHENAL, *op. cit.*, t. II, p. 347.

(12) Arch. Nat., J 593, n° 22; éd. DEVIC et VAISSETE, *Histoire de Languedoc*, nouv. éd.; 1872-1904, t. X, preuves, col. 1199-1200, n° 477/I. LECOY DE LA MARCHE, *op. cit.*, t. II, p. 367, n° 92.

(13) VAISSETE, col. 1203, n° 477/II; LECOY, p. 371, n° 93 (Arch. Nat., J 593, n° 24).

(14) A. C. A., reg. 1293, fol. 81. Cf. OLIVAR BERTRAND, *op. cit.*, p. 125. Le roi Jean était veuf, pour la seconde fois, depuis la fin de septembre 1360 (cf. DELACHENAL, t. II, p. 288, n. 3). Le mariage se ne fit point, et Jeanne épousa tout simplement le comte d'Ampurias.

X

tenant général en Languedoc, il devint un observateur permanent des questions espagnoles, le truchement du roi pour tout ce qui concernait l'Aragon.

Les échanges d'ambassades commencent dès janvier 1365, où le prince s'installe à Toulouse; ils ne sont pas sans corrélation avec les inquiétudes de celui-ci au sujet de Montpellier. Sa domination, réalisée à la faveur du projet de mariage, y est menacée par des accords franco-navarrais prévoyant la remise de la cité à Charles le Mauvais, accords qui aboutiron au printemps. Delachenal a narré le détail des pourparlers entre Barcelone et le lieutenant-général, menés par l'entremise de Frances de Perellos. On sent, peu à peu, le frère du roi adopter, contre l'Angleterre et le roi de Navarre, une politique qui n'est pas toujours celle de Charles V, qui parfois devance celle-ci, ou simplement lui sert de paravent (15). Le ton de ses rapports avec l'Aragon est cordial; aucun mauvais souvenir ne paraît projeter d'ombre sur les paroles qu'échangent Pierre IV et celui qui eût du être son gendre (16). Peut-on dire qu'à ce moment Louis ait une politique méditerranéenne? Aucune, certes. Pour seconder son frère dans les affaires de Castille, il lui faut l'appui aragonais. D'autre part, il contrecarre de toutes ses forces les visées du roi de Navarre sur Montpellier (17). Cette ville, principale place de commerce de ses sénéchaussés, est un débouché important, qui lui peut fournir de grosses ressources; comment laisserait-il s'y installer un beau-frère détesté? Mais à cela se bornent, au début de 1367, ses efforts.

Les choses ont commencé à changer après la bataille de Najera, grande déception pour les Valois. Vers la fin de 1367 se dessine, puis au début du printemps se déclenche l'invasion de la Provence par le duc d'Anjou, avec des troupes mercenaires au commandement de Du

---

(15) Dans des instructions de Pierre IV à la date du 10 août 1366 il est bien spécifié que, contre Pierre le Cruel et le roi de Navarre, le souverain aragonais s'alliera à Anjou, non à Charles V, de manière à permettre à ce dernier une officielle neutralité (A. C. A., reg. 1293, fol. 134 r°; éd. MIRET y SANS, *Négociations de Pierre IV d'Aragon avec la cour de France*, dans *Revue hispanique*, t. XIII, 1905, p. 92).

(16) « Très cher et tres amé cousin, je vous pry que bien souvant vous me vueillez escripre votre bon estat, duquel je prie Nostre Seigneur que par sa grace le vueille tousjours faire ausy bon comme je le vouldroye pour moy», écrit Louis le 4 septembre 1366 (MIRET y SANS, *Lettres closes des premiers Valois*, pp. 81-2, n° 19).

(17) Voir la *Chronique des quatre premiers Valois*, ed S. LUCE, Paris, 1862, pp. 222-23.

Guesclin (18), épisode fort peu explicable, paradoxal. Pour les routiers sans emploi c'était bien devenu une habitude, depuis 1360, que de se jeter sur une Provence réputée riche. Mais la nouveauté est de voir un prince dés fleurs de lys se joindre à ce brigandage, avec la complicité à peine déguisée du roi de France, lequel avait vainement tenté auparavant d'obtenir le vicariat impérial sur le royaume d'Arles (19). Ainsi Louis d'Anjou apparaît-il, à vingt-huit ans, sous un aspect nouveau, celui de l'aventureux, lequel se juxtaposera désormais, sans l'abolir, à celui du diplomate subtil. « Convoiteux estoit d'amasser tresor », dit Christine de Pisan, (20) « pour désir de voiagier et conquerre ».

La campagne de Provence échoua pitoyablement, malgré la faiblesse de la souveraine attaquée, la lointaine Jeanne de Naples; mais le prince qui avait espéré saisir Marseille réussira mal, désormais, à tenir en place. A la fébrile inquiétude qui caractérise les quinze dernières années de sa vie, on peut sans difficulté, ni témérité, me semble-t-il, assigner une cause.

Celle-ci me paraît bien être la naissance du duphin Charles (3 décembre 1368). Jeanne de Bourbon avait déjà donné à Charles V trois filles, mortes d'ailleurs toutes trois en bas âge; mais tant qu'elle n'avait pas assuré la descendance masculine, le duc d'Anjou demeurait l'héritier d'un trône dont nul n'ignore combien l'occupant était fragile (21). La venue au monde du futur Charles VI tronqua ses espérances. On doit bien reconnaître qu'après 1368, à mesure que le dauphin affirme son intention de vivre, le duc devient de plus en plus agité.

---

(18) V. L. BOURRILLY, *Duguesclin et le duc d'Anjou en Provence* (1368), dans *Rev. histor.*, t. CLII, 1926, pp. 161-80; E. R. LABANDE, *Louis Ier d'Anjou, la Provence et Marseille*, dans *Moyen âge*, t. LIV, 1948, pp. 298 ss.

(19) E. G. LEONARD, *Les Angevins de Naples*, Paris, 1954, pp. 423-24. — Que Louis d'Anjou ait obtenu, moyennant une magnifique réception, le royaume d'Arles de Charles IV, est une fable qui fut lancée, un demi-siècle plus tard, par Dietrich von Nieheim, mais qui traîne encore chez quantité d'auteurs, à commencer par LECOY DE LA MARCHE (*op. cit.*, t. II, p. 189). Sur ce point, v. P. FOURNIER, *Le royaume d'Arles et de Vienne*, Paris, 1891, pp. 476-77. Charles V n'obtiendra le vicariat d'Arles qu'en 1378, pour le dauphin.

(20) *Le livre des fais et bonnes meurs du sage roi Charles V*, éd. S. SOLENTE, Paris, t. I, 1936, p. 136.

(21) Cf. G. DODU, *Les Valois, histoire d'une maison royale......*, Paris, 1934, p. 41. n. 5.

Toutefois, il n'est pas du tout sûr que, comme l'affirme Lecoy de la Marche (22), Louis ait eu dès le printemps 1370 des visées précises sur Majorque. C'était bien l'heure où le malheureux Jacques III, époux théorique de la reine de Naples, vaincu par l'Aragon, s'arrêtait à Montpellier; mais à ce moment Louis n'y était point, contrairement à ce que croit notre auteur. Parti de Roquemaure le 22 mars pour aller conférer avec le roi et ses frères, le duc est à Dijon le 29 et parvient à Paris vers Pâques (23). Il ne sera de retour à Montpellier qu'en juillet (24). L'entrevue qu'imagine Lecoy entre lui et le prince de Majorque ne put pas se produire alors. Il est simplement possible qu'Anjou ait, dès ce printemps, commencé à surveiller les agissements du malheureux prétendant, rêvant d'exploiter son infortune.

Le 10 mai 1372, Grégoire XI écrit au duc pour lui recommander le roi Jacques (25). Deux mois plus tôt, Louis s'était vu encore un peu davantage éloigné du trône de France par la naissance du deuxième fils de Charles V, son filleul Louis de Touraine (26). Il n'en portera que plus d'attention à la question de Majorque. Grâce à lui, Jacques, dans les mois qui vont suivre, préparera en France l'expédition rêvée pour reconquérir sur l'Aragon, par la puissance des armes, « son royaume ».

Est-ce donc que désormais Charles V change de politique, montrant une hostilité ouverte au roi Pierre, ne redoutant pas de le provoquer? Assurément l'alliance franco-castillane, base de la lutte contre l'Angleterre, est une perpétuelle menace pour l'Aragon, bien plus que les piqûres d'épingle de Jacques de Majorque. Mais les relations entre Barcelone et Toulouse continuent d'être amicales (27), et leur ton surprend.

---

(22) *Op. cit.*, t. II, p. 192.

(23) VAISSETE, *Histoire de Languedoc*, t. IX, p. 817, cf. DELACHENAL, *Hist. de Ch. V*, t. IV, p. 254, n° 6

(24) Arch. Hérault, A 6, ff. 31-32. L'acte signalé par LECOY DE LA MARCHE est en réalité de mars 1371.

(25) Arch Vatic., R. V. 268, fol. 140 v°; éd. MIROT et JASSEMIN, *Lettres secrètes et curiales du pape Grégoire XI...*. Paris, 1935, col. 258, n° 772.

(26) E. JARRY, *La vie politique de Louis de France, duc d'Orléans (1372-1407)*, Paris, 1889, pp. 1-2.

(27) Recommandations de Pierre IV à Louis en faveur d'un étudiant catalan à l'Université de Toulouse, 25 avril 1373: A. C A., reg. 1238, fol. 1 v°; éd. A. RUBIO y LLUCH, *Documents per la historia de la cultura catalana migeval*, Barcelone, 1908-21, t. I, p. 244, n° 255; tentatives de conciliation entre la Castille et l'Aragon, dues

X

On n'insistera jamais assez sur le désir qu'eurent et Charles V, et son frère, quelque remuant que fût ce dernier, de maintenir avec la monarchie catalane des rapports de bon voisinage: ce que prouve l'étude de la période ultérieure où Louis d'Anjou, un peu papillonnant, virevolte à travers des projets lui permettant d'acquérir enfin une couronne, puisqu'il n'a plus d'espoir en celle de France. Par moments ces desseins aboutissent à de désastreuses provocations envers l'Aragon: pourtant la guerre n'éclate point. Dira-t-on qu'elle fut évitée grâce à la sagesse de Charles V? (28) Sans doute; pourtant, même après la mort de ce roi, Louis d'Anjou réussira à rétablir, et jusqu'à son dernier souffle, des relations pacifiques, voire amicales, avec la dynastie catalane.

* * *

La guerre entreprise par Grégoire XI contre les Visconti (29), éternels ennemis de l'Eglise, fournit à Louis la première occasion d'intriguer sur un nouveau terrain, en Italie. Il cherche là, avec l'aide d'un pape qui lui est totalement dévoué (30), un trône. Des bruits de couloir l'annonçaient neuf mois à l'avance (31) et la bombe éclate le 29 août 1375. Aux termes d'un accord avec le pape, Louis mènera désormais la guerre contre les tyrans lombards, mais à condition que « l'empereur donne audit monsieur d'Anjou pour luy ses hoirs et successeurs *tiltre de roy* dudit pays (de Lombardie), et nostre dict sainct Pere le procurera a son pouvoir envers ledict empereur » (32).

à Louis d'Anjou, et ambassades du roi Pierre, donnant des assurances réitérées de ses bonnes dispositions à l'égard de la maison de France, avril- mai 1374: *ibid.*, reg. 124, ff. 97-98, 107-09, 158-64. cf. ZURITA, *Anales*, éd. cit., t. II, fol. 364 2º.

(28) Il est classique d'opposer la légèreté du duc d'Anjou à la sagesse politique de son royal frère, cf. J. CALMETTE, *Charles V*, Paris, 1945, pp. 319-20.

(29) Résumée dans E. R. LABANDE, *L'Italie de la Renaissance (duecento-trecento-quattrocento)*... , Paris, 1954, pp. 203-5.

(30) Faut-il rappeler que l'élection de Pierre Roger de Beaufort à la tiare fut, sinon provoquée, du moins fortement encouragée par le duc d'Anjou? Cf. les témoignages recueillis par DELACHENAL, *op. cit.*, t. IV, pp. 346-47. Sur le pontife, voir G. MOLLAT, *Les papes d'Avignon, 1305-1378*, 9e éd., Paris, 1950, p. 122-33.

(31) A. SEGRE, *I dispacci di Cristoforo da Piacenza, procuratore mantovano alla corte pontificia, 1371-1383*, dans *Archivio storico italiano*, t. XLIII, 1909, pp. 66-67, n.º 11; XLIV, 1910, pp. 324-25, nº 2; cf. LABANDE, *Louis Ier d'Anjou, la Provence et Marseille*, dans *Moyen âge*, t. LIV, 1948, pp. 301-03.

(32) B. N., ms. lat. 17196, fol. 76 v; éd. DELACHENAL, t. V, p. 43, n. l.

Pour la première fois l'expression est lâchée: « titre de roi ». C'est une couronne que veut Louis, à défaut de celle dont l'éloignent deux neveux, âgés de près de sept et de trois ans. Et ceci d'autant qu'il a été contraint par son frère, le 19 mars précédent, à une déclaration solennelle de soumission, pour «clorre la bouche a tous mesdisans», laquelle le force publiquement à respecter les droits du dauphin (33).

Mais cette couronne, il lui est indifférent de l'obtenir ici ou là. Aussi ne saurions-nous lui prêter un dessein homogène de construction d'un empire. Après que la Provence s'est dérobée en 1368 — et il lui devient difficile d'y reprendre pied (34), — il pense maintenant à la plaine du Pô. Mais aussi bien aux Baléares. Le prétendant au trône de Majorque, après avoir envahi le Roussillon, était mort chez le roi de Castille, son allié, vers la fin février 1375 (35), laissant pour héritière sa soeur, la marquise de Montferrat. Celle-ci, incapable de poursuivre la guerre contre l'Aragon, chercha à négocier ses droits, que Louis d'Anjou se montra disposé à acheter; les tractations entre eux deux étaient déjà connues de tous au mois de juin puisque, le 30 de ce mois, Pierre IV remercie les consuls de Perpignan de lui avoir fait part de ce qu'ils savaient à ce propos (36). Ainsi donc le duc avait joué ouvertement sur deux tableaux dans le même temps. Légèreté, dira-t-on encore. Les conseillers du duc auraient peut-être objecté que deux sûretés valent mieux qu'une. Toujors est-il que vingt-quatre heures après l'accord passé avec le pape au sujet de la Lombardie, et dont il ne sera plus question, le 30 août 1375 à Narbonne, Isabelle de Majorque aliénait la plus grande part de son héritage (37) aux mains d'Arnaud de Lar,

---

(33) Les textes capitaux du serment de Louis et de la réponse du roi (déclaration d'amitié assez peu chaleureuse): A. N., J 231, n° 7, éd. VAISSETE; *Hist de Languedoc*, t. X, col. 1509-12, n° 604; B. N., ms. fr. 20178, fol. 126, sont commentés abondamment par DELACHENAL, t. IV, pp. 543 ss., moins heureusement par LECOY DE LA MARCHE, t. II, pp. 193-94.

(34) L'accord d'août 1375 préserve nommément les Etats de la reine Jeanne contre toute atteinte éventuelle de la part de Louis.

(35) LECOY DE LA MARCHE, t. II, p. 201.

(36) A. C. A., reg. 1251, fol. 46.

(37) Ne se réservant que Cerdagne et Conflent. Elle abandonnera même la Cerdagne le 19 septembre 1376: LECOY, pp. 213-14.

procureur du duc d'Anjou, qu'elle en investissait immédiatement par l'anneau (38).

Aux termes de cet accord, Louis devait, avant deux ans, attaquer l'Aragon pour entrer en possession de ce que, désormais, il considéra comme son héritage. La menace de ses armes pèsera en effet sur le royaume de Pierre IV, mais plus encore celle de sa diplomatie. Ses armes étaient fictives, car c'étaient celles de Charles V, dont ce dernier avait besoin, bien entendu, contre l'Anglais. Le monarque aragonais se montra fort irrité, intervenant auprès de Charles V (39), cherchant même sur quels appuis il pourrait compter au cas où l'angevin l'attaquerait (40).

Les constructions de navires à Marseille — facilement explicables par les préparatifs de départ de Grégoire XI pour l'Italie — l'inquiétaient. Louis d'Anjou ne jouissai t-il pas en ce port de la connivence de la reine Jeanne, veuve de Jacques de Majorque, pour équiper des galées contre la Catalogne? Don Pedro le redoutait ou feignait de le craindre, si nous en croyons les ambassadeurs qu'il dirigeait en février 1376 vers Marseille (41), Gênes et Naples. Un messager devait dire, notamment, à Jeanne Ire que, lors de l'affaire de Provence, en 1368, Louis avait requis son aide navale, mais que lui, roi d'Aragon, l'avait refusée (42); il était normal qu'on lui rendît le même bon office à l'heure où l'Aragon se disait menacé par 4.000 lances aux ordres du duc, massées aux frontières de Roussillon, lances qui n'ont peut-être jamais existé que dans l'imagination des Catalans (43).

---

(38) A. N., J 1044, n° 38; P 1354, n° 843. LECOY DE LA MARCHE, t. II, pp. 207-10.

(39) A. C. A., reg. 1240, ff. 179-81.

(40) Ambassade au comte de Foix, 30 décembre 1375 (*ibid.*, ff. 193-94).

(41) Les Marseillais, qui avaient alors quelque raison d'en vouloir à Louis d'Anjou, proposèrent à l'Aragon une aide évaluée à deux ou trois cents lances, avec six ou sept galées (*ibid.*, reg. 1251, fol. 117 v°).

(42) Le messager devra dire : « per inclinar lad. reyna a aço, que, jatse fos q'eld. duch d'Enjou, en lo temps que era ab gents d'armes en Proença, pregas mogues tractament (?) ald. senyor rey que li faches valença per mar et per terra contre lad. reyna per ocupar e prendre los lochs et terres de Proença, a co james lod senor no volech fer » (*ibid.*, reg. 1251, ff. 83-84). Il est exact que les Six de la guerre de Marseille avaient appris, le 23 avril 1368, « quod rex Francie requisivit regem Aragonum ut sibi subvenire deberet contra istam provinciam de XXV galeis per totum mensem madii » (Arch. Marseille, BB 26, fol. 42 r°).

(43) ZURITA, *Anales*, éd. cit., fol. 369 v°.

X

Il va sans dire que nous avons grand mal à savoir la vérité maintenant. On lit, dans Lecoy de la Marche, toutes les mesures que prit Louis, sur le plan diplomatique, pour essayer d'isoler ce pays. Mais eut-il l'intention réelle de faire la guerre? Réunit-il des contingents? Là est le problème. J'avoue pour ma part n'avoir retrouvé nulle trace, dans les documents, des préparatifs de guerre attribués au duc d'Anjou. A peine, en effet, avait-il amorcé la double affaire de Lombardie et de Majorque qu'il fut requis par le service de son frère, celui-ci l'envoyant à Bruges négocier avec les Anglais, puis le retenant longuement à Paris. Le départ imminent du pape pour Rome causait aux Valois de grosses inquiétudes; ils allaient tout mettre en oeuvre pour retenir grégoire à Avignon. Voilà qui suffit largement à expliquer l'inaction du duc au début, dans la question de Majorque. Mais il laissa planer sa menace sur l'Aragon. Que souhaitai t-il donc? Peut-être tout simplement — cette explication serait la plus satisfaisante — négocier, faire chanter Pierre IV, marchander l'héritage du roi Jacques, obtenir de l'argent. On ne saurait exagérer ses énormes besoins; son budget personnel était dangereusement déséquilibré; à Bruges, pour les conversations franco-anglaises, il l'obéra encore davantage par un insolent déploiement de faste (44).

Le différend Anjou-Aragon fut porté devant le Saint-Siège pour arbitrage. Par une lettre à Charles V, de mars 1376, au reste extrêmement courtoise, le roi Pierre s'y résignait, quoique, ajoutait-il non sans amertume: « si le duc d'Anjou, notre très cher cousin, avait voulu, ce n'était pas la peine de donner une telle solennité au débat, car l'affaire est simples » (45). Cela signifie: le duc n'a, et ne pouvait avoir aucun droit sur Majorque, qui nous appartient.

On ne reprendra pas ici le détail, depuis longtemps connu, des négociations qui furent alors menées par le duc, mais on s'attachera à considérer son attitude envers l'Aragon. Dans l'été 1376, Pierre IV semble toujours redouter une attaque, puisque cela lui sert de prétexte, à deux reprises, pour ne pas promettre au pape l'appui de ses navires

---

(44) DELACHENAL, *Histoire de Charles V*, t. IV, p. 587.

(45) A. C. A., reg. 1251, fol. 104 r°; éd. LECOY DE LA MARCHE, *Les relations....*, t. II, p. 401.

en vue du retour à Rome (46). Grégoire XI ne pourrait - il au moins s'entremettre pour assurer le roi d'Aragon qu'il n'y aura pas d'agression angevine sur les côtes catalanes? Ce n'est pas honorable pour vous, répliquent au roi ses ambassadeurs à la Curie, que de paraître avoir peur du duc, lequel ne va pas engloutir votre royaume en un tournemain.

« Nous n'avons pas peur », riposte le roi le 12 août, en des instructions savoureuses, « nous nous sommes défendu contre plus grand et plus vaillant que lui, dont l'aide de Dieu et celle de nos sujets nous ont permis de triompher. Mais il nous est indispensable de savoir avec certitude s'il nous fera la guerre ou non, car dans la négative nous pourrions vaquer à d'autres affaires ». (47)

Au 20 août, le roi paraît accepter enfin la négociation et Grégoire chargera, aussitôt avant son départ, le cardinal Aycelin de Montaigu de s'entremettre. C'est le moment que Pierre IV choisit pour hausser le ton de ses lettres à Charles V: celui qui, dans sa lettre du 27 mars (48), était encore appelé « le duc d'Anjou, votre frère, *et notre très cher cousin*», n'a plus droit, le 15 novembre, à ce dernier qualificatif (49). En effet les négociations piétinent, et la mauvaise foi des deux parties est telle (50) que le cardinal médiateur constate sa totale impuissance. Louis, en cet hiver 1376-1377, affecte de ne vouloir pas entendre parler de compensation pécuniaire — sans dout — l'offre n'est-elle pas suffisant

---

(46) *Ibid.*, reg. 1258, ff. 57 v°, 92-93 (30 juin et 28 juillet). Le roi reviendra sur sa décision quand il sentira l'attitude du pape se modifier à son égard, *ibid.*, ff. 121-22.

(47) «Com dehits que nons es honorable cosa que demanem al papa si havrem pau del duch d'Enjou o no, e queld. duch no englutira axi nostra terra en un moment, e que per mar ne per terra per ell a present nos fa negun pertret, vos responem que es ver que nons seria honor que demanassem al papa quens hagues pau del duch d'Enjou, ne no es aço nostra entencio, ne devets pensar que nos haiam paor d'ell, car de maior e de pus brau que ell nos som defeses, et ab la ajuda de Deu et de nostres sotsmeses ne som venguts al dessus. Mas es nos necessari saber de cert si havrem d'ell guerra o no, car si sabem que [no] hala a esser guerra, nos nos entrametrem d'altres afers...... (*ibid.*, ff. 110-11).

(48) Ci-dessus, n. 45.

(49) «.... Dux Andegavensis frates vester.... proponit... nobis facere... guerram cum efforcio gentium vestrarum, de quo nec imerito mirari cogimur» (A. C. A., reg. 1240, fol. 207 v°).

(50) Elle éclate dans la patiente analyse que LECOY DE LA MARCHE a donnée des pourparlers.

X

il continue à parler de guerre, cherche des alliés. A cela répondent ses dispendieuses ambassades en Castille et en Portugal, ou bien les avances faites a des puissances plus humbles comme le comte de Foix (51).

C'est à ce moment-là qu'il entra en contact avec Hugues III, juge d'Arborée.

* * *

A quelle impulsion a bien pu obéir le duc lorsqu'il décida l'envoi en Sardaigne d'une ambassade? Ses représentants conclurent « amitié et alliance » avec le potentat d'Oristano « contre le roi d'Aragon, son royaume, ses sujets et ses alliés » le 17 février 1377 (52). Le principal négociateur était Guillaume Mauvinet, chambellan et conseiller du prince, personnage dont on peut suivre l'activité au service du roi de France et de son frère au moins de 1374 à 1385 (53); il ètait au courant de toute la politique des Valois. Une étude pénétrante, due à Raimondo Carta Raspi, parue il y a une vingtaine d'années, est venue très heureusement amender (54) et compléter Lecoy de la Marche; l'auteur nous paraît avoir deviné, non sans habileté, deux des motifs qui ont poussé le duc à regarder du côté de la grande île.

Vers ce même mois de février 1377, le cardinal de Thérouanne, intermédiaire entre Toulouse et Barcelone, fit à l'Aragon, entre autres

---

(51) Gaston Phoebus, signant l'alliance de Tarbes (25 janv. 1377) avec Louis, promet de l'aider contre tous ses ennemis, y compris les rois d'Angleterre et d'Aragon; toutefois, comme il a jadis prêté hommage à ces deux monarques (« de certainnes chouses et terres que je thienc d'eulx », il précise que quand le duc voudra entrer en campagne, il l'en devra aviser un mois à l'avance pour lui permettre de dénoncer l'hommage (Arch. Basses-Pyréncées, E 410; cf. VAISSETE, *Hist. de Lang.*, t. IX, p. 856).

(52) B. N., ms. fr. 3884, fol. 96; éd. LECOY DE LA MARCHE *op. cit.*, t. II, p. 441.

(53) Sert d'intermédiaire entre Du Guesclin et le roi en mars 1374 (A. N., X 1 A 1470, fol. 110; éd. DELACHENAL, *Hist. de Ch. V*, t. IV, p. 502, n. 1). On le voit jouer un rôle important comme conseiller de Louis devenu héritier ou roi de Naples, soit comme témoin à la signature du traité de Lyon avec le comte de Savoie (Arch. Turin, *Trattati diversi*, II 1), soit dans l'affaire des prisonniers de Raguse (Jean LE FEVRE, *Journal...* éd. MORANVILLE, t. I, Paris, 1887, pp. 83-84).

(54) L'auteur dénonce à juste titre (p. 150) certaines élucubrations de LECOY concernant l'aide *navale* que le juge d'Arborée aurait pu apporter à Louis (*Les relations politiques...*, t. II, p. 256). Hugues d'arborée n'avait pas « plus d'une fois battu sur mer » les Aragonais, pour la bonne raison qu'il n'avait point de vaisseaux.

propositions, celle d'échanger la Sardaigne contre une renonciation de Louis à la couronne de Majorque. Comme bien on pense, cette offre fut rejetée fièrement par Pierre IV, mais le duc avait eu ainsi son attention attirée vers l'île (55). D'autre part, il put être mis au courant de la situation intérieure de la Sardaigne, et du rôle que jouait le juge d'Arborée, par Aimery IX, vicomte de Narbonne, amiral de France de décembre 1369 à la fin de 1373 (56), lequel avait épousé en 1364 Béatrice, sœur de Hugues III (57). Bien que nous ne sachions à peu près rien des relations personnelles entre le vicomte et le duc d'Anjou, il est assez vraisemblable en effet que Louis ait été informé par cette source.

C'est seulement avec l'envoi de cette mission à Oristano que l'on peut enfin parler d'une politique méditerranéenne du prince Valois (58). Il va chercher d'abord, par des conversations amicales, à prendre pied au coeur de la Tyrrhénienne, à inquiéter, par ces contacts, le roi d'Aragon, mortel ennemi du juge d'Arborée, persuadé que ces menaces belliqueuses auront raison de l'obstination aragonaise et amèneront Pierre, soit à lui abandonner enfin Majorque — où ses agents travaillent l'opinion publique (59), — soit à lui consentir, par lassitude, une substantielle compensation. Avec les sommes ainsi extorquées par la pression, et surtout sans faire la guerre — ce qu'il ne peut matériellement, — il essaierait d'acheter une autre couronne, la première disponible.

Louis était-il déjà averti, le 1er mars 1377, du succès de l'ambassade Mauvinet en Sardaigne? C'est peu probable si l'on songe à la lenteur de la navigation, mais il sut s'en targuer d'avance en négociant avec ses adversaires: l'alliance sarde est probablement visée par ces « coses orribles e fort destemprades » que le « primogenit » d'Aragon, chargé de résoudre le problème majorquin, n'ose pas, écrivant de Per-

---

(55) A. N., P 1354, I, n.º 848; cf. LECOY, op. cit., pp. 233-34; R. CARTA RASPI, *Ugone III d'Arborea e le due ambasciate di Luigi I d'Anjou*, Cagliari, 1936, p. 137.

(56) Il n'est plus amiral en 1377 comme le dit CARTA RASPI, ces fonctions sont alors aux mains de Jean de Vienne.

(57) CARTA RASPI, p. 146.

(58) *Ibid.*, pp. 131, 133.

(59) Un texte de 1377, des archives de Palma, cité par LECOY DE LA MARCHE, t. II, p. 246, n. I, fait allusion à un complot local en faveur de Louis d'Anjou.

pignan à son pére, lui révéler (60). En tout cas le 20 avril l'alliance en question était bel et bien ratifiée par le duc (61). L'incerclement de l'Aragon par la diplomatie angevine marquait, quatre mois plus tard, une nouvelle manche lors de la conclusion du traité de Bicêtre entre Louis et le Portugal (62).

Tout l'été 1377, cependant, s'écoule sans que la situation évolue. Les intrigues angevines se poursuivent, en Castille surtout. En Sardaigne on est au point mort. La ratification du traité d'Oristano n'est pas notifiée au juge d'Arborée; de même celui-ci ne semble nullement pressé de faire connaître la sienne au duc d'Anjou (63). L'Aragon montre de son côté moins d'agitation, à en juger par le silence relatif des documents de Barcelone. C'est que, une fois de plus tiraillé entre ses chimères personnelles et le service de Charles V, Louis a été bien détourné du théâtre méditerranèen. Appelé à la fin de mai par son royal frère, il se rend en hâte à la cour (64), puis séjourne en son apanage avant d'entreprendre, au départ de Poitiers, la plus brillante et la plus fructueuse de ses campagnes contre les Anglais. A la Toussaint seulement on le retrouve à Toulouse, d'où il poursuivra, au long de l'hiver, des pourparlers assez mous avec le roi de Castille, médiateur à présent entre lui et l'Aragon, et non plus épouvantail. A la médiation Aycelin de Montaigu a renoncé en effet depuis novembre (65).

---

(60) A. C. A., reg. 1743, fol. 157 (éd. D. GIRONA i LLACOSTERA, *Itinerari de l'infant Joan primogenit del rei en Pere III...*, Valence, 1923, p. 271, n° 404). réponse du roi *ibid.*, reg. 1240, fol. 222, en date du 8 mars, demandant des précisions, quelque désagréables qu'elles piussent être pour lui.

(61) B. N., ms. fr. 3884, fol 96, éd. LECOY DE LA MARCHE, t. II, p. 440; cf. VAISSETE, t. IX, p. 869; CARTA RASPI, *op. cit.*, p. 148.

(62) LECOY DE LA MARCHE, p. 253-54.

(63) En juillet 1378, par ses nouveaux envoyés, Louis lui fera dire : « Lesd. ressire Guillaume (Mauvinet) et messire Pierre Gilbert dirent et rapporterent a monseigneur que led. seigneur juge leur avoit dit qu'il envoyeroit devers mond. seigneur de ses gens pour cause desd. aliances et amistiez......, dont il est emmerveillez de ce qu'il ne les a veus, ne scet la cause pour quoy ils sont demourez » (B. N., fr. 3884, fol. 87; éd. LECOY DE LA MARCHE, p. 450; CARTA RASPI, p. 317).

(64) A Viviers, le 24 mai, il fait un don à son confesseur « pour faire les despens de lui et de ses gens en venant en nostre compaignie en France, la ou nous alons presentement par devers monseigneur » (B. N., P. O. 1168, Florence, n° 6). Or, le 5 juin, donze jours plus tard, il est déjà à Paris (A. N., KK 242, fol. 54 r°).

(65) A. N., P. 1354, n° 850; cf. LECOY DE LA MARCHE, p. 242. Pierre IV remercie très vivement le cardinal, le 7 décembre, pour les efforts qu'il a déployés, bien qu'en pure perte (A. C. A., reg. 1240, fol. 231 2°).

X

Entre temps, un grand événement s'était produit dans la vie du duc. Un fils, après de longues années d'attente (66), lui était né le 7 octobre 1377 (67). Or cet enfant était à peine au monde qu'il fut question de le marier; les moeurs politiques du siècle expliquent assez la chose, mais le paradoxe est que le cardinal de Thérouanne, avant de renoncer à la médiation entre Aragon et Anjou, ait songé à unir le futur Louis II avec la fille du « primogenit », une infirme d'ailleurs (68). Bien que le duc d'Anjou ait, au dire de ses porte-parole, témoigné d'une certaine répugnance pour le projet, il est l'indice d'une modification de l'atmosphère. Non qu'il ne soit plus question de guerre: Louis amuse encore les Portugais en leur parlant de coopération armée contre l'Aragon. Mais le fait que Pierre IV ne repousse pas avec horreur le plan matrimonial du prélat, qu'il en soit question encore en juillet 1378 dans les instructions qu'il donne à ses représentants en Castille (69), nous démontre qu'une détente est tout de même en vue.

Cepedant Louis Ier allait au même moment opérer le plus inexplicable des revirements, duquel on peut bien dire, à se fier aux apparences, qu'il confine à l'absurde, qu'il reflète « l'humeur brouillonne » du prince, naguère dénoncée par Delachenal (70). Mais — il est délicat de prendre parti — peut-être est-ce encore un coup de poker où, risquant avec l'avenir de son fils le tout pour le tout, Louis fait chanter une dernière fois l'Aragon. Il envoie en Sardaigne, par devers le juge d'Arborée, une nouvelle ambassade, que conduit cette fois un autre chambellan, le sire de la Pomarède. De ce personnage le nom n'appa-

---

(66) Durant les seize premières années de leur mariage, Louis et Marie n'avaient eu qu'une fille, née vers la mi-septembre 1370 (A. N., KK 251, fol. 28), dont je ne trouve plus trace après le 18 novembre de la même année (VAISSETE, t. IX, pp. 820-21).

(67) B. N., fr. 3884, fol. 88. — Le lendemain, la duchesse donnait l'ordre d'élargie tous les prisonniers détenus à Toulouse, lieu de la naissance (Arch. Toulouse, AA 45, n° 93). La joie fut immense partout. Des joûtes splendides marquèrent les relevailles de Marie de Blois.

(68) Fr. 3884, fol. 44, éd. LECOY, p. 429; — cf. OLIVAR BERTRAND, Bodas reales....., pp. 144-45.

(69) A. C. A., reg. 1240, ff. 234 v° 243-44.

(70) Hist. de Ch. V, t. V, p. 181.

raît pas assez souvent dans les textes (71) pour que nous sachions si c'était un diplomate consommé; sa mission à Oristano, en tout cas, ne fut pas un succès!

Louis d'Anjou présentait à Hugues III, pour son long silence de seize mois, des excuses diverses, toutes plus ou moins boiteuses, mais pensait rallier sans arrière-pensée son partenaire en lui proposant pour sa fille unique Benedetta la main de son propre fils; l'heureux pére ajoutait ces détails dignes de Diafoirus:

« Au commencement l'an ne puet congnoistre de la vie des enfans jusques a tant qu'ils soient aucunement enforciez, et a present, par la grace de Dieu, led. monseigneur Loys [a] passé l'yver et grant partie de l'esté, et [est] très noblement et bien proportionnez de corps et de ses membres et fizonomies en toutes choses et, selon le conseil et advis des fiziciens et regart de toutes gens, taillez et ordonnez, par la grace de Dieu, a vivre (72) ».

Le malheur était, comme le fit amèrement remarquer le destinataire de ce singulier message, que Benedetta fût déjà nubile; le juge, s'il attendait la consommation du mariage, risquait fort de ne voir jamais ses petits-enfants. Recevant avec fierté et mépris les ambassadeurs du prince Valois, Hugues III dénonça rudement l'indifférence que celui-ci avait montrée pour la guerre à l'Aragon. Il était au courant des pourparlers entre Pierre et Louis au sujet du même enfant et, malgré les précautions oratoires du duc d'Anjou (73), s'indigna. Ce farouche ennemi de Barcelone, dont R. Carta Raspi témoigne, tout en idéalisant peut-être sensiblement sa figure, que cette haine fut le principal mobile de toutes ses actions (74), prenait les choses au sérieux. Les ambassadeurs angevins repartirent tout penauds (septembre 1378) et devaient retracer en termes dramatiques à leur maître l'affront reçu. Le duc ne

---

(71) Aimery, dit Migon de Rochefort, sieur de la Pomarède, avait été retenu conseiller au service de Louis par lettres en date du 5 décembre 1369 (B. N., ms. Clairambault 193, n° 7625).

(72) B. N., fr. 3884, fol. 88, éd. LECOY, p. 451.

(73) On lira dans LECOY, p. 452, de quelle manière insolite Louis fit présenter les faits au juge.

(74) C'est d'ailleurs un coup de poignard dirigé par l'Aragon qui mit fin à ses jours, comme à ceux de l'infortunée Benedetta, en mars 1384 (CARTA RASPI, *Ugone III...*, p. 366).

X

se montra que médiocrement frappé par tout cela. Ce qui laisse à penser qu'il ne forma jamais sérieusement le projet, quoi qu'on en ait dit, de se faire, ou de faire son fils, roi de Sardaigne.

* * *

A la même heure débutait, par l'élection de Clement VII, la longue déchirure de l'Eglise que l'on est convenu d'appeler— fort improprement — le grand schisme d'Occident. Par l'offre, en 1379, d'un nouveau royaume en Italie, l'Etat d'Adria, puis en favorisant l'adoption du duc d'Anjou par la reine de Naples, le pape d'Avignon orienta définitivement ce prince vers l'Italie, déplaçant à l'Est l'axe de sa politique méditerranéenne. Ce n'est pas ici le lieu de retracer cette tragique entreprise. Contentons-nous de noter encore, dans ces derniers temps de Louis, ce qui se passe en Tyrrhénienne.

Le roi Pierre IV fut-il mis au courant de la proposition matrimoniale au juge d'Arborée? Ce n'est pas du tout dit. Louis d'Anjou ne s'en vanta peut-être point. En tout cas, en décembre 1378, on continuait, du côté aragonais, à parler mariage (75), par l'intermédiaire des Castillans; le duc ne disait pas non, faisait la coquette, parlait toujours du respect dû à « ses droits » sur Majorque, mais plus faiblement (76). Bientôt, il n'en parlerait plus. Devenu partisan fanatique du pontife avignonnais, Louis obtenait de lui, le 17 avril 1379, la bulle de Sperlonga érigeant à son intention le fantômatique royaume d'Adria (77); de là une atténuation progressive de ses menaces à l'Aragon. A la fin de l'année elles ne subsistent plus guère, quoique Pierre IV se montre encore réticent à son égard lorsque le pape Clément lui propose l'élaboration d'une vaste ligue des puissances anti-urbanistes basée sur une union franco-aragonaise (78). Le remariage du « primogenit » avec Yolande de Bar, proche parente de la maison de France, rendra moins

---

(75) VAISSETE, *Hist. de Lang.*, t. IX, p. 839 et n. 2.

(76) B. N., fr. 3884, fol. 60, éd. LECOY, p. 479.

(77) A. N., 1495, n° 2, ff. 10-14; éd. LUENIG, *Codex Italiae diplomaticus...*, Francfort, 1725-35, t. III, col. 1167; cf. N. VALOIS, *La France et le grand schisme d'Occident*, Paris, 1896-1902, t. I, pp. 167-68.

(78) A. C. A., reg. 1266, fol. 26 v°.

malaisé le rapprochement. Louis comme Charles V auront, à cette occasions certain, égards auxquels Jean d'Aragon se montre sensible (79).

Pourtant le tempérament, aimable et bienveillant, de l'héritier du trône s'opposait à celui, agité et volontiers belliqueux, du vieillissant Pierre IV (80). Ce dernier gardait encore, dans l'été 1381, l'idée obstinée que Louis d'Anjou cherchait sa ruine (81), tandis qu'en réalité le prince désormais tourné vers Naples qui le réclamait, oubliait absolument et Sardaigne et Majorque, et quelques mois plus tard donnait procuration à Béraudon de Faudoas pour conclure sa paix avec l'Aragon en la soudant, non seulement par le mariage projeté, mais par un autre, le duc ayant maintenant deux fils (82).

Puis l'entraprise de Naples commença, avec un énorme retard comme on sait. L'infant Jean, le 1er julles 1382, se réjouissait de ce départ comme d'un événement pouvant tourner au profit de la sainte Eglise, c'est-à-dire d'Avignon (83); peut-être aussi lui et son pére se disaient-ils que cela hâterait l'heure d'une renonciation définitive à Majorque.

En tout cas, l'horizon était éclairci à l'été 1383. L'infant Jean correspondait amicalement avec Louis qui le tint informé de ses « succès » (84), et surtout l'Aragon laissait des vaisseaux partir de ses côtes vers le royaume de Naples, au service du prétendant.

« Beaucoup de lettres d'Avignon », écrit de Pise, le 24 mai, un observateur siennois à son gouvernement, « informent que ces jours-ci vont arriver d'Espagne et d'Aragon seize galées, lesquelles, dit-on, viennent au service du duc et lui apportent de l'argent ». (85).

---

(79) *Ibid.*, reg. 1656, fol. 82 v°.

(80) OLIVAR BERTRAND, *op. cit.*, p. 129.

(81) Pierre le Cérémonieux au « primogenit », 28 juin 1381 : «....Sabets quina affection e voler (lo duch d'Eniou) ha vers nos e nostra casa e quines obres nos tostemps procurades e en special huy per la iniga, injusta et desonesta compra que ha feta del regne de Mallorques .. Persevera en son inich e desrahonable proposit. » (A. C. A., reg. 1272, fol. 97 r°).

(82) Procuration du 20 novembre 1381 dans *Journal* de J. LE FEVRE, éd. MORANVILLE, t. I, p. 6.

(83) A C. A., reg. 1747, fol. 97.

(84) *Ibid.*, reg. 1668, fol. 41 v° (lettre du 18 juin 1383, en réponse à l'envoi d'un haut messager, l'évêque de Montefiascone).

(85) «.. D'Avingnione ci sono assai lettere, le quali chontano che di Spangnia e di Ragona vengniono ora, in questi dì, XVI ghalee, le quali deghono vienne in servigio del ducha e recare denari...» (Meo Giontini aux Siennois: Arch. Sienne, *Concistoro*, 1809, n° 45).

X

Il ne s'agissait pas là de faux bruits, les archives du Vatican témoignant, à partir de ce même été, de divers paiements faits à des patrons de galées d'Ampurias ou de Barcelone au service de Louis Ier (86), de même que les comptes personnels de ce dernier feront état d'achats de grains, de draps et d'approvisionnements divers à des marchands aragonais venus en son port de Tarente (87).

C'était sans doute du blé de Sardaigne et de Majorque — quel retour des choses! — que du fond du château de Tarente, par la voix du Provençal Louis Roux, le « roi de Naples » Louis Ier, le 12 mars 1384, priait son « très cher et très amé cousin » Pierre IV de lui faire parvenir sur des vaisseaux catalans par Bari ou Tarente (88). Pierre, toujours bougon et reconnaissant officiellement Charles de Durazzo, aurait, selon Miret y Sans, consenti; cepedant que son fils et Yolande de Bar, honorant Louis du titre de roi de Jérusalem et de Sicile, adressaient au malheureux prince des lettres chaleureuses et l'assuraient de leurs bons offices auprès du vieux monarque (89). Ne peut-on penser que l'héritier du trône aragonais faisait là, au fond, un excellent raisonnement politique? N'était-ce point en hâtant l'enracinement de Louis en Italie que l'Aragon serait assuré de voir cesser les revendications espagnoles d'un prince désormais stabilisé?

* * *

Six ans après la mort de Louis Ier à Bari, Yolande d'Aragon, fille de Jean et de Yolande de Bar, sera fiancée à Louis II qui l'épousera en 1400. Ainsi se réalisera enfin ce mariage Anjou-Aragon, dont on avait rêvé tout au long de la vie de Louis Ier.

Ni ce prince, ni Pierre IV le Cérémonieux n'avaient été au total, avouons-le, de grands diplomates. Ils avaient passé leur temps à s'ob-

---

(86) Arch. Vat., Intr. et eux, 356, fol. 118 v° 357, ff. 93 r°, 99 r°, et surtout 359, ff. 121 v°.

(87) B. N., ms. fr. 26020, n° 644; cf. VALOIS, *op. cit.*, t. II, p. 73, n. 2.

(88) Le texte autographe, intégralement publié par MIRET y SANS, *Lettres closes de Louis Ier d'Anjou, roi de Sicile, à Pierre, roi d'Aragon*, dans *Moyen âge*, t. XXVII, 1914, pp. 296-97, est des plus curieux.

(89) A. C. A., reg. 1748, fol. 25; 1817, ff. 146 v°, 174; 1669, fol. 43 v°.

server avec défiance, souvent à se contrecarrer, à tenter de se duper. Mais, en dépit de maladresses mutuelles, ils réussirent à ne jamais entrer en guerre l'un contre l'autre. Depuis l'échec de Philippe III en Aragon cent ans plus tôt, on eût dit que la France redoutait de rompre à nouveau l'entente entre les deux pays que le saint roi Louis, au traité de Corbeil, avait voulu fonder.

XI

Sainte Catherine de Sienne et le duc d'Anjou

Lorsque, en 1376, Caterina Benincasa fit à Avignon un séjour que suivit immédiatement le retour à Rome du pape Grégoire XI, elle eut avec le duc Louis d'Anjou, frère de Charles V, une entrevue dont nous trouvons des échos dans ses lettres ainsi que dans son procès de canonisation. Que fut leur entretien ? quand eut-il lieu ? eut-il quelque suite ? Il n'est peut-être pas sans intérêt de chercher une réponse à ces questions.

Le témoin du procès qui rapporte cet événement est fra Bartolomeo Dominici da Siena, frère prêcheur, docteur en théologie, qui fut un des confesseurs de Catherine. Le nom du duc d'Anjou est introduit dans sa déposition à propos de cette constatation que beaucoup d'hommes éminents ont été, plus d'une fois, bouleversés par sa parole et par la divine sagesse dont elle était imprégnée, au point que « ceux qui d'abord l'avaient persécutée » [entendons tout au moins : dénigrée] « devinrent par la suite ses amis et ses bienfaiteurs » (1). A titre d'exemples d'une telle transformation, Bartolomeo cite les noms du pape Grégoire lui-même, de Louis d'Anjou et de l'archevêque de Bari, futur Urbain VI.

Le pieux dominicain poursuit en ces termes : « Ledit duc fut si changé à son égard que d'Avignon il emmena Catherine à un château qui lui appartenait, nommé Roquemaure, pour qu'elle y apportât ses consolations à la duchesse sa femme, ce qu'elle fit l'espace de trois jours. Puis il lui demanda de l'accompagner auprès du roi de France. Elle refusa humblement ; alors il lui donna cent francs pour les frais de son retour en Italie. Ce fut d'autre part à l'instigation de cette sainte pucelle que ledit duc promit au pape Grégoire qu'il se rendrait outre-mer avec une armée, à ses propres frais, à la demande de ce pontife (2). »

---

(1) « ... Omnes insurrexerant contra eam, quos omnes animo mirabiliter immutavit et opere, ita ut hii qui prius erant ejus persecutores, postmodum facti sunt amici atque benefactores » (*Il processo Castellano*, éd. r. p. M. H. LAURENT, Milan, 1942, in-8°, p. 317, ap. *Fontes vitae sanctae Catharinae Senensis historici*, t. IX). — Je dois la communication de cette édition du *Processo*, introuvable à la Bibl. Nat., à l'extrême obligeance de madame Noëlle Maurice Denis-Boulet, que je prie ici d'agréer l'expression de mes vifs remerciements.

(2) « Prefatus dominus dux taliter est animo immutatus ut de Avinione duceret eam ad quoddam suum castrum vocatum Roccamaura ut consolaretur dominam ducissam consortem suam. Quo per triduum facto, rogavit eam ut secum iret ad dominum regem Francie. Sed ipsa humiliter renuente, dedit ei pro expensis vie in redeundo ad Ytaliam francos centum. Ad suggestionem etiam ipsius sancte virginis ipse do-

XI

Selon M. Robert Fawtier, l'éminent critique à qui l'on doit un classement chronologique très savant, autant que prudent, des lettres de sainte Catherine, les trois lettres que nous possédons d'elle, où il soit question du duc, strictement contemporaines, datent des derniers jours d'août, ou premiers de septembre (3). Elles sont adressées au pape, au duc lui-même et au roi de France (4).

Arrivée en Avignon le 18 juin 1376, Catherine, dès avant le 28, avait été reçue par le pontife. Il est impossible de savoir s'il la reçut d'autres fois. Mais de toute manière les trois lettres en question sont très nettement postérieures à cette première entrevue, à cause d'une allusion au tout prochain départ de Grégoire pour l'Italie (5), et parce que deux au moins d'entre elles témoignent que la sainte avait déjà pris contact avec le duc d'Anjou.

On a dit (6) que ce dernier était arrivé dans la cité pontificale entre le 17 juillet et le 27 août. C'est ce qui ressort en effet de deux dépêches, la première d'un observateur mantouan, la seconde d'un informateur siennois, sous les deux dates indiquées, au texte desquelles on peut lire respectivement : « J'apprends que le duc d'Anjou arrive, afin d'empêcher le départ [du pape] s'il le peut... », et : « Le duc d'Anjou, puis le duc de Bourgogne, frères du roi de France, sont venus avec une très grande suite, et ils ont instamment supplié Sa Sainteté, etc. (7) ». Mais il est possible de préciser davantage. Si, le 17 juillet, Cristoforo da Piacenza écrit : « J'apprends que le duc d'Anjou arrive », en fait ce prince est encore loin d'Avignon. Il est question depuis longtemps qu'il

---

minus dux promisit domino Gregorio pape predicto quod ad voluntatem et requisitionem ejusdem domini pape iret cum exercitu ultra mare propriis sumptibus et expensis » (*loc. cit.*) Sur ce récit, voir Noëlle M. Denis-Boulet, *La carrière politique de sainte Catherine de Sienne*, Paris, 1939, in-8°, p. 122.

(3) Robert Fawtier, *Sainte Catherine de Sienne, essai de critique des sources*, t. II, Paris, 1930, in-8°, pp. 229-30, 236 (ap. *Bibliothèque des écoles françaises d'Athènes et de Rome*, vol. CXXXV) ; cf. R. Fawtier et Louis Canet, *La double expérience de Catherina Benincasa...*, Paris, 1948, in-8°, p. 155.

(4) Dans l'édition Tommaseo, elles portent respectivement les n°s 238, 237 et 235 (*Lettere di santa* Caterina da siena, éd. Nicc. Tommaseo, Florence, 1860, in-8°, t. III). Je n'ai pu prendre connaissance des deux récentes éditions (*Epistolario di s. C. da S.*, éd. E. Dupré-Theseider, t. I, Rome, 1940, in-8°, ap. *Fonti per la storia d'Italia*, vol. LXXXII ; *Katharina von Siena, Politische Briefe*, éd. Ferd. Strobel, Einsiedeln, 1944, in-8°, ap. *Menschen der Kirche in Zeugnis und Urkunde*, t. V).

(5) « Fate che innanzi che il santo padre ne vada voi fermiate il vostro santo desiderio », écrit-elle au duc. Le départ du pape était donc résolu.

(6) Fawtier, *Sainte Catherine...*, t. II, p. 230 (d'après les travaux de Léon Mirot) ; Denis-Boulet, *op. cit.*, p. 121.

(7) *I dispacci di Cristoforo da Piacenza...*, éd. Arturo Segre, ap. *Arch. stor. italiano*, 5e s., t. XLIII [1909], p. 92, n° 21 ; Mirot, *La politique pontificale et le retour du Saint-Siège à Rome en 1376*, Paris, 1899, in-8°, p. 99, n. 4.

regagne le Midi (8), mais il a passé juin et les premières semaines de juillet en Anjou et Touraine. Le 16 juillet, il est toujours à Tours, sur le point il est vrai de se mettre en route (9). On perd ensuite sa trace jusqu'au 5 août ; on le trouve à cette date parvenu à Saint-Sernin-du-Port à côté d'Avignon, où les communautés de Languedoc viennent de voter le subside ((10) ; c'est le 7 août seulement qu'il entre en Avignon (11). Le pape quittera sa capitale le 13 septembre.

Dans l'entrevue que le prince des fleurs de lys eut avec Catherine, divers sujets furent abordés. Il en est qui intéressent la vie de la chrétienté entière. D'autres concernent la vie intime de Louis. Nous les examinerons ici brièvement tour à tour.

Comme l'indique Dominici, il fut question entre eux de la croisade. Et c'est ce que confirment les lettres de Catherine. Au duc elle avait écrit (12) : « Soyez prêt et empressé à arborer l'étendard de la très sainte croix !... J'espère que c'est avec un grand feu d'amour que vous allez prendre la croix, cette croix sur laquelle fut éteint et détruit le péché mortel, cette croix qui nous donna la Vie. » Et elle ajoute : « Agissez de telle manière que, avant que le saint Père ne s'en aille, votre décision soit prise, prenez la croix en présence de Sa Sainteté ; le plus tôt sera le mieux, aussi bien pour les infidèles que pour tout le peuple chrétien. Agissez vite ! pas de négligence ! n'attendez plus ! » (13).

Dans la lettre écrite vers le même temps pour le pape par la jeune fille (14), le souci de la croisade est également prédominant. Faisant allusion à l'entrevue — peut-être la seule — qu'elle avait eue avec Grégoire, elle lui rappelle : « Lorsque je fus devant Votre Sainteté, vous me dites qu'il était nécessaire d'avoir un prince qui fût un bon chef. Autrement vous ne voyiez pas le moyen d'agir. Voici le chef, saint Père : le duc

---

(8) 100 francs sont payés à Jean de Sains, son secrétaire, dès le 5 mai, « pour avoir une robe et un cheval pour aler avec ledit monseigneur le duc en Languedoc ou il entendoit lors aler » (Arch. Nat., KK 242, fol. 23 r°). Le 16 juin, on n'est guère plus avancé, et des mentions absolument similaires s'observent aux comptes (fol. 50 v°).

(9) Ce jour « il bailla et distribua secrètement par sa main a plusieurs de ses gens et officiers a son departement du chastel de Tours » la somme de 150 francs (ibid., fol. 55 v°).

(10) Lettres patentes données en ce lieu, le duc en son conseil : arch. Nîmes, NN 1, n° 53 ; arch. Alès, I S 13, n° 21 ; arch. Albi, CC 84 ; B. N., ms. Doat 157, fol. 224 ; éd. Devic et Vaissete, Hist. de Languedoc, nouv. éd., t. X, preuves, col. 1534-40, n° 613.

(11) Arch. Sienne, Concistoro, t. XII, n° 85 ; éd. Mirot, Les rapports financiers de Grégoire XI et du duc d'Anjou, ap. Mélanges d'archéologie et d'hist., t. XVII [1897], p. 116, n. 2.

(12) Cette lettre fut de peu antérieure à l'entrevue (Fawtier et Canet, op. cit., p. 155).

(13) « ... Tosto siate pronto e sollecito a levare il gonfalone della santissima croce... Spero... che..., con grandissimo fuoco d'amore piglierete la croce nella quale si spense e distrusse la morte del peccato mortale e avemmo la vita... E fate tosto, senza negligenzia, non prolungate più tempo. »

(14) Voir Fawtier, op. cit., t. II, p. 146 ; Fawtier et Canet, p. 156 ; Denis-Boulet, op. cit., pp. 121, 138.

d'Anjou veut, pour l'amour du Christ et par révérence pour la sainte Croix, avec un aimant et saint désir endurer cette fatigue, laquelle, étant donné l'amour qu'il porte au saint passage, lui semble légère (15). »

Du fait qu'elle s'exprime ici en termes si affirmatifs, on peut, je crois, conclure qu'entre les deux lettres elle a vu Louis d'Anjou et l'a persuadé d'agir, tout au moins elle s'en flatte. Que Louis ait accepté d'être le chef de l'hypothétique expédition ne saurait surprendre. Ce faisant, il est dans la ligne de ses ancêtres, aussi bien de Philippe VI, son grand-père, aux derniers temps du règne de Jean XXII, comme de son père, le roi Jean, étudiant encore en 1363, avec Urbain V, les possibilités du passage d'outre-mer. En servant, au début de cette même année 1376, de plénipotentiaire à son frère pour la conclusion d'une trêve franco-anglaise, le duc d'Anjou ne devançait-il pas les désirs les plus chers de la papauté ? La paix occidentale, aux yeux de la diplomatie avignonnaise, c'était la réalisation la plus immédiatement souhaitable en vue de faire à nouveau la guerre à l'Islam. Les traités signés dans les mois précédents entre Gênes et Chypre, comme entre le pape lui-même et les Visconti étaient, au même titre que la trêve de Bruges, mesures préalables à l'expédition.

Ils n'étaient pas avares de promesses, ces Valois ! mais nous croirons difficilement, malgré l'affirmation de Dominici, que le duc d'Anjou ait offert d'assurer l'expédition à ses propres frais. Certes, il avait des caisses suffisamment garnies pour se permettre d'avancer alors 60.000 florins au pape en vue du voyage d'Italie ; néanmoins, faire la croisade en en supportant seul les frais n'eût guère été dans la ligne de sa politique.

Mais au fait, de quelle croisade s'agit-il ? A lire la lettre de Catherine au pape, nous pouvons nous poser la question. Par l'ambiguïté de ses expressions, elle y entremêle si étroitement la question du « passage » à celle du retour à Rome que l'on ne sait au juste pour laquelle de ces deux expéditions le duc est appelé à « dresser bien haut l'étendard et enseigne de la très sainte croix. » Ne l'a-t-on pas d'abord pressenti pour une entreprise, au service de Grégoire, contre les rebelles du Patrimoine ? Peut-être au fond y a-t-il, aux yeux de Catherine, liaison nécessaire entre le voyage pontifical, avec la récupération des Etats de saint Pierre, et le voyage d'outre-mer. L'un conditionne l'autre, de même que plus tard, dans la pensée de Charles VIII, la conquête de Naples ne sera qu'un préambule à l'expédition d'Orient.

On n'ignore pas que la croisade resta à l'état de projet, et que le duc ne fit rien pour lui donner corps. Il était aussi réaliste, soucieux de ses propres intérêts, que Catherine vivait dans l'absolu, dépourvu de sens politique (16). En revanche, les quelques occasions qu'elle eut de cor-

---

(15) « So che mi parbe che voi diceste, quando fui dinanzi alla Vostra Santità, che egli era bisogno d'avere uno principe che fusse buono capo : altrimenti non vedevate il modo. Ecco il capo, Padre santo. Il duca d'Angiò vuole, per l'amore di Cristo e reverenzia della santa croce, con amoroso e santo desiderio pigliare questa fadiga, la quale, per amore ch'egli ha del santo passaggio, gli pare leggiera. »

(16) Je rappelle pour mémoire les pages si judicieuses de mon regretté maître Edouard JORDAN, *Sainte Catherine de Sienne, un homme d'Etat ?* ap. *Rev. des études italiennes*, t. III [1938], pp. 93-114.

respondre avec lui, soit par lettre soit directement, mirent en jeu, dans des domaines tout autres, son étonnante perspicacité psychologique.

Rien n'est plus savoureux à analyser que ses deux lettres au frère du roi de France et à ce monarque lui-même. La première, déjà citée, contient bien autre chose que l'appel à la croisade. Un manuscrit porte cette rubrique qu'elle fut écrite alors qu'Anjou venait d'échapper à la mort, un pan de muraille s'étant écroulé la veille au cours d'un banquet auquel il prenait part, accident qui fit plusieurs victimes (17). On imaginera sans peine quel admirable thème cette catastrophe (18) fournit à la prédicante Catherine. Le prince a senti passer le vent de la mort ; que ce soit pour lui un rappel de la brièveté de l'existence, qu'il songe à ses devoirs et aille servir le Seigneur. Jusqu'ici rien que de banal. Mais beaucoup d'autres passages de la lettre sont plus explicites : Dieu, par cet avertissement, a voulu réfréner en lui « toute vanité désordonnée », « toute délectation excessive et vanité mondaine ». De quoi servent ces grands banquets qui coûtent si cher ? « Plus l'homme en est rassasié et plus il est abandonné par la sainte joie et voué à tristesse. » Jésus n'a-t-il pas dit que « l'homme ne vit pas seulement de pain » (Matt. IV 4, cf. Sap. XVI 26) ? Il faut que Louis change de vie ; qu'il dédaigne désormais les « mets trop abondants », la « richesse de la vaisselle », les « vêtements richement ornés », car c'est un scandale que de dépenser ainsi des fortunes, alors que meurent de faim les pauvres, comme elle meurt aussi de faim, la pauvre âme du pécheur, privée de sa seule nourriture, Jésus-Christ... Et la terrible correspondante du duc ne redoute pas de lui appliquer la cinglante métaphore évangélique des sépulcres blanchis (Matt. XXIII 27) (19).

---

(17) « In un convito del duca cascò una muraglia, e rimasero più signori alla stiaccia ; poteva anco il duca » (éd. TOMMASEO, t. III, p. 303, n° 237).

(18) Dont par ailleurs je n'ai pu relever aucune trace. Mais de tels accidents n'étaient pas rares. Qui ne se souvient de celui qui marqua le couronnement de Clément V à Lyon (nov. 1305), causant la mort du duc Jean II de Bretagne ?

(19) Voici les passages les plus expressifs : « ... Quella santa memoria » [de l'Agneau immolé] « ... raffrenerà del cuore e dell'anima vostra ogni disordinato diletto e vanità del mondo, i quali diletti passano via come 'l vento e lasciano sempre la morte nell' anima... E' cosa giusta... che sostenga pena infinita colui che offende Dio..., dico di quello che spende tutta la vita sua in delizie e in vivere splendidamente, cercando i grandi onori nelli gran conviti e molti adornamenti, e tutta la sostanzia loro non spendono in altro, e i poverelli si muoiono di fame. Ma essi sempre cercano le grandi e le molte vivande, nettezza di vasi, le care mense e delicati e ornati vestimenti, ma non si curano dell' anima tapinella che si muore di fame però che gli tollono 'l cibo della virtù... E però disse Cristo che di solo pane non viveva l'uomo ma della parola di Dio... Seguitando noi pur il mondo, potrebbe esser detto a noi quella parola che disse Cristo benedetto de' Giudei : Costoro sono simili a' sepolcri che di fuore sono belli e scialbati e dentro sono pieni d'ossa e di puzza di morti... Voi v'ingegnerete di correggere si' la vita vostra che questo non tocchèrà a voi, ma con grandissimo fuoco d'amore piglierete la croce... I conviti del mondo... danno spesa senza alcun guadagno, e

En ces quelques lignes elle a bien mis l'accent sur tout ce qui, au moral, constitue les points faibles de la personnalité du duc d'Anjou : amour de la pompe, du luxe, ostentation, argent jeté par les fenêtres. Il n'est que de lire quelques pages des inventaires de ses joyaux jadis publiés (20), pour tomber d'accord qu'elle a vraiment touché le défaut de la cuirasse (21).

Je ne m'attarderai point à la lettre que la sainte écrivit à Charles V, a la demande du duc (22), et dont le motif apparaît moins net, encore qu'elle se rattache toujours à la préoccupation de la croisade (23). On y supplie le roi de faire la paix avec son adversaire anglais ; on le conjure également de ne pas considérer le royaume comme sa chose propre, mais comme un domaine dont il est seulement dépositaire ; et puis surtout de ne pas permettre que ses officiers mettent en coupe réglée les provinces, par leurs convoitises et leur corruption. Qu'il garde, en toute chose, la justice. Ces lignes, où la charité chrétienne de la jeune tertiaire rejoint, en une singulière concordance des termes, l'idéologie aristotélicienne, alors florissante, du *Songe du Vergier*, seraient bien intéressantes aussi à gloser. Si vraiment Louis d'Anjou a sollicité la lettre, les termes en sont en revanche assez amers, dans leur ironie peut-être inconsciente, car on sait combien l'administration du duc en Languedoc était œuvre d'hommes tarés, véritables sangsues de ces provinces. On n'a aucune preuve que cette lettre ait jamais touché son destinataire, et M. Fawtier suppose qu'elle ne fut jamais expédiée : ce ne serait pas étonnant, car le duc ne pouvait qu'être peu satisfait du tour que Catherine avait donné à son message.

Resteraient enfin à expliquer les quelques lignes de Bartolomeo Dominici relatives au séjour de celle-ci à Roquemaure. Il s'agit d'un château, sur la rive droite du Rhône, à une quinzaine de km. au N. d'Avignon (24), en face de Châteauneuf-du-Pape. C'était une des résidences favorites de Louis d'Anjou lors de ses fréquentes entrevues avec les papes (25). La femme de ce prince, Marie de Blois, s'y reposait en cet été

---

quanto più sen' empie l'uomo, più rimane vuoto da letizia... Bene lo vedesti voi nel di' d'ieri che avendo voi con grande festa fatto il convito 'l vi tornò a grande amaritudine... *Dicovi da parte di Cristo crocifisso che* sempre il di' d'ieri portiate nella memoria... Questo caso... sia pena sanativa d'un cognoscimento santo di voi medesimo, siavi un santo freno che raffreni in voi ogni disordinata vanità, siccome si fa al cavallo che corre », etc.

(20) Par H. MORANVILLÉ (Paris, 1906, in-8°) ; par E. G. LEDOS, ap. *Biblioth. de l'éc. des chartes*, t. L [1889], pp. 168-79.

(21) Pour ce qui est des banquets, il en avait offert un aux cardinaux a Villeneuve-lés-Avignon, le 27 novembre 1374, qui demeura célèbre. On avait tué six sangliers pour l'occasion. Cf. L. MÉNARD, *Hist. de Nîmes...*, Paris, 1744-58, in-4°, t. II, p. 321.

(22) « A stanza del duca », disent les rubriques.

(23) DENIS-BOULET, *op. sit.*, p. 124.

(24) Ch. l. de cant., arr. de Nîmes (Gard).

(25) On y peut noter sa présence le 22 sept. 1368 (B. N., P. O. 1601, Juniat, n° 10), en sept. 1369 (ms. fr. 20384, fol. 4 ; arch. Gard, G 1239, n° 152), du 12 juin au 1er juill. 1370 (MÉNARD, *op. cit.*, t. II, preuves, p. 3 ; P. O. 145, Aurie, n° 2), le 2 janv. 1374 (arch. Hérault, A 6, fol. 149), etc.

de 1376. Quelles peuvent être les consolations que la Siennoise lui prodigua lorsqu'elle la rencontra ? Son historien l'a finement discerné (26) : la duchesse d'Anjou n'avait pas de fils, et tout naturellement s'en désolait. C'était, au témoignage des contemporains, une fort belle femme, et Louis avait rompu, pour l'épouser, des fiançailles politiques avec une infante aragonaise ; il s'était évadé, étant prisonnier sur parole du roi d'Angleterre en 1363, pour la venir retrouver en France. S'il est un fait également qu'aucun document ne vient démentir, c'est celui de la fidélité du duc à sa femme, et de la tendresse qui les unissait. Or, mariés le 9 juillet 1360, Louis et Marie, seize ans plus tard, n'avaient toujours pas de fils.

Une fille, il est vrai, Marie, leur était née vers le 15 septembre 1370 (27) ; mais elle avait dû mourir au berceau, car nous ne trouvons plus trace ensuite de cette enfant. Et le duc — déjà déçu par la naissance du dauphin son neveu, futur Charles VI, le privant de tout espoir de devenir un jour roi de France — se désespérait de n'avoir pas d'héritier de son apanage.

Nous retiendrons seulement ici, en rapprochant les dates, que moins de cinq mois après l'entrevue entre Catherine de Sienne et Marie de Blois, un nouvel espoir apparut pour celle-ci, et qu'il ne fut point déçu (28), puisque le 7 octobre 1377 naquit à Toulouse celui qui devait être Louis II d'Anjou (29).

Durant son séjour avignonais, si Catherine n'avait pas, comme on l'a trop longtemps cru et dit, décidé Grégoire XI à regagner l'Italie, si ce pape, résolu au voyage dès avant son arrivée, ne fut pas le *novus de virgine forti* dont parle la prophétie du faux saint Malachie, par ailleurs, en ses relations avec le duc et la duchesse d'Anjou, la célèbre Siennoise donna des preuves remarquables de son intuition, en même temps que de l'efficacité des prières qu'elle adressait au Ciel.

---

(26) Fawtier et Canet, *op. cit.*, p. 155.

(27) Non en octobre, comme le voudrait S. Solente (éd. de Christine de Pisan, *Le livre...*, Paris, 1936-40, in-8°, t. I, p. 140, n. 4), car, le 24 septembre, le duc Jean de Berry donna 100 livres au courrier lui apportant la nouvelle de cette naissance (A. N., KK 251, fol. 28).

(28) La chose a été discrètement notée (*loc. cit.*) par M. Fawtier.

(29) La date est fournie par la chronique du *Petit Thalamus* (éd. Soc. archéol. de Montpellier, 1836-40, p. 395) ; cf. Vaissette, *op. cit.*, t. IX, p. 863. Le père apprit la nouvelle au siège de Duras le 10 octobre (B. N., ms. fr. 26014, n° 2029), et le roi dès le 19 (*Mandements et actes divers du roi Charles V*, éd. L. Delisle, Paris, 1874, in-4°, p. 750, n° 1486). La ville de Toulouse discute le 28 du montant du cadeau à offrir à la duchesse pour ses relevailles (arch. Toulouse, BB 1, fol. 42 r°). Les félicitations du pape ne partirent que le 2 décembre (*Lettres... de Grégoire XI relatives à la France*, éd. Mirot et Jassemin, col. 718-19, n° 2096).

XII

UNE AMBASSADE DE RINALDO ORSINI ET PIERRE DE CRAON

A FLORENCE, MILAN ET AVIGNON (1383)[1]

Dans une récente étude[2], j'ai donné un aperçu rapide de la vie et des campagnes de Rinaldo Orsini, un des principaux défenseurs de « l'antipape » Clément VII en Italie. Les limites que je m'étais volontairement imposées dans un but de synthèse ne m'avaient pas permis de m'étendre sur un épisode fort intéressant de la vie de ce personnage, que quelques documents inédits (mais fragmentaires et faisant fort regretter la perte de tant d'autres) éclairent d'une vive lumière. Je veux parler d'une ambassade qu'accomplit Rinaldo Orsini de la part de Louis Ier d'Anjou durant les mois de février-mai 1383.

Ce dernier était, au début de 1383, dans une situation des plus critiques. Le début de son expédition en vue de la conquête du royaume de Naples avait été relativement brillant. Il était entré dans Cittareale[3], puis dans Aquila, vers le 14 septembre[4], avec l'aide de

---

[1] Je dois de très vifs remerciements à mon oncle, M. L.-H. Labande, de l'Institut, qui m'a communiqué un travail inédit sur Bernard de la Salle, auquel je suis redevable de nombreuses précisions.

[2] E.-R. Labande, *Le rôle de Rinaldo Orsini dans la lutte entre les papes de Rome et d'Avignon (1378-1390)*, ap. *Mél. d'arch. et d'hist.*, t. XLIX [1932], p. 158-180.

[3] Lettre de Nicola di Carlino, commissaire lucquois à Pérouse, au gonfalonier de justice de Lucques, 23 sept. 1382 (Lucques, Archivio di Stato, Anziani al tempo della libertà, filza 571, éd. [sous date fautive du 22 sept. 1383] ap. L. Fumi, *Archivio di Stato in Lucca, Regesti*, Lucques, t. II, 2e partie [1907], in-4º, p. 205, nº 1170).

[4] Lucques, *filza cit.*, éd. ap. Fumi, *loc. cit.*, et p. 140, nº 854; p. 206,

Rinaldo Orsini et de Bernard de la Salle. Après un repos d'une dizaine de jours dans la dernière de ces deux villes[1], il repartit dans la direction de Naples, mais brusquement s'arrêta à Maddaloni, à quelques lieues de la capitale. On était au 15 octobre, l'hiver allait donc bientôt interrompre les opérations; or, Naples était à la merci d'un coup de force. Au large croisaient des galères provençales envoyées dès juillet et prêtes à seconder Louis d'Anjou[2]; en outre, Charles de Durazzo, entouré seulement de quelques barons napolitains, était pour le moment incapable de livrer bataille. Il avait bien demandé aux Florentins de lui céder pour quelques mois leur grand chef John Hawkwood : ceux-ci l'avaient envoyé[3], mais il était encore sur territoire siennois à extorquer de l'argent à la malheureuse ville de Sienne, sans cesse pressurée par les compagnies[4].

L'occasion était donc on ne peut plus favorable pour une attaque sur Naples. Pourquoi Louis ne la tenta-t-il pas, et d'où vient que, si près du but, alors qu'une victoire facile lui aurait assuré le trône, il se soit retiré en Pouille pour y installer ses quartiers d'hiver? Il est vraiment trop aisé de l'accuser de pusillanimité : la vérité est que;

n° 1171). Le 17 septembre d'après certains chroniqueurs (*Chronicon Siculum incerti authoris...*, éd. G. de Blasiis, ap. *Monumenti storici napoletani*, Naples, 1887, in-4°, p. 47; Niccolò da Borbona, *Delle cose dell'Aquila...*, ap. Muratori, *Antiquitates,* t. VI, col. 857), le 13 d'après d'autres (*Quattro cronache e due diari inediti relativi ai fatti dell'Aquila...*, éd. G. Pansa, Sulmona, 1902, in-4°, p. 60). Voir encore Pansa, p. 5, 32; P. Buoninsegni, *Historia fiorentina...*, Florence, 1580, in-4°, p. 664; N. Valois, *La France et le grand schisme d'Occident...*, Paris, t. II [1896], in-8°, p. 49.

[1] G. Pansa, *op. cit.*, p. 5; B. Cirillo, *Annali della città dell' Aquila...*, Rome, 1570, in-4°, fol. 48 r°. Voir aussi Agnolo di Tura, *Croniche...*, ap. Muratori, *R. I. S.*, éd. in-fol., t. XV, col. 276; Sozomeno da Pistoia, *Specimen historiae...*, ibid., t. XVI, col. 1125 ; Valois, t. II, p. 52.

[2] *Chronicon Siculum...*, p. 47; N. Valois, *La France et le grand schisme...*, t. II, p. 55, n. 1.

[3] *Diario d'anonimo fiorentino...*, éd. A. Gherardi, ap. *Documenti di storia italiana*, t. VI [1876], p. 444; cf. ci-dessous, p. 202 et 206.

[4] J. Temple Leader et G. Marcotti, *Giovanni Acuto (Sir John Hawkwood)...*, Florence, 1889, in-8°, p. 142.

depuis le départ de Carpentras, son armée, au cours d'une marche interminable, avait fondu à vue d'œil, et, ce qui était peut-être encore plus grave, son trésor aussi. Maintenant, ce trésor, pourtant si abondamment garni par Clément VII au départ de Provence, se trouvait vide, et la disette accablait l'armée, « en sorte que les hommes mouraient comme des chiens[1] ».

Louis chercha donc, durant cet hiver qui commençait, à renouer des relations avec Clément VII, et décida de lui envoyer une ambassade chargée de solliciter du pape avignonnais des secours financiers. Clément VII n'avait-il pas été le grand organisateur et bailleur de fonds de l'expédition, après en avoir été l'instigateur? Chose étrange, ce ne fut pas à un Français que fut confié le rôle essentiel au cours de cette mission, ce fut à un Italien, à Rinaldo Orsini. Le choix s'explique aisément : Rinaldo avait été un serviteur très fidèle de la reine Jeanne, puis de Louis ; dans la place forte d'Orvieto qu'il avait emportée en 1380, il avait proclamé Clément VII pape légitime[2], c'était donc quelqu'un sur le loyalisme de qui Louis croyait pouvoir compter. Avec lui furent envoyés en Avignon divers grands personnages de l'entourage français du duc. Le plus en vue de ces seconds était Pierre de Craon, qui, né vers 1345, et descendant d'une illustre famille d'Anjou[3], devait plus tard se rendre bien tristement célèbre par sa tentative d'assassinat contre le connétable de Clisson. Jusqu'ici, il avait été un des fidèles du roi Louis, un de ceux dont son chancelier Jean Le Fevre, dans son précieux journal, cite le plus souvent le nom parmi ceux de l'entourage immédiat du prince. Avec lui et Rinaldo furent désignés pour se rendre en Avignon : Jean de

[1] *Giornali Napoletani...*, ap. Muratori, *R. I. S.*, éd. in-fol., t. XXI, col. 1047.
[2] Orvieto, Archivio segreto del Comune, Riformagioni, reg. CI, 3ᵉ partie, fol. 33.
[3] Sur lui, voir Bertrand de Broussillon, *La maison de Craon...*, Paris, t. II [1893], in-8°, p. 225 et suiv.

Seye, évêque d'Albi[1], Jean de Bueil, chambellan de Louis d'Anjou[2], Georges de Marle, précédemment maître de chambre de Clément VII[3], Arnoul La Caille, un des secrétaires de Louis, très souvent nommé également par Jean Le Fevre, et un certain nombre d'autres.

Avignon ne fut pas le seul but assigné à l'expédition. Les ambassadeurs angevins devaient se rendre également à Florence et à Milan. Des Florentins, on n'attendait pas d'argent, mais on voulait éviter qu'ils en prêtassent aux durazzistes, et Louis tenait à être fixé sur la conduite équivoque de la Seigneurie au cours de la guerre. A Milan, en revanche, l'ambassade recueillerait de l'argent des mains de Bernabò Visconti. Celui-là était un allié : lorsque, en juillet, l'armée angevine avait passé sur ses terres, il avait tenu à resserrer les liens d'amitié qui l'unissaient déjà à la France (il avait marié, le 17 avril 1382[4], son fils Carlo, seigneur de Parme, à une fille du comte d'Armagnac), non seulement en promettant à Louis d'Anjou son alliance dans le conflit engagé, mais en lui offrant de marier sa fille Lucia au jeune Louis, fils et héritier du duc[5]. Le traité fut signé le 18 juillet 1382 et la dot de Lucia fixée à 200.000 florins payables en cinq tranches annuelles, cette somme devant servir à l'entretien d'un certain nombre de lances au service du duc ; la première tranche en fut immédiatement versée[6]. C'étaient les 40.000 florins de 1383 que Louis chargeait maintenant Rinaldo Orsini et ses compagnons d'aller chercher à Milan ; avec l'argent qu'ils toucheraient ensuite à

---

[1] Il devait mourir quelques mois après ce voyage.

[2] Il avait déjà été envoyé en mission par lui en août 1381 (*Journal de Jean Le Fevre*, éd. H. Moranvillé, Paris, t. I [1892], in-8º, p. 8).

[3] Cf., par exemple, ap. Archivum secretum apostolicum Vaticanum, *Introitus et exitus*, reg. 354, fol. 68.

[4] L. Osio, *Documenti diplomatici tratti dagli archivi milanesi*, Milan, t. I [1864], p. 227, nº 164; P. Durrieu, *Les Gascons en Italie*, Auch, 1885, in-8º, p. 39.

[5] N. Valois, *La France et le grand schisme...*, t. II, p. 39.

[6] Osio, *op. cit.*, p. 228, nº 166; *Chronicon Estense...*, ap. Muratori, *R. I. S.*, éd. in-fol., t. XV, col. 508; N. Valois, *op. cit.*, t. II, p. 40-41.

Avignon, le duc espérait arriver à obtenir 100.000 florins qui lui seraient indispensables pour entreprendre sa campagne de printemps. C'était donc, au suprême degré, une mission de confiance dont il chargeait ses ambassadeurs : ceux-ci allaient-ils s'en montrer dignes ?

. . .

C'est en janvier 1383 que nous rencontrons les premières mentions d'un projet d'ambassade à Avignon ayant à sa tête Rinaldo Orsini. Vers la fin de ce mois, Rinaldo était absent d'Aquila, dont Louis d'Anjou lui avait, fin septembre, confié la garde[1], et tentait de regagner la ville avec son frère Giovanni. Comme ils en approchaient, le 30 janvier, à la tête de 1.300 chevaux, ils furent arrêtés par les troupes de Giovanni di Napoleone Orsini, comte de Manoppello[2], qui non seulement les empêchèrent de rentrer dans Aquila, mais leur infligèrent un sérieux échec. C'est du moins ce qu'affirme Francesco, médecin d'Urbain VI, dans une lettre adressée le 31 janvier 1383 aux Défenseurs de Sienne[3], lettre se basant elle-même sur un compte-rendu de la bataille envoyé par le comte de Manoppello à son fils, et par conséquent vraisemblablement partiale. Francesco ajoute en terminant : « Beaucoup de gens connus des dits frères Orsini et qui sont de leurs anciens amis racontent que ledit monseigneur Rinaldo, après avoir réparti ses gens dans ces régions [de Rome] et dans le Patrimoine, en partie pour faire la guerre, en partie pour qu'ils puissent vivre (car les troupes du duc sont tout à fait épuisées par le manque de ravitaillement), va aller en Avignon. »

Rinaldo dut partir en proie à une certaine inquiétude ; il venait

---

[1] « ... A l'Aquila à lassciato messer Ranaldo Ursini e messer Bernardo de Sala cum 300 lance. » (Lettre de Vieri de'Medici, 23 septembre 1382, Lucques, Archivio di Stato, Anziani al tempo della libertà, filza 571, éd. Fumi, *Archivio di Stato in Lucca, Regesti*, t. II, 2e partie, p. 213, n° 1182).

[2] Litta, *Famiglie celebri italiane*, t. V, Orsini, pl. VI. En 1384, Louis d'Anjou lui enlèvera le comté de Manoppello pour en investir Rinaldo (Rome, Archivio Capitolino dell'Urbe, Archivio Orsini, II. A-VIII. 18).

[3] Pièce justificative n° 1.

très probablement[1] du camp de Louis d'Anjou, où il avait pu constater les ravages faits par l'épidémie, laquelle rappelait le duc à la pensée de ses fins dernières, lui dictait son testament[2] et allait bientôt emporter le comte de Savoie; il avait été repoussé au moment d'entrer dans Aquila, sans pouvoir, avant une absence de plusieurs mois, se rendre compte de l'état dans lequel il laissait cette ville et sans avoir pu encourager la fidélité des habitants à la cause angevine. Et il pouvait se demander avec quelque inquiétude ce qu'il trouverait à son retour. Mieux placé que bien d'autres pour connaître la vérité sur l'état de Louis d'Anjou, il était peut-être persuadé dès cet instant que cette cause était condamnée, et peut-être résolu à s'approprier sans vergogne les sommes qu'il allait quérir bien loin. Ce serait une explication très plausible — et très compatible avec les innombrables exemples de la morale politique de son siècle — de ce que fut sa conduite future.

Le 7 février, Rinaldo arriva à Orvieto, sa capitale[3], où il entendait régler toutes choses utiles avant son départ. Il n'y passa que deux jours au plus; déjà ses éclaireurs chevauchaient sur les routes de Toscane, en vue de lui obtenir les sauf-conduits nécessaires. Un grand nombre de capitaines s'étaient réunis pour l'attendre et l'escorter ensuite. Il avait, en effet, besoin d'une importante escorte, étant donné la gravité de sa mission. En chemin, il avait déjà réquisitionné les troupes, sans doute sans emploi, qui cantonnaient à Acquasparta[4] et à Bagnoregio[5], et sa petite armée était déjà assez redoutable pour inquiéter le capitaine d'Acquapendente[6] et surtout les Siennois,

---

[1] Nous ne suivons plus sa trace depuis fin septembre 1382.

[2] Paris, Arch. nat., P 1334-17, n° 34.

[3] Sienne, Archivio di Stato, Concistoro, t. 1808, n° 52; Orvieto, Archivio del Comune, Riformagioni, reg. CI, 3e partie, fol. 42 r°.

[4] Dans la montagne, à une vingtaine de kilomètres à l'ouest de Spolète.

[5] Entre Orvieto et le lac de Bolsena.

[6] Lettre de ce capitaine aux Siennois, Acquapendente, 7 février (Sienne, Concistoro, *loc. cit.*).

sur le territoire desquels Rinaldo et ses compagnons s'apprêtaient à passer en se rendant à Florence, première étape de leur ambassade.

Malgré plusieurs trêves signées les années précédentes entre les Siennois et les Bretons, trêves qui obligeaient indirectement Rinaldo, ce dernier, depuis qu'il jouait un rôle militaire, n'avait guère cessé d'être avec Sienne en rapports tendus, ce qui s'explique puisqu'ils étaient voisins et que la ville d'Acquapendente, entre l'arbre et l'écorce, avait fait sans cesse l'objet de revendications divergentes. A la demande de sauf-conduit de Rinaldo Orsini, Sienne ne répondit pas sans un certain embarras; les Défenseurs de la ville, cependant, le 7 février, lui octroyèrent un laissez-passer valable six jours que lui apportèrent, à son passage à Acquapendente, deux messagers, Angelo di Guido di Simone et Giacomo Pagni; mais cette concession était accompagnée de diverses réserves[1].

Il partit d'Orvieto sans doute le 9 février; Simonetto di Castel di Piero, recteur urbaniste du Patrimoine, en annonçant la chose aux Siennois[2], ajoute qu'il n'a pas entendu dire que Bernard de la Salle, comme sans doute on l'avait redouté à Sienne, accompagnât Rinaldo. Bernard avait, en effet, été fait prisonnier le 20 octobre par les troupes durazzistes[3], et il était très probablement occupé maintenant à débattre les conditions de sa rançon. Rinaldo partit avec 350 chevaux : nous pourrions nous étonner à bon droit que, étant donné le dénuement de son maître, il ait pu prendre à sa solde tant de gens, pour un voyage long et périlleux, si nous ne savions par ailleurs[4]

---

[1] « ... Qui cives ducant et guident eum dominum Renaldum et comitivam suam per comitatum Senarum per loca et stratas minus dampnosa, et mittant eos omnes vel partem ipsorum in partes communitatis prout eis visum fuerit conveniri, non ducendo nec introducendo ipsos in civitatem vel burgos Senarum, et cum eis morentur usquequo exierint de comitatu et territorio Senarum » (Sienne, Concistoro, reg. 115, fol. 15 v°).
[2] *Ibid.*, t. 1808, n° 53.
[3] *Chronicon Siculum...*, éd. de Blasiis, p. 47.
[4] Cf. ci-dessous, p. 208.

que lui-même était assez riche pour avancer au duc d'Anjou des sommes considérables.

Le 10 février, Rinaldo Orsini passa en vue de Sienne « con poca gente », dit une chronique[1]. Le gros de ses troupes avait sans doute passé plus au large, se conformant aux instructions des messagers siennois, et lui-même avec son état-major ne pénétra pas dans la ville : un mois plus tard, écrivant de Naples aux Siennois au nom de Durazzo, Antonio Conti les félicita vivement de n'avoir pas permis l'accès de Sienne aux défenseurs de Clément VII[2]. Poursuivant son voyage à vive allure, le jeudi 12 février, à neuf heures du matin[3], Rinaldo Orsini et sa brillante suite entrèrent à Florence[4]. Le 13, devant les collèges de la Seigneurie et « devant beaucoup de citoyens requis à cet effet et toute sorte de gens qui y allèrent », il exposa, ainsi que ses compagnons, les réclamations et doléances de Louis d'Anjou.

Après les salutations d'usage, il commença par rappeler tous les liens qui existaient depuis longtemps entre la ville de Florence et la Maison royale de France, tous les services qu'avaient rendus et toute la sympathie qu'avaient toujours témoignée les rois de France à leurs amis les Florentins, et réciproquement l'attitude dévouée qu'avait toujours conservée Florence à l'égard des Valois. Pour en venir au cas particulier du duc d'Anjou, il définit en trois points la cause de

[1] Agnolo di Tura, *Cronica Sanese*, ap. Muratori, *R. I. S.*, éd. in-fol., t. XV, col. 277.
[2] Cette lettre est également fort intéressante, car elle donne des détails sur l'état de la campagne de Louis d'Anjou et sur la mort du comte de Savoie. Nous la publions en appendice (pièce justificative n° 3).
[3] *Diario d'anonimo fiorentino...*, éd A. Gherardi, p. 447.
[4] « Venne a Firenze uno delli Orsini da Roma, che hae nome Messer Rinaldo, e con lui venne un Barone del Duca d'Angiò...; i quali, si disse, che andavano Ambasciadori del Duca d'Angiò a Milano; ed esposono ambasciata al popolo di Firenze per parte del Duca d'Angiò di più cose, i quali furono sei capitoli. » (Ser Naddo da Montecatini, *Memorie storiche...*, éd. Fra Ildefonso di San Luigi, ap. *Delizie degli eruditi toscani*, t. XVIII [1784], p. 63.)

ce dernier. Tout d'abord, il fit remarquer la loyauté de l'attitude du duc envers Florence, qu'il entendait conserver intégralement avec elle les excellents rapports qu'ils avaient toujours eus, et qu'il l'avait prouvé en offrant son alliance à la Seigneurie. En second lieu, il montra combien étaient injustes les prétentions de celui qui, si mal à propos, se faisait appeler Charles de la Paix, comment ce dernier avait donné au monde le spectacle d'une criminelle ingratitude en se souillant par le meurtre d'une reine qui avait comblé sa jeunesse de bienfaits; combien au contraire était loyale l'attitude de Louis qui « était venu et passé outre monts avec grande multitude de gens et avec très grande dépense, sans causer dommage à seigneur, peuple ou commune de ces régions ou à leurs comtés, mais qui était venu pour voir sa mère, Mme la reine Jeanne, de laquelle il était fils adoptif, et prendre possession de son royaume ». Enfin, il traça un tableau brillant, mais mensonger (et les auditeurs florentins ne s'y trompèrent pas) des succès remportés par les Angevins dans le royaume de Naples.

Cette apologie du duc et de son attitude une fois terminée, Rinaldo Orsini y opposa, en termes qui n'allèrent pas sans une certaine violence[1], l'attitude trouble des Florentins et tout ce qu'ils avaient fait de contraire aux intérêts de Louis d'Anjou. Il leur reprocha d'abord d'avoir envoyé John Hawkwood au service des ennemis du duc, déclarant qu'il savait fort bien que Hawkwood avait reçu pour ce faire de l'argent de Florence. La ruse des Florentins était éventée. La paix signée entre eux et Urbain VI à Tivoli le 28 juillet 1378 à la suite de la guerre dite des « Otto Santi » avait imposé aux Florentins l'obligation de payer au pape une certaine somme chaque année; en octobre 1382, un accord secret entre eux et Urbain VI avait substitué au paiement l'envoi de John Hawkwood, dûment pourvu à l'avance de 12.000 florins, en principe au secours des Romains et du pape

---

[1] « Inhonesta verba » (Florence, Arch. di Stato, Consulte e Pratiche, reg. 22, fol. 17).

menacés par les hasards de la guerre, en fait au secours de Durazzo[1].

Un second chef d'accusation fut le bruit selon lequel Florence s'apprêtait à payer des sommes considérables — près de 80.000 florins — à Charles de Durazzo. Ce sont ces sommes que le compte-rendu du discours de Rinaldo appelle « pecunia ducisse Duratii et imperatricis Constantinopolitane ». Ces deux femmes sont Giovanna et Agnese di Durazzo, sœurs de la reine Marguerite, mariées, la première à Robert d'Artois (c'est la duchesse de Durazzo), la seconde en premières noces à Can della Scala, en secondes noces à Giacomo del Balzo, empereur titulaire de Constantinople et despote de Romanie. Agnese avait déposé aux mains de la Seigneurie de Florence 38.000 florins constituant la dot de son premier mariage. Son beau-frère Charles, pour subvenir aux frais de sa campagne, les lui avait réclamés, et elle, dans son testament, au moment même où Rinaldo arrivait à Florence, venait de les lui léguer, enjoignant aux banquiers florentins de les rendre au roi[2]. Il en était de même de 40.000 florins appartenant à la duchesse de Durazzo[3]. Rinaldo Orsini se plaignit de ces réclamations des Durazzo et fit comprendre aux Florentins l'effet désastreux, auprès de Louis d'Anjou, de leur obéissance possible à ces injonctions. Il essaya d'un argument tiré de leur propre intérêt, disant qu'ils auraient à payer deux fois les 78.000 florins, car en ce moment les duchesses réclamaient leur argent par la voix de leur beau-frère, et, comme elles n'en toucheraient pas un traître florin,

---

[1] Marchionne di Coppo Stefani, *Istoria fiorentina...*, éd. Fra Ildefonso di San Luigi, ap. *Delizie degli eruditi toscani*, t. XVII [1783], p. 24, rubr. 941; cf. G. de Blasiis, éd. du *Chronicon Siculum...*, p. 48, n. 2; J. Temple Leader et G. Marcotti, *Giovanni Acuto...*, p. 140 et suiv.

[2] A ce propos, voir Florence, Archivio di Stato, Consulte e pratiche, reg. 22, fol. 51 r°; *I Capitoli del Comune di Firenze. Inventario e regesto*, Florence, t. II [1893], in-4°, p. 337; Gherardi, éd. du *Diario d'anonimo fiorentino...*, p. 449, n. 8; Angela Valente, *Margherita di Durazzo, vicaria di Carlo III...*, ap. *Arch. stor. per le prov. napoletane*, t. XL [1915], p. 283 et suiv.

[3] Valente, *op. cit.*, t. XLI [1916], p. 281-282.

Charles s'apprêtant à tout prendre pour lui, elles le réclameraient plus tard une seconde fois.

Le même raisonnement s'appliquait encore, pensait-il, aux sommes dues à Urbain VI, et ce fut ce qu'il leur exposa ensuite. Les sommes que les Florentins paieraient maintenant au pape en vertu du traité de paix de 1378 ne serviraient qu'à la guerre soutenue par Durazzo et seraient considérées comme une bénévole contribution de guerre; ensuite, il leur réclamerait une seconde fois la somme. C'est ainsi qu'ils pouvaient être sûrs que le pape leur réclamerait une seconde fois les 12.000 florins qu'ils venaient de donner à Hawkwood. Il semble que Rinaldo et ses compagnons aient essayé de faire flèche de tout bois afin de frapper leurs auditeurs, et il faut reconnaître que ce dernier argument était beaucoup plus spécieux que les précédents.

Ils reprochèrent encore à la Seigneurie les négociations que celle-ci entreprenait pour racheter Arezzo à Charles de Durazzo. On sait que ce dernier s'était emparé de la ville en 1380[1] et la gouvernait depuis par l'intermédiaire d'un vicaire napolitain, Giacomo Caracciolo. Mais Florence entendait bien en devenir maîtresse[2], et c'est pourquoi Rinaldo lui fit entendre au nom de Louis d'Anjou « qu'elle ne devait pas acheter Arezzo au roi Charles, car l'argent qu'il en aurait serait grand secours pour lui et dommage pour le duc ». Enfin, il reprocha en dernier lieu aux Florentins les manifestations hostiles à Louis d'Anjou qui avaient eu lieu à Florence. « Le duc », dit-il en terminant, « s'efforcera de rester votre ami, mais, si tout cela continue, il s'efforcera de mettre un terme à vos offenses[3] ! »

[1] Valois, *La France et le grand schisme...*, t. II, p. 9 ; Labande, *Le rôle de Rinaldo Orsini...*, ap. *Mél. d'arch. et d'hist.*, t. XLIX [1932], p. 165.

[2] Valois, *op. cit.*, t. II, p. 72.

[3] Le discours de Rinaldo Orsini a été résumé très brièvement sur un feuillet de garde d'un registre des « Consulte e pratiche » de Florence : nous donnons ce compte-rendu en appendice (pièce justificative n° 2). Un autre résumé existe ap. Ser Naddo da Montecatini, *Memorie storiche...*, p. 63-64. Cf. A. Gherardi, éd. du *Diario d'anonimo fiorentino*, p. 447, n. 5, et Valois, *op. cit.*, p. 71.

Ces plaintes et ces menaces firent-elles grande impression sur Florence? Il est permis d'en douter. Florence était trop bien renseignée par ses ambassadeurs et par son service d'espionnage sur la faiblesse de Louis d'Anjou, trop consciente aussi de sa propre force, pour redouter le parti angevin-clémentin. Quant à celui qui parlait au nom de ce parti, il agissait sans doute par simple acquit de conscience, l'expérience des derniers mois lui ayant appris mieux qu'à bien d'autres l'état critique de la cause qu'il se trouvait amené à défendre, et d'autre part il n'était pas sans ignorer la puissance de la Seigneurie.

Pourtant, le jour où Rinaldo parla devant les Florentins, il semble que ses paroles aient produit un certain effet : en conseil, un orateur fut d'avis de faire tout ce qui était possible pour rassurer les ambassadeurs angevins[1]. Un autre fut d'avis de faire des excuses au sujet de tout ce dont se plaignait le duc d'Anjou, afin de calmer sa colère[2]. Un seul eut l'énergie de dire que, devant ces menaces, la Seigneurie n'avait qu'à resserrer son alliance avec ceux dont elle avait commencé à soutenir la politique[3].

Mais, dès le lendemain, on changea de ton et on releva la tête à Florence. De quoi se mêlait donc le duc d'Anjou de venir ainsi faire faire la leçon aux Florentins chez eux? N'étaient-ils pas leurs propres maîtres et citoyens de la plus puissante république d'Italie? Peu leur importaient les mérites respectifs de Louis et de Charles; ce dont ils se plaignaient, c'était de cette guerre qui déchirait l'Italie, paralysant le commerce[4]. Et quant à leur attitude à eux Florentins, eux seuls en étaient juges, et ils n'en devaient de comptes à personne. Si John

---

[1] « Filippus Cionetti dixit quod... fiat quicquid potest ut remaneant contenti. » (Florence, Arch. di Stato, Consulte e pratiche, reg. 22, fol. 15 v°).

[2] « Alexander Nicholai dixit quod fiat excusatio querimoniarum quas dux facit, et quod Domini deliberent cum aliquibus guelfis super responsione. Et sciatur voluntas ducis facta excusatione » (*Ibid.*).

[3] *Ibid.*, fol. 16 r°.

[4] « Simon Rainerii dixit quod... querimonia fiat de discordia regis et ducis » (*Ibid.*, fol. 17 r°).

Hawkwood était allé combattre au royaume de Naples, ce n'était pas leur faute : tout s'était passé en dehors d'eux, entre le pape et lui, et le plus légalement du monde[1]. D'autre part, si Florence continuait à payer le pape, c'est qu'elle n'eût pas pu cesser de le faire sans se parjurer (« sine ruptura fidei »), puisqu'elle s'y était engagée au traité de 1378. La majorité des avis fut donc qu'il ne fallait pas s'émouvoir des menaces du duc d'Anjou, qui ne ferait rien et n'avait aucune raison de faire quoi que ce fût contre Florence[2]. Il fallait répondre à ces insolents ambassadeurs que la ville était libre de ses faits et gestes, qu'elle s'étonnait d'entendre prononcer des paroles aussi violentes à l'égard du roi de Naples et de Sa Sainteté, qu'elle faisait les vœux les plus ardents en faveur de la paix. Et ensuite il fallait « que les ambassadeurs fussent honorés et renvoyés le plus vite possible ». On se conforma à cette décision : le lendemain 15 février, « lesdits ambassadeurs mangèrent au Palais de la Seigneurie avec beaucoup de chevaliers et d'autres honorables citoyens[3] » ; ils partirent très probablement le lendemain lundi.

.·.

L'ambassade poursuivit alors sa route vers Milan où eut lieu une entrevue avec Bernabò Visconti et le comte de Vertus. Sur cette partie du voyage, les documents contemporains nous font absolument défaut, et ce n'est que par des textes postérieurs que nous saurons, au reste seulement en partie, ce qui se passa à Milan. Qu'il nous suffise pour le moment de dire que, là, les envoyés de Louis d'Anjou

---

[1] Discours de Donato Acciaiuoli : « ... Dicatur quod Papa requisivit dominum Johannem, et non fuit concessum, sed quia petiit licentiam secundum formam conducte sue, non potuit denegari » (Consulte e pratiche, reg. 22, fol. 17 r°).

[2] Discours de Filippo Corsini (*Ibid.*, fol. 17 v°).

[3] Ser Naddo da Montecatini, *Memorie storiche...*, p. 64.

se partagèrent en deux groupes : l'un, avec Pierre de Craon, n'alla pas plus loin; le plus important, aux ordres de Rinaldo Orsini, se rendit en Avignon[1].

L'arrivée de Rinaldo à la cour pontificale d'Avignon eut lieu le 6 mars. Cette date nous est fournie par Jean Le Fevre, qui à vrai dire ne nomme pas Rinaldo lui-même, mais donne le nom de plusieurs de ses compagnons, et il s'agit à coup sûr de cette ambassade[2]. Il nous apprend en outre que les envoyés de Louis apportaient pour son chancelier une lettre lui intimant de se rendre à Paris afin de requérir de Charles VI et des princes des secours militaires et financiers. Le duc d'Anjou frappait à toutes les portes.

Le début du séjour en Avignon de Rinaldo Orsini fut marqué par deux actes de Clément VII en faveur de lui-même et de sa famille[3] : le 17 mars, son frère Giovanni, qui l'avait toujours suivi dans ses campagnes, et qui peut-être — bien qu'aucun texte ne le confirme — l'avait accompagné au cours de sa mission, reçut une donation territoriale importante dans le Patrimoine de Saint-Pierre[4]; et le 2 avril, par mandement adressé aux évêques clémentins de Montefiascone et de Marsico, Clément VII releva Rinaldo et Giovanni Or-

---

[1] Peut-être en passant par le col de Mont-Genèvre et la vallée de la Durance : c'était le parcours le plus indiqué — à condition naturellement que les neiges ne l'obstruassent pas — celui qu'en sens inverse, l'été précédent, l'armée angevine avait emprunté.

[2] « Lundi .VIIIe. jour de mars arrivé en Avignon et trouvé que en Avignon estoient arrivés le vendredi precedent l'evesque d'Albi, messire George de Marle, messire J. Souvain, Guillaume (sic) de Bueil, maistre Mace Freron et aultres plusieurs envoiéz de par monsegneur de Calabre » (*Journal de Jean Le Fevre, évêque de Chartres...*, éd. H. Moranvillé, Paris, t. I, seul publié [1892], in-8º, p. 46-47). Remarquons qu'en 1383 le 8 mars était un dimanche et non un lundi : le vendredi précédent était donc le 6.

[3] Ils étaient loin d'être les premiers : cf. Labande, *Le rôle de Rinaldo Orsini..*, p. 168, n. 6.

[4] Donation (moyennant un cens récognitif de dix-huit florins d'or par an) de la « terra Arnulforum » (Archivum Vaticanum, Reg. Vat. 294, ff. 72 vº-73 rº).

sini des excommunications qu'ils auraient pu encourir en portant la main sur des personnes sacrées[1].

Il y avait déjà près d'un mois que Rinaldo était en Avignon : ce fut seulement le 11 avril que les négociations engagées entre lui, ses compagnons et Clément VII purent aboutir. Ce jour-là, « monseigneur Rinaldo Orsini, chevalier, comte de Talhegosse[2], promit et jura sur les saints évangiles de fidèlement porter et remettre entre les mains de monseigneur le duc de Calabre, au royaume de Naples », 50.000 florins de la part de Clément VII. Mais de cette somme il ne lui fut remis immédiatement, en espèces sonnantes, que 38.000 florins, par les soins de Nicolas de Mauregard, trésorier de l'expédition de Naples[3]. Le reste, il le pourrait toucher au cours de son voyage de retour : 3.000 florins à Turin des mains du receveur apostolique, et 9.000 autres à Pise de deux marchands avignonnais pour lesquels il reçut des lettres de change[4]. En outre, à titre personnel (sans doute pour qu'il n'eût pas la tentation de se rembourser sur ce qu'il venait de recevoir en dépôt), il reçut encore le même jour 6.000 florins en remboursement d'avances faites à Louis d'Anjou[5] et de blés et ravitaillement envoyés aux gens d'Aquila au nom de ce dernier :

[1] Archivum Vaticanum, Reg. Vat. 294, fol. 72 r°; cf. Valois, *La France et le grand schisme...*, t. II, p. 127, n. 7.

[2] Ainsi est laissée, dans le texte latin, la traduction française du nom de Tagliacozzo. A côté de Talhegosse, on trouve encore la forme de Taillescosse (*Journal de Jean Le Fevre...*, t. I, p. 27), voire de Tailleboce (Paris, Arch. nat., X I a 1476, fol. 135 v°).

[3] Nicolas de Mauregard avait été constitué par Louis d'Anjou trésorier et gouverneur de ses finances par lettres en date du 2 avril 1382 (Arch. Vat., Reg. Avenion. Clementis VII, n° XXVII, fol. 17 r°).

[4] *Ibid., Introitus et exitus*, reg. 356, fol. 135 v°. Cf. N. Valois, *La France et le grand schisme...*, t. II, p. 67, n. 2.

[5] Il n'était pas le seul à avoir consenti des prêts considérables à Louis, car Bernard de la Salle fut aussi à ce moment créancier de ce dernier pour l'énorme somme de 36.000 ducats d'or qui ne lui furent jamais rendus (L.-H. Labande, *Antoine de la Salle, nouveaux documents sur sa vie et ses relations avec la maison d'Anjou*, ap. *Bibl. de l'École des chartes*, t. LXV [1904], p. 58 et 348).

mais, là encore, on ne lui donna séance tenante que 1.000 florins, il pourrait en toucher 2.000 autres à Pise et 3.000 à Venise[1].

Clément VII ne se montrait pas bien généreux ; il ne pouvait plus faire de très grands sacrifices pour la cause angevine après tous ceux qu'il avait déjà consentis[2]. Si peu que représentent, dans un budget de guerre, ces 38.000 florins perçus pour l'instant par Rinaldo, ils auraient tout de même constitué, avec le reste des sommes allouées et, en outre, ce que lui et ses compagnons venaient de toucher à Milan, un sérieux appoint pour Louis d'Anjou, si Rinaldo et Pierre de Craon avaient accompli sérieusement leur mission.

Cependant, le pape d'Avignon prenait toutes les précautions d'usage pour assurer la sécurité de Rinaldo au cours de son voyage de retour, et pour faciliter le transport jusqu'en Pouille du précieux fardeau. Ce même 11 avril, le trésorier Nicolas de Mauregard remit :

au comte de Tagliacozzo, pour acheter cinq chevaux en vue du transport : 239 florins ;

à Brocart dit l'Archevêque, écuyer[3], pour accompagner Rinaldo Orsini et acheter un cheval : 250 florins ;

à Bégot de la Coste, sergent[4], pour deux chevaux achetés par lui pour accompagner Rinaldo : 107 florins 4 sols ;

au même, pour ses frais de voyage : 120 florins ;

à un autre : 25 florins ;

à Nicolas de Gravières, chanoine de Narbonne, pour accompagner Rinaldo Orsini jusqu'à son retour auprès du duc d'Anjou : 162 florins ;

à un autre : 50 florins ;

---

[1] Arch. Vat., *Introitus...*, reg. 356, fol. 136 r°; Valois, *loc. cit.*

[2] N. Valois (*op. cit.*, p. 67, n. 3) a établi qu'il avait déjà dépensé plus de 130.000 florins pour subventionner l'expédition.

[3] Brocart se retrouvera au service de Marie de Blois le 15 juin 1385 (*Journal de Jean Le Fevre...*, t. I, p. 123), et encore en 1391 (Arch. Vat., Reg. Avenion. Clementis VII, n° L, fol. 265 r°).

[4] Il était déjà au service de Grégoire XI le 21 septembre 1377 (Paris, Bibl. nat., ms. lat. 17.000, fol. 104 r°).

et, le 18 avril :

à Pons de Rozières, sergent, pour la même cause : 100 florins[1].

Avec sa nombreuse escorte, Rinaldo quitta Avignon le 29 avril. Les préparatifs avaient absorbé toute la fin d'avril, sans doute bien malgré lui, car il devait être très pressé, sinon de retrouver Louis d'Anjou, au moins de reprendre son activité en Italie centrale. Tandis que des routiers à la solde du pape Clément surveillaient les abords du Rhône[2], deux vaisseaux emmenèrent le comte de Tagliacozzo avec ses gens par le fleuve jusqu'à Marseille, où il devait s'embarquer pour Pise[3].

*
* *

Cependant, de Milan, Pierre de Craon était revenu à Pise attendre le retour de son compagnon, qui lui avait donné rendez-vous dans cette ville. Dès le 10 avril au plus tard il y était. De Bernabò Visconti il avait reçu, en acompte sur la dot de sa fille, les 50.000 florins prévus par le traité; mais le bruit courait qu'il n'en restait déjà plus que 36.000. Nous apprenons tous ces détails par une lettre de Meo di Giovanni Giontini, ambassadeur de Sienne à Pise, aux Défenseurs de Sienne[4]. D'autres dépêches du même personnage, conservées

---

[1] Arch. Vat., *Introitus...*, *reg. cit.*, ff. 135 v°-136 v°, 138 r°.

[2] Quatre-vingt-cinq florins sont payés au nom de Clément VII le 4 mai « pro expensis certarum gentium armorum qui (*sic*) venerunt de Sancta Reparata » [Sainte-Réparade, cant. de Peyrolles, arr. d'Aix, Bouches-du-Rhône] « apud Urgonem » [Orgon, ch.-l. de cant., arr. d'Arles, au bord de la Durance, en amont de Cavaillon] « et Sallonem » [Salon, ch.-l. de cant., même arr., plus au sud] « pro conducendo dominum Reginaldum de Ursinis » (*Ibid.*, fol. 144 v°; cf. Valois, *La France et le grand schisme...*, p. 67, n. 2). On sait que, même depuis que Grégoire XI avait envoyé en Italie les bandes de Bretons pour la guerre des « Otto Santi », ce n'étaient pas les routiers inoccupés qui manquaient en Provence.

[3] Payement, le 4 mai, de quarante sept florins « naucherio et aliis qui conduxerunt dominum Raynaldum de Ursinis usque ad mare cum duabus navibus die .XXIX. aprilis » (Arch. Vat., *Introitus et exitus*, reg. 356, fol. 144 v°).

[4] Pièce justificative n° 4.

comme la précédente aux Archives d'Etat de Sienne, et qui se succèdent presque de jour en jour, permettent de suivre aisément Rinaldo au cours de son voyage de retour.

Il avait promis d'être arrivé le 22 à Pise; le 28, bien que le bruit y courût qu'il avait pris la mer, nous savons par ailleurs qu'il n'en était rien, puisque ce fut seulement le 29 qu'il arriva à Marseille. A Pise cependant accouraient de partout de nombreux capitaines attendant avec impatience l'arrivée de Rinaldo, car on savait qu'il rapportait des sommes considérables qui, jointes à celles que détenait déjà Pierre de Craon, lui permettraient de prendre bien des hommes à sa solde. Heureuse aubaine pour ceux de cette région (sans emploi pour le moment, la guerre se déroulant loin dans le Sud) qui ne demandaient qu'à se vendre. Qu'importait-il que le duc d'Anjou vît ou ne vît jamais la couleur des florins du pape Clément?

Quelques jours plus tard, toujours au dire de Meo Giontini, les gens attendant l'arrivée de Rinaldo, joints à ceux de Pierre de Craon, étaient environ une centaine[1]. Ce même jour, 5 mai, les troupes de Rinaldo Orsini, qui étaient venues par terre, en suivant la côte, arrivèrent à Pise avant leur maître; elles l'avaient quitté à Marseille où il devait s'embarquer, lui et sa suite, sur cinq vaisseaux, quatre galées et une galiote[2]. Sans doute avait-il compté aller plus vite par mer et attendre ses troupes une fois en Toscane, mais les vents le retardaient, et, comme dit Meo Giontini, « talora il mare fa indugiare più che chi à fretta non vorebe ».

[1] Lettre du 5 mai (Sienne, Arch. di Stato, Concistoro, t. 1809, n° 24).
[2] Seconde lettre du 5 mai : « Misser Piero di Craon romane qui con cierti caporali ad aspettare misser Renaldo Orsini, e... sono qui gionti i famigli e cavagli di misser Renaldo, i quali sono venuti per tera, e-llui lassaro a Marsiglia che dovea montare in galea, e dichono .IIII°. galee e una ghaleotta era in punto, si che tosto dovarebe seguire sua venuta » (*Ibid.*, n° 27). Dès le 1er mai (*Ibid.*, n° 19), un bruit venant d'Avignon, mais non confirmé, avait couru à Pise, suivant lequel deux galées et deux autres vaisseaux avaient été armés à l'intention de Rinaldo Orsini par ordre de Louis Ier.

Les hommes d'armes cantonnés à Pise commençaient à s'impatienter[1] lorsque, le 7 mai, Rinaldo Orsini, ayant pu enfin profiter des vents favorables, débarqua à Livourne, d'où il gagna immédiatement Pise. En annonçant la nouvelle aux Siennois[2], Meo Giontini évalue le montant des sommes concentrées entre les mains de Rinaldo : il dit qu'on ne sait encore rien de précis à ce sujet, mais qu'on estime le total à 120.000 florins (y compris ce que Pierre de Craon rapporte de Milan). Appréciation qui, de prime abord, peut sembler fort exagérée, puisque nous savons par Meo Giontini lui-même que, le 28 avril, il ne restait à Pierre que 36.000 florins[3], et d'autre part que Rinaldo rapportait d'Avignon 38.000 florins seulement, et cette somme devait être déjà passablement écornée par les frais du voyage, malgré les subventions supplémentaires de Clément VII. Tout cela ne représente, au maximum, que 74.000 florins. Mais nous apprendrons plus tard, par le procès de Pierre de Craon[4], que, outre les 50.000 florins de Bernabò, Pierre en avait reçu (à quel titre exactement, nous l'ignorons) 40.000 autres de Giangaleazzo Visconti, comte de Vertus. Nous arrivons ainsi à un total de 114.000 florins[5], très voisin de l'évaluation — basée uniquement sur des on dit — de Meo Giontini.

A Pise, Rinaldo Orsini trouva, outre ses gens venus de Marseille, des troupes envoyées à sa rencontre par les Orviétans[6], et il partit

[1] « Io veggio ch'ellino si disperano per chella venuta di messer Renaldo » (Lettre de Meo Giontini, 1er mai).

[2] Lettre du 8 mai (Concistoro, t. 1809, n° 33).

[3] Ci-dessus, p. 210.

[4] Ci-dessous, p. 216.

[5] Et même de 123.000 si nous y ajoutons les 9.000 que Rinaldo put toucher à Pise grâce à ses lettres de change.

[6] Elles partirent d'Orvieto pour Pise le 2 mai (Lettre du lieutenant de Rinaldo à Orvieto aux Défenseurs de Sienne, 3 mai : Concistoro, t. 1809, n° 22), et non le 8, comme le prétend, dans sa *Cronica Sanese*, Agnolo di Tura (ap. Muratori, *R. I. S.*, éd. in-fol., t. XV, col. 278). Ce dernier nous dit qu'elles passèrent par la Maremme siennoise, Radicondoli et Volterra, non sans causer de grands dommages aux régions parcourues.

aussitôt pour Orvieto, probablement le 9[1], avec tous ceux qui venaient de se joindre à lui à Pise. De nouveau, Sienne trembla, car il allait repasser sur son territoire[2]. Florence, plus puissante, avait insisté pour que Rinaldo passât au large[3], et il dut passer, en effet, suivant son désir, par Volterra. Le 11, de Poggibonsi, non loin de San Gimignano, il réclame impérieusement un sauf-conduit et des guides aux Siennois, en ajoutant : « Pourtant, je suis tellement pourvu de troupes que je pourrais sans sauf-conduit passer par n'importe quel territoire d'Italie[4]! »

Ce même jour, Piero Venturini et Angelo di Guido[5], envoyés au-devant de lui par les Siennois, rendent compte, tout craintifs, de leur mission : « Rinaldo et Pierre de Craon ont décidé de venir à

---

[1] Le jour de son arrivée à Pise, il avait parlé de partir le samedi 9 ou le lundi 11 (Sienne, Concistoro, t. 1809, n° 33). Il dut choisir la première date, puisque le 11 il était déjà à Poggibonsi.

[2] Pendant l'absence de Rinaldo Orsini, Sienne et Orvieto avaient continué à se quereller violemment. Le 22 mars, le capitaine d'Acquapendente, écrivant aux Siennois pour élucider une contestation entre les Orviétans et lui, profite de l'occasion pour se plaindre de nouveau, et très amèrement, des perpétuelles incursions des rinaldistes sur ses territoires. Il raconte avec indignation que quarante bœufs et dix ânes ont été enlevés en Valdorcia et emportés à Orvieto; Chianciano et Sarteano ont été attaqués; enfin, le lieutenant de Rinaldo ose prétendre qu'Acquapendente appartient à ce dernier! (Sienne, Arch. di Stato, Concistoro, t. 1808, n° 78). Une autre lettre du même aux mêmes (*Ibid.*, t. 1812, n° 31), non datée, mais sans doute postérieure de peu de jours à la précédente, dit que les bestiaux ne peuvent plus sortir dans les champs sans être aussitôt enlevés; les gens d'Acquapendente n'ont plus de blé que pour trois jours, et vingt chevaux seulement pour se défendre contre des attaques quotidiennes. D'autre part, en ce même mois, les hommes de Rinaldo avaient fait une incursion sur le territoire de Montecchiello, et les plaintes des Siennois à ce sujet ne furent pas reçues (Concistoro, reg. 193, ff. 94 r°, 96 v°). Au moment du retour d'Orsini, Sienne venait d'envoyer à Orvieto, du 3 au 10 mai, un ambassadeur, Lando Ongaro (*Ibid.*, reg. 2403, fol. 224 v°).

[3] « Passus denegetur gentibus ducis ne possit aliquid scandalum oriri » (Délibérations du 4 mai : Florence, Arch. di Stato, Consulte e pratiche, reg. 21, ff. 46 et suiv.).

[4] Sienne, Arch. di Stato, Concistoro, t. 1809, n° 36.

[5] Le second avait déjà eu affaire en février avec Rinaldo.

Sienne même loger une nuit, et avec leurs gens[1]; ils passeront par Pontedera et la Valdarbia. Envoyez immédiatement le sauf-conduit et deux guides que nous lui avons promis. » Le lendemain, à la demande des Siennois un peu effrayés, les deux capitaines consentirent à n'entrer dans Sienne qu'avec leur escorte personnelle de 100 chevaux; aux autres, ils firent donner l'ordre de passer par où voudraient les Siennois. Le soir, ils entraient dans Sienne avec Guidi et Venturini[2].

Avant le 18, Rinaldo Orsini fut de retour à Orvieto[3]. Mais, malgré la sauvegarde que semblait assurer au territoire siennois son passage par la ville de Sienne, la chronique déjà citée rapporte que la chevauchée de ses troupes fut marquée par les rapts de bestiaux dont elles étaient coutumières[4].

Durant l'été qui suivit, Rinaldo ne rejoignit pas Louis d'Anjou

---

[1] « Domandandolo de la via volesse fare esso anco la gente sua, disse volerne parlare con misser Piero, e parlato che ebe collui, tornò a noi e disse che si contentava e (et) era a-llui e a misser Piero molto caro venire domani sera a albergho in Siena cola brighata... et che le brigate terrebero qualunque via fusse di vostro piacere » (Sienne, Concistoro, t. 1809, n° 37).

[2] *Ibid.*, n° 39.

[3] *Ibid.*, n° 43.

[4] Agnolo di Tura, *Cronica Sanese*, ap. Muratori, *R. I. S.*, éd. in-fol., t. XV, col. 277. Ce n'est pas le seul témoignage à invoquer. En voici un autre : le 17 août 1383, on évoque devant le conseil général de Sienne comment plusieurs chevaliers « de gente domini Rainaldi de Ursinis, dum transivit per comitatum Senarum de mense may proxime preteriti, fecerunt cavalcatam per comitatum Senarum *contra promissionem factam comuni Senarum* et nobili viro comiti Tancredo » [Tancredi da Modigliano, routier au service de Sienne à cette époque] « capitano guerre, derobbaverunt Jacopo et Benedicto fratribus et filiis Nerii de Chianciano, subditis comunis Senarum, bestias baccinas (*sic*) videlicet .LVI., valoris .CCCL. florenorum auri, quas bestias vendiderunt... ». En conséquence, le conseil général décide d'exercer des représailles et fait cause commune avec les personnes lésées pour obtenir restitution, au besoin par la force (Sienne, Arch. di Stato, Consiglio generale, reg. 193, fol. 18 v°). Ces représailles ne furent suspendues que le 18 octobre 1386 (*Ibid.*, reg. 195, fol. 103 v°), en réponse à une décision identique de Rinaldo.

comme il aurait dû le faire ; pourtant, il avait une grosse somme à lui remettre. S'il ne le fit pas, il est bien vraisemblable que ce fut parce qu'il avait dépensé cet argent pour son compte personnel. Un chroniqueur dit, à propos de son attitude au cours de l'été : « Ainsi, il ne voulut pas aller dans le royaume, mais seulement à Aquila, de peur que le duc ne lui fît trancher la tête, parce qu'il avait gardé ses gens à faire la guerre dans le Patrimoine, suivant son caprice, alors que le duc lui avait ordonné de les lui conduire, car il en avait grand besoin[1]. » Ce n'étaient pas seulement les gens de Louis d'Anjou qu'il avait gardés, c'étaient aussi les florins destinés à ce dernier.

*
* *

Pierre de Craon ne devait pas agir plus loyalement. Après avoir accompagné Rinaldo Orsini jusqu'à Orvieto, il y resta quelque temps auprès de lui, puis, durant les mois qui suivirent, fut victime d'extraordinaires aventures[2]. Ce qui nous intéresse plus directement, c'est que jamais non plus, des sommes qu'il rapportait, Louis d'Anjou ne toucha un sou. Outre les pièces de son futur procès, le journal de Jean Le Fevre nous renseigne à ce sujet.

[1] Fr. di Montemarte, *Cronaca inedita degli avvenimenti d'Orvieto...*, ap. Muratori, *R. I. S.*, éd. in-4º, t. XV, 5ᵉ partie, vol. I, p. 246.

[2] Il venait d'être désigné avec Arnoul La Caille par Louis d'Anjou comme ambassadeur à Mantoue (Mantoue, Arch. di Stato, Arch. storico Gonzaga, E esterni, nº XXIV-3, busta 804), lorsqu'il fut enlevé, le 1ᵉʳ janvier 1384, ainsi qu'un certain nombre de barons angevins, par une flotte de Raguse, et emmené avec eux dans cette dernière ville où ils restèrent quatorze mois prisonniers. Il fut l'un des derniers à être libéré et ce fut seulement en avril 1385 qu'il put gagner Venise, et de là Avignon. Cf. comte L. Voinovitch, *Les « Angevins » à Raguse (1384-1385)*, ap. *Revue des quest. hist.*, t. XCIII [1913], p. 361-388, et XCIV, p. 5-37, et N. Valois qui rappelle (*La France et le grand schisme d'Occident*, t. II, p. 74, n. 2) que l'ignorance de ces événements fit longtemps croire aux historiens que Louis d'Anjou avait emprisonné Pierre de Craon pour le punir de la dilapidation de ses deniers.

En 1385, sorti de sa prison de Raguse, Pierre de Craon reparut au printemps en Provence, à la cour de Marie de Blois, veuve de Louis d'Anjou. Un jour, devant témoins, il se plaignit auprès de la reine de ce qu'on l'avait accusé d'avoir détourné 90.000 florins à lui donnés « par messire Barnabo et par le conte de Vertus ». Mais, au lieu de fournir des excuses, il se plaignit d'avoir jadis prêté au duc de Calabre de grandes sommes qui ne lui avaient jamais été rendues[1]; cette manière d'agir semble bien prouver qu'il était coupable. Jean Le Fevre sut la vérité au sujet de ce fameux voyage; il l'apprit quelques jours après d'Arnoul La Caille, mais s'est bien gardé de rapporter dans ses mémoires les termes de cette conversation[2].

Les choses en restèrent là, mais, Pierre de Craon ayant continué, sans aucune pudeur, à réclamer le paiement de ce qu'il affirmait avoir prêté à Louis d'Anjou, la reine lui fit plus tard payer une partie de ces sommes. Cependant, elle lui garda rancune et attendit le moment propice pour lui intenter un procès. Celui-ci s'ouvrit en juin 1392, devant le Parlement de Paris.

Le 10 juin, réquisitoire. La reine accuse Pierre d'avoir détourné les 50.000 florins de Bernabò, les 40.000 du comte de Vertus et enfin 10.000 que lui aurait prêtés Rinaldo Orsini. Elle se plaint que, privées de ces 100.000 florins, les armées angevines aient été d'échec en échec, et que là se trouve la cause initiale de la maladie dont mourut Louis[3].

[1] *Journal de Jean Le Fevre...*, éd. A. Moranvillé, t. I, p. 116; cf. ci-dessus, p. 208, n. 5.

[2] « Merquedi derrenier jour » [de mai] « et vegile de la feste du Sacrement, Madame ordenna que la Caille me deist secretement le fait de messire P. de Craon, messire Regnault des Ursins et de li sur la despence de l'argent a eulx baillé par Barnabo et Galiace, et il le me dist. Aprés, messire P. de Craon se complaingt a moi et aus aultres du conseil de Madame de ce que Madame lui respondoit estrangement sur ce fait » (*Ibid.*, p. 116-117).

[3] Paris, Arch. nat., X I a 1476, fol. 135 r°, éd. ap. N. Valois, *La France et le grand schisme d'Occident*, t. II, p. 74, n. 4.

Acculé, Pierre de Craon se défendit comme il put, c'est-à-dire très piètrement. Il rappela que, par la voie de Jean Le Fevre, la reine lui avait jadis pardonné et rendu de l'argent qu'elle lui devait. Pour ce qui était du voyage de Milan, il se défendit lâchement en prétendant que l'argent n'avait pas été remis entre ses mains, mais entre celles d'Arnoul La Caille; la reine lui prouva le contraire[1] et lui rappela qu'il avait acheté « depuis son retour heritage bien jusques a .LX ᴹ. florins ».

Cette première séance du procès avait à peine eu lieu que, le 13 juin 1392, Pierre de Craon tenta d'assassiner Olivier de Clisson. Le 26 août furent enregistrées des lettres portant arrestation de Pierre et de ses complices, et confiscation de leurs biens[2]; dès lors, un procès criminel lui fut intenté à côté du premier : tous deux se terminèrent à son désavantage.

Le 4 mars 1396, la reine de Sicile gagna son procès, Pierre de Craon fut reconnu coupable du détournement de 100.000 florins au détriment du duc d'Anjou et condamné à payer 200.000 livres à sa veuve[3]. Le 7 juin 1399, le Parlement le déclara coupable du crime de lèse-majesté[4]. Quelques années plus tard, il mourut dans l'obscurité. Ainsi finit misérablement Pierre de Craon, compagnon d'aventure de Rinaldo Orsini.

---

[1] Pour essayer de détourner la question en se faisant valoir, Pierre « dit que le conte de Tailleboce qui estoit de sa compaignie si print un chastel, et que pour ce il lui fist guerre, et dit qu'il fist bien son devoir » (*Ibid.*, fol. 135 v°). Il fait sans doute allusion aux velléités qu'eut Rinaldo, à son retour à Orvieto, d'attaquer Corbara, velléités auxquelles, selon Montemarte, Pierre de Craon se serait opposé.
[2] Paris, Arch. nat., J 179, n° 13.
[3] *Ibid.*, X 2 a 13, 126.
[4] *Ibid.*, 278.

PIÈCES JUSTIFICATIVES

1

1383, 31 janvier. — Rome.

[*Francesco, médecin du pape Urbain VI, aux Défenseurs de Sienne.*]

... Pridie dominus Raynaldus et Johannes de Ursinis venerunt ad Aprutium et a gentibus comitis Manoppelli dapnosam obviationem passi sunt, et cum essent mille trecenti equi, perdiderunt .LX., et fuerunt aliqui mortui et multi vulnerati, prout in littera directa per dictum comitem filio suo et domino meo cardinali hodie legi, et subjungebatur in littera quod ipsi voluerunt intrare Aquilam et non fuerunt permissi. Per multos autem duorum dictorum fratrum de Ursinis notos et olim amicos fertur quod prefatus dominus Raynaldus, predictis gentibus dimissis in partibus istis et in Patrimonio, partim ad guerram faciendam et partim ut vivant, quia multum sunt consumpte gentes ducis inopia victualium, debeat ire ad Avinionem...

(Sienne, Archivio di Stato, Concistoro, t. 1808, n° 50.)

2

1383, 13 février. — Florence.

Die .XIII. februarii .MCCCLXXXII.
Dominus Raynaldus de Ursinis et alii oratores ducis Andegavie exposuerunt ambaxiatam.

Salutationem premittendo, subjungendo devotionem communis erga domum Francie, et quod dux per omnem modum intendit conservare commune in gratia sua, (et) obtulit favores et ligam. Narravit justitiam cause sue contra regem Karolum et ingratitudinem regis erga reginam. Narravit multa felicia ducis que non sunt vera.

Fuit conquestus de domino Johanne Haucud licentiato contra eum, de pecunia ducisse Duratii et imperatricis Constantinopolitane, de pecunia Pape, de tractatu Aretii et de processibus publicis contra ducem, dicens hec omnia esse contra ducem.

Quinto fuit protestatus quia si illa ducissarum pecunia solvatur nunc, cum non sint in sua libertate, alias solventur.

Sexto dixit quod dux conabitur esse amicus, sed si ista procedant, ipse conabitur injurias propulsare.

(Florence, Archivio di Stato, Consulte e pratiche, reg. 22, fol. 142 v°.)

3

1383, 15 mars. — Naples.

Magnificis et potentibus dominis dominis defensoribus populi civitatis Senarum.

Magnifici domini... inter alia digna relatu sunt quod dux Andegavie est in campis in loco qui dicitur Campobasso vel circa, in comitatu Mollisii, et quanquam venisset cum comitiva triginta milium equitum vel plus, tamen Dei miraculo remansit cum sex milibus equitum ad plus, et male in equis et pejus in armis, et in campo suo est epydimia valida, et multi moriuntur ex ea, multi alii sunt gladio cotidie interempti per rusticos et malandrinos, et pessime sunt conducti; de mense autem presenti martii mortuus est comes Sabaudie, de cujus nece dominus Rex valde condoluit, non quia inimicus capitalis, sed propter suas virtutes et probitates, cujus corpus debet huc adduci cum salvo conductu domini Regis concesso pro duobus milibus equitum de ipsius brigata et pro omnibus aliis venire volentibus causa repatriandi, et debent ire et dictum corpus deferre usque Januam, et demum per terram. Salvus conductus jam pluribus diebus transmissus extitit pro predictis. Insuper tota provincia venit ad obedientiam domini Regis et de hoc jam venerunt lictere triplicate, et cotidie melius disponit[ur] ad obedientiam ipsius.

De partibus Ungarie venit unus ambaxiator hiis diebus valde michi socius et amicus, et in effectu de partibus illis dixit michi hec nova quantum de parentela primogenite regis Ungarie tum de parentela secundogenite tum etiam de gente Ungarorum (ad partes istas ventura fiet sicud dominus Rex Karolus disponet et volet), et quod barones regni illius et etiam populi desiderant ipsum tanquam Deum, et hic habet secum dominus Rex bene tria milia Ungarorum de bona brigata ad stipendium domine regine Ungarie.

Preterea ad istam civitatem venerunt modo de novo multe naves de grano et aliis necessariis ad victum et vestitum, et est hic satis bona abundantia de necessariis ad vivendum, et regnum cotidie bene disponitur. Ultimo dominus Rex personaliter cum tota brigata sua est equitaturus ad campum contra ducem Andegavensem, et pro certo putat ipsum cito habere mortuum vel captum. Miraculose namque processerunt et procedunt negocia domini Regis prefati, considerando maxime potentiam dicti ducis per mare et per terram, et quod ad nichilum est redacta, et considerata parte rebellium domini Regis que sequebatur et sequitur voluntatem ducis predicti, certe non sine Dei miraculo hoc evenit.

Noscat etiam magnificentia vestra quod dominus Rex multum letanter audivit quod micteretis ad sciendum de novis de partibus istis, et cum toto consilio contulit, me presente, comendans vos quod non permisistis intrare civitatem vestram dominum Raynaldum de Ursinis, prout numptius vester retulit vos fecisse, et utinam si sic fuit scripsissetis eidem, quoniam multum gratanter audivit. Non occurrunt alia pro presente, sed si quid in hoc et in aliis sum facturus, precipiatis michi ut proprio servitori. Datum Neapoli die .XV. mensis martii 1382.

Per vestrum servitorem Antonium Contis juris utriusque doctorem cum recomendatione.

(Sienne, Archivio di Stato, Concistoro, t. 1808, n° 67 [1].)

4

1383, 28 avril. — Pise.

[*Meo Giontini aux Défenseurs de Sienne.*]

... E stato qui più di .XV. dì uno misser Piero di Craon, il quale insieme con misser Renaldo Orsini andò per imbasciata a quelli singniori lombardi. El detto misser Piero sene venne qui e rechò fiorini 36^M, i quali sono in questa città. Però che fu vero che misser Barnabò ne dè a-lloro fiorini 50^M, per compimento della dota della figliuola, de'quali n'anno ispesi pe-lloro ch'a paghe a soldati e altre ispese, si ch'el resto è quello codetto fiorini 36^M, e sono i detti danari qui.

Misser Renaldo andò a Avingnione, sicondo dicono questi per danaro e per giente, e promisse esere quà a dì 22 di questo mese. Per ancho non è venuto, è vero c'ongni dì l'atendono, e anno da-llui com'è partito per mare, e talora il mare fa indugiare più che chi à fretta non vorebe...

... [Molti]... aspettano il detto misser Renaldo, che afermano deba recare grande quantità di danaro, e dichonne molto in parole, non so se così serà i fatti, ma io penso che questi singniori ne sentirano il vero, però c'anno de'modi de saper-llo... In Pisa a dì .XXVIII. d'aprile...

El vostro servidore M[eio] di Giovanni si racoma[nda].

(Sienne, Archivio di Stato, Consistoro, t. 1809, n° 14 [1].)

XIII

UNE
ORAISON FUNÈBRE INCONNUE
DE LOUIS IER D'ANJOU, ROI DE SICILE

Les archives de la Haute-Garonne recèlent, parmi leurs manuscrits, un petit recueil, ms. n° 3, dont la description a été donnée au *Catalogue général des manuscrits des bibliothèques publiques*[1], contenant, entre autres choses, du fol. 66 au fol. 69, des fragments d'un texte assez compact dont le contenu n'a jamais été déterminé avec précision. Il se présente comme incomplet au début et à la fin :

Inc. : « ... omnibus Ecclesie sacramentis cum omni devotione receptis... ».

Expl. : « ... pater sanctissime, supplicat sanctitati tue ut etc. pulcherrimam... ».

En outre, le fol. 67 a été arraché à une époque relativement récente, ce qui fait que ces fragments se réduisent, en réalité, à trois folios ; le fol. 66 constitue ainsi une partie isolée, de même que les deux autres.

Noël Valois avait eu, par André Walckenaer[2], connaissance de ce texte dont copie partielle lui avait été adressée par l'archiviste d'alors, Adolphe Baudouin : certains éléments furent utilisés par lui dans son ouvrage sur *La France et le Grand Schisme*[3] ; cependant, il n'en tira pas grand parti

---

1. *Manuscrits conservés dans les dépôts d'archives...* (Paris, 1886), p. 102-103.
2. Auteur d'une thèse soutenue à l'École des chartes en 1890 sur *Louis Ier, duc d'Anjou, lieutenant général en Languedoc (1364-1380)*, Walckenaer mourut prématurément. Sa thèse, demeurée inédite, a été déposée aux Arch. nat. (AB XXVIII 3*).
3. Noël Valois, *La France et le Grand Schisme d'Occident*, t. II (1896), p. 51, n. 2 ; p. 84, n. 1 ; p. 93, n. 1. — Il voyait là un « mémoire adressé au pape par un familier » de Louis.

et semble s'être mépris sur la nature exacte du document. L'examen que j'en ai fait m'a amené à constater qu'il s'agit d'une oraison funèbre du duc Louis Ier d'Anjou, roi titulaire de Sicile, mort en Italie méridionale le 20 septembre 1384, prononcée *en présence* du pape d'Avignon, Clément VII, discours qui sert d'amorce pour une exhortation à ce pontife afin qu'il gagne Rome et mette à la raison son compétiteur. L'orateur ne révèle pas son identité. Je donnerai ici une brève analyse de ce que nous conservons du discours et, faute de place, quelques extraits seulement du texte. Peut-être nous pourront-ils servir à pressentir la personnalité de l'orateur et l'époque à laquelle il prononça son oraison.

Le fol. 66 débute par le récit de la mort du roi Louis. Il est mort sans douleur et en paix avec l'Église ; mais ses derniers temps avaient été aussi amers que ceux de Moïse, accompagné d'un peuple incrédule[1]. Le ciel est sa récompense, car son courage lui a donné certainement entrée immédiate au royaume des élus, comme, Macrobe l'affirme en son commentaire du *Songe de Scipion*, y ont accès tous les valeureux. Quels plus grands exploits que ceux du duc Louis d'Anjou ? « Il a bien souvent arrêté par son éminent courage la fureur britannique... ; par le fer et le feu il a couru à travers les confins ennemis. » Allusion très nette aux vigoureuses campagnes du lieutenant du roi en France méridionale, sans doute surtout à celle de 1377[2]. Ces exploits ont été suivis par ceux de l'héritier de Jeanne de Naples, allant combattre en 1382 pour arracher celle-ci au joug de l'usurpateur Durazzo ; dans ce dessein, Louis n'a pas craint de tout quitter, souverain, patrie, femme, enfants, parents, amis ; rien ne l'a arrêté, ni la périlleuse traversée des Alpes et de l'Apennin ni les embûches ennemies.

Ce ne sont pas les exploits seuls, ce sont encore les vertus personnelles de ce prince qui appellent la louange. Amour de la justice, charité amicale et largesse[3] et, couronnant

---

1. « Vere Moyses, qui cum populo incredulo et ydolis dedito per desertum tribulationis et dolorum tam constanter quam jugiter laboravit » (67 r°).
2. « Furorem enim brutanicum (*sic*) patrie sue infestissimum, eximia sua virtute sepessime reprehensit, fines hostiles igne ferroque pervolitavit » (Ibid.).
3. « O quis in donis largior? nam, juxta illud Exter, largitus est dona juxta magnificenciam principalem » (Est., II, 18) [67 v°].

le tout, insigne piété. Cette piété, mue par la foi, lui a fait ressentir de manière particulièrement cruelle la scission de l'Église ; avec quelle rage au cœur il a vu « l'antéchrist, ce fils de Bélial, résider dans Rome, tête des villes, comme dans la citadelle de sa malice », d'où Urbain VI répand sur le monde le « venin de l'impiété » ! Tandis que princes et peuples se taisent, Louis s'est levé, il a cru qu'il fallait tenter quelque chose pour ramener l'unité dans l'Église. Si sincère a été son action que le chef de la chrétienté peut, se tournant vers tous les princes de la terre, leur déclarer : « *En vérité, je vous le dis, je n'ai pas trouvé une si grande foi en Israël* », puis dire au roi défunt : « *Va en paix, ta foi t'a sauvé*[1]. »

Non moins grande que ces vertus fut dans les épreuves la patience du prince ; mais, à l'instant que l'orateur commence de développer ce nouveau point, se produit pour le lecteur la fâcheuse lacune entre les fol. 66 et 68.

Au début de notre second fragment, il a visiblement déjà entamé un autre développement, tout différent, mais fort intéressant pour l'histoire de la « voie de fait ». Saint Père, dit-il en substance à Clément VII, il est temps d'agir à votre tour, car « qui donc résisterait à la force de votre bras ? » (Sap., XI, 22.) Dans un véritable tourbillon de citations bibliques et patristiques, l'orateur place le pape en face de ses responsabilités. Que sert qu'un grand prince ait donné sa vie pour une si sainte cause, si lui, pontife légitime, demeure inerte ? Qu'il aille attaquer son rival qui s'écroulera, et avec lui toute l'obédience de ce dernier. A travers le flot pressé des citations, quelques périodes du discours atteignent à une éloquence sonore[2].

---

1. « ... Ut merito possis, tu Ecclesie caput, cu[n]ctis regibus et universis principibus universisque populis illud Mathei : *Amen dico vobis, non inveni tantam fidem in Israel* (Mat., VIII, 10) et conversus ad regem dicere : *Vade in pace, fides tua te salvum fecit* » (Ibid., IX, 22) [67 v°].

2. « Verum, pater sanctissime, si de reformatione Ecclesie, si de intrusi dejectione, si de recuperatione tue dignitatis cogitandum est, tibi necesse exstat ut de tyrampni privacione primum mediteris, ipse est enim furor(i)is nepharii minister, ipse est nephandarum socius cupiditatum, ipse est, ut veritatem loquar, omnis potestatis illius fremissima (*sic*) basis ac fundamentum. Eo everso, e(g)o fugato, diabolica illius potestas repente collapsura est ; cedent populi, cedent universe naciones que de veritate ambigunt et ad misericordiam tuam, confecto bello, repente convolabunt » (68 r°).

Aussi incapable de concentrer sa pensée que désireux d'étaler son érudition, l'auteur continue en déclarant : c'est au troupeau tout entier des fidèles que doit songer le pontife, et c'est la charité qui doit l'entraîner à ce voyage ; il ne s'agit plus de thésauriser, mais de faire servir l'or de l'Église à cette œuvre si nécessaire. « Il n'y a pas longtemps, très saint Père, que ce saint Siège, par une juste et sainte décision, a concédé aux frères hospitaliers de Saint-Jean de Jérusalem de pouvoir aliéner et vendre grande quantité de leurs biens pour assurer un passage outre-mer[1]. Que ne devrait-on pas faire maintenant en vue de l'unité de la sainte Église de Dieu, de l'extirpation d'un si grand schisme, de la rédemption de tant de brebis du Christ qui se perdent[2] ? »

Si tous ces arguments ne décident pas Clément VII, d'autres suivront, qui font appel au souverain temporel plus qu'au chef de l'Église, aux appétits terrestres plus qu'aux désirs d'ordre spirituel. Il s'agit de reconquérir l'héritage des papes ; n'est-ce pas saint Silvestre qui le reçut de la libéralité du « très chrétien Constantin[3] » ? Et, ce qui ne gâte rien, ces États que le pape reconquerra, ils l'emportent sur tout le reste de l'Italie tant par la splendeur des paysages que par la fécondité du sol ; c'est la terre de Chanaan, « un pays de blé et de vin, un pays de pain et de vignes, un pays d'olivier à huile et de miel » (II Reg., XVIII, 32) ; ce fut toujours, prétend le discoureur, avec un piètre souci de la vérité historique, ce fut toujours pour les papes une abondante réserve de troupes, de navires et d'argent.

Enfin, poursuit-il, il faut encore faire l'entreprise d'outremonts pour venger la reine Jeanne, ce que Louis d'Anjou

---

1. En 1377, l'Ordre de l'Hôpital vendit de ses biens italiens pour une valeur de 60.000 florins d'or, en vue de cette expédition outre-mer, qui n'eut d'ailleurs point lieu. Voir Nicolas Iorga, *Philippe de Mézières et la croisade au XIVe siècle* (Paris, 1896), p. 411 et n. 5.

2. 68 v° : « Non longa sunt tempora, pater sanctissime, quod hec sancta sedes juste et sancte providendo concessit fratribus sancti Johannis hospitalis Jerosolimitani distractionem et vendicionem non paucorum bonorum pro quodam passagio particulari fiendo. Quid igitur nunc fiet pro unitate Ecclesie sancte Dei, quid pro scismate tanto extirpando, quid pro redemptione tantarum Christi ovium perditarum ? »

3. Voir Louis Halphen, *Charlemagne et l'empire carolingien* (Paris, 1947), p. 30 et suiv. — Je rappelle pour mémoire que ce fut seulement, au xve siècle, Lorenzo Valla qui prouva que la « donation de Constantin » était un faux.

n'a pu réaliser. Et de redire l'affreux supplice ordonné par Durazzo, la souveraine étouffée sous les oreillers[1], et de comparer Durazzo le régicide à Jéroboam, à Achab. C'est sur la personne de ce prince qu'il s'appesantit. Il énumère ses crimes, appelle sur lui, avec Jérémie et Ézéchiel, la malédiction divine ; le mal de cet homme est incurable ; « un Éthiopien changera-t-il sa peau, ou un léopard ses taches ? » (Ézéch., XIII, 23.) Au pape d'agir, qui est le vengeur des crimes, écrivait saint Bernard à Eugène III.

Dans la dernière partie du fragment conservé de son discours, l'auteur revient à la figure du roi Louis, à nouveau évoquée afin de faire honte au pape de son inaction. Ce vigoureux soldat n'a-t-il pas aplani les voies, en passant par d'affreux tourments, voies dans lesquelles le pontife n'a plus désormais qu'à s'engager[2] ?

Les dernières lignes du manuscrit sont aussi celles qui peuvent apporter les renseignements les plus précieux à l'historien du duc d'Anjou. Jusqu'à présent le discours, longue succession de reproches, d'appels, de prières et d'imprécations, où s'affirme, on l'a vu, un farouche légitimisme clémentin, où les truismes abondent, le tout farci de citations à la mode du temps[3], n'a rien offert de très original. Pour ce qui est de la fin, il ne sera pas sans intérêt d'en transcrire ici l'essentiel :

« Combien la réalisation d'un tel dessein [la voie de fait] a pu être désirée par notre feu roi, c'est ce dont témoignent son activité en sa vie et les dispositions qu'il prit en ses derniers temps. Encore vivant, il nous avait, en effet, désignés,

---

1. Oreillers ou matelas : les textes sont unanimes. Voir Émile-G. Léonard, *La captivité et la mort de Jeanne I*[re] *de Naples*, dans les *Mél. d'archéol. et d'hist.*, t. XLI [1924], p. 64, n. 1.

2. « Ille suis laboribus, suis periculis difficultate substulit que perficiendi negocii commoditatem impediebant, ipse labores graves substinuit, suorum stragem prospexit oculis, famem orribilem pertulit, gravem pauperiam (*sic*) ; ... suis auspiciis suaque virtute rem difficillimam in eam facilitatem reduxit ut, si viri eritis, si zelum Dei et sponse habueritis, parvis laboribus cetera prosequemini » (69 v°). L'orateur, ici, apostrophe non seulement le pontife, mais également le sacré collège.

3. On peut relever en ces pages plus de quarante citations de la sainte Écriture, sans compter celles des docteurs, Ambroise, Jérôme, Grégoire et Bernard, ou d'autres de quelques anciens, Térence, Sénèque, Perse, Macrobe. Tel est l'humanisme des clercs des années 1380.

le comte de Genève, prince de Capoue, le comte chambrier, *ici présents*, et moi-même quoique indigne, pour nous rendre auprès de V. S., puis en France ; déjà de sa main il avait rédigé nos lettres, déjà nous avait remis ses instructions ; on n'attendait plus que le retour des navires qui devaient nous emmener. Parmi ses instructions, deux surtout étaient importantes : 1º nous vous devions supplier que, dans un proche avenir, vous agissiez avec plus de franchise, de vigueur et de moyens pour que fût entièrement achevée l'affaire qui touchait presque déjà à son terme ; car il disait que si longtemps épuiser un royaume par la guerre, ce n'est point l'acquérir, mais le perdre ; 2º prévoyant l'avenir, il nous avait ordonné d'amener le plus vite possible dans le royaume son illustre tout jeune fils, et on le sentait si anxieux à ce double propos que, pendant sa maladie, il pria avec tout l'amour d'un père et toute l'affection d'un seigneur Mgr. le comte de Genève de quitter immédiatement Bari et de se rendre en toute hâte ici pour l'exécution de la mission ci-dessus dite, car Mgr. le comte chambrier et moi-même pour certains motifs ne pouvions d'aucune manière quitter ainsi sur-le-champ le royaume ; le roi lui conféra auparavant le titre de prince de Capoue, comme à celui qui avait bien mérité de lui jusqu'à la fin, ayant été le compagnon de toutes ses souffrances[1]. »

[1]. « Quantum autem hujus sancti negocii prosequucio et conclusio condam regis nostri cordi fuerit sua in vita ordinacio judicat et ultima dispositio manifestat. Ordinaverat enim, dum in humanis existeret, dominos meos comitem Gebennensem principem Capuanum, comitem camerarium, hic presentes, ac me licet indignum, ad Sanctitatem Tuam ac ad partes Francie destinare ; jam manu sua scripserat litteras, jam capitula et advisamenta tradiderat ; expectabat solum reditum galearum. Inter alia duo singulariter injunxerat : 1º ut supplicaremus ut, hoc futuro tempore, veri[u]s, potencius et habundancius ageretis ad hoc quod totalis conclusio negocio prestaretur, quod erat jam prope finem perductum, cum dicebat regnum bello tanto tempore fatigare non erat regnum acquirere, sed perdere ; 2º futura previdens, mandaverat ut illustrem adolescentem filium ad Regnum concite deportaremus, et adeo in hiis ansius erat quod, ipso existente infirmo, rogaret dominum meum comitem Gebennensem, cum omni caritate paterna et dominica affectione, ut illico a Baro recederet, et pro exequendis predictis veniret festinanter ad partes [istas], nam dominus meus comes camerarius et ego, [certis] ex causis, minime poteramus sic repente de Regno recedere ; insignivit eum tamen primo de titulo principatus Capue tamquam benemeritum qui usque ad finem jam extiterat socius passionum » (69 vº). La phrase qui suit est à peine amorcée que notre fragment s'arrête, ce qui est fort regrettable étant donné l'intérêt de ces dernières lignes.

Le comte Pierre de Genevois est le frère même de Clément VII. Il fut, sous les ordres du prince angevin, un des chefs de l'armée qui s'ébranla vers l'Italie en juin 1382[1], et l'on peut suivre sa marche avec celle de l'armée pénétrant dans la péninsule[2]. Plus tard, on le retrouve à Tarente auprès du prince angevin (26 février 1384)[3]. Dans une lettre du 18 mai suivant, témoignant d'une singulière confiance en l'avenir, Louis Ier apprend aux Marseillais, ses amis, qu'il a envoyé le comte de Genevois, à la tête de contingents d'avant-garde, réduire des « rebelles » qui se montrent incapables de lui résister[4]. En son codicille du 20 septembre, dicté quelques heures avant sa mort, le roi ne le désignera pas au nombre des treize régents chargés d'assurer la défense des terres conquises, et ceci ne saurait nous surprendre, puisque l'oraison funèbre nous enseigne la hâte qu'il avait de le voir partir pour la France. Nulle autre source ne révélait jusqu'à présent, à notre connaissance, que Louis eût, en ses derniers jours, honoré ce seigneur du titre de prince de Capoue. En tout cas, le *Journal* de Jean Le Fèvre ne le désigne jamais autrement que comme comte de Genevois.

Il se serait embarqué pour Venise seulement après la mort du prince, selon un chroniqueur florentin habituellement digne de foi[5]; mais nous devons retenir que, dès le 27 novembre, il est en Avignon, où Clément VII lui fait verser une somme assez importante[6].

Pour ce qui est du « comte chambrier », il s'agit d'un des plus puissants barons de Provence, frère du sénéchal Raymond d'Agoût, sire de Sault, fait par Louis Ier amiral (20 mars 1382)[7], puis grand chambrier de son royaume de Sicile et comte de Gerace. Il a été comblé de faveurs et de

---

1. Valois, *ouvr. cité*, t. II, p. 39.
2. Région de Parme, 4 août (*Chronicon Bergamense*, dans L. A. Muratori, *Rerum italicarum scriptores*, t. XVI (1730), col. 852) ; Ancône, vers le 21 (Bernabei, *Cronache Anconitane*, Ancône, 1870, p. 105). Voir aussi *Cronica Riminese, Rerum italic. script.*, t. XV (1729), col. 924.
3. Arch. dép. des Bouches-du-Rhône, B 9, fol. 81.
4. Texte cité par Valois, t. II, p. 77, n. 4.
5. *Diario d'anonimo fiorentino*, éd. Gherardi (Florence, 1876), p. 454.
6. Arch. Vatican, *Introitus et exitus*, reg. 359, fol. 104 v°.
7. Jean Le Fèvre, *Journal...*, éd. Moranvillé (Paris, 1887), t. I, p. 26.

privilèges par le roi[1], qui l'avait dès le départ considéré comme un de ses meilleurs auxiliaires. Il fut désigné au nombre des régents : peut-être faut-il voir là quelque lien avec le fait qu'il n'ait pu « quitter ainsi sur-le-champ le royaume ».

Le comte chambrier vint en France avec Ugo da San Severino, comte de Potenza — un autre des régents, — escortant le cœur du souverain qui devait être déposé en la cathédrale d'Angers. Le 23 décembre 1384, on sut qu'ils étaient à Amboise et, le 29, le triste cortège parvenait aux Ponts-de-Cé[2]. D'après la relation que fit Potenza le surlendemain devant Marie de Blois, on apprend que tous deux, quelque temps auparavant, « sont venus au pape, et en plain consistoire ont desployé leur ambaxate, lequel a respondu que il veut le roy Loys second estre roy et y aidier *ad extremum potencie* ». Bien qu'il ne soit pas question, chez Jean Le Fèvre, de la présence du comte de Genevois en cette ambassade avignonnaise, non plus que de celle du comte de Potenza en notre discours funèbre, il reste cependant vraisemblable que tous trois furent reçus par Clément et ses cardinaux vers la fin de novembre, date du paiement fait par le pontife à son frère.

Devrons-nous en déduire que l'auteur du discours soit le comte de Potenza lui-même[3]? Il y aurait quelque hardiesse à le faire, encore que le tableau bucolique donné de l'Italie puisse suggérer un auteur italien ; l'abondance prodigieuse des citations bibliques répond à l'érudition d'un clerc, qui, toutefois, a pu être l'auteur et non l'orateur.

Si l'on tenait par contre, pour mieux respecter les convenances, à faire d'un clerc et l'un et l'autre, les candidatures ne manqueraient pas. A part Jean de Sains, chancelier du roi, dont on sait qu'en septembre 1384 il n'était point à Bari[4], on peut suggérer les noms de divers conseillers de

---

1. 10 février 1382 (Arch. nat., J 850, n° 26 ; acte sollicité par lui dès le 9 janvier : Le Fèvre, p. 14) ; — 26 mars 1382 (*Ibid.*, p. 27) ; — 2 janvier 1384 (arch. dép. des Bouches-du-Rhône, B 6, fol. 88-89).
2. Le Fèvre, *ouvr. cité*, p. 77-79.
3. Rappelons-nous ses termes : « Le comte de Genève, prince de Capoue, le comte chambrier, ici présents, et moi-même. »
4. Le Fèvre, *ouvr. cité*, p. 54.

Louis Ier : Hardouin de Bueil, évêque d'Angers ; Pierre de Thury, évêque de Maillezais ; Jean de Saye, évêque d'Albi. Ils sont parmi les fidèles, mais nous sommes mal au courant de leurs pérégrinations en 1384. Le problème de la paternité de ce texte, si malencontreusement mutilé, n'est donc point résolu ; il n'en enrichit pas moins notre connaissance du temps où se posait pour la papauté avignonnaise le dilemme de la « voie de fait ».

INDEX

Absalon de Saint-Florent: II 768
Absie (L'): VI 87n., 91
Acquapendente: XII 199, 200, 213n.
Acre: V 188; VI 24
Adémar de Chabannes: II 770, 775, 779, 780, 782-791; III 343
Adémar, abbé de Saint-Martial de Limoges: III 360, 362
Aélis de France: V 191 et n., 196, 197, 212n., 218n., 225
Agen: VI 83, 84n., 88, 91; VIII 9, 10
Agenais: II 779; VI 90, 97; IX 7n.
Agnès d'Aquitaine: III 344, 359
Agnès de Bourgogne: III 341 et n., 343n., 347, 348, 350, 351, 358
Agnès de Durazzo: XII 203, 218
Aigues-Mortes: VIII 5, 10 et n., 12n.
Aimery de Rochefort: X 18, 19
Aimery, vicomte de Thouars: III 353-356, 358, 361; V 227, 231
Aix-en-Provence: VII 297, 299, 311-313, 316, 318-23, 325
Alberti (famille): IX 361
Albi: VI 90, 91, 93; VIII 12n., 14n.; XII 197
Albigeois: VIII 9; IX 362
Alep: V 184; VI 24
Alexandre II, pape: III 339, 356n., 359-60
Alexandre III, pape: V 211, 222, 223; VI 108, 109
Aliénor, duchesse d'Aquitaine: IV 17-18, 20-21, 24-25, 27-30; V passim
Aliénor de Châtellerault: V 176, 178 et n., 204
Aliénor Plantegenet: V 202, 206, 229
Alpes: III 362; IV 22; VII 309; XIII 195
Alphonse VIII, roi de Castile: V 227n., 229
Alphonse VI, roi de León: III 341n., 344
Ambroise (saint), V 222; XIII 46n.
Amédée VI, comte de Savoie: VII 313, 317; X 15n.; XII 199, 201n., 219
Ampurias: X 6, 22
Anaclet II, antipape: IV 22; V 178
Anagni: VI 11, 19
André le Chapelain: IV 30; V 207 et n.
Angelo di Guido: XII 200, 213-4
Angers: II 767-70, 774n., 790; III 351-2; V 203; VI 93, 108; XIII 49, 50
Angoulême: II 779, 781, 784, 786, 790-1; VI 89, 97, 108
Angoumois, II 779-81, 786, 790; V 191, 228
ANJOU: II 752, 765, 767-70, 790; III 341, 349-53; V 192, 200, 210, 226 et n., 231; VII 298, 301n., 303n., 320; XI 61; XII 196; (maison d'): VI 18; VII 297, 309

Antioche: V 182, 184-8, 190 et n., 200
Apt: VII 310 et n., 312
Aquila: XII 194-5, 198-9, 208, 215, 218
Aquitaine: II 752, 770, 775, 787; III-IV passim; V 176-8, 182, 193, 196-7, 199, 201, 203-6, 209-10, 213-4, 216, 223-4, 227-8, 231; VI 11, 14, 97
Aragon: III 356-8; VI 18, 29n., 31n.; VII 299; X 4-7, 9-23; XI 65
Arezzo: XII 204, 218
ARLES: VII 299, 303n., 314n.; (royaume d'), VII 301; X 8
Arménie, les Arméniens: VI 22-3, 94n.
Arnoul la Caille: XII 197, 215-7
Arthur de Bretagne: V 217, 225-7, 231-2
Atlantique: II 777; III 347n.
Auch: VI 88, 91, 93
Audéarde de Bourgogne: III 346-7; V 196n., 212n.
Audebert, comte de la Marche: III 343, 346
Autun: VI 89 et n., 98-9
Auvergne: II 766; III 339; IX 362n.
AUX (famille d'): VI 85-6; (Arnaud d'): VI 13-5, 83-7, 90, 97; (Fort d'): VI 85-6; (Guillaume d'): VI 85-7; (Jean d'): VI 87; (Pierre-Raymond d'): VI 85; (Raymond d'): VI 87; (Vital d'): VI 85
Availle: VI 20, 103, 108
Avignon: VI 11, 20, 32-3, 85, 87-9, 91, 94-5, 98n.; VII 299, 301n., 304, 307, 309n., 312-3, 324; VIII 13; IX 360 et n., 366; X 13, 21; XI 59-61, 64-5; XII passim; XIII 48-9
Aycelin de Montaigu (Gilles): X 14-5, 17-8

Barbastro: III 356-60
Barbe (Aycard): VI 95n.; (Jean): VI 89
Barcelone: I 386; X 4-5, 7, 9, 17, 22
Barfleur: V 199, 202n., 211, 224n.
Bari: VII 324; X 22; XIII 199, 201
Baudouin, comte de Flandre: III 343-344
Bautier (Robert-Henri): I 386; II 751-752, 785, 788
Baux (Amédée de): VII 301n.; VIII 7n.
Bayeux: II 760n.; III 339
Bazas: VI 83, 86, 89, 108
Beaucaire: VII 298 et n., 300-301, 308n., 317; VIII 8, 9, 12-13; IX 360-361, 363-364
Beaugency: IV 17: V 187n., 193, 195, 203, 212

Bec (le) -Hellouin: II 753, 757
Bédarrides: VI 89n., 93n.
Belleville: VI 15, 109
Benedict of Peterborough: V 216n., 218
Benoît VIII, pape: II 754
Benoît XI, pape: VI 13n., 20
Benoît de Sainte-Maure: IV 28; V 206
Bérengère de Navarre: V 218-9, 224
Berger (Élie): V 209, 234n.
Bernard (Saint): IV 22; V 179-80, 195-6, 204, 207, 211; XIII 46
Bernard d'Angers: II 765-6, 780
Bernard, comte d'Armagnac: III 347-8, 356; VI 98; IX 360n.
Bernard de Ventadour: IV 28; V 206 et n., 208
Béziers: VII 303n.; VIII 6-7, 9-11; IX 362, 365n.
Bezzola (Reto): III 348, 356; V 178
Blanche de Castille: V 229-30
Boissonnade (Prosper): III 340, 342, 356n.; V 202
Bologne, les Bolonais: VI 22n.; IX 362
Boniface VIII, pape: VI 18, 28
Bonnevaux: VI 14 et n., 21n., 29n., 102, 108
Bordeaux, les Bordelais: III 348, 353, 361; IV 17; V 177, 200, 218, 227, 230, 232; VI 12-4, 16, 20, 26, 33, 83-4, 89, 92-4, 96, 99, 100, 108
Bordelais: II 779; VI 12, 20n., 33, 84, 96
BORDES (famille de): VI 93n.,
 (Bertrand de): VI 15 et n., 90-1, 93 et n.;
 (Guillaume de): VI 93-5
Bouchet (Jean): V 176n., 197
Bourges: V 182; VI 12, 31, 87, 108
Bourgogne, les Bourguignons: II 780n.; III 339, 341, 345, 354n., 356; VIII 10; XI 60
Brandis: IX 364 (corr.)
Bressuire: VI 90-1
Bretagne, les Bretons: II 752, 763-5, 768, 772; III 354-5, 360; V 206; VI 12, 94n.; VIII 14; IX 363n.; X 6; XII 200, 210n.
Brindisi: V 220 et n.; IX 364
Brioux-sur-Boutonne: VI 33, 106, 108
Bruges: VII 303n.; VIII 12; IX 361n.; X 2; XI 62
BUEIL (Hardouin de): XIII 50;
 (Jean de): XII 197, 207n.;
 (Pierre de): IX 363
Byzance: voir Constantinople

Caen: IV 28; V 205 et n.
Cahors: VI 88, 98; VIII 9n.; IX 362
CALABRE: V 189 et n.;
 (ducs de): VII 305n., 318
Calixte II, pape: VI 108-9
Canterbury: III 355; IV 23; V 215, 217n.

Capoue: XIII 47-8
Carcassonne: VI 88; VIII 7, 11-2; IX 360, 365-6
Carpentras: VII 313-4; XII 196
Carta Raspi (Raimondo): X 15, 19
Castelle (La): III 348, 356
Castille: II 780n.; V 206, 230 et n.; IX 361 n.; X 7, 9, 11, 15, 17-8, 20
Catalogne, les Catalans: III 356; X 9n., 12, 14, 22
Catherine (sainte) de Sienne: XI passim
Célestin III, pape: V 204, 221-2
Chabannes (Guillaume de): VI 90, 96
Chaize (La) -le-Vicomte: III 779, 790; III 361
Charlemagne: II 784; VI 30
Charles IV, empereur: X 8n., 10
Charles IV, roi de France: VI 18
Charles V, roi de France: VII 298-9, 301, 303-4; VIII 12-13; IX 360-2, 364-7; X 3-4, 7-15, 17, 21; XI 59, 60, 62-5
Charles VI, roi de France: VII 305-7, 317-8; X 8, 11; XI 65; XII 207
Charles VIII, roi de France: XI 62
Charles de France, comte de Valois: VI 18-9, 22-3, 30-1
Charles III, roi de Naples: VII 304-6, 312, 317, 323-4; X 22; XII 195, 201-6, 218-9; XIII 43, 46
Charles II, roi de Sicile: VI 18-9, 32
Charroux: II 774-5; IV 24; VI 99, 101 et n. 108
Châtellerault: III 361-2; IV 20, 28; V 176; VI 15
Cherbourg: V 201-2
Chianciano: XII 213-4
Chine: VI 24-5
Chinon: V 209-11, 216, 232; VI 32
Chrétien de Troyes: IV 30; V 225
Chypre: V 219; VI 22-3; XI 62
Cîteaux (Ordre de), IV 24; VI 14
Clément III, pape: V 217n., 219
Clément V, pape: VI passim: XI 63
Clément VII, pape d'Avignon: VII 304-8, 316, 319, 321; X 20; XII 194, 196-7, 201, 207-12; XIII 43-9
Clermont-Ferrand: II 774; VI 108
Clifford (Rosamund): V 208-9
Clisson (Olivier de): XII 196, 217
CLUNY: II 780n., 790; III 361
 (congrégation de): II 780n.; III 356, 360; IV 23, 27
Comminges (docèse de): VI 83, 89
Compostelle: II 787; IV 17; V 176; VI 14, 95
Comtat Venaissin: VI 100; VII 307, 313; IX 360, 366
Conques: II 766-7, 780, 782, 790
Constance, comtesse de Bretagne: cont.

Constance, comtesse de Bretagne: V 225-227, 232
Constance de Toulouse: VI 14, 32n.
CONSTANTINOPLE: II 787; V 182-3, 200; VI 19, 22
 (empereurs de): XII 203
CONTI (Antonio): XII 201, 220
 Stefano): VI 22
Coutances: II 758, 790-1
Craon (Pierre de): XII passim
Crozet (René): V 202; VI 30n.

Dante: VI 19, 20, 86n.
Daudet (Antoine): VII 310-1
Dauphiné: VI 32; VII 297
Delachenal (Roland): X 7, 18
Déols: VI 90n., 108
Dominici (Bartolomeo): XI 59, 61-2, 64
Dorat (Le): III 360; VI 86
Doria (famille): IX 363-4
Dubois (Pierre): VI 28, 31
Duby (Georges): I 386, 391; II 784, 786
Dudon de Saint-Quentin: II 759-61, 767, 790
Du Guesclin (Bertrand): VII 298, 301; X 8, 15
Durance: VII 312n.; XII 207n.
Duras: IX 362n.; XI 65n.
Durazzo (ducs de): VII 305; XII 203

Écosse: V 211: VI 26
Édouard Ier, roi d'Angleterre: VI 26 et n.
Édouard II: VI 27, 84
Édouard III: IX 362; X 15n.; XI 65
Enguerran d'Eudin: VII 317-9
Étienne de Brandis: IX 364-6 (corr.)
Eudes de Deuil: V 183-4
Eugène III, pape: V 189-92, 194-5; XIII 46

Falaise: V 201, 232
FARGUES (famille de): VI 96
 (Bertrand de): VI 96
 (Raymond-Guillaume de): VI 97 et n.
Fawtier (Robert): XI 60, 64
Faye-la-Vineuse: V 210; VI 86, 90-1, 99
Fayolle (La): VI 88n., 108
Febvre (Lucien): I 387-8, 391n.
Fécamp: II 753-4, 759
Figeac: II 779-80
Filippo da Bologna: IX 362-3
Flamenc (Raymond-Bernard): VII 307-8, 313n.
Flandre: II 761; III 339, 350; IV 16; VI 17 et n.
Fliche (Augustin): I 388n.; III 340
Florence, les Florentins: VI 19 et n.; IX 361 et n.; XII passim; XIII 48
Florent (saint): II 768-9

Foix: II 780n.; VII 299; X 12n.
Fontaine-le-Comte: VI 33, 99, 101
Fontenelle: II 753, 756-7, 790
Fontevraud: III 360; IV 18, 24; V 224, 226, 230-4; VI 108
Forcalquier: VII 314n., 317
Foreville (Raymonde): II 761, 789
Fortunat: II 787n.; IV 25
Foulque Nerra, comte d'Anjou: II 768, 770
Foulque le Réchin: II 769-71, 790-1; III 351-2
Foy (sainte): II 765, 780
François (Michel): I 386, 390 et n.
Frédéric Ier Barberousse, empereur: V 222-3
Froissart (Jean): VI 101; IX 363n.
Fulbert, évêque de Chartres: II 766-7, 774; III 363; IV 25
Fulbert de Rouen: II 755, 757

Gascogne, les Gascons: II 752, 779; III 347-8; V 181n.; VI 12-3, 26n., 97-8, 102
Gaston, comte de Foix: VI 98 et n.; IX 362
Gautier de Bruges: VI 13-4, 18
Gautier, archevêque de Rouen: V 220 et n. 223n.
Gênes, les Génois: VI 88; IX 363; X 12; XI 62; XII 219
Genève (comtes de): XIII 47-8
Gentile da Montefiore: VI 18, 26n.
Geoffroy le Barbu, comte d'Anjou: III 351-2
Geoffroy le Bel, comte d'Anjou: V 192-3, 197-8
Geoffroy Martel, comte d'Anjou: II 770, 772; III 341, 343, 350-1, 353
Geoffroy de Lauroux: IV 22; V 195
Geoffroy de Montbray: II 758-9
Geoffroy Plantegenet, comte de Bretagne, V 201, 206, 210 et n., 216-7, 225
Geoffroy du Vigeois: IV 26; V 176 et n., 193
Gervase of Canterbury: V 185n., 195, 197, 200n., 203, 212
Gilbert de la Porrée: III 363; IV 22, 25; V 187 et n.
Giontini (Meo): X 21n.; XII 210-2, 220
Girart de Roussillon: V 190-1; IX 364n.
Giraud le Cambrien: V 192n., 208
Goderan, abbé de Maillezais: II 776; III 360
GOT (Marquise de), VI 94
 (Raymond de): VI 26n., 29, 88, 94
Grandmont: IV 24; VI 98, 108
Grassay: VI 21, 33n., 104, 106
Grégoire (saint) le Grand, pape: III 362; XIII 46n.
Grégoire VII, pape: III 344, 347; IX 359n.

Grégoire XI, pape: VII 301-2; VIII 9n.,
12-3; IX 361n., 367n.; X 9-14; XI 59-62,
65; XII 209-10
Grimaldi (Ranieri): VI 300-1
Grozeau (Le): VI 87n., 89n., 91n., 100-1
Guillaume Ier le Conquérant, roi d'Angleterre: II 756, 758-63; III 339-41, 343-5,
353-5
Guillaume III, duc d'Aquitaine: VI 32n.
Guillaume IV, duc d'Aquitaine: II 776; V
196n.
Guillaume V, duc d'Aquitaine: II 767 et n.
770-1, 774, 777-8, 782; III 339-41, 350,
362-3; IV 16, 25; V 196n.
Guillaume VI, duc d'Aquitaine: III 351,
359
Guillaume VII, duc d'Aquitaine: III 340
Guillaume VIII, duc d'Aquitaine: III 339-
41, 343-54, 356-63; IV 16; V 196n.
Guillaume IX, duc d'Aquitaine: III 340,
347, 359, 363; IV 16, 21, 25-7; V 178,
182, 196n., 207, 212n.
Guillaume X, duc d'Aquitaine: IV 16-7,
21-2, 27-8; V 176 et n., 178, 196n., 212n.
Guillaume de Jumièges: II 756, 760-62,
788
Guillaume le Maréchal: V 216n., 220-1
Guillaume Longue Épée, duc de Normandie:
II 754, 756
Guillaume Plantegenet: V 199, 200
Guillaume de Poitiers: II 760-3, 774, 782,
788; III 354-5, 363 et n.
Guillaume des Roches: V 226, 232
Guillaume de Saint-Gilles: VII 310-1
Guillaume Ier, roi de Sicile: IV 19
Guillaume II, roi de Sicile: V 213n. 219, 225
Guillaume III, comte de Toulouse: V 196n.
Guillaume IV, c. de Toulouse: III 353; V 196n.
Guillaume de Tyr: V 183, 185-6
GUY (Élie): VI 89, 98-9
  (Imbert): VI 99
Guy-Geoffroy, duc d'Aquitaine: voir
Guillaume VIII
Guy de Ponthieu: II 760-2
Guyenne: VI 26; VII 301; VIII 6n., 10, 12;
IX 363, 367

Halphen (Louis): I 388; II 765, 768-71,
776, 778, 783
Harold: III 339, 354
Hastings: II 760; III 339-40, 354-5, 361
Hawkwood (John), XII 185, 202, 204, 206, 218
Hayton, comte de Gorigos: VI 22-4
Henri Ier Beauclerc, roi d'Angleterre:
V 212n.
Henri II Plantegenet, roi d'Angleterre:
IV 17-20, 23-5, 27-8; V 175, 186n., 192-3
195 et n., 197-206, 208-18, 220, 222 et n.,
227-8, 230-1, 234

Henri au Court mantel: V 200-1, 205 et n.,
209-11, 214-5
Henri II, empereur: II 787; IV 16
Henri III, empereur: III 341 et n., 359
Henri IV, empereur: III 341 et n., 344,
359-60
Henri VI, empereur: V 219, 221, 223
Henri VII, empereur: VI 31n.
Henri Ier, roi de France: III 341n. 343-4,
346; V 196n.
Henri le Lion, duc de Saxe: V 206, 216,
219, 221, 225
Hilaire (saint): III 343, 362; VI 95 et n.
Hildebert de Lavardin: IV 22, 27
Hongrie, les Hongrois: II 784; VI 18 et n.;
XII 219
Hôpital (Ordre de l'): VI 23 et n.; XIII
45 et n.
Hubert (Jean): I 386 et n., 389
Hubert Walter: V 220, 224
Hugues III, juge d'Arborée: X 15-20
Hugues (saint), abbé de Cluny: II 780n.;
III 347, 360
Hugues Géraud: VI 87-8
Hugues le Pieux, sire de Lusignan: III 349
Hugues VI, sire de Lusignan: III 349
Hugues le Brun: sire de Lusignan: V 227n., 231

Innocent II, pape: V 179; VI 108-9
Innocent III, pape: I 391
Innocent VI, pape: VI 89
Itier Chabot: III 343, 350

Jacques III, roi de Majorque: X 9, 11-3
Jean sans Terre, roi d'Angleterre: IV
17-8; V 203, 213n., 217-21, 224-9,
231-2
Jean Ier, roi d'Aragon: X 16, 18, 20-2
Jean III, comte d'Armagnac: VII 299,
301n.
Jean (saint) Baptiste: II 778; V 222
Jean de Belmeis: IV 23, 25; V 204n.
Jean, duc de Berry: VII 321; XI 65n.
Jean II, duc de Bretagne: VI 12; XI 63n.
Jean de Ferrières: VI 88-9
Jean II, roi de France: VIII 6; IX 361;
X 4-7; XI 197
Jean XXII, pape: VI 18n., 88-9, 91n.;
XI 62
Jean de Plaisance: VI 92n., 94 et n.
Jean de Saint-Sernin: VII 301n.; VIII 11n.
Jean de Salisbury: IV 22; V 177, 184-5, 190
Jean de Seye: XII 197, 207n.; XIII 50
Jeanne d'Aragon: X 4, 6
Jeanne de Durazzo: XII 203, 218
Jeanne Ier, reine de Naples: VII 297-301,
303-12, 314, 316-8, 320-1, 325; VIII 6, 7;
X 8, 9, 11-2, 20; XII 196, 202, 218;
XIII 43, 45-6

Jeanne Plantegenet: V 202-3, 213n., 219, 224, 229
JÉRUSALEM: II 787; V 184-6
(rois de): VII 309, 322; X 22
(royaume de): V 183-4
Josselin de Parthenay: III 348 et n., 361
Jumièges: II 755-6, 770; III 363
Junien (saint): II 774-5

Kelly (Amy): V 182-3

Languedoc: II 780n.; VI 30; VII 300-1, 303-4; VII-IX passim; X 7; XI 61 et n., 64
Laon: II 579; IV 30
Larchevêque (maison): III 348n.; V 210
Lecoy de la Marche (A.): X 3, 9, 13, 15
Lectoure: VI 18, 33n., 90-1, 93, 95-6
Le Fèvre (Jean): XII 196-7, 207, 215-7; XIII 48-9
Ligugé: VI 20-2, 27, 29 et n., 33, 92, 100 et n., 105-6, 108
Limoges: II 779, 781-2, 784-8, 790; III 342-5, 350, 360, 362; V 193, 199, 206 et n., 210-1, 223; VI 90n., 108
Limousin: II 779-81, 787, 790; III 350, 360, 363; IV 24, 26, 28; V 225, 227, 229
Lisieux: II 790-1; V 224
Loches: III 352; VI 16n.
Loire: II 752, 774, 787, 790; III 347n., 363; IV 28; V 227-8
Lombardie: V 219; VII 303, 315; X 10-1, 13; XII 220
Londres: I 386; V 192n., 200, 208, 215; X 6
Lormont: VI 89n., 91n., 93n., 96n., 108
Lot (Ferdinand): I 388n.; II 776, 783-4
Loudun: III 350, 352; V 226, 232; VI 86, 90n., 92n., 108
Loudunais: III 350; V 227
Louis (saint) d'Anjou: VI 18 et n.; VII 309-10
Louis Ier, duc d'Anjou: VII à XIII passim
Louis VI, roi de France: IV 16-7; V 176-178, 185 et n., 196 n.
Louis VII, roi de France: IV 17, 22, 24, 27, 30; V 176-95, 198-201, 205, 210-3, 216-7, 220, 227
Louis VIII, roi de France: V 229-30
Louis (saint) IX, roi de France: V 187; VI 13, 24; X 23
Louis XI, roi de France: VII 297
Louis Ier, roi de Naples: voir Louis, duc d'Anjou
Louis II, roi de Naples: VII 324-5; X 18-19, 22; XI 65; XII 197, 207; XIII 47, 49
Luchaire (Achille): I 388n.; III 340; V 178, 212

Luçon: III 349, 363; VI 85
Lucques, les Lucquois, IX 361n.; XII 194n.
Lull (Ramon); VI 24-5
LUSIGNAN: III 349; V 205; VI 12, 90n., 99, 106, 108
(maison de): IV 20; V 205, 210, 227
LYON: VI 12, 20, 25n., 90n., 101n.; X 15n.; XI 63n.
(concile de): VI 92

Macrobe: XIII 43, 46n.
Maignac (Aimery de): VII 317-8
Maillezais: II 775, 777-8, 790; III 359, 362; IV 24; VI 20, 85, 89, 90, 100-1; XIII 49
MAILLY (Guy de): VI 91n.
(Jean de): VI 91n.
Maine, les Manceaux: II 752, 771, 778; III 353 et n., 355n.; V 192, 232
Majorque: VII 303; VIII 12; X 3, 9, 11, 13, 16, 20-2
Manche: V 200, 202-3, 220, 224
Mans (Le): II 768, 771, 791; IV 22, 25; V 192, 202, 224
Mantoue: III 359; XI 60; XII 215n.
Manuel Ier, empereur: V 182 et n., 188
Marche limousine: II 775; IV 24; V 227n.; VI 15 et n.
Marguerite de France: V 205, 211
Marichal (Robert): I 386, 388-9
Marie de Blois: V 180n.; VII 309 et n., 321, 324; IX 366n.; X 6, 18n.; XI 59, 64-5; XII 209n., 216-7; XIII 49
Marie de Brabant: VI 17, 19 et n.
Marie de France, comtesse de Champagne: IV 30; V 180 et n., 196, 207 et n., 225
Marle (Georges de): VII 307, 309; XII 197, 207n.
Marmoutier: II 771, 773-4; VI 108
Marrou (Henri-Irénée): I 386-8, 390
Marseille: VII passim; IX 364-7; X 8, 12; XII 210-2; XIII 48
Martial (saint): II 782, 785, 787 et n.
Martin (saint): II 773; III 343; VI 29, 100
Martin de Montierneuf: III 341n., 345, 363
Matéode, comtesse de Poitou: III 346-7, 359
Mathilde de Flandre: II 760; V 212n.
Mathilde, impératrice: V 192, 198, 200, 212n.
Mathilde Plantegenet: V 200, 203 et n., 206, 215-6, 225
Mauléon: IV 20; VI 26n.
Maupertuis (bataille de): VI 85n.; X 5
Mauregard (Nicolas de): XII 208-9
Méditerranée: V 188, 224; VI 24; VII 318; X passim
Melle: VI 14 et n., 21 et n., 90-1, 97, 102, 109

Mercadier: V 226, 230-1
Messine: V 218-9
Michelet (Jules): V 193, 199, 209
Milan: VII 302; XII passim
Mirebeau: III 350; V 231-2, 234; VI 86
Molière: IV 26; X 19
Monfrin: VII 298n.; VIII 7n.
Mongols (Les): VI 23-5
Montefiascone (évêque de): X 21n.; XII 207
Montgenèvre: V 219; VII 314; XII 207n.
Montmorillon: IV 24; VI 89
Montpellier: VII 298n., 300n., 303-4; VIII 5, 7-12, 14; IX 360-1; X 3, 5, 7, 9
Mont Saint-Michel (Le), II 753, 756, 780n.

Nájera: VII 298: X 7
Nantes: II 764-5, 772 et n., 789-91; VI 89
Nanteuil-en-Vallée: VI 100-1
NAPLES, les Napolitains: V 219 et n.; VII 304, 306n., 315, 325; IX 363n.; X 4, 12, 21; XI 62; XII 195, 201, 204, 219-20 (royaume de): VII 300-1, 304-6, 314 et n., 317, 320, 323; IX 364; X 15, 21-2; XII 184, 202, 206, 208, 215, 219; XIII 47-9; voir aussi Sicile (royaume de)
Narbonne: VI 31, 89, 97; IX 367; X 11; XII 209
Navarre: III 347; V 218n.; VI 97; X 7
Nevers: VI 12, 109
Nicolas (saint): II 767-8
Nicolas de Fréauville: VI 26n., 96
Nicolas Ier, pape: II 765n.
Nicolas II, pape: III 341n.
Nicolas III, pape: VI 13n.
Nicolas IV, pape: VI 13n., 98
Nieul-sur-l'Autise: III 361; V 178n.
Nîmes: VII 298, 301n.; VIII 6, 8, 10-1; IX 361
Niort: V 178n., 205, 227-9, 231; VI 93
Noménoé: II 768-9
Normandie, les Normands: II 752-4, 756, 758-60, 762-3, 768, 780n., 787; III 339-340, 342-5, 350, 353 et n., 355-6, 363; IV 19, 26, 28; V 189, 192, 199, 200, 202-3, 219-20, 224, 227, 233
Nouaillé: II 775; IV 24; VI 16, 20, 89, 99

Odon de Conteville: II 760n.; III 355
Oléron (île d'): V 229; VI 89 et n.
Orderic Vital: II 761-2, 774; III 339, 354-5, 363; IV 26
Oristano: X 15-7, 19
Orléanais: II 775; V 193
Orléans: II 775; V 197; VI 89, 97, 109
ORSINI (Francesco Napoleone): VI 26n.
 (Giovanni di Napoleone): XII 198, 218
 (Giovanni d'Orso): XII 198, 207, 218
 (Orso Francesco): VI 22

ORSINI (Rinaldo): XII passim
Orvieto: VI 11, 22; XII 196, 199, 200, 212-5, 217n.
Otton Ier le Grand, empereur: II 765, 787
Otton II, empereur: II 765
Otton III, empereur: II 784; IV 16
Ouen (saint): II 754-5
Ouy (Gilbert): I 386, 391
Oxford: V 201n., 203

Palerme: V 189 et n., 191n., 200
Pamphylie: V 193 (corr.)
Paris: II 753; IV 30; V 177, 182, 191, 208; VI 20; VII 303n., 317; IX 60-1; X 9, 13, 17n.; XII 207, 216
Parme: XII 197; XIII 48
PARTHENAY: IV 19
 (seigneurs de): III 348n.; IV 20; VI 15
Pascal II, pape: VI 13n.
Patrimoine de saint Pierre in Tuscia: XI 362; XII 198, 200, 207, 215, 218
Paul (saint): I 388; VI 25
Périgord: II 779; VI 87, 99; IX 363
Périgueux: VI 89, 109: IX 363
Pérouse: VI 12; XII 194n.
Perpignan: X 5, 11, 17
Pessac: VI 12, 21n., 109
Petit-Dutaillis (Charles): I 388n.; V 228
Philippe Ier, roi de France: III 341n., 343-5, 352, 358-60; V 196n.; IX 359n.
Philippe II Auguste, roi de France: IV 17-20; V 216n., 218-21, 224-33; VI 30
Philippe III, roi de France: VI 17; X 23
Philippe IV le Bel, roi de France: VI 11-18, 21, 26-33, 88, 93, 97 et n.; VIII 13; IX 359, 362n.
Philippe V, roi de France: VI 30; IX 359 et n.
Philippe VI, roi de France: VI 87; XI 62
Philippe de Vouhé: VI 84, 87-8
Piémont: VII 309, 314-5
Pierre (saint): V 222; VI 26, 87
Pierre IV, roi d'Aragon: X 4-7, 9, 11-22
Pierre de Blois: V 201, 221-2
Pierre de la Chapelle-Taillefer: VI 26n., 90 et n.
Pierre, comte de Génevois: XIII 47, 49
Pierre de Maillezais: II 775-8, 789
Pierre le Pretel: IX 365-6
Pise: X 21; XII 208-13, 220
PLAISIANS (Guillaume de): VI 27 et n., 30-2
 (Plaisian de): VI 31n.
Plantegenet (maison): III 345; V 193, 203, 206, 217, 219, 226-7, 230-3; VI 30
Pô: VII 315; X 11
Pognon (Edmond): II 783-4, 786
Poitiers: I 386, 390; II 763, 774-5; III 340-3, 345, 348, 350, 358, 360, cont.

Poitiers: III 362-3; IV 15-6, 18, 21-5, 27-8, 30; V 177, 187n., 197-9, 201-2, 206-7, 225, 227-8, 232-3; VI 11-33, 83-106, 109; X 17
Poitou, les Poitevins: II 774-5, 778-9; III 339-40, 344-6, 348-54, 356-8, 361-362; IV 15-21, 24-6, 28, 30; V 179, 181n., 184, 200, 202, 205-6, 209-11, 213, 215, 228, 231-2; VI passim
Pomarède (sieur de la): X 18-9
Pont-Saint-Esprit: VII 312n.; IX 365n.
Portugal: V 230; X 15, 17-8
Potenza: V 189; XIII 49
Poulle: II 787; IV 19; XII 195, 209
PREISSAC (Arnaud-Bernard de): VI 97-8
 (Pierre de): VI 98
Provence, les Provençaux: VII passim; VIII 366 et n.; X 3, 7, 8, 11-2, 22; XII 195-6, 210n., 216; XIII 48
Puy (Le) VI 90, 96, 109; VIII 10-1
Pyrénées: III 347-8, 357

Quercy: II 779; V 214; IX 363

Raguse: X 15n.; XII 215-6
Raoul de Faye: 204 et n., 210 et n.
Raoul Glaber: II 778, 788
Raymond, prince d'Antioche: V 184, 187, 195n.
Raymond VI, comte de Toulouse: V 224-225, 229
Reims: II 760, 764; III 343; VI 94n.
Renan (Ernest): VI 15n., 17
Renouard (Yves): I 386; III 346; V 208
Réole (La): VIII 10n., 13n.
Rhône: VI 12; VII 298, 300, 303 et n. 308 (corr.); VIII 6, 11-2; IX 367; XI 64 XII 210
Rhuys: II 763-4
Riccardo Petrone: VI 26, 88
Richard (Alfred): II 776; V 182-3, 186n., 198, 205, 208, 216n., 218 et n., 233
Richard Coeur de Lion, roi d'Angleterre: III 342n.; IV 17, 23-4, 30; V 175, 187, 201, 203, 205-6, 209-10, 212-27, 229-230, 233-4
Richard II, duc de Normandie: II 754, 760, 767n.
Rigomer (saint): II 775, 778
Robert (L.): I 388-9
Robert d'Arbrissel: II 361; IV 24; V 234
Robert III, duc de Bourgogne: III 346-7; V 196n., 212n.
Robert Ier, comte de Flandre: III 344n.
Robert III, comte de Flandre: VI 17
Robert II, roi de France: V 178, 196n., 212n.
Robert de Torigny: V 195n. 202-3
Rochelle (La): V 227-8

Roger of Hoveden: V 220, 223, 230
Roger II, roi de Sicile: V 188-9
Rome: II 773, 778, 786-7; III 339, 359; V 189 et n., 219; VI 11, 21-2, 30n.; VII 304; VIII 13; IX 365-6; X 13-4; XI 59, 62; XII 198, 202, 218; XIII 43-4
Roquemaure: IX 363 et n.; X 9; XI 59, 64
Rotrou de Warwick: V 210-1, 221, 233
Rouen: II 763-7, 760, 789, 791; V 195, 201, 227-9; IX 12
Rouergue: II 766, 779-80; VIII 10
Roussillon: X 11-2
ROUX (Bertrand): IX 365
 (Louis) X 22
Ruffat (Guillaume): VI 22n., 26n., 84, 94

Sains (Jean de): XI 61n.; XIII 49
Saint-Denis: V 179-81, 189n.
Sainte-Foy-la-Grande: VI 109; IX 362n.
Sainte-Maure (maison de): IV 20; V 210
Saint-Émilion: VI 96n., 109
Saintes: II 779; III 341 et n., 351 et n., 358-9; V 177n., 196n., 227, 229, 231; VI 18, 89
Saint-Florent-lés-Saumur: II 768-9; VI 109
Saint-Jean-d'Angély: II 778; V 193, 196n., 227, 229; VI 14, 109
Saint-Jouin-de-Marnes: III 351; VI 99
Saint-Maixent: III 348, 351-2, 357; IV 24; VI 97-9, 101, 109
Saintonge, les Saintongeais: II 779; III 350-2; V 177, 183; VI 33, 88n., 97n.
Saint-Quentin: II 759, 767
Saint-Savin-sur-Gartempe: VI 101
Saladin: V 187 et n., 208
Saldebreuil de Sanzay: V 187n., 208
SALISBURY: V 201n., 211, 213, 224, 234
 (comte de): V 205
Salle (Bernard de la): XII 194n., 198n., 200, 208n.
Samaran (Charles): I 385-7, 391
Sanche VI, roi de Navarre: V 206, 214
Sardaigne: VIII 10n.; X passim
Sarrasins (Les): III 357; V 187 et n., 194; VI 23
Saumur: II 768-9, 790; III 352, 363; V 200
Sauve-Majeure (La): VI 20n., 109
Savoie, les Savoyards: VII 17; IX 363
Scandinavie: II 759; VI 26n.
Scatisse (Pierre): VII 301 et n., 304 et n.
Sées: II 757, 791
Sénèque: III 351; XIII 46n.
CICILE: V 189n., 219 et n.; VI 19
 (royaume de): IV 19; V 189n., 221; VI 26n.; VII 309, 322; X 22
Sienne, les Siennois: VI 11, 88; X 21; XI 60; XII 195, 198-201, 210-4, 218-9

Soissons: II 765n.; VI 28
SPIFAME (maison): IX 360
  (Bartolomeo): IX 360-1
  (Giovanni): IX 360n.
Stefanelli (Gioffredo): VI 92
  (Giovanni): VI 94
Stefaneschi (Jacopo Caetani): VI 26-7
Suger: I 391; IV 27; V 176-9, 181-2,
  189-92, 194, 204

Taillebourg: V 177, 183
Tarascon: VII 299-301, 314n.
Tarente: VII 321-2; X 22; XIII 48
Temple (Ordre du): VI 16, 21, 23, 25-8,
  30-3, 87-8
Terre Sainte: II 768, 779, 784; V 175,
  191, 219, 221; VI 22, 24
Tessier (Georges): I 386, 389
Thibaud V, comte de Blois: V 197 et n.,
  225
Thibaud III, comte de Champagne: V 179-
  180
Thierry (Augustin): I 388n.; V 209
Thierry de Saint-Ouen: II 754-5
Thomas (saint) Becket: IV 23; V 175,
  204-6
Thouars: II 779; III 349, 358; IV 20; V
  201; VI 92
Tommaso da Tortona: VII 301-2
Toscane, les Toscans: VI 101; IX 362;
  XII 199, 211
Toulouse: III 339, 353 et n., 358; V 178,
  201, 224n.; VI 12, 18, 85, 93, 101n.;
  VII 301; VIII 7 et n., 9-13; IX 360; X 7,
  9, 15, 17-8; XI 65 et n.
Touraine: II 752, 765, 771-2, 774; III
  353; IV 20-1, 25, 28; V 177, 201, 216;
  VI 13, 32; X 367; XI 196
Tournus: II 768-9
Tours: II 771-3, 790; III 343, 352, 357;
  V 197n., 227-8, 232; VI 12-4, 29, 30,
  89, 91n., 95, 109; VII 306; XI 61 et n.
Turcs (Les): V 183; VI 24
Tusculum: V 189, 191, 226
Tyrrhénienne: VII 297; X 5, 16, 20

Urbain II, pape: II 770, 774; VI 108-9
Urbain V, pape: I 391; VII 299, 301 et n.;
  IX 361 et n., 365-7; XI 62
Urbain VI, pape: VII 304, 312, 317; IX
  363n.; XI 59; XII 198, 202, 204, 206,
  218; XIII 43-4
Urraque de Castille: V 229-30

Valérie (sainte): II 781; III 342 et n.
Valois (maison de): VII 304; IX 361;
  X 7, 13, 15; XI 62
Venise, les Vénitiens: II 780n.; VI 22n.;
  XII 209, 215n.; XIII 48
Venturini (Piero): XII 213-4
Vézelay: V 180 et n., 191
Vienne (Isère): VI 33n., 91n.
Vienne, rivière: III 361; IV 21
VIGIER (famille): VI 97n.
  (Élie): VI 96
  (Ramnoux): VI 96-7
Vikings (Les): II 753, 756, 763, 768, 775
Villandraut: VI 12 et n., 84, 96n., 109
Villeneuve-lés Avignon: VIII 10n., 12;
  IX 360n., 364; XI 64n.
VISCONTI (maison): VII 301, 315; X 10;
  XI 62
  (Bernabò): XII 197, 206, 210, 212, 216
  et n., 220
  (Carlo): XII 197
  (Giangaleazzo): XII 206, 212, 216 et n.
  (Lucia): XII 197, 210, 220
Vitry-le-Brûlé: V 179-80
Volterra: XII 212-3

Wace: III 355; IV 28; V 206
Walker (C.H.): V 183n., 215n.
Westminster: III 363; IV 28; V 204
William of Newburgh: V 177, 181, 219
Winchester: V 201-2, 213, 215-6, 224,
  234

Yolande de Bar: X 20, 22
York: V 217, 219 et n.; VI 89

SOC
D
119
L32

DATE DUE

LR MAY 13 1985

JT JAN 15 1986

OCT 28 1997